우연접속자
CONNECTING WITH COINCIDENCE

CONNECTING WITH COINCIDENCE
: The New Science for Using Synchronicity and Serendipity in Your Life

Copyright ⓒ 2016 by Bernard D. Beitman
Original title published by arrangement with Health Communications, Inc.
Deerfield Beach, Florida, U.S.A.
All rights reserved.

Korean Translation Copyright ⓒ 2017
by Golden Turtle Publishing House
through Inter-Ko Literary & IP Agency

이 책의 한국어 판권은 인터코 저작권 에이전시를 통한 저작권자인
Health Communications, Inc.와의 독점 계약으로 황금거북에 있습니다.
신 저작권법에 의해 한국 내에서 보호를 받는 저작물이므로 무단전재와 무단복제
를 금합니다.

우연접속자
CONNECTING WITH COINCIDENCE

버나드 바이트만 지음 | 김정은 옮김

황금거북

◆ **일러두기**

1. 한글 전용을 원칙으로 하되, 필요한 경우 원어나 한자를 병기했다.
2. 외국의 인명, 지명 등은 국립국어원의 외래어 표기법을 따랐다.
3. 독자의 이해를 돕기 위해 옮긴이와 편집부가 각주(●)를 달았다.
4. 원주는 1, 2, 3……으로 표기하고 미주로 처리했다.
5. 인용된 책이나 논문 제목은 임의로 번역하되, 한국어로 번역이나 출판되었을 경우 국내 제목을 덧붙였다.
6. 사용된 기호는 다음과 같다.
   영화, 노래, 신문: 꺽쇠(〈 〉)
   논문 및 잡지 등 정기 간행물: 홑낫쇠(「 」)
   책: 겹낫쇠(『 』)

추천의 말

이나미 서울대학교 정신건강의학과 부설 인권센터 및
직원정신건강 상담센터장

어떤 이들에겐 황당하게 들릴지 모르겠지만, 나는 사람과 사람 사이에 눈에 보이지 않는 연결 부분이 있다는 것을 경험적으로 체험하고 믿는 쪽에 속한다. 예컨대 가족들에게 아주 좋은 일이 생긴다든가 혹은 나쁜 일이 생긴다거나 하면 연락을 받지 않아도 꿈이나 몸의 반응으로 미리 알게 되거나, 누군가에 대한 생각이 불현듯 떠올라 이메일이나 문자 메시지 보관함을 열어 보니 바로 그 시간에 당사자로부터 연락이 왔다든지 하는 일 등은 그동안 셀 수 없이 일어 났다. 이런 경우를 그저 우연이라 치부하거나, 이후에 일어난 일들을 역으로 견강부회해서 해석한 것이라 설명할 수도 있겠다. 확실하게 눈에 보이는 인과 관계가 없이 일어나는 일들을 자의적으로 해석해서 그럴듯하게 이야기를 만들고 때로는 독특한 사고 체계 안에 갇히게 되는 경우도 있기 때문이다. 예컨대 위층에서 쿵쿵거리는 발자국 소리가 날 때마

다 넘어진다든가, 물을 쏟는다든가, 가족끼리 싸운다든가, 하는 우연히 나쁜 일들이 일어난 걸 가지고 위층 사람들이 나를 해치기 위해 음모를 꾸미고 있다는 식의 망상에 빠지는 것이다. 또 자신은 말하지 않아도 느낌으로 다른 사람들에게 무슨 일이 일어났는지, 또 무슨 생각을 하는지 알 수 있는 능력이 있다고 생각하거나, 비밀스럽게 텔레파시를 보낼 수 있다고 생각하는 정신병적 사고를 하는 경우와 얼핏 비슷해 보이기 때문에 우연한 사건들의 조합에서 어떤 의미를 찾으려고 하는 노력들은 종종 비과학적이고 미신적인 황당한 시도로만 간주되어 왔다. 특히 과학적 사고 체계가 하나의 시대 정신이 된 근대 사회 이후에는 중세나 고대에서는 존경받았던 신탁이나 예언 능력 등을 아예 근본적으로 부정하였으므로 우연한 사건들의 조합을 경험하고 그런 경험 속에서 많은 것을 배웠던 사람들조차 숨죽이고 자신의 체험에 대해 함구하기도 했다.

　이런 분위기 속에서 분석 심리학자인 카를 융은 용감하게 동시성 이론을 전면에 내세웠다. 이 책에서도 소개되었지만 스스로를 매우 합리적이라고 자부하는 젊은 여성이 풍뎅이 꿈을 말하는 도중에 우연히 상담실 유리창에 떨어진 풍뎅이를 발견한 융이 이래도 우연의 힘을 믿지 않느냐고 하는 장면은 유명한 일화다. 그러나 이런 단순한 삽화적 사건을 두고 우연의 힘을 강변하는 것이 동시성 이론은 아니다. 동시성 이론은 개인의 무의식이 집단의 무의식과 어떻게 연결되고 또 이런 상황에서 인류의 고태적인 원형적 콤플렉스가 어떻게 활성화되는지를 설명하는 치밀한 이론이다. 쉽게 예를 들어 보자. 세월호 참사가 일어난 후 많은 이들이 비슷하게 바다 속으로 침몰하는 꿈을 꾸거나 큰 사고를 경험하는 백일몽적 불안을 겪었다. 뉴욕에서 일어난 911 테러 사건 이후엔 많은 미국인들이 빌딩에서 떨어지거나 건물이 무너지는 비슷한 생각에 사로잡혔다. 이는 집단이 한꺼번에 겪는 외상후 증후군이라고 가볍게 단순화시킬 수 없는 의미 있는 사건이다. 즉 비슷한 정신적 콤플렉스가 동시다발적으로 활성화된다면 이는 그냥 우연이라고 볼 수 없는 집단적 사건으로서 역사를 바꿀 계기가 된다. 우리나라의 경우도 세월호 참사라는 한 사건이 그 이후에 어떻게 역사적 동인이 되었는지를 보면 아마 할 말이 많은 이들이 적지 않을 것이다. 한데 이런 집단적 사건들은 꼭 사건이 일어난 후에만 일어나는 것은 아니다. 바이트만 박사의 책에도 소개된 대로 타이태닉호의 침몰을 미리 예고하는 소설이 등장한다든가, 우리나라의 경우에도 기가 막히게 현 상황과 맞아 떨어지는 영화들이 상영되거나 책이 나오는 경우도 다반사다. 책이나 영화는 오랜 시간 동안 미리 계획되고 만들어지는 것이기 때문에 작가나 감독이 예언자적인 혜안이 있다고 볼 수도 있지만, 집단의 무의식이 미리 어떤 상황이 일어나리라고 감지하는 것으로 해석할 수도 있는 것이다.

얼핏 비과학적인 이런 사건들은 뉴턴 시대의 선형적 인과론만으로는 설명되지 않지만, 현대 물리학의 불확실성의 이론이나 입자의 파장 이론 등으로는 어느 정도 설명이 가능하다. 물리학자가 아니기 때문에 정확하게 묘사할 수는 없지만, 모든 전자나 중성자, 양자들은 입자인 동시에 파장의 성질을 갖고 있어서 서로 예측 불가능한 영향을 줄 수 있으므로 우리 뇌에서 나오는 파장이 서로에게 미치는 영향을 유추할 수 있다는 것이다. 실제로 인간의 뇌에서 나오는 파장에 대해 많은 연구를 하고 있고, 뇌파는 임상에서 아주 유용한 진단 도구가 될 수 있다. 최근에는 컴퓨터로 멀리 떨어져 있는 사람들의 뇌파와 뇌파를 서로 연결하고 움직임이나 감각을 전달하는 실험들이 성공적으로 이루어지고 있다. 얼마 전만 해도 황당한 텔레파시 연구라고 할 만한 것들이 최근 연구에서 속속 현실화되고 있는 것이다.

저자인 바이트만 박사는 오랜 정신과 의사 생활과 과학적인 연구의 경험을 갖고 융이 말한 동시성 이론에 대한 사례와 과학적인 근거들을 모아 아주 쉬운 어조로 책을 내놓았다. 의학 지식이 별로 없는 일반인들도 잘 이해할 수 있도록 세밀하고도 따뜻하게 동시성 이론을 설명해 놓았다. 인공 지능 연구라든가 뇌 연구 영역이 더 심화되고 발전된다면 바이트만 박사의 임상적 경험과 이론이 더욱 발전될 수 있으리라 믿는다.

그러나 바이트만 박사의 책들을 보고 흥분해서 모든 우연적인 사건들을 조합해 자신에게 예언의 능력이나 공간을 뛰어넘어 감지할 수 있는 특수한 능력이 있다고 과대망상적으로 생각하는 것은 위험할 수 있다. 대개 이런 특수한 상황들은 무의식의 콤플렉스들이 활성화되는 시기에만 간헐적으로 감지할 수 있는 것이지 일상에서 연속적으로 일어나는 사건일 수는 없기 때문이다. 실제로 대부분의 사람들이 일상에 충실하다면 이런 우연한 사건들에 매달려서 또 다른 우연한 사건만 일어나는 것만 기다릴 리는 없다. 바이트만 박사가 강조했다시피 우연한 사건들에게서 무언가 의미 있는 일들을 끄집어내는 사람들은 평소에 현실에 잘 적응하면서 준비를 철저하게 하는 이들이다. 새삼 성공한 사람들에게 비결이 뭐냐 물어보면 대부분 운이 좋았다고 이야기한다. 물론 객관적으로 운이 좋았을 수도 있겠지만, 자세히 들여다보면 주관적으로 나쁜 운마저 좋은 운으로 만들어 버리는 사람들이 대부분이다. 이들이 말하는 운은 노력하지 않았는데 그냥 주어지는 로또 같은 게 아니다. 그들은 우연한 상황들을 잘 알아채고 그를 잘 활용할 수 있는 자질을 갖추기 위해 부단히 노력해 의미 있는 결과로 행운을 쟁취한다. 만약 그런 노력 없이 단순히 운만 좋았다면 또 그만큼의 대가를 지불해야만 한다(그릇에 넘치는 행운이 주는 부작용에 대해서 여기서 설명하자면 끝이 없으니 생략하도록 하겠다).

아쉽게도 대부분의 사람들은 우연한 사건들을 접하면서도 그 의미를 제대로 파악하지 못하고 흘려보낸다. 바이트만 박사가 책 말미에 만든 표를 보면서 한 번쯤 자신의 일상생활을 점검해 보는 것은 이 책을 읽는 또 하나의 큰 수확일 수 있겠다. 지금까지 자신에게 일어난 크고 작은 우연한 사건들을 그냥 흘려보내고 성장할 수 있는 기회를 놓쳤다고 생각한다 하더라도 지금부터 감각의 안테나를 세운다면 얼마든지 또 다른 새로운 세계가 열릴 것이다. 무의식의 바다는 알 수 없는 보물들이 너무나 많아, 일생을 찾아 다녀도 극히 일부분만 접하고 말게 되는 것이 당연하니 너무 초조하게 생각할 필요는 없다.

▶ 이나미는 서울대학교 의과대학에서 의학사와 박사 학위를 취득하고, 미국 유니언 신학대학원에서 종교심리학 석사를, 뉴욕 융 연구소에서 분석심리학 디플롬을 취득했다. 뉴욕 신학대학원 목회신학 강의교수를 지냈으며, 현재 서울대학교 외래 겸임교수, 한국 융 연구소 교수, 이나미 라이프 코칭 대표로 활동하고 있다. 10대부터 80대까지 전 세대를 아우르며 상담을 하고 있으며, 한국인의 고유한 심리에 관심을 두고 설화와 민담, 문학 작품 등을 연구해왔다.
지은 책으로 「여자의 허물벗기」, 「때론 나도 미치고 싶다」, 「에로스 타나토스」, 「사랑의 독은 왜 달콤할까」, 「우리가 사랑한 남자」, 「융, 호랑이 탄 한국인과 놀다」, 「오십후애사전」, 「괜찮아, 열일곱 살」, 「행복한 부모가 세상을 바꾼다」, 「다음인간」, 「슬픔이 멈추는 시간」, 「당신은 나의 상처이며 자존심」, 「심리학이 만난 우리 신화」, 「성경으로 배우는 심리학」, 「운명에서 희망으로」 등이 있다.

우연이 일어날 때 우리는 일상의 평범함 속에 숨어 있는
신비로움을 깨닫게 된다.

Coincidences alert us to the mysterious hiding in plain sight.

차례

추천의 말   5

들어가는 말   15

PART 1: 신기한 우연은 생각보다 흔하다

1 훨씬 더 가까운   27

2 짝을 찾다   47

3 핏줄의 힘   83

4 우연을 부르는 우정   115

5 건강을 되찾다   157

6 공중에 떠다니는 아이디어들   187

7 제때 굴러오는 돈   221

8 직장과 일과 그리고 '운'   247

9 제자리로 돌아오다   275

PART 2: 우연을 삶으로 통합시키다
10 우연 사용법   **291**

11 우연과 자주 마주치기   **325**

PART 3: : 우연에 대한 새로운 이론
12 사이코스피어: 우리의 정신적 대기   **353**

감사의 말   **385**

옮긴이의 말   **388**

부록: 우연 민감도 테스트   **390**

참고 문헌   **393**

찾아보기   **404**

들어가는 말

누구나 한 번쯤은 기이한 우연 때문에 기분 좋게 웃고 신기해한 순간을 겪었을 것이다. 방금 머릿속을 스쳐간 노래가 라디오에서 흘러나오고, 오랫동안 연락이 끊긴 친구가 생각난 날에 그 친구에게서 전화가 온다. 인쇄된 글자로 우연을 맞은 손드라의 경우는 어떠한가. 아버지네서 중국 음식을 먹던 손드라는 〈오즈의 마법사The Wizard of Oz〉가 텔레비전에 나온다는 사실을 알려 주려고 여동생에게 문자 메시지를 보냈다. 자매가 좋아했던 이 영화를 두고 동생은 지금은 돌아가신 어머니와 함께 보던 생각이 난다며 답을 보내왔다. "엄마는 언제나 팝콘을 만들어 주셨지……." 손드라는 어머니와 함께한 이 소중한 추억을 떠올리며 다시 문자를 보냈다.

손드라가 동생의 문자를 읽으며 포춘 쿠키 하나를 쪼갰을 때, 그녀를 맞이한 건 놀랍게도 '팝콘'이라는 글자였다.

손드라는 자신에게 막 일어난 이 특별한 일을 동생에게 문자로 전했고, 두 사람은 그 순간 어머니의 존재와 평온함을 함께 느꼈다.

나는 이런 종류의 우연에 거의 평생을 깊이 매료되어 있었다. 이를 이해하려고 애쓰고, 어떻게 하면 제대로 활용할 수 있을지 고민하고, 어떻게 하면 믿는 자와 회의적인 자 모두를 똑같이 납득시킬 수 있을지 생각했다.

나 역시 여러 번 우연을 경험했다. 하지만 1973년 2월 26일, 밤 11시에 일어났던 사건은 그 어떤 것에도 비견될 수 없을 만큼 놀라웠다. 당시 서른한 살이었던 나는 샌프란시스코 필모어 구역의 헤이스 거리에 있는 오래된 빅토리아풍의 집에 살고 있었는데, 갑작스레 숨이 막혀 나도 모르게 부엌 싱크대에 머리를 처박고 꺽꺽댔다. 목에 이물질이 걸린 것처럼 숨을 쉴 수가 없었고 기침을 해서 뱉어 낼 수도 없었다. 먹은 게 없었기 때문에 목에 무엇이 걸린 건지 알 도리가 없었다. 이렇게 오랫동안 숨이 막힌 적은 처음이었다. 15분쯤 지나서야 비로소 나는 목에 걸린 것을 넘기고 정상적으로 숨을 쉴 수 있었다.

내 생일이었던 바로 다음날, 동생에게서 전화가 왔다. 아버지가 동부표준시간으로 새벽 2시에 델라웨어 주 윌밍턴에서 돌아가셨다는 소식이었다. 아버지와 나는 5천 킬로미터 정도 떨어져 있었고 시간대도 세 개 차이가 났다. 즉, 윌밍턴의 새벽 2시는 캘리포니아의 밤 11시였다. 내가 숨이 막혀 어찌할 바를 모르고 있던 바로 그 시각, 아버지는 본인이 흘린 피에 질식해 돌아가셨다. 아버지는 2월 27일, 내 생일에 세상을 떠났다.

이것이 단순한 우연일까? 아니, 그렇다고 하기에는 타이밍이 너무나 완벽했다. 이 경험은 나를 뼛속까지 흔들어 놓았다. 나는 아버지를 사랑했지만 우리의 연결감이 이런 방식으로 시공간을 초월하리라고는 상상도 하지 못했다. 나는 다른 사람들도 이런 경험을 하는지 궁금해졌다.

스위스 취리히에서 기차를 타고 집으로 돌아가던 한 남자의 눈앞에 누군가 익사하는 무시무시한 장면이 문득 스쳐 지나갔다. 집에 오자마자 그는 끔찍한 장면이 스쳐간 바로 그때, 손주가 집 앞 호수에서 거의 빠져 죽을 뻔했다는 사실을 알게 되었다.

이 이야기 속의 남자는 정신의학자이자 심리학자인 카를 구스타프 융Carl Gustav Jung이다. 그는 기이한 우연이 보여 주는 다양한 스펙트럼에 '동시성synchronicity'이라는 단어를 붙인 장본인이다. 융은 개인적으로 이상한 사건들을 많이 겪었지만 그의 저작은 주로 이론적 고찰에 초점이 맞춰져 있다. 우연을 이론화한 이 저명한 심리학자는 양자물리학과 고대 철학, 그리고 집단무의식collective unconscious과 원형archetypes이라는 본인의 개념을 기반으로 동시성 이론을 발전시켰다. 또 인류 역사상 많은 문화권에서 의미 있는 우연들이 그 존재를 인정받았음을 널리 알렸다. 나는 융과 거의 비슷한 숲을 탐험했다. 다만 길이 달랐다.

나는 듀퐁 기업의 본부가 있는 델라웨어 주 윌밍턴에서 자랐다. 그곳에서는 화학이 왕이었다. 몇 번은 학교 조례 시간에 이 회사의 역사를 다룬 영화를 보기도 했다. 윌밍턴을 가로지르는 브랜디와인 강 옆에서 출발한 이 회사는 한때 화약을 만들었다. 화학을 좋아했던 나는 스워스모어 칼리지에서 화학을 전공했다. 내가 이 전공을 계속 밀고 나갔더라면 아마도 화학자와 화학공학자 사이에서 직업을 선택해야 했을 것이다. 화학자는 새로운 아이디어와 분자를 생각해 내는 사람인 반면, 화학공학자는 그것들을 활용하는 법을 생각해 내는 사람이다. 나는 실용적인 길을 택했지만 화학 분야에서는 아니었다. 나는 정신과 의사가 되었다. 그러나 치료를 위해 약을 쓸 때가 많으니 이 분야 역시 화학과 완전히 동떨어져 있지는 않다.

마음의 일을 다루는 직업을 갖게 된 사람으로서 나는 내 삶뿐 아니라 환자의 삶에서 일어나는 기이한 우연들도 알아차리기 시작했다. 이 주제에 매료된 나는 결국 미주리 대학 컬럼비아 캠퍼스에서 우연을 주제로 연구를 진행했고, 그 결과를 내가 편집자로 있던 「정신의학 연례보고Psychiatric Annals」에 두 호에 걸쳐 게재했다.[1] 이제 내 안의 공학자를 불러내 연구로 알게 된 우연의 이모저모를 실용적으로 활용해 보려고 한다. 나는 스스로를 융의 이론을 활용하는 공학자라고 생각한다.

미주리 대학 컬럼비아 캠퍼스에서 시행한 연구가 증명하듯, 적어도 보통 세 명 중 한 명은 기이한 우연을 경험한다. 친구나 동료가, 내담자나 지인이, 커피를 사려고 줄 서 있는 낯선 사람들이 실제로 우연을 경험하지는 않더라도 적어도 우연에 대해 얘기하는 모습을 종종 본다. "그것 참 신기한 우연이네!" "그런 일이 일어날 확률이 얼마나 되겠어?" "내가 겪은 우연을 말해 줄게." 모두가 최첨단 기술을 향유하는 요즘에는 자신에게 우연이 얼마나 발생했는지 세어 주는 스마트폰 앱도 출시돼 있다.

하지만 사람들이 말하는 '우연coincidence'이란 과연 무엇인가?

우연은 우발적인 것이라고 생각하는 사람들도 있다. 이 이성주의자들에게 우주는 한 치의 오차도 없이 움직이는 시계이고 확률의 법칙은 이 장엄한 기계가 돌아가는 원칙이다. 이는 '그저,' '단순히,' '고작' 우연에 불과할 뿐이다. 혹은 이와는 반대로 의미심장한 우연의 일치가 자신들을 인도하고 지켜봐 주는 '신'의 행위라고 생각하는 사람들도 있다. 이 확률과 신 사이에 무수한 이론의 스펙트럼이 존재한다. 최근 떠오르고 있는 우연에 대한 연구(내가 그 발전에 기여하고 있는)는 현재 정신의학psychiatry과 심리학psychology에서 인정하는 것 이상으로 마음과 환경이 더욱 긴밀하게 연결되어 있음을 암시한다.

우리는 마음에서 소용돌이치고 있는 정보와 주변에서 소용돌이치고 있는 사건이 나란히 놓였을 때 우연을 인지한다. 전화 다이얼 둘을 각기 다른 손으로 돌릴 때처럼 마음과 외부 사건이 잠시 일치하는 순간이 생기는데, 마음은 이 신기한 관련성을 알아차린다. 서로 관련이 없어 보이기 때문에 이 우연의 일치는 놀랍다. 하지만 우연은 '유사한 사건들의 일어날 법하지 않은 병치'에 그치지 않는다. 두 사건은 반드시 유의미하게 연결되어 있어야 한다. 그 의미는 당사자만이 알 수 있는 개인적 차원의 의미다.

> 하지만 우연은 '유사한 사건들의 일어날 법하지 않은 병치'에 그치지 않는다. 두 사건은 반드시 유의미하게 연결되어 있어야 한다. 그 의미는 당사자만이 알 수 있는 개인적 차원의 의미다.

우연에 대한 놀라운 이야기들을 모아서 소개하는 책도 많고 구체적인 이론을 들어 설명하는 책도 적지 않다. 하지만 이 책은 다르다. 나는 우연의 사례들을 제각각의 다양한 맥락에서 분리해 그 사건들이 어떻게, 왜 그런 방식으로 일어날 수밖에 없었는지를 살펴보았다. 이 이야기들을 조사하는 과정에서 나는 우연을 일으키는 핵심적인 특징들을 발견했다. 여기에는 당사자의 성격적 특징뿐 아니라 발생 빈도수를 증가시키는 데 기여하는 상황적 요인들도 있다. 이러한 특징과 요소들이 워낙 일관되게 나타났기 때문에 실은 우리가 우연을 직접 창조할 수 있다는 걸 깨닫게 되었다.

1부에서는 삶의 모든 측면들(관계, 건강, 돈, 영성)에서 의미심장한 우연이 어떻게 일어나는지 살핀다. 2부에서는 우연, 특히 '도구적' 우연을 활용하는 구체적인 방법에 대해 소개한다. 이러한 우연이 주는 실용적인 도움은 두 가지다. 첫째, 나에게 정확히 필요한 것(사람이든 정보든 돈이든)들을 연결시켜 주고 둘째, 궁금한 게 있거나 결정을 해야 할 때 그것에 대한 메시지를 준다. 2부에서는 우연의 발생 빈도수를 늘리는 방법에 대해서도 다룬다. 3부에서는 우리의 정신적 대기권인 사이코스피어psychosphere를 소개한다. 인간과 대기가 서로 산소와 이산화탄소를 교환하듯이, 우리와 사이코스피어는 미묘한 형태의 에너지와 정보를 서로 주고받는다. 에너지-정보의 이 미묘한 교환이 다른 방식으로는 도저히 설명되지 않는 많은 우연의 근간이 될 수도 있다. 아버지가 죽어 가고 있을 때 내가 숨을 쉴 수 없었던 일 같은 우연의 일치 말이다.

| 우연이란 무엇인가?

우연은 현실에 대한 이해를 한층 더 깊게 만들어 줄 일상의 변칙이다. 천문학의 경우 변칙적인 행성이나 은하계 덕에 암흑 에너지나 암흑 물질 등, 우주에 대한 새로운 이해와 발견이 가능해졌다. 지구의 이야기로 돌아와서, 우연은 우리의 과학적인 세계관이 포착하지 못하는 무언가를 암시한다. 우연을 연구하는 것은 우리와 세상에 대한 새로운 사실을 밝히는 데 도움을 줄 것이다. 우리는 보통 사랑과 돈, 일과 건강, 아이디어에 관해 이야기를 나눈다. 이처럼 우연을 일상의 평범한 주제처럼 여기고 대화하다 보면 우연이 어떻게 일어나고 어떻게 하면 이를 더 잘 활용할 수 있는지 함께 알아낼 수 있을 것이다.

| 우연의 유형

세렌디피티(serendipity)∶ 호레이스 월폴

'세렌디피티'는 우연한 발견을 뜻하는 단어다. 18세기 영국의 하원 의원 호레이스 월폴이 예상치 못하게 어떤 것을 찾아내는 자신의 능력에 이름을 붙인 데서 유래한다. 월폴은 세렌디피티를 '정확한 관찰과 우연을 모두 동원해 원하는 것을 찾는다'라는 의미로 사용했다.

동시성(synchronicity)∶ 카를 융

'동시성'은 의미 있는 우연의 일치를 뜻한다. 스위스의 정신의학자 카를 융은 '함께, 같이'를 뜻하는 그리스어 'syn'과 '시간'을 뜻하는 'chronos'를 합하여 동시성(synchronicity)이란 단어를 만들었다. 이는 '시간상 함께 움직이다'라는 의미다. 동시성의 큰 특징을 꼽자면 마음속 생각과 뚜렷한 인과적 연결이 없는 것처럼 보이는 외부 사건이 거울처럼 일치해 당사자에게 놀라움을 준다는 점이다.

동시경험(simulpathity)∶ 버나드 바이트만

'동시경험'은 의미 있는 우연의 하위 집단, 즉 한 사람이 멀리 떨어져 있는 다른 사람의 고통을 동시에 경험하는 일을 가리킨다. '동시'라는 뜻의 라틴어 'simul'과 '고통'을 뜻하는 그리스어 'pathos'를 합해 만든 이 '동시경험(simulpathity)'은 공감(sympathy)과는 다르다. 공감하는 사람은 타인의 고통을 인식하고 있지만 대개는 그것을 그대로 느끼지는 않는다. 하지만 동시경험은 한 사람이 다른 사람과 '함께' 힘들어하고 고통의 형태마저 비슷할 때가 많다. 사람들은 나중에 되어서야 이 괴로움이 동시에 일어났음을 안다.

코인사이더(coincider): 버나드 바이트만
우연을 유독 자주 접하는 사람들이 있다. 바이트만은 이런 사람들을 가리켜 '코인사이더'라고 부른다. 우연이 중요하고 유용하다고 생각하는 코인사이더들은 다른 사람보다 훨씬 수월하게 마음의 상태와 외부의 사건을 연결시킨다. 이 책의 제목인 '우연접속자'는 코인사이더에서 따왔다.

CONNECTING WITH COINCIDENCE

PART 1

CONNECTING WITH COINCIDENCE

신기한 우연들은
생각보다 흔하다

1장

CONNECTING WITH COINCIDENCE

훨씬 더 가까운

Connecting
with
Coincidence

아버지가 돌아가시던 밤에 숨이 막혔던 경험을 비롯해 개인적으로 신기한 우연들을 많이 겪으면서 나는 이러한 일이 얼마나 자주 일어나는지를 연구하게 되었다. 결과는 '매우 흔하다'였다. 실제로 나는 정신과 의사인 이안 스티븐슨Ian Stevenson이 이와 유사한 스토리를 최소 200개 이상 수집했음을 알게 되었다.[1] 나는 이러한 '우연'이 우발적으로 일어나는 것 이상이라고 확신하게 되었다. 그렇지만 그 실체는 정확히 무엇인가? 나는 이를 알아보기로 했다.

정신과 의사인 나는 타인과의 관계가 사람들에게 얼마나 중요하며, 이 관계가 얼마나 복합적인 성격을 띠고 있는지에 매번 놀란다. 매일, 매주, 매년, 나는 상담실에 앉아 타인과의 관계를 좀 더 잘 이해하고 발전시키려고 애쓰는 사람들을 만나서 이에 관한 이야기를 듣는다.

우리가 모두 그러하듯 환자들 역시 독립적인 개인으로서 성장하고 진화하고 싶어 하는 동시에 타인과의 감정적 연결을 간절히 원하는 등, 서로 상반되는 역설적인 욕망에 시달리며 이를 어떻게든 해결하고자 안간힘을 쓴다. 다른 이들을 거부한 채 혼자 우뚝 서서 자족하려는 사람들이 있는가 하면, 자신을 정의 내려 줄 상대가 없으면 두려워하는 사람들도 있다. 내 일은 이 모든 사람들이 균형을 잡을 수 있도록 돕는 것이다.

환자와 나 사이에는 신비스러운 흐름이 있다. 말, 목소리 톤, 얼굴 표정과, 그 이상의 무언가를 통해 나는 내 환자들의 삶에 합류한다. 환자들이 내 진료실에 올 때마다 나는 그들의 세상을 함께 경험하고 잠시나마 일부가 된다. 내 마음은 환자와 쌓은 유대감과 이른바 '거울 뉴런mirror neuron'의 도움을 받아 그들의 마음을 그대로 비춰낸다. 거울 뉴런은 어떤 행동을 하거나 똑같은 행동을 관찰할 때 활성화되는 우리 뇌의 신경 세포다. 어쩌면 이 뉴런 덕분에 우리가 다른 사람의 입장에 이입하고 공감할 수 있는지도 모른다. 우리의 주파수가 서로 통하고 공명한다. 그런데 이렇게 다른 사람들이나 세상과 주파수를 맞추는 과정에서 우리는 일반적으로 생각하는 뇌의 기능을 가끔 뛰어넘는 것 같다. 사랑하는 사람이 겪는 어려움을 천리 밖에서 함께 경험하는, 현재로서는 신비스러운 영역으로 진입하는 것이다.

스티븐슨에 따르면 이 공명의 경험은 대부분 직계 가족 내에서 일어난다. 가령, 갑작스레 마음이 너무 아프고 집으로 달려가야겠다는 생각에 사로잡힌 여성이 있었다. 집에 도착한 그녀는 심장마비로 쓰러져 있는 남편을 발견했다. 부인이 딱 맞춰 도착했기 때문에 남편은 살 수 있었다. 무엇보다 이러한 연결은 어머니와 자녀 사이에서 가장 흔하게 발견된다. 어느 여성이 돌연 정신없이 울기 시작한다. 먼 곳에 사는 어머니가 갑작스레 세상을 떠난 것이다. 딸은 나중에야 그 소식을 듣는다.

한 정신과 의사는 자신과 남동생이 싸울 때마다 어머니가 귀신같이 알았다고 말한다. 형제가 제 시간에 집에 도착해도 그 전에 이미 한바탕 싸운 상태라면 문지방을 넘기도 전에 어머니는 다 알고 있더라고 했다. 어머니에게 전화로 알린 사람은 아무도 없었다고 그는 맹세했다.

앨라배마 주 터스컬루사의 줄리아 알타마르는 아들이 죽은 날 자신이 겪은 일을 말해 주었다.

내 아들이 죽은 바로 그 시각, 저는 보름달 아래 서서 하늘을 쳐다보고 있었어요. 제 옆에는 같이 산책 나온 독일 셰퍼드견 코코가 있었고요. 어느 순간 제 영혼이 몸에서 빠져나오는 게 느껴졌어요. 끔찍한 일이 생겼다는 걸 직감했죠. 집으로 들어가 아들에게 전화를 하고 싶었지만 두려움에 짓눌려서 아무 것도 하지 못했어요. 저는 옷도 벗지 않고 그대로 침대에 누웠습니다. 누군가 소식을 전하러 올 것을 알았던 것처럼요. 초인종 소리가 울렸을 때 전 몇 초 만에 문으로 뛰쳐나갔습니다. 백날 마음의 준비를 해도 그렇게 끔찍한 소식을 의연하게 받아들일 수 있는 사람은 어디에도 없을 겁니다. 하지만 어찌된 일인지 제 내면에서는 받아들일 준비를 하고 있었던 것 같아요. 이것을 어떻게 설명해야 할지 잘 모르겠지만, 그렇지 않았더라면 저는 그 충격을 도저히 이겨내지 못했을 겁니다.

알타마르는 아들이 살해당했다는 사실을 아직은 우리가 이해하지 못하는 방식으로 알았다. 그녀는 평범하지 않은 방식으로 필요한 정보를 받았고, 이 끔찍한 소식이 기존 방식으로 전해졌을 때는 훨씬 마음의 준비가 된 상태였다.

동시경험simulpathy은 가족끼리 경험할 가능성이 제일 크지만 친한 친구들 사이에서도 겪는다. 융 학파 정신과 의사인 진 볼렌Jean Bolen이 소개하는 주디 비버츠의 이야기를 들어 보자. 그녀는 샌프란시스코 골든게이트 공원에서 즐겁고 나른하게 별 일 없는 오후를 보내고 있었다. 그런데 4시 30분 정각(그녀는 이유는 설명할 수 없었지만 그 시간을 기억했다)에 머리가 깨질 듯한 두통과 허리를 펴지 못할 정도로 속을 후벼 파는 복통이 몰려왔다. 그날 저녁, 친한 친구가 끔찍한 사고를 당했다는 소식을 들었다. 차가 완전히 찌그러지면서 친구는 복부와 머리에 심각한 부상을 입었다. 그녀는 즉시 병원으로 옮겨져 파열된 비장을 제거하는 응급 수술을 받았고 한동안 중환자실의 명단에 올라가 있었다. 그 사고는 정확히 4시 30분에 일어났다.

내 환자 한 명은 가끔씩 한밤중에 기분이 좋지 않은 상태로 깨어나 다른 도시에 사는 친구가 커다란 상실, 아마도 누군가와 헤어지는 일을 겪었음을 직감하곤 한다. 나중에 그 친구에게 연락해 보면 역시나 예감이 사실이었음이 밝혀진다.

하지만 가끔은 전혀 모르는 사람들끼리도 서로 연결될 때가 있다.

내 연구 참가자의 이야기다.

저는 저를 학대하는 남편과 별거 중이었습니다. 하지만 남편이 출장을 간 사이 다시 합치려고 마음을 먹었죠. 마침 남편이 돌아오는 비행기를 놓쳤습니다. 그날 밤 남자친구에게 학대를 당하던 어떤 여성분이 전화번호를 잘못 누르는 바람에 저와 연결됐어요. (참가자는 이 여성이 전화한 이유에 대해서는 보고하지 않았다.) 그 여성분의 두려운 목소리를 듣고는 남편과의 재결합 결정이 실수임을 깨달았습니다. 다음날 아침 공항에서 남편을 만나 생각이 달라졌으니 당신은 내 집에 돌아올 수 없다고 통보했습니다. 이런 상황이 제게 자주 일어났어요. 이런 일에 주의를 기울이기 전까지 저는 신을 믿지 않았습니다. 하지만 이제는 신을 확실히 믿습니다.

예상치 못한 전화를 계기로 그녀는 결혼에 대한 감정을 명료하게 정리하고 앞으로의 일을 결심했다. 이런 우연의 일치를 어떻게 설명할 수 있을까? 이 여성은 우연을 신의 행위로 돌렸다. 그저 우발적인 사건이었다고 말하는 사람들도 있을 것이다. 나는 또 다른 가능성을 탐색해 보고자 한다. 두 여성은 동시성의 자매이자 일시적인 정서적 쌍둥이로서 자신을 학대하는 남성에게서 벗어나고 싶어 한다는 공통점이 있다. 이 유사성이 공명을 일으켜 이들을 연결해 주었다. 이러한 종류의 많은 이야기가 증명하듯 연구 참가자의 강렬한 욕구와 감정 그리고 남편을 마중 나가려는 마음의 변화가 생기던 와중에 이 우연의 멍석을 깔았다. 어떻게 다른 여성이 틀린 번호이지만 동시에 옳은 번호를 '우연히' 누르게 되었을까는 중요한 질문이다. 나는 의미 있는 우연에 대한 연구가 점점 깊어질수록 우연을 창조하는 데 확률과 개인과 신이 어떤 역할을 하고, 각각 기여하는 정도가 어느 정도인지 우리가 알게 되리라고 생각한다. 어떤 우연은 어쩌다 생긴 일이라고 설명하는 게 최선일 때도 있다. 어떤 우연은 개인의 책임으로 돌릴 수 있다. 어떤 우연은 신비로운 신성의 작용으로 설명할 수밖에 없을 수도 있다. 이 세 가지 측면을 모두 감안해야 설명이 가능한 경우도 많을 것이다.

치료사와 환자 사이에서도 멀리 떨어진 상대의 고통을 느낄 수 있는 능력이 발휘되는 듯하다. 캘리포니아 주 버클리의 융 학파 치료사 로버트 홉케Robert Hopcke는 환자였던 제리와 관련한 불가사의한 동시성을 경험했다. 홉케는 제리가 비치 하우스에 가만히 누워 아주 천천히 호흡하고 있는 불길한 꿈을 꿨다. 제리의 치료는 1년 전에 이미 끝났지만 꿈속에서 느낀 불안은 마치 손으로 만질 수 있을 듯이 생생했다. 홉케는 제리에게 전화를 걸어 봐야 하나 고민했지만 결국은 하지 않았다. 몇 달 후 제리가 뜬금없이 전화를 걸어와 약속을 잡았다. 그리고 홉케는 몇 달 전 제리가 사귀는 사람과 헤어지고 나서 삶을 포기하려고 바닷가 근처의 호텔에서 수면제를 과다 복용했다는 사실을 알게 되었다. 3일간 의식을 차리지 못했던 그는 끔찍한 기분을 느끼며 깨어났다. 그를 그리워하는 사람은 아무도 없는 것 같았다. 제리는 홉케에게 그날이 언제였는지를 말했다. 꿈을 기록한 일기를 확인한 홉케는 꿈을 꾼 날이 제리가 자살 시도를 하기 일주일 '전'이었다는 사실을 알게 되었다. 홉케는 제리에게 당신이 적어도 한 사람과는 연결되어 있다는 걸 이 꿈이 증명해 준다고 말했다. 제리는 자신이 누구와도 연결되어 있지 않다고 느꼈으나, 그는 혼자가 '아니었다.'[2]

현재 이러한 우연을 과학적으로 인정하는 설명은 존재하지 않는다. 그래서 나는 좀 더 알아보고자 하는 마음에 2007년, 미주리 대학 컬럼비아 캠퍼스에서 우연에 대한 조사 연구를 시작했다. 일상에서 유의미한 우연이 얼마나 자주 일어나는지 빈도수를 측정해 달라는 우리 연구진의 요구에 약 700여 명(교수진, 학교 직원, 학생들)이 응답했다. (부록의 '기이한 우연 척도' 참고) 질문 중에는 사랑하는 사람이 느끼는 강렬한 감정이나 육체적 감각을 먼 곳에서 동시에 경험한 적이 얼마나 자주 있었는가도 포함됐다. 사람들은 '가끔씩' 그런 경험을 했다고 답변했다. 681명의 참가자 중 약 15퍼센트인 102명은 그런 경험을 '자주' 한다고 답했다. 이런 결과는 이 이상한 현상의 실재를 강력하게 증명한다. 몇몇 사람들은 지구 반대편에 있던 부인이 아이를 낳으려고 한 순간 바로 알았더라면서 자세한 얘기를 해 주기도 했다. 혹은 무슨 일인지는 몰라도 아주 잘못된 일이 일어났음을 감지했는데, 나중에 알고 보니 형제나 자매에게 무척 힘든 상황이 생겼었노라고 말하는 사람들도 상당수 있었다.[3]

이러한 경험을 일으키는 가장 큰 촉매제는 죽음이나 큰 질병 혹은 사고다.[4] '사랑하는 사람의 고통을 멀리 떨어진 곳에서도 느낄 수 있었다'는 이야기들은 일상에서 벗어난 '무언가'가 일어나고 있음을 암시한다. 나는 이것을 동시경험simulpathy이라고 부른다. 이 단어는 '같은 시간에'를 뜻하는 라틴어 'simul'과 공감sympathy이나 정신병리psychopathology에서처럼 '고통 혹은 감정'을 뜻하는 그리스어 'path'를 합성해 만든 말이다.

동시경험과 관련해 가장 많은 연구의 대상이 된 사람들이 바로 쌍둥이들이다. 쌍둥이들이 실제로 동시경험을 할 확률이 훨씬 높아 보이긴 한다. 하지만 여기서 가장 중요한 변수는 관계와 상관없이 서로 얼마나 연결되어 있는가다. 영국 작가 가이 플레이페어Guy Playfair는 쌍둥이 연구를 검토한 뒤 쌍둥이들 사이의 비일상적인 커뮤니케이션 가능성은 일란성이고, 유대감이 강하고, 외향적일 때 더욱 커진다고 결론 내렸다.[5]

뉴질랜드 크라이스트처치의 인류학자 브렛 만Brett Mann과 크리스탈 제이Chrystal Jaye는 쌍둥이의 질병 경험에 대해 심도 있는 인터뷰를 진행했다. 두 사람이 인터뷰한 스무 쌍의 쌍둥이들 중 열다섯 쌍이 일란성이었고 그중 한 쌍은 출생 직후 분리된 결합 쌍둥이었다. 이들은 한쪽의 질병이나 사고를 다른 쪽이 흔하게 경험한다고 했다. 스무 쌍의 쌍둥이들을 대상으로 조사한 결과 멀리 떨어져 있는 상대 형제의 고통을 경험했다고 말한 사건이 총 50회가 넘었다. 어떤 쌍둥이들은 한두 번에 그쳤던 반면 10회가 넘는다고 보고한 쌍둥이들도 있었다. 이러한 동시경험은 삶의 중요한 위기 순간에 일어났다.[6]

사고 역시 동시경험을 촉발한다. 18세의 간호조무사 다이애나는 환자들에게 식사를 가져다주고 있었는데, 갑자기 몸이 사시나무 떨듯 몹시 떨렸다. 설 수 없을 정도였다. 그녀는 충격적이고 끔찍한 일이 일어나고 있음을 직감했고 극심한 두려움에 사로잡혔다. 어머니에게 전화를 건 그녀는 쌍둥이 남동생이 차에 치였다는 사실을 알게 되었다. 동생은 이 사고로 비장이 파열되고 신장이 손상됐다. 출혈이 멈추지 않아 의사들이 많이 걱정했다고 했다. 나중에 다이애나는 몸이 갑자기 떨리기 시작한 때가 동생이 차에 치였던 시각과 비슷했음을 알게 되었다.[5]

어떻게 이런 일이 일어날 수 있을까? 머리가 붙은 채 태어난 결합 쌍둥이들의 사례를 살펴보면 동시경험이 어떻게 일어나는지 좀 더 이해할 수 있을지 모른다. 두개결합체(頭蓋結合體) 쌍둥이라고도 불리는 이들은 태어날 확률이 25만 분의 1 정도이고 결합 쌍둥이의 약 2퍼센트를 차지한다. 이들은 대개 이른 나이에 사망한다. 캐나다 출신의 두개결합체 쌍둥이 크리스타와 타티아나의 경우, 이들은 머리만 붙어 있는 게 아니라 얇은 신경 조직으로 서로의 시상thalamus까지 연결돼 있었다.

시상은 뇌의 핵심 교환소라 할 수 있는 부위로, 뇌의 하부와 상부를 연결하면서 정보 입력과 반응 출력을 담당한다. 후각을 제외한 모든 감각은 시상으로 들어가고, 움직임과 감정 역시 시상을 통과한다. 그래서 크리스타와 타티아나는 상대가 느끼는 감각, 감정, 의도를 같이 경험할 수 있었다. 한쪽이 음료를 마시면 다른 쪽은 그것을 맛보는 것처럼 보였다.

쌍둥이가 두 살이 되었을 때 담당 신경외과 의사가 크리스타의 눈을 가리고 그녀의 두피에 전극을 붙였다. 플래시를 타티아나의 눈에 비추자 크리스타의 시각 피질에 불이 켜졌다. 역할을 바꿔 타티아나의 눈을 가렸을 때도 반응은 같았다. 이는 이 쌍둥이의 시상이 연결돼 있음을 증명하는 강력한 증거였다. 한 사람의 눈으로 들어간 빛이 두 사람의 시각 피질로 나온 것이다.

가족들은 이 결과에 놀라지 않았다. 텔레비전을 볼 수 없는 각도에 있는 아이가 다른 아이가 보는 이미지를 보고 웃는 것을 자주 목격했기 때문이었다. 감각 교환은 아이들의 미뢰에서도 일어났다. 크리스타는 케첩을 좋아했고 타티아나는 싫어했는데, 크리스타가 케첩을 먹으면 케첩을 먹지 않은 타티아나가 혀에 묻은 것을 닦아내려고 애썼다.[7]

이 쌍둥이들이 서로의 감정을 느낄 수 있었던 것은 두 사람이 가느다란 신경 조직으로 서로 연결돼 있었기 때문이라고 설명할 수 있다. 하지만 서로 분리돼 있는 일반적인 쌍둥이들은 이렇게 물리적인 신경 연결 없이도 감정을 나누는 때가 있다. 이들은 '무선 상태'로 교류하는 듯 보인다.

기존의 정보와 잘 부합하는 좋은 이론이 있을까?

타티아나와 크리스타는 각각의 시상 사이를 이어주는 신경 '줄' 덕분에 상대의 감각을 일부 느낄 수 있었다. 그들의 두개골 역시 결합돼 있었다. 두 사람의 뇌는 하나의 커다란 뼈 안에서 작동했다. 여기서 우리는 비결합 쌍둥이들이나 나와 아버지 사이에 일어났던 일의 진실에 더욱 가까이 다가갈 수 있다. 우리에게는 서로의 시상을 이어주는 신경줄은 없다. 하지만 매우 유동적이고 눈에 보이지 않는 마음의 교집합 같은 부분이 존재하는 게 아닐까 싶다. 우리는 사랑하는 사람과 어떤 특별한 의식을 공유한다. 우리는 그들 마음의 일부이고, 그들은 우리 마음의 일부다. 우리의 정체성은 '그들이 있어야' 성립된다. 타티아나와 크리스타처럼 나와 내가 사랑하는 사람은 개별적인 개인인 동시에 연결돼 있고, 분리된 동시에 결합돼 있다. 그들에게 일어나는 일은 우리에게도 종종 일어난다.

이러한 이야기는 우리가 다른 사람들과 마음을 공유하고 있음을 말해 준다. 이것이 뜻하는 바는 어마어마하다. 하지만 우리의 마음을 하나로 융합시키는 것은 무엇인가? 사랑일까?

사랑의 종류는 다양하다. 부모 자식 간의 사랑, 형제 간의 사랑, 연인 간의 사랑, 부부 간의 사랑, 파트너 간의 사랑, 친구 간의 사랑. 마음을 융합시키는 사랑은 나와 타인의 경계를 녹여내 각자의 정체성이 하나로 포개지도록 만드는 사랑이다. 피아노 연주자이자 가수 리온 러셀Leon Russell은 이 포개짐이 정확히 어디서 일어나는지 알았는지도 모르겠다. "시공간이 사라진 곳에서 나는 당신을 사랑하네"라고 노래한 것을 봐서는 말이다. 서로 연결돼 있는 우리의 마음은 평소에는 일반적인 시공간을 각각 떠돌아다니지만 조건이 맞아떨어지면(굉장한 고통의 시기일 때가 많다) 시공간의 한계가 무너지면서 서로를 다시 만난다. 많은 쌍둥이들처럼 우리 역시 이러한 연결, 이러한 동시경험을 평범한 현실의 일부로 받아들이게 될 날이 올지도 모른다. 그렇게 된다면 이러한 연결을 가능케 하는 숨겨진 현실에 대한 지식도 더 많이 밝혀질 것이다.

하지만 우리가 알아차리는 상대의 감정은 왜 죄다 부정적이고 고통스러운 걸까? 왜 기쁨은 이런 방식으로 공유되지 않는 걸까? 어쩌면 우리는 이미 느끼고 있지만 알아차리지 못하는 것일 수 있다. 감정을 바람에 비유해 보자. 따스하고 솔솔 부는 산들바람보다는 차가운 돌풍이 훨씬 주의를 끈다. 우리를 움직이게 하고, 누군가를 구하고 돕게 만드는 것은 죽음이나 고통을 둘러싼 끔찍한 감정이다. 사랑하는 사람이 느끼는 즐거움은 우리를 웃게 만들고 충만하게 만들고 행복하게 만들지만, 고통스러운 감정은 그 울림이 훨씬 커서 우리를 직접 나서게 만든다.

양자물리학은 더 그럴듯한 설명을 제시한다. 한 쌍의 전자를 생각해 보자. 전자는 서로의 주변을 공전하는 동시에 서로 반대 방향으로 자전한다. 이제 이 두 전자를 멀리 떨어트려 보자. 전자는 더 이상 공전하지 않지만 자전은 계속한다. 이때 한 전자가 자전 방향을 바꾸면 그 즉시 다른 쪽 전자도 방향을 바꾼다. 다른 쪽 전자가 방향을 전환하는 시간은 빛의 속도에 제약을 받지 않는다. 훨씬 빠르다. 즉각적이다. 입자는 분리되어 있는 것처럼 보이지만 둘은 하나인 양 행동한다. 물리학자들은 '비국소성nonlocality'이라는 용어를 사용하는데, 이는 입자가 서로 떨어져 있음에도 실제로는 연결돼 있음을 의미한다. 전자는 '서로 얽혀' 있는 것이다. 그렇다면 쌍둥이들도 이처럼 얽혀 있는 것인가? 알타마르도 아들과 이렇게 연결되어 있었을까? 나는 아버지와 이렇게 연결되어 있었을까? 전자라는 극도로 작은 세상의 원리를 훨씬 거대한 인간 세상에 적용해도 되는 것일까? 양자물리학자들은 미시적 입자를 지배하는 원리가 우리의 거시적 세상에도 적용됨을 증명하기 위해 이론을 발전시키고 실험을 하는 중이다.

양자물리학 차원의 얽힘을 더 큰 인간 세상에 적용시킬 수 있는가에 대해서는 회의적인 태도를 취할 수 있어도 이러한 동시경험 이야기의 진위를 의심하는 것은 쉽지 않다. 어떤 사람들은 이야기를 그저 이야기로만 보고 묵살한다. 하지만 일련의 일화를 보다 체계적인 연구가 필요한 이유로 받아들이는 사람들도 있다. 이런 태도는 보통 개별적인 사례를 출발점 삼아 새로운 원리와 치료법을 알아내는 정신약리학 분야에서 흔히 볼 수 있다. 이 분야의 개발은 하나의 사례 연구에서 다수의 사례 연구로, 이후 하나의 대조 실험에서 다수의 대조 실험 순으로 진행된다. 가령 1950년대 결핵약으로 만들어진 이소니아지드isoniazid를 테스트하던 연구자들은 새 약을 투여한 환자들이 플라세보placebo•를 투여한 환자보다 행복감을 더 많이 느낀다는 사실을 알게 되었다. 이 약에 대한 후속 연구 결과로 이프로니아지드iproniazid(이소니아지드와 화학 구조가 유사함)라는 새로운 항우울제가 개발되었다. 이프로니아지드는 간 손상을 일으키는 것으로 판명돼 시장에서 퇴출당했지만 다시 한 번 연구를 통해 부작용이 덜한 다른 항우울제가 개발되었다.

새 항고혈압제를 시험하던 연구진은 실험에 참가한 남성들에게서 예전보다 발기가 더 잘되더라는 말을 들었다. 연구자들은 이러한 흥미로운 보고들을 공식적으로 검증했고 그 결과 비아그라를 비롯한 유사한 약들이 탄생했다. 그러니 한 사례와 이후 연이은 사례들은 중요한 새로운 지식의 탄생으로 이어질 수 있고, 실제로도 그렇다.

• 실제로는 생리 작용이 없는 물질로 만든 약을 말한다.

쌍둥이, 가족, 친구, 치료사, 환자들은 우리가 생각했던 것보다 서로 훨씬 더 연결돼 있고 얽혀 있다. 일각에서는 이러한 이야기가 영적 에너지의 존재를 믿고 싶어 하는 사람들에 의해 낭만적으로 윤색된 것이라고 주장하기도 한다. 하지만 놀랍고 감동적인 유사 경험들의 압도적인 양은 오히려 그 반대임을 증명한다.

이러한 이야기들은 우리 하나하나가 육체 안팎에 존재하는 정교한 감정망의 일부임을 암시한다. 이 감정망, 소위 '사이코스피어psychosphere'라고 하는 곳에 들어가는가 마는가는 상대와 함께한 시간이나 공유하고 있는 감정의 정도에 따라 다르다. 상대적으로 짧은 시간 동안 짙은 감정을 나눴을 때도 가능하고, 보통 수준의 감정을 오랜 시간 동안 나눴을 때도 가능하다.

> 우리 하나하나가 육체 안팎에 존재하는 정교한 감정망의 일부임을 암시한다. 이 감정망, 소위 '사이코스피어'라고 하는 곳에 들어가는가 마는가는 상대와 함께한 시간이나 공유하고 있는 감정의 정도에 따라 다르다.

나이는 그다지 중요해 보이지 않는다.

1944년 이탈리아에서 복무 중이던 군인이 포탄 파편에 맞아 쓰러져 의식을 잃었다. 그의 이야기를 들어 보자.

> 당시 영국 몬머스에서 살고 있던 아내는 점심 식사를 마치고 뒷정리를 하고 있었습니다. 두 살이었던 딸은 제가 입대한 후에 태어났기 때문에 아빠를 이름으로만 알고 있을 때였죠. 그런데 부엌 바닥에서 블록 쌓기 놀이를 하고 있던 딸이 벌떡 일어나 아내에게 가서는 이렇게 말했답니다. "아빠가 다쳤어." 그리고 딸은 제자리로 돌아갔습니다.[8]

이런 일이 '어떻게' 일어나는 가에 대해서는 설명이 더 필요하다. 하지만 멀리 떨어져 있는 두 사람을 하나로 이어주는 감정적 흐름이 존재한다는 사실 자체는 반박하기 어렵다. 게다가 이는 사람의 생명을 구하기도 한다. 내 연구 참가자의 이야기다.

지난 주 저는 정지 신호에 걸려 기다리고 있었습니다. 신호가 초록색으로 바뀌었을 때 전화가 울렸어요. 저는 전화를 받으려고 고개를 숙였고 그 때문에 교차로 진입이 조금 늦어졌죠. 출발하기 위해 다시 고개를 든 순간, 트럭 한 대가 빨간불을 무시하고 교차로를 돌진해 지나가더군요. 신호가 바뀌었을 때 출발했더라면 바로 내가 있었을 지점이었죠. 이 사건이 의미 깊었던 것은 그때 걸려온 전화가 몇 달 동안 연락이 없었던 오빠에게서 왔기 때문입니다. 저는 옛날부터 오빠를 보호자처럼 생각했었거든요.

다시 한 번, 전화가 걸려온 기가 막힌 타이밍은 오빠가 동생의 상황을 실시간으로 감지했기 때문에 가능했던 것으로 보인다. 누군가는 그저 우연의 일치일 뿐이라고, 우발적으로 일어난 일에 불과하다고 말할 것이다. 확률이 기여하는 바도 분명히 있겠지만 그 이상의 무언가가 작용한다는 점 역시 확실하다.

또 다른 참가자도 오빠가 자신을 살렸던 이야기를 들려주었다.

10대 후반에 저는 매우 어두운 시기, 좋게 말해서 혼란스러운 시기를 겪었습니다. 당시 왜 그랬는지 제 상황을 합리적으로 설명할 수는 없어요. 아니, 정확히 말하자면 아무 이유가 없었습니다. 세상의 모든 고통을 견딜 수 없었던 것 같아요……. 어느 날 오후, 저는 아빠의 총을 들고 호수 외딴 곳으로 차를 몰았습니다. 삶을 끝내고 싶었어요. 저는 손에 총을 쥐고 차에 앉아 있었습니다. 이유를 도저히 알 수가 없었어요……. 내가 어쩌다가 이런 신세가 됐는지 전혀 이해할 수 없었죠. 양 뺨으로 눈물이 천천히 흐르고 있을 때 다른 차가 제 옆에 서는 소리가 들렸습니다……. 그런데 그 차에서 오빠가 내리더니 제게 총을 달라고 하는 거예요. 저는 순간 숨도 쉬지 못할 정도로 큰 충격에 빠졌습니다. 제가 할 수 있는 일이라곤 이런 내 상태를 도대체 오빠가 어떻게 알았냐고 묻는 것뿐이었어요. 내가 심지어 이 총을 갖고 있었다는 사실은 어떻게 알았으며, 가장 중요한 것은 어떻게 나를 찾았는가였죠. 오빠는 자기도 모른다고 답했습니다. 자기가 왜 차에 올라탔는지도 몰랐고, 어디로 운전해 가고 있는지도 몰랐고, 왜 가고 있는지도 몰랐고, 도착했을 때 무엇을 해야 하는지도 몰랐다고요.

오빠는 동생에게 자신이 필요하다는 사실을 어떻게 알았을까? 무엇이 그로 하여금 의식적인 의도 없이도 이 복합적인 결정을 하도록 만들었을까? 그는 여동생이 자살하기 직전이라는 걸 의식적으로 알지 못한 채 동생의 고통을 감지하고 동생이 있는 곳으로 이끌렸던 것으로 보인다. 이러한 동시경험에 더해 어디로 가야 할지를 기묘한 방식으로 알았던 덕분에 그는 동생이 다음 단계로 나아가기 전에 구할 수 있었다.

수학 쪽으로 머리가 발달한 내 동료들은 이러한 이야기야말로 무작위적인 우연의 대표적인 예라고 말한다. 사람들이 많다보면 있을 법하지 않은 그런 일도 많이 일어날 수밖에 없다고 말이다. 이렇게 '확률의 법칙'을 굳건하게 믿고 있는 사람들과 내가 갑론을박을 벌일 수는 없을 테다. 하지만 저 전화가 걸려온 타이밍은 우발적이라고 하기에는 너무나 정확하다. 딱 필요한 순간에 나타난 오빠의 이야기 역시 더 설득력 있는 설명이 필요하다. 단순히 무작위적으로 일어난 일이라고 주장하기에는 이런 우연들이 너무나 많다. 이러한 우연은 우리가 서로 맺고 있는 연결망이 무한함을 암시한다. 특히나 우리가 사랑하는 사람들, 어떻게 이럴 수 있을까 싶을 정도로 감정이 깊어 유대가 남다른 사람들과는 더더욱 그러하다.

> 이러한 우연은 우리가 서로 맺고 있는 연결망이 무한함을 암시한다. 특히나 우리가 사랑하는 사람들, 어떻게 이럴 수 있을까 싶을 정도로 감정이 깊어 유대가 남다른 사람들과는 더더욱 그러하다.

사람들 사이의 이러한 연결은 존재한다. 그것 자체는 좋지도 나쁘지도 않다. 좋고 나쁨은 우리가 이것을 어떻게 활용하느냐에 달렸다. 가끔은 문제가 생겨서 어쩔 수 없이 연결을 끊어내야 할 때도 있다. 하지만 연결의 진짜 가치는 그것이 삶을 지탱시켜 주는 힘이라는 데 있다. 나는 아버지가 돌아가시기 전까지는 내가 아버지에게 얼마나 큰 애착을 갖고 있는지 전혀 알지 못했다. 이제 나는 내가 아이들이나 아내와 얼마나 연결되어 있는지 어느 정도 알고 있고, 그 깊이가 내가 생각했던 것보다 훨씬 깊다는 것도 알고 있다. 우리는 이러한 연결의 힘을 진정으로 존중해야 한다.

멀리 떨어져 있는 두 사람 사이에서 공명하는 이 의미 있는 우연들은 관계를 바라보는 새로운 관점을 시사한다. 많은 사람들이 모든 것은 연결돼 있고 우리는 서로 분리되지 않은 하나의 존재라고 말한다. 동시경험은 이 하나됨이 얼마나 다양한 방식으로 드러나는지 보여 주는 동시에 어쩌면 우리가 사랑하는 사람을 도와주고, 그들과 헤어지고, 혹은 합치는 데 이것이 알게 모르게 모종의 역할을 할지도 모른다는 사실을 암시한다. 이것이 2장의 주제다.

> 🔍 **당신의 인생에 대해 생각해 보세요.** 당신과 멀리 떨어져 있는 사람의 고통을 느꼈던 적이 언제인가요? 방금 당신과 생각이 통했다며 알려 준 사람이 있었나요? 당신이 도움을 필요로 하던 바로 그 순간에 영문도 모르게 누군가 나타난 적이 있나요?

2장

CONNECTING
WITH
COINCIDENCE

짝을 찾다

Connecting
with
Coincidence

살면서 감행하는 모험 중 사랑의 설렘에 비견될 만한 것은 거의 없다. 노래와 시는 사랑의 신비와 고통을 절절히 노래한다. 영화와 소설은 마침내 이루어진 사랑과 끝내 잃어버린 사랑의 애타는 서사로 재미를 더할 때가 많다. 할리우드 영화나 동화는 대개 '그들은 그 뒤로 행복하게 살았답니다'로 끝난다. 하지만 때때로 삶은 이와는 완전히 반대다. 막 시작하는 로맨스는 가장 낙관적인 가능성을 향해 돌진한다. 갓난아이의 부모가 아이의 찬란한 미래를 상상하는 것처럼.

우리 대부분은 단 하나의 진정한 사랑을 꿈꾼다. 꿈꾸던 이상형과 딱 떨어지는 상대를 찾게 되면 사람은 삶에서 맛볼 수 있는 가장 극적인 이 우연에 대해 감사와 놀라움을 표한다. 로맨틱한 사랑이 이루어지려면 두 사람이 같은 장소, 같은 시간에 존재해야 한다. 서로를 봐야 하고 상대의 존재를 느껴야 한다. 서로를 만질 수 있어야 한다.

오래도록 지속되는 관계는 보통 어릴 적부터 시작되는 경우가 많다. 어쩌면 이 커플은 수년간 같은 생활 반경(고등학교, 대학, 직장 등)에서 활동하며 꾸준히 대화를 나누는 사이였을 수 있다. 그렇게 지내던 어느 날, 한 사람이 상대야말로 자신의 제일 친한 친구임을 깨닫게 된다. 그리고 서로의 마음이 통한다. 이들은 서로를 유기적으로, 근본적으로, 현실적으로 안다.

두 사람이 만나게 될 확률은 함께 알고 있는 친구나 지인들의 숫자와 직접적으로 관련이 있다.[1] 사회 연구가들은 이것을 '사회 근접성 효과social proximity effect'라고 부른다. 데이트 상대를 만나고 싶은 사람은 친구나 가족 등 두 사람을 모두 아는 지인을 통해 소개받는 경우가 많기 때문이다. 그렇게 만난 두 사람은 자리를 주선해 준 지인에 관해 이야기를 나눈다. 이 사람을 어떻게 알게 되었는지 이야기를 나누며 서로를 알아간다. 게다가 그렇게 관계망이 서로 겹친다는 건 결국 두 사람이 어떤 면에서는 이미 잘 어울릴 여지가 있다는 말이기도 하다.

온라인 소셜 네트워크의 매력이 점점 진화하는 요즘에는 얼굴을 마주보고 교류하는 사회적 네트워크의 기세는 많이 꺾였다. 하지만 병 주고 약 주듯이, 인터넷은 자신이 만든 문제를 해결하는 방안도 내놓았다. 바로 온라인 데이트다.

온라인 데이트 사이트는 만남의 기회를 대거 제공한다. TV 광고에는 완벽한 짝을 찾았다는 기쁨에 젖어 있는 커플이 햇빛과 달달한 음악에 파묻혀 등장한다. 하지만 현실과 학문적 연구가 합쳐지면서 이 아름다운 이미지에 금이 갔다. 왜? 데이트 상대를 찾는 사람들이 자신을 묘사할 때 나열하는 특성들이 사실은 두 사람 간의 화학 작용―둘만의 관계를 시작하게 만드는 그 특별한 감정―을 일으키는 데 딱히 도움이 되지 않기 때문이다.

온라인 데이트를 조사하기 위해 〈워싱턴포스트The Washington Post〉가 중매쟁이로 변신했다. 〈워싱턴포스트〉는 독자들에게 자사 신문의 유명 섹션인 '데이트 랩Date Lab'의 직원들이 개인적으로 데이트 상대를 연결시켜 줄 테니 인적 정보를 보내달라고 요청했다. 그들은 무수히 많은 질문을 던지고, 사진과 프로필을 받고, 자체적인 알고리즘과 직관을 사용해 사람들을 짝지어 주었다. 그렇게 연결된 운 좋은 커플들은 최고급 레스토랑에서 공짜로 식사를 했고, 참여자들은 데이트가 끝난 직후에 각각 보고서를 제출했다. 보고서는 대개 극찬이었다. 정말 잘 맞는 상대였고, 무척 재미있었고, 참 잘생겼고, 즐거운 저녁이었고, 훌륭한 사람이었다 등등. 하지만 그 이후에는? 그 이후로 다시 만난 사람들은 거의 없었다. 무언가 빠져 있었다. '이 사람이다!' 싶은 무언가가 일어나지 않았다. 이메일을 보내 데이트를 신청하고 이를 수락하게 만드는 짜릿함 말이다. 그들은 만났지만 인위적인 방식으로 만났다.

여론 조사 기관인 퓨리서치센터Pew Research Center의 2013년 조사에 따르면 결혼을 했거나 연애를 하고 있는 미국인 중 5퍼센트가 상대를 온라인에서 만났다. 인터넷 데이트가 폭발적인 인기를 끌기 시작한 2008년과 2013년 사이에 결혼을 했거나 연애를 하고 있는 사람들 중에는 약 12퍼센트가 온라인에서 상대를 만났다. 파트너가 될 사람을 고를 수 있는 디지털 도구가 넘쳐나고, 심지어 미국인 열에 한 명은 수많은 온라인 데이트 플랫폼 중 하나를 이용하고 있음에도 대다수의

관계는 여전히 오프라인에서 시작된다.[2]

어쨌든 만난 사람들은 있다. 짝을 맺어 주는 컴퓨터 알고리즘도 성과를 낼 때가 있다. 다만 사람을 만나는 일은 매력 넘치는 사진, 재기발랄한 자기소개, 완벽한 스펙의 전도유망한 미래보다 훨씬 근본적인 차원에서 결정된다. 더 많은 사람과 접촉할 때 우리는 다른 사람의 삶과 더 많이 접촉하게 되고, 자연히 나에게 특별한 그 '누군가'를 만날 가능성도 더 커진다.

| 기회 늘리기

'스피드 데이트'는 웹페이지보다 사람들을 직접 만날 기회가 많다. 스피드 데이트의 목적은 짧은 기간 안에 많은 사람을 만나는 것이다. 몇 분밖에 안 되는 시간 동안 참여자들은 자신들이 선택한 주제에 대해 대화를 나눈다. 이렇게 한 사람을 만나고 나면 그 사람을 다시 만나고 싶은지 여부를 적는다. 하루나 이틀이 지나 두 사람은 자신에게 매칭된 사람들과 연락할 방법을 안내 받는다.

여기서 핵심은 사람을 만날 기회가 많다는 점이다. 원하는 상대를 찾고 싶은 사람에게 스페인 집시가 건네는 조언이 있다. "분주하게 돌아다니는 개가 뼈다귀를 찾는다." 데이트 사이트와 스피드 데이트 모두 뼈가 묻혀 있을 수 있는 곳을 분주하게 돌아다닐 수 있도록 기회를 제공한다.

2012년, 〈뉴욕타임스The New York Times〉는 에드워드 콘래드라는 갑부 사업가를 소개했다. 그는 극단적일 정도의 이성적인 태도로 사람들과의 네트워킹에 임하는 사람이었다.

콘래드는 무자비한 수학적 논리를 거의 모든 것에 적용시킨다. 심지어 좋은 배우자를 찾는 일마저도. 그는 웃음기 하나 없는 진지한 얼굴로 인구학적 데이터를 활용해 자신이 살고 있는 지역에서 만날 수 있는 상대의 숫자를 계산해 보라고 말한다. 그런 뒤 이른바 '교정'을 위한 시간을 따로 갖는다. 이 기간에는 결혼 시장을 파악하기 위해 가능한 한 많은 사람을 만난다. 이후 본격적인 선택 단계에 돌입하게 되는데, 이때의 목표는 영원한 짝을 찾는 것이다. '교정' 기간에 만난 최고의 여성보다 더 잘 맞는 첫 번째 여성이 당신이 결혼해야 할 사람이다. 통계적 확률에 따르면 이 여성은 당신이 앞으로 만나게 될 어떤 사람보다도 당신에게 잘 맞는다. 콘래드는 이 시스템을 스스로에게도 적용시켰다.[3]

그의 방법은 비판의 여지가 많지만 그래도 이를 빌미삼아 그는 '분주하게 돌아다니며' 파티에 참여하고, 스피드 데이트를 하고, 웹사이트에 등록했다.

심혈관 검진 시험을 보기 위해 지역 병원에 있을 때 나는 혈관실험실 연구원과 대화를 나누게 됐다. 그녀는 철저하게 계획적인 삶을 살았다. 그 철저함과 꼼꼼함을 견디지 못한 남편이 떠나는 바람에 그녀는 곧 혼자가 되었고 짙은 외로움을 느꼈다. 다행히 좋은 친구가 있어서 그녀는 이 친구와 퇴근 후 매일 보고 주말에도 자주 만났다. 서로 무척 가까워졌지만, 사실 친구는 남자친구가 생기길 바랐다. 연구원은 자신만의 대단히 체계적인 방식으로 온라인 데이트 사이트들을 분석하여 매칭 방법, 비용, 질문의 깊이, 온라인 평 등에 근거해 각각 평가를 내렸고 그중 하나를 선택했다. 그런 다음 가장 적합해 보이는 남성들의 데이트 신청서에 답을 보냈는데, 어쩐지 하나같이 첫 번째 혹은 두 번째 만남에서 그녀와 자고 싶어 했다. 그녀는 천천히 상대에 대해 알아가며 신뢰를 형성하고 편해지길 원하는 쪽이었다. 그렇게 실망스러운 데이트를 할 때마다 그녀는 친구에게 하나하나 자세히 말해 주곤 했다.

연구원이 선택한 남자들을 보던 친구의 눈에 한 남자가 들어왔다. 친구는 그에게 연락을 했고, 남자가 마음에 들었다. 그리고 친구는 자신의 모든 자유 시간을 연구원이 아닌 이 남자에게 쏟기 시작했다. 두 달 만에 둘 사이에 결혼 얘기가 오갔다. 이 꼼꼼한 연구원은 짝을 찾지도 못했고, 데이트 사이트 때문에 제일 친한 친구마저도 잃어버렸다.

역시 배우자감을 찾고 있었던 친구는 본인의 인맥을 독특한 방식으로 활용해 짝과의 연결고리를 찾았다. 연구원은 절친들이 통상 감내해야 할 상황에 똑같이 처했다. 반려자가 나타나면 오랜 우정은 시들기 시작하지 않는가. 유명한 노래 가사처럼 '결혼식 종이 울리자 오랜 친구들도 끝이 났다.' 남겨진 친구들에게는 매우 슬픈 일이다.

연구원은 친구와 연락이 끊겼다. 하지만 두 사람의 관계가 꼭 그렇게 끝날 필요는 없었다. 그녀가 친구 부부와 연락을 계속 주고받으려고 했다면 친구의 남편은 어쩌면 미혼인 친구들을 소개해 줄 수 있었을지도 모른다. 이는 파트너를 찾을 수 있는 가능성의 범주를 키우는 일이다. 연구원은 이 가능성에 눈을 떴어야 했다. 친구는 연구원의 어깨너머로 자신이 직접 만들지 않은 통로에서 어떤 가능성이 나오는지 매의 눈으로 지켜보았다. 그리고 그 가능성이 자신의 눈앞에 펼쳐지자 바로 잡아챘다. 운은 준비된 자를 편애한다.

| 운은 준비된 자를 편애한다.

| 무작위성 늘리기

많은 사람들이 이 연구원과 같다. 매일을 똑같은 패턴으로 산다. 가던 가게에만 가고, 가던 헬스장에만 가고, 가던 길만 가고, 같은 친구의 집에만 간다. 매일의 일과가 동일하다. 똑같이 반복되는 일과는 편하다. 아이들에게는 체계적인 삶이 필요하다. 어른들은 고정된 틀 속에서 긴장을 푼다. 똑같은 일과는 일종의 안전지대를 형성한다. 하지만 파트너건, 아이디어건, 일이건, 자기 이해건, 지혜건, 더 건강한 몸이건, 친구건 어떤 것이건, 새로운 것을 추구하는 사람이라면 무질서 속으로, 안전지대 밖으로 몸을 던져야 새로운 기회를 얻을 수 있다. 무작위성randomness 속에서, 카오스 속에서, 심지어 위기 속에서 기회는 솟아오른다.

| 새로운 것을 추구하는 사람이라면 무질서 속으로, 안전지대 밖으로 몸을 던져야 새로운 기회를 얻을 수 있다. 무작위성 속에서, 카오스 속에서, 심지어 위기 속에서 기회는 솟아오른다.

반복되는 일상과 좁은 인간관계에서 벗어날 때 우연과 모험, 예상치 못한 상황으로 가는 문이 열린다. 스콰이어 D. 러쉬넬Squire D. Rushnell은 저서 『신이 당신에게 윙크할 때When God Winks at You(국내 출간 제목은 『하나님이 당신에게 윙크할 때』)』에서 캐런 골드의 이야기를 소개한다. 유명 모델이었던 캐런은 부자들의 구애를 받고 최상류층 사교계

인사들과 어울리며 화려한 뉴욕 생활을 누리고 있었다.[4] 동시에 그녀는 어린 두 자녀를 둔 이혼 여성이기도 했다. 어느 날 현실에 답답함을 느낀 그녀는 기분 전환을 위해 비행기에 올랐고 바하마의 프리포트로 향했다. 캐런은 호텔에 체크인한 후 택시를 불러 조용한 해변으로 갔고, 그곳에서 평화로운 파도와 바람, 뜨거운 태양을 누리며 한적함을 맛보고 있었다. 그런데 그때 시끄러운 버기카 소리가 고요함을 깼다.

프랑코 페란디 역시 바하마의 고급 호텔인 프린세스 호텔의 총지배인으로 이상적인 삶을 살고 있었다. 일터의 아름다운 환경 덕에 저녁 데이트 상대로 미모의 여성을 선택할 수 있는 기회가 끊이지 않은 데다, 이 잘생기고 매력적인 남성에게 매력을 느끼는 여성도 무수히 많았다. 하지만 캐런처럼 그의 동화 같은 삶 역시 점점 빛을 바래기 시작했다. 비번이었던 어느 날 그는 자신의 버기카에 올라 해변으로 내달렸다.

캐런을 본 것은 바로 그때였다. 그는 차를 멈추고 캐런에게 말을 걸었고 그녀는 이에 응했다. 둘 사이에 짜릿함이 흘렀다. 캐런은 자신에게 어린 자녀들이 있다는 사실을 밝혔고, 프랑코는 자신의 삶에 아이들이 있는 것도 좋겠다는 말로 이를 환영했다. 캐런은 크게 기뻐했다. 그로부터 30년이 훨씬 지난 후에도 두 사람은 함께였다. 장성한 자녀 셋을 둔 이들은 마서즈 빈야드에서 여름을, 겨울은 팜비치에서 보내며 여전히 동화 같은 삶을 산다. 그들의 로맨스는 두 사람이 바하마 프리포트의 같은 해변에 이끌리면서 시작되었다.

캐런이 충동적으로 달려간 로맨틱한 섬은 반려자가 아니라 며칠만 함께 지낼 상대를 찾기 위해 오는 경우가 더 많다. 그녀는 쳇바퀴처럼 반복되던 일상을 벗어나 색다른 일을 저질렀다. 그녀는 사랑의 기운이 공기 중에 떠도는 섬으로 갔다. 그때 캐런은 한 사람에게 정착할 준비가 돼 있었다. 때마침 프랑코 역시 자신의 일상을 깨고 나왔다. 하지만 그는 짧은 로맨스를 기대하고 잠깐 들른 관광객이 아니었다. 그 역시 특별한 사람을 맞이할 준비가 돼 있었다. 그는 바닷가에 자신을 기다리는 사람이 있음을 아는 것 같았다. 두 사람은 마치 이전에 데이트를 하기로 약속이나 한 듯이 만났다. 바로 그 시간, 바로 그 장소에서. 두 사람은 알았으나 안다는 바로 그 사실을 알지 못했다.

정신과 의사 로버트 홉케는 베스트셀러인 저서 『우연이란 없다 There Are No Accidents』에서 우연을 융 학파의 관점에서 살펴본다.[5] 그는 우연의 '비인과적' 특성, 즉 분명한 원인이 없는 것에 주목한다. 그는 의미 있는 우연과 연결된 강렬한 감정에 초점을 맞춘다. 감정 속에 담겨 있는 의미가 '비인과적인 연결 원리'가 된다. 우연의 두 요소(하나는 마음, 다른 하나는 환경) 역시 강렬한 감정과 연결돼 있는 원형이 활성화될 때 하나로 연결된다. 융이 말하는 원형은 감정과 경험의 흐름을 결정하는 보편적인 패턴이나 형태, 생각들이다. 가장 대표적인 원형이 모성이라는 관념이다. 사랑은 또 다른 원형이다.

홉케는 자신의 책에서 다음의 사랑 이야기를 소개한다. 피트와 메리는 캘리포니아 주 마린 카운티의 수영장 파티에서 처음 만났다. 두 사람은 서로에게 호감을 느꼈지만 각자 사귀는 사람이 있었다. 이름만 주고받은 두 사람은 그렇게 파티장을 떠났다. 메리는 파티 주최자로부터 피트의 전화번호와 주소를 어찌 받아내기는 했지만, 이후 남자친구와 함께 캘리포니아를 떠나 텍사스 주로 갔다. 피트는 가끔씩

파티 주최자를 만날 때면 자신과 마주친 그 '수영장' 여인에 대해 물으며 언제쯤 그녀와 사귈 수 있을지 알고 싶어 했다. 하지만 주최자는 피트가 사실 별 관심이 없다는 걸 알고 있었다. 그는 어떤 여성과도 꾸준히 관계를 이어나가는 법이 없었기 때문이다. 메리는 피트의 전화번호를 갖고 있지만 전화한 적은 한 번도 없었다.

몇 년 후 피트는 이모의 장례식에 참석하려고 샌프란시스코에서 라스베이거스로 향하는 비행기를 예약했다. 하지만 공항에 도착했을 때 짙은 안개 때문에 모든 비행기의 출발이 지연되고 있었다. 피트는 충동적으로 차를 빌려 라스베이거스까지 꼬박 9시간을 달렸다. 그렇게 가다가 모하비라는 사막 마을에 살고 있는 옛 친구가 떠올랐다. 그는 그 집에 들러 하루를 묵기로 했다. 하지만 안타깝게도 친구는 집에 없었고 그는 어쩔 수 없이 근처의 모텔로 들어갔다. 이 순간 피트는 모든 일을 너무 충동적으로 결정하는 자신을 비난했다. 계획도 세우지 않고 어떤 일도 꾸준히 하지 못하는 자신의 모습을. 그는 자신의 그런 면을 바꿔야 한다는 사실을 깨달았다. 그렇게 다짐하며 모텔 사무실로 들어가는 순간, 그는 메리와 마주쳤다. 그녀는 살 곳을 찾기 위해 샌프란시스코로 돌아가는 참이었다. 남자친구가 관계에 충실하지 않아 그와는 헤어진 상태였다.[6] 피트와 메리 둘 다 누군가와 진지하게 사귈 준비가 돼 있었고, 실제로 두 사람은 연인 사이가 됐다. 어떻게 이런 우연한 만남이 일어날 수 있을까? 두 사람은 자기들도 모르게 만남을 계획했던 것처럼 보인다. 우리에게는 일반적인 감각 너머로 세상을 파악하는 능력이 있을지도 모른다.

러쉬넬이 소개하는 멜라니 호만은 중요한 정보를 신비스러운 방식으로 알게 된 사람이다.[7] 그녀의 이야기는 감옥에서 썩고 있던 레이 마스터슨에게서 시작한다. 그는 마약에 취해 장난감 총으로 주차장에서 강도짓을 한 죄로 수감되었다. 1년간 다른 죄수들처럼 돼 보려고 애를 쓰기도 했지만 결국 그는 이곳에서 나가게 해 달라고 간절히 기도했다. 레이는 할머니 하티가 바늘로 작은 꽃무늬 수건을 만들던 것을 기억했다. 그리고 미시건 대학 풋볼 경기장과 그가 봤던 무수한 경기들, 풋볼 팀의 노랗고 파란 색깔이 생각났다. 주변을 둘러보는데 두 칸 떨어져 있는 감방에 수감자가 널어놓은 줄무늬 양말 한 켤레가 보였다. 그 양말은 노란색과 파란색이었다. 갑자기 그의 머리에 어떤 생각이 떠올랐다. "도둑…… 더 이상 훔치지 않는다…… 손으로 쓸모 있는 일을 해 본다……."

레이는 감옥에서 지급하는 반짇고리로 하티 할머니를 흉내내 노란색과 파란색으로 'M'자를 수놓았다. 곧 다른 수감자들이 옷을 주며 다른 상징들을 수놓아 달라고 요청했다. 할리 로고, 푸에르토리코 국기, 대학과 스포츠 팀들의 상징 등등. 나이 많은 수감자로부터 인상파 그림에 대한 책을 받은 뒤에는 『성경』의 한 장면, 셰익스피어 극의 한 장면, 노래를 들으며 떠올린 이미지, 자기 삶에서 영감을 얻은 그림들을 계속해서 수놓았다. 감옥에서 2시간 정도 떨어진 뉴욕 알바니에 살던 여동생이 레이의 작품 몇 점을 전시회와 가게에 가져갔고, 일부는 팔기도 했다. 그는 전율을 느꼈다. 그다음 레이는 자신의 삶에 여자가 생기기를 기도했다.

누군가 막 그의 삶에 들어갈 채비를 하고 있었다. 역시 알바니에 살고 있던 멜라니 호만은 수년간 우울과 절망과 술독에 빠져 살다가 더 이상 안 되겠다는 생각에 '익명의 알코올 중독자 모임Alcoholics Anonymous, AA'•에 나가기 시작했다. 모임에서 쏟아지는 주목을 불편해하는 그녀를 어떤 여성이 알아보고 친구가 되어 주었다. 그녀는 다음 단계에 대해 함께 얘기해 보자며 멜라니를 집으로 초대했다. 그 집에 들어간 순간을 멜라니는 이렇게 회상한다. "제 눈이 방을 가로질러 작은 액자에 꽂혔어요. 너무나 이상했지요. 다른 모든 것은 다 녹아 없어진 것 같았어요. 제 눈에는 오직 그 작품만이 보였거든요. 실제로 아찔함이 느껴질 정도였습니다."

그 친절한 여성은 바로 레이의 여동생이었다. 멜라니는 레이와 편지를 주고받기 시작했고, 작품 판매를 도왔으며, 그를 직접 만나러 갔다. 3년 후 두 사람은 결혼해 아이 둘을 낳았고 자녀 셋을 길렀다(멜라니에게는 이전 결혼에서 얻은 아이가 하나 있었다).

기도는 의식을 변성시켜 창조성이 흘러나올 수 있는 새로운 마음 상태를 만들 수 있다. 교도소에서 나가게 해 달라는 레이의 기도는 그를 과거로 보내 감옥에서 나갈 수 있는 실마리를 보여 주었다. 그는 할머니와 미시건을 기억해 냈고, 그다음 양말 한 켤레를 보았다. 그의 생각이 주변 상황과 맞아떨어지며 창조적인 우연을 만들었다. 러쉬넬은 여자를 만나게 해 달라는 레이의 기도에 신이 응답한 것이라고 생각한다. 하지만 러쉬넬이 제시하는 세세한 정보들을 살펴보면 또 다른 설명이 가능하다. 레이의 여동생은 오빠가 연인을 만나고 싶어 한다는 사실을 알고 있었다. 그녀는 레이의 상대가 될 수도 있는 사람을

• 1935년 미국 시카고에서 시작된 알코올 중독자 모임.

발견해 집으로 초대했다. 멜라니는 자신의 일상에서 벗어났고(알코올 중독자 모임에 참석했다), 낯선 사람의 호의에 과감히 자신을 맡겼다. 기존의 패턴에서 벗어나면 우연을 마주칠 가능성이 커진다. 멜라니는 레이의 작품에서 직관적으로 그리고 본능적으로, 자신의 짝이 될 영혼을 보았다. 그녀는 알고 있었지만 자신이 안다는 사실을 알지 못했다. 마찬가지로 멜라니도 누군가를 사귈 준비가 되어 있었기 때문에 자신을 뼛속까지 뒤흔들어 놓은 작품을 만든 이에게 먼저 편지를 쓸 수 있었다.

기존의 패턴에서 벗어나면 우연을 마주칠 가능성이 커진다.

나는 종교를 가진 과학자로서 심리과학이 이해하려는 원리들이 결국 우리가 신이 주신 능력을 자신과 타인의 삶의 방식에 영향을 끼치기 위해 사용하는 원리와 같다고 생각한다. 원리를 파악하기 위해 내가 제일 먼저 주목한 곳은 개인이 영향력이 미칠 수 있는 영역, 즉 우리의 인식 가능성과 행동 가능성이다.

다른 사랑 이야기들도 별반 다르지 않다.

제리가 리타를 만난 것은 운 덕분이다. 1970년 1월, 제리는 돌아가신 아버지가 근무하던 대학에서 마련한 추모회에 참석한 뒤 비행기를 타고 로스앤젤레스로 돌아가고 있었다. 사실 그 전날에 가야했지만 일정을 하루 미루고 베트남 전쟁을 반대하는 대규모 시위로 곧 교도소에 가게 될 친한 고등학교 동창을 만났다. 비행기는 시카고를 경유하는 노선이었다. 6개월 뒤 순환기내과 펠로십도 끝나고 그 이후에 특별한 계획도 없었다. 시카고에서 탑승했을 때 제리의 자리는 통로 쪽이었다. 어느 매력적인 여성이 제리가 앉은 열의 창가에 앉았다. 둘 사이에는 아무도 앉지 않았다. 두 사람은 인사를 나눴고, 리타는 사별한 어머니가 이번에 재혼하셨다며 일리노이 주 에반스톤에서 열린 결혼식에 참석하고 로스앤젤레스로 돌아가는 길이라고 했다. 비행 내내 둘 사이에는 대화가 끊이지 않았지만 비행기가 착륙할 즈음 리타는 집까지 태워주겠다는 제리의 제안을 거절했다. 둘은 전화번호만 교환했다. 공항에 도착하자마자 리타는 제리에게 작별 포옹을 하고선 자신의 전화를 기다려 달라고 부탁했다. 헤어질 준비를 하고 있는 애인이 있어서 그 관계를 먼저 정리해야 한다고 했다. 리타의 중간 이름은 테레사였다. 제리의 어머니 이름 역시 테레사였다. 이탈리아에 살던 아버지의 여자친구 이름도 리타였다. 어렸을 적 아버지는 마음에 드는 여자는 무조건 '리타'라고 부르곤 했다. 제리는 이러한 연결고리가 의미심장하게 느껴졌지만 그렇다고 리타와의 만남을 운명이라고 확신할 정도는 아니었다. 그녀에 대해 더 많은 것을 알아야 했다. 리타는 얘기했던 것처럼 남자친구와 결별하고 2주 후, 제리에게 전화를 걸었다. 로맨스와 오해로 점철된 우여곡절의 시기를 지나자 제리는 리타가 따뜻하고 사랑이 많으며 자신을 정말로 좋아해 주는 사람임을 알게 됐다. 그녀는 진심으로 제리와 함께 있고 싶어 했다. 1973년 두 사람은 결혼식을 올렸다.

　제리와 리타는 어떻게 그 자리에 '배정'됐을까? 수년간 제리는 아버지가 두 사람을 나란히 앉혀 주었다고 생각했다. 정말로 '하늘이 맺어 준' 인연이라고 말이다. 또는 추도식에 참석하고 고등학교 친구를 만나는 등, 사람들에게 예를 다한 행위가 두 사람을 이어주는 데 한몫했을지도 모른다. 제리는 고등학교 친구를 만나려고 돌아가는 비행기를 하루 늦췄다. 자리는 어떻게 결정된 걸까? 비행기 표를 끊을 때 당신이 할 수 있는 것이라곤 창가 혹은 통로 쪽 자리를 달라고 말하는 게 다다. 이들이 자기도 모르게 알고 있었던 건 과연 무엇인가?

지금에 와서야 제리는 이 만남에서 각자의 역할이 생각 이상으로 컸다고 믿는다. 당시 그는 시기적으로 다양한 가능성을 열어 두고 있었다. 의사 수련을 마무리하던 시점이었고, 그래서 괜찮은 수준의 월급을 받을 수 있었고(그는 예전부터 경제력을 결혼의 전제 조건으로 중요하게 생각했다), 전국 어디에서건 취직할 수 있었다. 리타는 만족스럽지 못한 연인관계를 청산하려던 참이었다. 제리와 리타가 만났을 때 둘은 중대한 가족 행사—아버지의 추모회와 어머니의 두 번째 결혼식—를 치뤘던 터라 감정이 고조된 상태였다. 게다가 두 사람은 문자 그대로 변화의 시기를 지나고 있었다. 좁게는 비행기를 타고 한 장소에서 다른 장소로 이동 중이었고, 넓게는 인생의 한 국면이 끝나가는 상황이었다. 변화의 시기에는 새로운 가능성의 문이 활짝 열린다. 이들은 준비가 돼 있었고, 삶의 사건에서 비롯된 감정이 멍석을 깔아 주었다. 하지만 같은 비행기에 나란히 배정된 자리라니? 두 사람은 자신에게 주어진 선택의 기회를 붙잡을 만큼 깨어 있었지만 세부 사항의 미스터리는 여전히 풀리지 않는다.

> **Q** 당신에게 중요한 사람 혹은 사람들을 어떻게 만났습니까?
> 그 사람(들)과의 만남을 어떻게 설명하겠습니까? 통상적인 설명으로 충분합니까? 아니면 그것만으로는 설명되지 않는 무언가가 더 있습니까? 그 '무언가'는 무엇입니까?

| 도구적 우연

둘의 자리는 어떻게 배정되었을까? 확률? 무작위적인 운? 아니면 신성의 개입? 나는 개인 스스로가 이러한 결과를 내는 데 한몫한다고 믿는다. 이제야 조금씩 밝혀지는 어떤 방식들로, 우리는 스스로 인지하지 못한 채 삶의 방향을 움직이고 있다. 우리의 욕구가 우연을 만든다. 나는 이런 우연을 '도구적 우연'이라고 부른다. 이는 우리가 사람이나 해결책, 유용한 정보나 새로운 가능성을 찾는 데 도움을 주는 우연이다.

앞서 소개한 이야기 속의 인물들은 자신이 어떤 사람을 만나게 될지 의식적으로 알지 못했다. 하지만 미래에 조우할 연인을 어느 정도 의식적으로 인지했던 사람들에 대한 이야기를 찾을 수 있다면, 실제로는 굉장히 많은 사람들이 자신이 누구를 만나게 될지 '알지만' 자신이 안다는 사실을 의식하지 못할 뿐이라는 생각에 힘이 실릴 수 있다.

조셉 자보르스키Joseph Jaworski가 그런 이야기의 주인공이다. 당시 시카고의 오헤어 공항에서 비행기를 타기 위해 달려가고 있던 그는 맞은편에서 걸어오는 '아주 아름다운' 젊은 여성을 보게 됐다. 그녀가 자신을 스쳐 지나갈 때, 조셉은 멈춰 서서 그녀의 눈을 쳐다보았다. "압도적으로 멋진 눈이었다." 그는 이 여성을 안다고 확신했다. 바로 그 순간 그는 그녀와 함께하는 미래를 보았다. 조셉은 달려가 그녀를 붙잡았다. 항공사 직원에게 댈러스행 비행기 표를 막 건네려는 그녀를 멈춰 세우고 지금 꼭 당신과 이야기하고 싶다고 고집을 부렸다.

"결혼하셨어요?" 조셉이 물었다.

"아니요, 당신은요?"

"당연히 안 했습니다."

그는 그녀에게 전에 만난 사이 같다고 말했다. 물론 두 사람은 초면이었다. 그는 이름과 전화번호를 알려 달라고 했고, 그녀는 전혀 망설이지 않고 알려 줬다. 후에 자보르스키는 마비스와의 첫 만남에 대해 다음과 같이 썼다. "나는 그녀에게서 어떤 따스함을 느꼈다. 그녀의 눈과 마주쳤을 때, 일종의 거룩함마저 느꼈다. 나는 이 사람 외에는 아무 것도 중요하지 않다는 심정으로 그녀를 쫓아갔다. 이를 어떻게 설명해야 할지 모르겠다. 아주 신비로웠다. 그렇지만 이 느낌은 사랑이었다."

두 사람은 1년도 채 지나지 않아 결혼했다. 이후 두 사람의 삶에 대해서는 그의 저서 『동시성: 리더십의 내적 여정Synchronicity: The Inner Path of Leadership(국내 출간 제목은 『리더란 무엇인가』)』에 자세히 나온다. 첫눈에 반한 사랑. 그도, 그녀도, 바로 그 찰나에 안 것 같았다.[8]

> **어떤 우연은 지금 당장 잡아야 합니다!**
> 사람, 생각, 혹은 물건과 관련해 재빠르게 행동한 적 있습니까?
> 누군가 우연한 상황에서 당신을 붙잡은 적이 있나요?

우연한 만남을 미리 아는 사람들도 있을까? 누군가는 미래의 연인을 미리 볼 수 있을까? 머릿속으로 본 사람을 현실에서 만나게 되는 그런 일은 로맨틱한 우연 중에서도 가장 극적인 형태일 것이다.

줄리아 알타마르가 결혼할 남자를 어떻게 알게 되었는지 들어 보자.

아주 생생한 꿈이었어요……. 그 꿈속에서 저는 한 남자를 만났습니다. 희끗희끗한 머리에 잘생긴 남자였고 저보다 몇 살 더 많았어요. 다음날 저는 그 남자가 어떻게 생겼는지 엄마에게 아주 자세하게 묘사했고 이 사람과 결혼하겠다고 말했죠. 하지만 전 그 사람이 누군지 몰랐어요. 그 꿈의 또 다른 내용은 엄마와 제가 아래층을 고치기로 결정한 것이었어요. 제가 본가에 들어가서 살면 엄마에게 여러모로 도움이 된다면서요. 그런데 2주 후에 꿈속의 남자를 만났어요. 꿈속에서 만난 그 사람과 완전히 똑같았죠. 제가 어디 사는지 묻길래 말해 주었고, 이번에는 제가 똑같은 질문을 던졌어요. 그런데 그 사람이 대답도 하기 전에 제가 '알아요'라고 말해 버린 거예요. 그리고는 거리 이름, 살고 있는 아파트 단지 이름, 동, 호수 등을 줄줄 읊었어요. 그 사람이 아무 말도 못한 채 그 자리에 우두커니 서 있더군요. 저는 처음 만난 사람한테 너무 무례한 얘기를 했다는 걸 깨닫고는 놀라서 바로 사과하고 막 웃기 시작했죠. 너무 죄송하다고, 사실 당신이 어디에 사는지 전혀 알지 못하고, 왜 그런 말이 불쑥 튀어나왔는지도 잘 모르겠다고요. 그런데 그때까지 한 마디도 하지 않던 그 사람이 손에 들고 있던 지갑에서 운전면허증을 꺼내서는 제 손에 쥐여 주는 거예요. 바로 그 순간, 정적이 흘렀습니다. 그 사람의 주소가 제가 말했던 것과 정확히 일치했거든요. 우리는 어떤 경이로움에 휩싸였습니다. 두 달 후 우리는 결혼했고, 1년이 채 되기 전에 친정집의 아래층을 수리해 들어갔습니다.

알타마르는 이 관계의 시작에 대해 다음과 같이 얘기한다.

우리가 사는 세상에서는 이런 꿈을 꾸고, 실제로 그 꿈이 그렇게 이루어진다면 사람들은 그걸 머리로 이해하려 하기보다는 운명(혹은 이미 운명이 나타났다고)이라고 생각하지 않나요. 당시 나는 사귀고 있는 사람도 없었고 아들도 아직 어렸습니다. 그 사람도 역시 아들과 살고 있었고요. 처음부터 우리 사이에는 어떤 끌림이 있었고, 눈 깜짝할 사이에 우리는 결혼을 했습니다. 만난 지 얼마 되지 않았지만 우리는 아주 오래도록 알고 지낸 사람같이 느껴졌고 실제로 한동안은 결혼 생활에 만족하며 잘 살았습니다. 무슨 이유에서건 우리는 부부가 될 운명이었던 거죠. 옳고 그름을 떠나 제 삶의 많은 부분이 이런 식으로 이루어졌습니다.

결혼 생활은 몇 년 후 끝이 났다. 결혼은 예지몽이나 기이한 우연으로 시작될 수 있을지라도 계속 이어지려면 서로 간의 신뢰와 헌신, 돌봄과 일관성이 필요하다. 우연은 새로운 문을 열고, 가능성을 북돋고, 우리를 더욱 중요한 인연과 맺어 준다. 하지만 결혼이라는 테두리 안에서 부부가 관계를 이어나가려면 양측 모두가 그렇게 하겠다고 결정을 내려야 한다. 알타마르와 이 남성의 결혼 생활은 한동안은 두 사람 모두에게 도움이 되는 것 같았지만 어느 순간부터는 서로에게 좋지 않았다. 두 사람은 헤어지고 각자의 길을 가야 했다. 많은 관계가 삶이라는 여정에 일시적인 도움을 주고 사라진다.

일부 사람들은 두 사람의 결혼 생활이 끝까지 유지된 게 아니므로 알타마르가 자신의 미래를 본 것은 '진짜 우연'이 아니라고 반박할 수도 있다. 하지만 죽음이 갈라놓을 때까지 헤어지지 않는 관계만이 운명이라고 말할 수는 없는 법이다. 이후 재혼한 알타마르에게 이 짧았던 결혼 생활은 분명 도움이 되는 여정이었다.

미래의 부인을 한눈에 알아본 자보르스키나 꿈속에서 미래의 남편을 본 알타마르처럼 우리들 역시 인생에 누가 등장할지 알지만 안다는 사실을 스스로 인식하지 못하는 게 아닐까. 결국은 미래에 관한 정보를 담은 무의식을 믿을지 여부에 너무나 많은 것들이 달려 있다. 알타마르는 자신의 직관을 믿을 수 있었다. 많은 경험들을 통해 대다수의 과학자가 받아들이지 못하는 방식으로도 세상을 알 수 있음을 이미 알았기 때문이다. 기존의 과학적 사고는 이런 앎을 받아들이는 데 있어서만큼은 일반 대중들보다 뒤쳐졌다.

| 결정에 쐐기를 박는 우연

누군가와 깊은 관계를 시작한다는 건 때로 두렵다. 많은 사람들이 그에 따르는 불확실성 때문에 결정을 내릴 때 우연으로 확신을 얻고자 한다.

러쉬넬이 소개하는 크리스토퍼와 마리온의 이야기가 대표적이다. 두 사람은 함께 살고 싶었지만 각자 고통스러운 이혼을 겪은 지 얼마 되지 않았기에 다시 깊은 관계를 시작하는 것에 매우 조심스러웠다. 게다가 크리스토퍼는 샌프란시스코에, 마리온은 오하이오의 영스타운에 살고 있었다. 어떻게 하면 일도 하고 가정도 돌보면서 같이 있을 수 있을까? 마음은 결혼에 끌렸지만 그것이 과연 옳은 일일까? 그저 외로움에서 탈출하고 이혼의 괴로움을 빨리 잊고자 결혼을 서두르고 싶은 것일까? 크리스토퍼는 농담처럼 어떤 징조가 필요했다고 말했다.

어느 날 크리스토퍼는 멍하니 서재를 쳐다보며 서 있다가, 책 한 권에 시선이 꽂혔다. 바로 『예언자The Prophet』로 유명한 칼릴 지브란 Kahlil Gibran의 『사랑의 본성The Nature of Love』이었다. 그는 별 생각 없이 책을 펼쳤고, 이런 구절을 읽었다. "당신의 마음을 주어라, 하지만 그 마음은 서로의 소유물이 아니다. 오로지 삶의 손만이 당신의 마음을 가질 수 있다." 그에게 이 말은 서로에게 마음을 주되 한 마음으로 신에게 헌신하라는 말로 들렸다.

그는 마리온에게 전화해서 큰 소리로 이 구절을 읽어 주었다. 그녀는 잠시 말이 없더니 이렇게 말했다. "크리스토퍼, 내 말을 믿기 힘들겠지만 지금 내 무릎 위에 놓인 책이 그거야. 거기서 내가 유일하게 읽은 부분이 바로 당신이 읽어 준 그곳이고!"[9]

그들은 징조를 찾았고 곧 발견했다. 이 의미 있는 우연이 발생한 상황에는 우연의 일반적인 특징들이 여럿 포함돼 있다. 두 사람은 무언가를 찾고 있었고, 감정이 고조된 상태였고, 변화의 시기를 지나고 있었다. 이 조건 하나하나가 우연을 창조하는 데 기여했을 것이다. 또한 크리스토퍼는 자신이 특별한 이유 없이 서재 앞에 '멍하게' 서 있었다고 보고했다. 바로 변성된 의식 상태로 들어간 것이다. 변성된 마음 상태는 우연을 더 잘 알아차리게 도와주고 우연을 만드는 데도 일조하는 듯하다. 그리고 그는 '무작위로' 책을 펼쳤는데, 이 또한 우연을 만드는 데 도움이 되는 행위다.

> 변성된 마음 상태는 우연을 더 잘 알아차리게 도와주고 우연을 만드는 데도 일조하는 듯하다.

같은 순간에 같은 책을 읽은 크리스토퍼와 마리온의 경험은 일종의 동시경험처럼 보인다. 멀리 떨어져 있던 두 사람은 의식하지는 못했지만 같은 감정을 느꼈다. 이 우연을 그저 신기한 일로만 치부하고 넘어갈 수도 있겠지만 다른 방향에서 생각해 볼 수도 있다. 진지한 관계를 두려워하던 두 사람은 자신들의 결정이 옳다고 말해 줄 외부의 징표가 필요했다. 모하비 사막의 모텔에서 만났던 사람들처럼 이들 역시도 같은 책의 같은 구절을 읽는 상황을 자신들이 마련했으되 그 사실을 알지 못했던 것 아닐까. 직접 창조한 징조에 자기들이 놀란 두 사람은 꼭 하고 싶었던 일, 즉 결혼을 감행하기 위해 이 징조를 핑계 삼을 수 있었다.

그리고 그들은 결혼을 했다. 같은 책을 동시에 읽었다는 것은 이 두 사람이 실제로 얼마나 깊이 연결되어 있었는지를 증명한다. 하지만 이야기는 여기서 끝나지 않는다. 3주 후 펜실베이니아 주 웨스트민스터의 작은 교회에서 둘의 결혼식이 리허설도 없이 시작됐다. 그런데 식 중간에 읽으려고 목사가 직접 고른 글이 바로 칼릴 지브란의 저 문장이었다!

어떻게 이런 일이 일어날 수 있을까? 그들은 목사에게 왜 그 글을 골랐느냐고 물어보지 않았다. 둘 다 상대가 목사에게 그 부분을 읽어 달라고 부탁했겠거니 짐작했다. 이 우연은 설명하기가 더 어렵다. 목사의 이러한 독자적인 선택은 두 사람의 결정에 더욱 강한 확신을 실어 주었다. 그는 이 구절의 의미를 부부에게 각인시켰다.

의미 있는 우연이 결혼을 결정하는 데 힘을 실어 주는 이야기는 이타 핼버스탬Yitta Halberstam과 주디스 레벤탈Judith Leventhal의 저서 『작은 기적들Small Miracles』에도 나온다.[10] 캐롤은 남편이 서른다섯 살의 나이로 죽었고 밥은 아내가 차 사고로 운명을 달리했다. 홀로 외롭게 수년을 보낸 두 사람이 만나 결혼을 했고, 이들은 서로의 존재를 귀하게 여기며 살았다. 하지만 과거를 대하는 태도는 서로 달랐다. 밥은 터놓고 이야기를 하고 싶어 했고, 캐롤은 잊고 싶어 했다. 10년간은 캐롤의 방식대로 침묵했지만, 마침내 그녀는 전 남편인 랠프를 기억하고 밥의 아내에 대해서도 제대로 알아볼 때가 되었다고 생각했다. 그녀는 신혼여행에서 찍은 사진들을 꺼냈고, 그중에는 프랑스 루르드 여행에서 찍은 것도 있었다. 밥과 그의 첫 번째 아내 역시 루르드에 간 적 있었다. 함께 사진을 보고 있는데 밥의 시선이 갑자기 멈췄다. 그가 뚫어지게 쳐다보고 있던 것은 캐롤과 랠프, 그리고 그들 뒤에 있던 커플이었다. 마치 캐롤과 랠프와 함께 포즈를 취하는 것처럼 찍혀 있던 그 커플은 바로 밥과 그의 첫 번째 아내였다.

자신들이 과거 같은 시간, 같은 장소에 존재했었다는 사실은 캐롤과 밥에게 이 인연이 필연이라는 믿음을 더욱 강화시켰다. 카메라의 셔터가 그 기막힌 순간에 눌리지 않았더라면 두 커플의 삶이 교차하는 순간은 그대로 사라졌을 것이다. 전혀 계획한 게 아닌데도 두 커플은 같은 시간, 같은 장소, 같은 프레임 안에 존재했다. 어쩌면 당시의 캐롤과 밥은 의식적으로는 몰랐을지라도 미래에 일어날 일을 어느 정도는 알았기 때문에 루르드라는 이 성스러운 치유의 공간에서 자석처럼 서로를 끌어당겼을 수도 있다. 이제 두 사람은 자신들이 만날 인연이었음을 한층 더 확신하게 되었다.

연구 참가자가 들려준 이 이야기는 모두가 '아니다'를 외칠 때, 한 개인의 결정을 뒷받침하는 데 우연이 어떻게 사용되는지를 잘 보여준다.

> 외할머니가 돌아가신 직후 저는 남자친구와 함께 집으로 갔어요. 도착해서 차에서 내리는데 '우리(참가자와 할머니)'의 노래가 흘러 나왔죠. 마치 할머니가 네 남자친구가 진짜 마음에 든다며 응원해 주시는 것 같았어요. 할머니는 부모님이 그를 썩 마음에 들어 하지 않는다는 걸 아시는 분이었기 때문에 이 순간이 저에게는 의미가 컸죠.

때마침 할머니와의 추억이 담긴 노래가 나타난 이 짧은 우연은 그녀가 남자친구와의 관계를 더욱 확신하게 된 계기가 되었다. 이후 이 둘 사이가 어떻게 됐는지는 모른다. 애매모호한 지점은 남아 있다. 어쩌면 그녀의 부모님이 옳았을 수도 있고 아닐 수도 있다. 그녀는 우연을 통해 자신이 원했던 것을 취했다. 할머니가 진짜로 두 사람의 관계를 허락한 것일까? 우연을 해석할 때는 주의를 기울여야 한다. 우연 이야기를 쓰는 대부분의 작가들은 우연이 당사자에게 얼마나 긍정적인 영향을 끼치는지를 강조한다. 하지만 이 여성이 우연을 그렇게 해석한 것은 틀렸을 수도 있다. 그녀가 노래를 징조로 받아들인 것은 본인 스스로 품고 있던 관계에 대한 의심을 잠재우기 위해서였을 수도 있다. 우연이 제시하는 것은 가능성이지 확실성이 아니다. 우연을 해석하는 책임은 각자의 몫이다.

> **우연이 제시하는 것은 가능성이지 확실성이 아니다. 우연을 해석하는 책임은 각자의 몫이다.**

누가 봐도 연인과의 관계에 확신을 갖기 위해 무의식적으로 우연

2장 짝을 찾다

을 만들어 낸 게 맞는데도 당사자는 정작 이를 잘 보지 못한다. 다음 이야기의 주인공이자 우리 연구 참가자인 이 여성이 그러했다.

> 남편과 사별한 뒤 그 주에 있었던 일을 되짚어 보는데 정말 많은 의미 있는 우연들이 꼬리를 물고 이어져 그 순간에 이르게 되었음을 알겠더군요. 가령 남편의 생일이 수요일이었는데, 바로 그날 교통 사고가 났어요. 그는 다음날 죽었고요. 데이트를 다시 시작했을 때 죽은 남편이 어떻게 생각할까 마음속으로 많이 걸리더군요. 하루는 그의 무덤에 가서 풀을 베다가 실수로 결혼 반지를 낀 손가락을 베었어요. 상처가 꽤 심해서 응급실에 갔고, 의사들은 치료를 위해 반지를 뺐습니다. 남자친구와 저는 이 사건을 우리의 관계가 깊어져도 된다는 신호로 받아들였습니다.

그녀가 손을 벤 것은 자신 때문이다! 하지만 그녀는 의사들이 반지를 뺀 게 죽은 남편이 보낸 신호라고 생각했다. 이렇듯 당사자가 직접 우연을 만들어 놓고는 정작 인지하지 못한다는 사실을 많은 사랑 이야기들이 보여 준다.

> 🔍 앞으로 누군가와 사귈 것이라거나 미래에 누군가를 신뢰해야 함을 암시하는 우연을 경험한 적이 있나요? 우연은 그저 로맨스라는 테이블의 한 자리를 당신에게 마련해 줄 뿐이라는 사실을 명심하세요. 우연은 최종 결정자가 될 자격이 없습니다.
>
> 당신이 무의식적으로 만들어 낸 우연들을 찾아보세요.

| 삼각관계

이루어질 수 없는 관계 속에서 오히려 불타오르는 사랑도 있다. 어쩌면 프로이트와 그의 학파 사람들이 주장하는 오이디푸스 콤플렉스와 엘렉트라 콤플렉스•는 맞는 말일 수도 있다. 이렇게 강렬한 삼각관계는 기이하고 문제가 되는 우연을 촉발시킬 수도 있다.

> 이루어질 수 없는 관계 속에서 오히려 불타오르는 사랑도 있다.

1942년 아카데미 수상작 〈카사블랑카Casablanca〉는 삼각관계와 극적인 우연을 중심으로 이야기가 전개된다. 나이트클럽 오너인 릭(험프리 보가트 분)은 헤어진 연인과의 추억이 담긴 노래를 듣는다. 릭이 고개를 들었을 때, 공교롭게도 바로 그 여인이 남편과 함께 나타난다. 릭은

• 어린 소년과 소녀는 한쪽 부모의 사랑을 차지하기 위해 다른 쪽 부모와 경쟁하며, 이 갈등은 성인이 되어 그대로 재현된다는 가설이다.

이렇게 말한다. "그 많고 많은 나라, 그 많은 도시의 그 많은 술집을 놔두고 그 사람이 내 술집으로 들어오는군." 이 우연을 시작으로 이야기는 풍성해진다.

영화에서만 일어나는 일은 아니다. 한 외과 의사가 아주 걱정스러운 표정을 지은 채 내 사무실로 급히 들어왔다.

전 결혼한 사람입니다. 아이들과 아내를 사랑하지요. 하지만 어떤 우연이 내 앞에 나타났고, 전 가족이 고통받을 수 있다는 걸 알면서도 그 기회를 잡아버렸습니다. 집을 떠나기 전에 아내와 심하게 다퉜습니다. 아내는 내가 가버리게 돼서 얼마나 즐거운지 모른다며 못을 박았죠. 전화 걸 생각은 하지도 말라고 하더라고요. 학회가 열리는 동안 레스토랑에 앉아 술을 한잔 하는데 제가 참 처량하고 외로운 거예요. 그런데 그때 고등학교 시절 여자친구가 레스토랑으로 들어왔습니다. 수년간 보지도 못하고 연락도 안 되던 사람이었습니다. 제가 아는 거라곤 여기서 수백 킬로미터 떨어진 곳에 산다는 것뿐이었어요. 그녀가 왜 거기에 온 줄 아십니까? 다른 학회에 가는 길이었답니다! 최근에 저는 그 사람에 대한 생각을 자주 했고, 그녀 역시 제 생각을 했었노라고 말하더군요. 우리는 함께 술을 몇 잔 기울였고, 나머지 일은 말하지 않아도 아시겠지요. 당신께 이 얘기를 하는 건 이렇게라도 해서 제가 폭주하는 걸 막고 싶어서입니다.

이 이야기는 서로 만나고 싶었으나 그러면 안 된다는 사실을 아는 두 사람이 무의식적으로 데이트를 주선한 것으로 들린다. 의도적인 게 아니었다고 생각함으로써 이들은 우연을 핑계로 만남을 정당화할 수 있었다. 이들은 만남에 따른 책임을 질 필요가 없었다. 뜻밖의 행운인 '세렌디피티serendipity'가 만남을 주선해 주었기 때문이다. 이 떳떳하지 않은 재회에 자신이 일조했음을 알고 이를 온전히 책임지는 것은 무척 두려운 일일 수 있다(내가 지금 배우자와 함께 있는 게 그렇게 불행한가? 내게 그런 정도의 힘이 있나?).

하지만 이 의사는 만남 이후에 일어난(혹은 일어나지 않은) 일의 책임은 본인에게 있다는 사실을 알았다. 나는 그가 결국 어떤 선택을 했는지 모른다. 그저 가족과 본인을 위해 옳은 선택을 했기를 바랄 뿐이다.

이 이야기가 보여 주듯 어떤 우연들은 윤리적이고 도덕적으로 옳지 않기 때문에, 혹은 가족에게 고통을 주기 때문에 반드시 거부해야 할 유혹의 형태를 띤다. 만일 의사가 그 기회를 잡는다면 종착역은 결국 불륜인데, 그것이 설령 그에게는 논리적 결말로 보일지라도 가족들에게는 큰 고통을 야기할 수 있다. 그는 소란스러운 결말을 감당할 준비가 되었는가? 이 이야기는 우연을 해석할 때 우리가 얼마나 조심해야 하는지를 잘 보여 준다. 세렌디피티의 순간을 맛보았다고 해서 언제나 행동으로 옮겨야 할 필요는 없다. 우리는 우연의 의미와 목적이 무엇인지 현명하게 결정할 수 있어야 한다.

> 어떤 우연들은 윤리적이고 도덕적으로 옳지 않기 때문에, 혹은 가족에게 고통을 주기 때문에 반드시 거부해야 할 유혹의 형태를 띤다.

우연 중에는 쓸모를 파악하기 어려운 것들도 있다. 한 환자(앞으로 오데트라고 부르겠다)는 내가 우연에 관심이 많은 걸 알고 남자친구인 모리스와 관련된 우연이 가지는 의미를 찾게 도와달라고 부탁했다.

어제 선생님 상담실에서 막 나갈 때였어요. 모리스에게서 부재중 전화가 왔길래 그에게 전화를 걸었지요. 모리스가 말하길, 수표를 입금하러 은행에 갔는데 나올 때 입금전표를 보니 뭔가 이상하더라고요. 그래서 은행원에게 되돌아가서 확인했더니, 글쎄 실수로 계좌 중간의 두 숫자를 바꿔 기입하는 바람에 수표가 다른 사람 계좌로 들어간 거예요. 그런데 알고 보니 그가 입금한 계좌의 주인이 바로 전 부인의 계좌였던 거죠. 도대체 이런 일이 생길 확률이 얼마나 될까요? 결국 실수한 걸 되돌려 놓긴 했는데, 그래도 그는 약간 어안이 벙벙한 것 같아요. 솔직히 말하면 저도 기분이 좀 이상합니다. 그런 우연은 분명 어떤 메시지를 던진다고 생각하기 때문이죠. 그게 의미하는 바가 무엇인지는 저도 모르겠지만, 아무 의미가 없다고 하기에는 너무 큰 우연 아닌가요. 혹시 그 사람이 전 부인을 잊지 못해서 무의식적으로 그 계좌에 돈을 넣은 건 아닌지 궁금해요. 그 생각이 도저히 떨쳐지지가 않습니다.

오데트는 "아무 의미가 없다고 하기에는 너무 큰 우연이다"라고 말했다. 오데트가 말하는 바로 그 감정에 등을 떠밀린 많은 사람들이 우연의 의미를 찾는다. 하지만 이는 오데트의 우연이 아니었다. 그녀의 남자친구에게 일어난 우연이다. 정작 모리스는 그것을 단순한 실수로 치부했다. 그는 오데트가 느끼는 질투에 장단을 맞출 필요를 느끼지 못했다. 어느 정도는 전 부인에게 돈을 주고 싶었던 것도 사실이기 때문이다. 하지만 그렇다고 해서 오데트가 생각했던 것처럼 전 부인과 다시 합치고 싶어 했던 것은 아니었다. 이 우연 덕에 오데트는 자신의 강렬한 질투를 진짜 '자기 것으로' 인정하게 되었고, 그 부분을 해결하기 위해 나를 찾았다. 하지만 이후 오데트는 이 우연이 무시할 수 없는 것임을 깨닫게 됐다. 다른 여자에게 한눈을 파는 모리스의 행동 패턴과 너무 잘 맞아떨어졌기 때문이었다. 결국 그는 다른 여성과 바람이 났고, 오데트는 그를 떠났다. 이 우연은 그녀가 사람을 진지하게 사귀지 못하는 모리스의 모습을 보다 확실하게 받아들이도록 해 주었다.

> 🔍 누군가의 우연이 당신에게 영향을 끼친 적이 있었는지 떠올려 봅시다.

요즘 전화는 필수적인 의사소통 수단이다. 그렇기에 가끔 삼각관계에서 서로를 우연히 연결시키는 통로가 전화라는 사실은 그리 놀랍지 않다. 홉케가 소개하는 이본느와 거트의 이야기를 들어 보자.[11] 결혼 생활이 삐걱거리고 있을 무렵, 이본느는 같은 학교의 동료 교사인 거트와 친구가 되었다. 거트 역시 사귀는 사람이 있었다. 서로를 향한 호감은 점점 커졌지만 두 사람은 플라토닉한 관계에 머물렀다. 이들은 이본느의 사무실보다 훨씬 사람이 없고 조용한 거트의 사무실에서 꾸준히 만났다. 그런데 이본느의 남편이 학교로 전화를 할 때마다 전화교환원이 실수로 거트에게 전화를 돌리곤 했다(어쩌면 교환원은 이본느가 거트의 사무실에 있는 걸 알았을 수도 있다). 이런 식으로 십여 차례 '잘못 걸린 전화'를 받은 두 남자는 서로를 알게 되었다. 이본느 입장에서는 남편이 명백히 실수로 건 이 전화들이 거트와의 관계를 좀 더 진전시키고 싶어 하는 자신의 마음에 힘을 실어 주는 것처럼 보였다. 그녀는 이 엇갈리는 전화를 남편과의 엇갈림으로 해석하고 새로운 길을 가보기로 결심했다. 거트와의 플라토닉한 관계는 이제 끝났다.

어느 날 두 사람은 지인들이 올 법하지 않은 외딴 식당에서 조용하게 저녁을 보내기로 했다. 하지만 그들은 이본느의 남편과 동료들 역시 바로 그날, 바로 그 식당에서 식사하기로 충동적으로 결정했다는 사실을 알지 못했다. 둘은 몇 분 차이로 이본느의 남편 일행과 마주치지 않았다. 다음날 이본느는 아슬아슬할 뻔했던 이 사건에 대해 알게 되었다. 이본느와 거트는 간발의 차로 자신들의 관계가 밝혀지는 걸 피할 수 있었다. 하지만 하마터면 공개적으로 망신을 당할 뻔했다는 생각에 두 사람은 이제 관계를 밝히는 게 낫겠다고 결심했고, 실제로 그렇게 했다.

이본느의 남편이 그 식당에 가기로 한 것은 충동적인 결정이었다. 이 직관적이고 비합리적 행동은 마음 한편에서 솟아오른다. 그는 이본느와 거트 역시 그곳에서 식사할 것임을 알았지만, 안다는 사실을 알지 못했다. 어쩌면 그 외딴 식당에서 식사를 하기로 한 그의 결심은 더 이상 미룰 수 없는 이혼을 실행하기 위해 떠오른 것인지도 모른다.

진정한 사랑(그렇게 진정하지 않은 사랑도)은 상당히 불가해한 방식으로 꼬일 수도 있다. 다음의 이야기는 우리가 진행하는 기이한 우연 조사Weird Coincidence Survey의 한 참가자가 들려준 이야기다.

제 남자친구는 애슐리라는 여자와 바람을 피우고 있었어요. 제가 그 여자에 대해 알게 된 지 며칠 후 어찌된 일인지 제 전화선과 그 여자의 전화선이 혼선이 됐고 저에게 걸려 오는 전화가 모두 그 사람의 전화로 가게 된 거예요. 다른 사람도 아니고 제 남자친구가 바람을 피우고 있는 상대의 전화와 혼선이 됐다는 게 너무나 이상했죠.

혹시 남자친구가 혼선되게 만든 걸까? 나야 그 방법을 모르지만, 그렇다고 그가 아무 짓도 하지 않았다고 단정할 수는 없는 일이다. 그럼에도 불구하고 메시지는 명료하다. 모든 전화가 그러했듯이 남자친구의 애정은 이제 그녀가 아닌 새 여자친구에게로 향하고 있었다. 전화가 다른 사람에게로 간 것은 남자친구의 애정이 다른 사람에게로 옮겨간 것을 그대로 보여 준다. 어쩌면 사랑을 배신한 자의 강렬한 감정이 도화선이 되어 어떤 초현실적인 방식으로 전화 연결이 바뀌었을 수도 있다. 맞다, 말도 안 되는 소리다. 하지만 과연 그럴까? 세상에는 워낙 전화가 많으니 가끔은 전화번호가 뜻하지 않게 뒤섞여 버리는 경우도 있다고 얘기할 수도 있다. 하지만 이 사건은 그녀가 새로운 여자의 존재를 알게 된 직후에 일어난 일이다. 이런 기가 막힌 타이밍은 이유가 있다. 강렬한 감정이 일조했을 가능성도 있다.

아니면, 누군가가 그녀의 휴대폰을 가져다가 전화 돌리는 코드를 누른 뒤 새 여자친구의 번호를 입력했을 가능성도 있다. 가장 가능성이 높은 범인은 남자친구인데, 그가 과연 그런 일을 벌일 가능성은 얼마나 될까? 회의적인 태도는 우연들을 만나는 여정에서 좋은 동반자 역할을 한다. 우리의 사고를 날카롭게 벼려주기 때문이다. 어쩌면 그 남자친구도 나름의 이유가 있을 것이다.

| 로맨틱한 우연이 만들어지는 법

이러한 이야기들을 종합해 보면 우리는 어떻게 아는지 모르는 것들을 안다는 결론에 이른다. 이러한 결론은 인간의 잠재의식subconscious과 무의식unconscious에 대한 이해를 확장시킨다. 지그문트 프로이트Sigmund Freud는 꿈과 말실수, 신경증적인 행동 등을 통찰력 있게 관찰해 개인무의식personal unconscious이라는 개념을 세상에 소개했다. 이러한 사건들이 지닌 의미와 의도는 일이 다 지나가고 나중에 숙고하기 전까지는 알아차리기 어렵다. 프로이트에 의하면 무의식은 어릴 적 양육 경험이 고스란히 저장된 일종의 저장고로, 그 내용물은 성인이 되고 나서 그대로 재현된다. 프로이트가 등장하기 전까지는 유년 시절의 패턴을 성인이 되어서도 그대로 반복한다는 가능성을 생각한 사람이 없었다. 하지만 이제 이 개념은 정설이 되었다.

한때 프로이트의 제자였던 융은 개인무의식이라는 개념을 확장시켜 인간 모두가 공유하는 집단무의식collective unconsious의 존재를 제안했다. 이 집단무의식에는 모든 인간들에게 공통적으로 적용되는 기본적인 상징이 포함돼 있다. 융은 이 기본적인 상징을 원형이라고 불렀다. 어머니, 아버지, 로맨스, 결혼, 죽음 모두가 이 원형에 속한다. 그는 의미 있는 우연은 원형이 활성화된 것이라고 보았다. 또한 의미 있는 우연, 혹은 동시성은 집단무의식의 존재를 뒷받침해 주는 증거라고 생각했다.

로맨틱한 우연의 상당수는 프로이트의 개인무의식과 융의 집단무의식 '사이'에 존재하는 무의식층을 암시한다. 이 중간층도 개인무의식과 집단무의식처럼 우리에 대해 많은 것을 알고 있다. 중간층 무의식intermediate unconscious은 사랑하는 사람이나 타인과의 관계를 이어나가는 능력을 어떻게 하면 더 깊이 이해할 수 있는지를 개인무의식과 공유한다. 반면 집단무의식과 중간층 무의식은 우리가 주변 사람이나 환경에 어떻게 연결되어 있는가를 공유한다. 동시경험은 우리를 원하는 대상으로 안내해 줄 수 있는 이 중간층 무의식에 달려 있다. 어린 시절의 패턴이 성인기에 그대로 반복된다는 사실이 프로이트 전에는 받아들여지지 않았듯이 이 중간층 무의식의 기능 역시 지금껏 무시되었다. 우리는 이 쓸모를 발견하는 데 한층 더 가까워졌다.

사랑 이야기는 이 중간층 무의식의 기능에 대해 무엇을 알려 주는가?

1. 무의식의 다른 층위와 마찬가지로 중간층 무의식 역시 우리가 어떤 것을 알면서도 안다는 사실을 알지 못할 수 있음을 알려 준다. 우리는 우리가 미래에 누굴 만날 것이며 어떻게 만날 것인가도 알고 있을지 모른다.
2. 로맨틱한 우연(앞으로 설명하겠지만 그 외의 우연 역시)이 일어나려면 어떤 욕구가 있어야겠지만 대개는 감정도 관여돼야 한다. 욕구는 보통 어떤 것이 필요하다는 감각 혹은 심상을 동반한다.
3. 당사자는 반드시 현실 세계에 적극적으로 뛰어들어 필요한 사람, 물건, 아이디어 등이 나타나도록 노력해야 한다.
4. 당사자는 변성된 의식 상태로 들어갈 수 있다. 변성된 의식 상태란 보통 약물, 최면, 꿈 등에 의해 마음이 바뀌는 것을 뜻하는데, 훨씬 미묘

한 의식 변화 역시 이에 해당된다. 의식 상태가 변성되면 중간층 무의식에 접근하는 것이 쉬워진다. 휴가를 가고, 사막의 기이한 호텔에 묵고, 묘지에 가고, 파티에 가고, 혹은 친절한 낯선 사람의 집에 놀러가다 보면, 즉 우리의 일상적인 일과에서 과감히 탈피하면 우리가 매일같이 사용하는 지각 필터가 깨진다. '이게 나다'라는 기존의 생각에서 벗어날 때 우리는 색다른 방식으로 주변 사람과 환경에 연결될 수 있다. 그렇게 변성된 상태가 되면 샌프란시스코의 크리스토퍼가 그러했듯 우리는 아무 이유 없이 어떤 행동을 한다. 그리고 바로 그 행동이 우리의 욕구를 충족시켜 줄 우연을 창조한다. 의식적인 의도 없이 하는 이 행동이 '알지만 안다는 사실을 알지 못하는 것'의 직접적인 결과다.

5. 기민한 자세로 빨리 대응해야 할 수도 있다. 기회는 아주 짧은 시간에만 모습을 드러내기도 한다. 조셉 자보르스키는 공항에서 극적으로 그 순간을 잡았고 꿈속의 여인을 만났다. 그는 이유를 알지 못한 채 행동했다.

의미 있는 우연이 흔하게 일어난다는 사실을 아는 이들은 일상 생활에서 우연을 기대한다. 이성적인 마음은 한때 예상치 못했던 것을 예상하고 받아들이는 법을 배운다. 예상치 못했던 것을 예상할 때 우연은 일상의 굳건한 부분이 된다.

> 예상치 못했던 것을 예상할 때 우연은 일상의 굳건한 부분이 된다.

3장

CONNECTING WITH COINCIDENCE

핏줄의 힘

Connecting
with
Coincidence

　가정은 모든 사회에서 기본적인 역할을 수행한다. 가정은 아이들을 안전하게 지키고 보살핀다. 또 부모의 행동을 본보기 삼아 아이들에게 사회성을 가르친다. 사랑과 안정감과 생명 유지를 필요로 하는 아이들의 근원적 욕구와 아이들을 사랑하고 보살피고자 하는 부모의 욕구가 만나 감정적으로 가장 강렬한 인간 관계가 형성된다.
　우연이 가족 간에 많이 발생하는 것은 가족들이 만들어 내는 감정의 농도가 매우 짙기 때문이다. 어머니와 자녀, 아버지와 자녀, 남편과 아내는 마찰을 일으키는 갈등 속에서, 공동의 경험 속에서, 이타적인 희생과 사랑 속에서, 서로 깊게 연결되어 있다. 인간이 이루는 가정 내에서 엄마, 아빠, 형제, 아들, 딸이라는 위치는 원초적인 감정을 자극한다.
　가족들 간에 밀도 높은 감정이 존재한다는 사실 외에도 가정은 필히 변화를 겪는다. 가족은 출생, 성인식, 결혼, 죽음 같은 생애 주기 상의 중요한 사건들을 함께 겪는다. 이 각각의 사건이 벌어질 때 우연이 발생할 기회가 잦은 것은 이때 감정의 밀도가 높고, 사건의 당사자는 큰 변화에 몰릴 확률이 크기 때문이다. 예측하기가 어려운 사건들(질병, 이혼, 장애, 사고) 역시 가정을 뒤흔들어 놓기 십상이고, 즐거움을 주는 일(휴가, 명절, 친한 친척들이나 친구들의 방문)들도 많이 일어난다. 이러한 사건들 모두가 우연을 불러오는 토대가 된다.

변화는 일상의 틀을 흔들어 놓는다. 이는 무의식적인 자동 반응에 균열을 일으키고 새로움을 불어넣어서 우리의 사고를 '반자동화'시킨다. 자신과 주변 세상에 대한 평소의 생각이 유예되면서 새로운 시선과 관점을 갖게 되고, 덕분에 주위의 사물과 상황과 사람들을 알아챌 가능성이 더욱 커진다. 이 같은 변화의 시기에는 어린 시절의 경외감과 호기심이 다시 살아나기 때문에 외부의 패턴과 마음의 패턴이 훨씬 더 잘 연결된다.

| 부모와 자녀

엄마들은 아이들의 일을 그냥 아는 것 같다. 그들의 이 '앎'은 탁월할 때가 많다. 여섯 살 소녀 루스의 엄마는 시내에 볼일을 보러 나갔다가 갑자기 집으로 돌아가야겠다는 강렬한 기분에 휩싸였다. "루스 어디 있어요?" 그녀가 아이 돌보미에게 물었다. "앤의 집에 있어요." 앤은 루스의 동갑내기 친구였다. 그녀는 앤의 집으로 바로 달려갔는데 세상에, 앤의 엄마는 앤이 루스네 집에 있다고 생각하고 있었다! 무엇에 홀린 듯 루스의 엄마는 차를 몰고 나갔다. 철로를 지나 차를 주차하고 어떤 문으로 뛰어 들어간 그녀는 낮은 언덕을 부지런히 넘어 지금은 물로 가득한 옛 채석장 입구에 도착했다. 바로 그곳 가장자리에 두 아이가 신발을 벗고 뛰어들 준비를 하고 있었다. 만일 그대로 물에 들어갔더라면 아이들은 그대로 익사했을지도 모른다. 그 채석장의 가장자리는 수심이 무척 깊었다. 루스의 엄마는 설명할 수 없는 어떤 본능에 따라 그대로 행동했다.[1]

루스의 엄마는 딸이 위험하다는 사실뿐 아니라 딸을 찾기 위해서는 어디로 가야하는지도 알았다. 그녀는 옆에서 안내하는 사람이 있었던 것 마냥 자동적으로 움직였다. 나는 이 어머니의 머릿속에 딸에게로 가는 길이 그려진 일종의 지도가 쫙 펼쳐졌을 것이라고 생각한다. 욕구의 힘이 얼마나 센지 다시 한 번 알 수 있는 대목이다. 딸이 위험에 처했다는 것을 직감한 그녀의 내면에 딸을 찾아야 한다는 욕구가 피어올랐고, 여름철 둥지로 직진하는 새처럼 딸에게 바로 달려갔다.

적시에 걸려오는 전화 한 통이 부모와 자녀를 연결시킬 수 있다.

마크 캐머론은 박사 학위 논문에서 알코올 중독자 모임에 나가는 28세 여성 켈리의 이야기를 소개했다. 그녀는 역시 알코올 중독자였던 아버지에 대한 엄청난 화와 분노로 힘들어 하고 있었다. 열 살 때부터 같이 산 아버지와는 당시 의절한 상태였는데, 그녀는 아버지와의 관계가 '역기능적'이며 감정적으로 너무 혼란스럽다고 토로했다. 그러던 어느 날 켈리는 '익명의 알코올 중독자들' 모임에서 펴낸 『빅 북 Alcoholics Anonymous: Big Book』을 읽다가 알코올 중독자를 아픈 사람으로 묘사하는 부분을 보게 됐다. 알코올 중독자는 암 환자나 다른 중병을 앓고 있는 사람과 다름없으니 그들을 무시하거나 화를 내서는 안 된다는 내용이었다. 그녀는 돌연 아버지에 대한 어떤 '깨달음'을 얻었고, 지금까지의 분노와 앙금은 순식간에 연민과 걱정으로 녹아내렸다. 그녀는 아버지가 알코올 중독으로 얼마나 고통받았고, 지금도 아프다는 걸 깨달았다. 자신이 똑같은 병으로 고통받았던 것처럼 말이다. "제가 짐처럼 무겁게 이고 다니던 아버지에 대한 그 모든 감정들이 순식간에 사라졌어요. 하느님이 저의 분노를 제거해 주신 거라고 생각합니다." 그녀는 예기치못한 '평화'를 느꼈다. 이 새로운 감정과 관점들에 대해 곰곰이 곱씹고 있을 때 전화가 울렸다. 아버지였다. 두 사람 사이는 워낙 소원했기 때문에 켈리는 아버지가 자신의 번호를 알고 있는지조차도 몰랐다. 놀랍게도 아버지는 자신이 켈리를 얼마나 소중하게 여기고 얼마나 미안해하는지 고백하며, 사랑하는 딸을 위해서라면 어떤 일도 마다하지 않을 것이라고 구구절절 속내를 털어놓았다. 아버지는 켈리와의 틀어진 관계에 대해 솔직히 말하며 울었다. 켈리는 나중에 인터뷰어에게 자신의 마음이 활짝 열려 있던 바로 그 순간에 아버지가 전화를 한 이 기막힌 우연이 그야말로 '충격적이었다'고 털어놓았다.[2] 동시경험이 작동한 것이다!

둘의 관계가 소원한 상태이긴 했지만 그래도 부녀는 우리가 앞서 살펴봤던 동시경험 이야기에서처럼 끈끈한 유대감으로 연결돼 있었다. 이 지하 터널, 무의식적인 그물망, 시공간의 기이한 틀어짐을 통해 켈리의 아버지는 딸이 자신의 이야기를 들어줄 준비가 되었음을 느꼈다. 자신도 그 이유를 모른 채 딸의 마음이 활짝 열렸을 때 연락을 했다.

아이들을 키울 때 아버지의 역할이 얼마나 중요한지, 아버지들은 이제야 조금씩 깨닫고 받아들이고 있다. 우리가 아이들에게 주는 것은 경제적 지원이나 세상의 모든 지식만이 아니다. 아이들 곁에서 정서적으로 지원해 주는 것도 아버지의 몫이다. 하지만 다음의 이야기처럼 아버지가 되기 위해서는 도움이 필요한 아버지들도 있다.

작가인 로버트 페리는 악화일로를 걷는 결혼 생활에 치여 열세 살인 아들 아담을 거의 방치하다시피 했다. 죄책감을 느낀 그는 아담과 동네 운동장에 가서 프리스비를 던지며 놀았다. 하지만 잠시 놀던 아담은 귀찮다며 자리에 누워 버렸고 로버트는 혼자 프리스비를 날려 아들을 맞추는 놀이를 했다. 로버트는 아담과 교류하지 못하는 자신의 모습을 보며 자괴감에 빠졌다. 자신에게 아버지 자격이 있는지 두려웠다.

그날 저녁 로버트는 우연히 만화 영화 〈심슨The Simpsons〉을 보게 됐다. 그런데 공교롭게도 그날의 에피소드는 어릿광대 크러스티(개그맨인 동시에 상식을 벗어나는 노인이 결합된 캐릭터)가 자신에게 딸이 있었음을 알게 되어 펼쳐지는 내용이었다. 딸은 크러스티에게 해변가에서 함께 프리스비를 하자고 조른다. 하지만 잠시 뒤 크러스티는 자리에 드러누워 딸에게 프리스비로 자신을 맞춰보라고 한다. 자신이 좋은 아버지가 아님을 알게 된 크러스티는 아이들과 즐겁게 놀고 있는 호머 심슨을 곁눈질하며 더 나은 아버지가 되기 위해 그에게 도움을 청하리라 결심한다.[3]

이 만화는 아버지 노릇에 실패한 로버트의 모습을 거울처럼 비춰 주었다. 한 사람이 노는 걸 멈추고 다른 사람에게 놀이를 미루는 게 두 이야기의 핵심 골자였다. 실제 상황에서 자리에 누워 버린 사람은 아담이고 만화에서는 크러스티였지만 어쨌든 로버트는 자신이 게으른 사람이라는 사실을 확인할 수 있었다. 두 사람 모두 아버지로서 자격 미달이었다. 크러스티처럼 로버트 역시 더 나은 아버지가 되기 위해선 도움이 필요했다. 텔레비전과 영화, 노래와 소설은 결국 사람에 대한 이야기다. 그렇지만 단순한 이야기에 불과한 게 아니다. 오래도록 사람들에게 회자되는 뭉클한 이야기들은 삶을 항해하는 사람들의 반복되는 패턴을 그대로 반영하는 경우가 많다. 위대한 영화 감독 알프레드 히치콕도 한때 얘기하지 않았는가. "영화는 지루한 부분을 덜어낸 삶이다."

미디어에 나오는 이야기들은 우리네 삶을 비춰 주는 거울이 될 수 있다. 이야기들이 오랜 시간 살아남은 것은 이야기가 드러내고 있는 인간의 약점과 허세, 부적절함, 욕망이 시대를 초월해 사람들에게 울림을 주기 때문이다. 자격 미달 아버지였던 어릿광대 크러스티가 로버트에게 큰 깨달음을 주었듯, 미디어에 소개되는 이야기들은 우리가 더 나은 사람이 될 수 있도록 도울 수 있다. 그나저나 어떻게 로버트는 그 채널이 켜진 텔레비전 앞에 앉게 되었을까? 그는 이런 복합적인 우연이 신의 자비로운 의도를 보여 주는 징조라고 믿는다.

> 🔍 현재 상황에 어울리지 않은 이상한 느낌이 든다면, 특히 구체적으로 어떤 사람이 떠올랐다면 메시지를 보내거나 전화를 걸어 혹시 상대방도 당신이 느끼는 것을 경험하고 있는지 살펴보세요.

> 🔍 당신이 삶에서 겪고 있는 문제를 그대로 비춰 주는 영화나 텔레비전 프로그램을 본 적이 있는지, 또 그것을 보면서 해결책이 떠오른 적이 있는지 생각해 보세요.

| 부부 관계

우연은 부부 사이에 존재하는 특별한 공명을 보여 주기도 한다. 샐리 라인 페더Sally Rhine Feather가 저서 『더 기프트The Gift』에서 소개한 스탠리 필의 이야기를 살펴보자. 판사로 은퇴한 그는 어느 날 로스쿨 강의 자료를 준비하다가 특정 문제의 선례가 된 사건이 생각나지 않아 머리를 싸매고 있었다. 그의 질문은 구체적으로 다음과 같았다. "불법 거주자의 경계 분쟁을 다룬 그 사건 이름이 뭐였지?" 때는 밤 11시 30분이어서 아내 캐롤린은 침대에서 자고 있었다. 그는 온갖 서류에 둘러싸인 채 침대 구석에 앉아 이 질문을 조용하게 읊조렸다. 그런데 갑자기 캐롤린이 자리에서 벌떡 일어나더니 아주 선명하고 자신 있는 목소리로 이렇게 말했다. "휴스턴과 갤러거, 1927년." 스탠리가 그걸 어떻게 알았냐고 묻자 캐롤린은 코 고는 소리로 대신 답했다. 그녀는 다시 깊게 잠들었다. 스탠리는 바로 그 사건을 찾아보았다. 아내의 말이 맞았다.[4]

자, 어떻게 이런 일이 일어난 걸까? 의심이 많은 친구들은 사실은 그가 혼자 대답해 놓고는 너무 피곤한 나머지 캐롤린이 대답했다고 생각한 것이라 주장할 테다. 하지만 우리가 스탠리의 이야기를 그대로 믿는다면, 캐롤린은 어찌된 일인지 우리가 보통은 가능하지 않다고 생각하는 방식으로 정보에 접근한 것이다. 그녀는 의식이 변성된 상태(수면)에 있었고, 남편은 해당 정보를 대단히 알고 싶어 하는 상태였다. 그녀는 남편의 이 욕구를 느낀 것이다. 이 두 요소가 그녀로 하여금 남편이 원하는 것을 찾게 도왔다.

스탠리와 캐롤린의 이야기는 두 마음이 서로 어떻게 엮이는지를 보여 준다. 함께 살고 사랑하다 보면 개별적인 두 존재가 서로 녹아들어 일부분이 겹쳐지는 것 같다. 이러한 우연들을 경험하면서 우리는 생각하는 것처럼 그렇게 개별적인 존재가 아니라는 사실에 눈을 뜨게 된다. 이렇게 하나된 마음은 우리가 상대와 그만큼 친밀하다는 사실을 알려 준다.

다음 이야기의 주인공인 재닌은 내 건너 건너 친구인데, 남편과의 사이에 문제가 있었다. 그러다가 그녀는 계속 무시하고 있던 문제와 맞닥뜨리게 되었다. 충격으로 다가온 도구적 우연을 계기로 그녀는 남편과 얼마나 멀어졌는지 깨달았다.

46세인 재닌은 사회적으로 승승장구하고 있었다. 다국적 대기업의 재정 부문 부회장이었던 그녀는 억 단위의 연봉을 받았고, 숫자와 회사 내 정치역학에 대한 영민한 이해력으로 모든 사람들의 깊은 존경을 받았으며, 인기 많은 조언가였다. 그녀는 네 대륙의 주요 도시로 출장을 다녔다. 언제나 일등석만을 탔고 대부분 성공적인 결과를 들고 금의환향했다. 하지만 그녀는 왠지 모르게 마음 한구석이 불편했다. 곧 10대가 되는 딸과 아들이 어찌나 빨리 크는지 이제는 거의 모르는 사람이 되어 버렸다. 인내심이 아주 강한 남편도 그녀가 출장 가방을 쌀 때마다 표정이 점점 더 어두워졌다. 하지만 그녀는 그런 감정을 애써 털어 버리고 다음에 있을 주요 비즈니스 미팅과 재무제표로 신경을 돌렸다.

시카고 오헤어 공항에 아슬아슬하게 도착한 그녀는 일등석 탑승구로 달려가 티켓을 꺼내 항공사 직원에게 건넸다. 그리고 고개를 들었는데 다른 비행기에서 내려 근처 게이트로 나오는 남편의 모습이 보였다. 남편을 불렀지만 그는 듣지 못했다. 그녀는 남편이 여행을 갔는지조차 알지 못했다. 혼란에 빠진 그녀의 머릿속에 깜깜한 밤을 배경으로 배 두 대가 서로 비껴가는 이미지가 떠올랐다. 그녀와 남편은 이제 남보다도 못한 사이가 됐다. 이 우연은 그녀를 충격으로 몰아넣었고 자신의 가족에 대해 생각하는 계기가 됐다. 자신이 억지로 눌러 놓고 있던 아픔이 이제 그 모습을 확연히 드러냈다. 그녀는 아이들과 남편이 그리웠다. 이제 회사에만 올인하는 건 그만 두어야 했다.

그녀는 사표를 내고 고향으로 내려가 취업 능력을 향상시켜 주는 비영리 단체를 세웠다. 하루 종일 고용했던 보모와 가정부도 내보내고 아내와 엄마의 역할을 해냈다. 그녀의 정치적 능력과 재정 관리 능력 덕분에 비영리 단체는 성장을 거듭했다.

이 공항에서의 우연은 그녀가 애써 무시하고 있던 감정을 자극하고 명료하게 만들었다. 이런 우연들은 내가 심리 치료 상황에서 환자들에게 권하는 명료화 진술clarifying statement과 많이 닮았다. 만일 내가 상담 중이었다면 결혼 생활을 묘사하는 부인의 말 중 부부의 삶을 정확히 반영하는 은유를 골라내 그녀에게 처한 상황을 쉽게 직면시킬 수 있었을 것이다. 어두운 밤 서로를 지나 반대 방향으로 가는 배 두 대. 이것이 그녀가 생각하는 결혼 생활이었고, 그녀는 관계를 돌려놓기 위해 행동했다. 여기서 다시 한 번, 우연의 발생을 촉진시키는 것으로 보이는 표식들을 확인할 수 있다. 일단 그녀는 변화의 순간을 지나고 있었다(비행기에 올라탔다). 이 상황 덕에 그녀의 마음 상태는 평소와 달라졌다. 물론 그녀는 여행을 자주 다닌다. 하지만 비행기를 타고 내리는 것 하나하나가 변화의 순간들이다. 평소와 다른 시간에 점심을 먹으러 가거나 평소와 다른 길로 집에 오는 것이 일상의 틀을 살짝 비튼 것처럼 말이다. 또한 그녀는 명확히 이름 붙일 수 없는 공허함을 무거운 짐처럼 마음에 지고 다녔다. 이 변화의 순간에 강한 감정과 욕구가 더해지면서 의미 있는 우연이 출현할 멍석은 모두 깔린 셈이다.

> 이 변화의 순간에 강한 감정과 욕구가 더해지면서 의미 있는 우연이 출현할 멍석은 모두 깔린 셈이다.

나는 이들 부부가 자신들의 결혼 생활과 가정에 어떤 일이 벌어지고 있는가를 스스로에게 보여 주기 위해, 서로 엇갈려 지나치도록 무의식적으로 판을 깔았다고 생각하고 싶다. 노래의 리듬에 맞춰 홀로 춤을 추며 방을 가로지르던 두 댄서가 서로를 잇는 강한 감정적 유대에 끌려 다시 만난 것이다. 혹시 내가 재닌과 얘기할 기회가 생긴다면 그녀는 어떻게 자신이 이 춤의 안무를 짰는지 설명할 수 있으리라 생각한다. 어찌된 일인지 그녀는 남편이 언제 도착하는지 알았지만 '잊어버리고 있었다.'

관계의 특징은 의사소통의 패턴이 반복된다는 점이다. 때로는 이 패턴을 점검하고 바꿔야 할 필요가 있다. 우연은 이러한 패턴을 우리에게 그대로 반사해 보여 준다. 거울을 보는 것만으로 머리를 자르거

> 거울을 보는 것만으로 머리를 자르거나 살을 빼야겠다는 생각이 들듯이, 우연은 우리의 정신 상태를 그대로 비춰 주는 유용한 도구다.

나 살을 빼야겠다는 생각이 들듯이, 우연은 우리의 정신 상태를 그대로 비춰 주는 유용한 도구다.

내 환자였던 바트는 이혼을 코앞에 두고 있었다. 그와 아내는 끊임없이 싸웠다. 아내는 말이 너무 많았다. 그녀는 상대가 묻지도 않은 조언을 마구 쏟아 내면서도 정작 바트가 조언을 하면 귀를 막았다. 막내 아이도 다 커서 곧 독립할 예정이었다. 부부 상담을 받아도 별 소용이 없었다. 이혼에 대한 생각이 마음속에서 똬리를 틀고 있을 즈음, 바트는 동네 상점가에 갔다가 친구와 지인 다섯을 만났다. 그런데 우연히도 하나같이 이혼 소송 중이었다. 몇 주 후에는 옛 친구 셋에게서 따로따로 연락을 받았는데, 모두들 이혼을 했다고 했다. 이혼한 사람들을 연달아 줄줄이 만난 그는 깨달았다. "나는 그들처럼 되고 싶지 않다."

바트가 이 모든 이혼남들을 의식하게 된 것은 단지 이혼에 대해 생각하고 있었기 때문이었을까? 회의론자들은 쉽지만 일리 있는 논리로 이렇게 말한다. "당신이 노란색 혼다 어코드를 찾고 있다면 당신은 그것을 보게 될 것이다." 어떤 것을 생각하고 있다면 그것을 알아채게 돼 있다는 말이다. 하지만 한번 나갔다가 이혼 소송 중인 사람 다섯을 만난다고? 짧은 기간 내에 이혼한 친구 셋에게서 줄줄이 전화가 온다고? 메시지는 대단히 명료하다. 시선을 외부로 돌리지 않았더라면 바트는 볼 수 없었을 것이다. 그는 스스로를 이 일련의 이혼을 보게 될 위치로 움직였다. 그 사람들은 원래부터 그 자리에 있었고, 그는 이혼을 3D로 생생하게 체험할 방법을 찾았다. 재난처럼 바트 역시 주변 환경이 그의 갈등을 그대로 비춰 주고 있었다. 나는 이것을 우연 상담이라고 부른다.

이혼남들을 연달아 만나고 난 뒤 바트는 결혼 생활을 유지하는 데 최선을 다해 보기로 결심했다. 다른 동네로 이사를 가자 부부 사이는 훨씬 좋아졌다. 물론 함께 해결해야 할 일이 산더미같이 쌓이긴 했지만 말이다.

이혼을 했다고 해서 전 부인과 전 남편 사이의 연락이 반드시 끊어지는 것은 아니다. 우연은 양육권 문제를 해결하는 데에도 지속적으로 큰 역할을 할 수 있다. 우리 연구팀의 한 남성은 이혼 후 딸아이의 양육권을 얻고자 노력했다.

> 전 딸아이의 양육권을 얻기 위해 (제 딸의 소원이었기 때문에) 전 부인과 다시 법정 싸움을 시작했습니다. 저에게는 중독 문제가 걸려 있었고 당연히 제 전 부인은 법정에서 그 부분을 부각시켰죠. 제게 양육권을 주지 않기 위해 전 부인이 걸고넘어진 것이 바로 그 부분이었습니다. 그런데 참 우연히도 제가 참여하고 있던 아칸소의 12단계 프로그램 치료 센터에서 전국연례회의의 대표자로 저를 선발했지 뭡니까. 게다가 그 회의는 양육권 심리가 열리는 캘리포니아 카운티에서 일정까지 정확히 맞물려 열렸어요. 덕분에 전 교통비와 숙박비를 지원 받아 양육권 심리에 참여할 수 있었고 법정에서 제가 아주 좋아지고 있다는 사실을 증명할 수 있었습니다. 결국 저는 양육권을 받았어요.

12단계 프로그램의 연례회의와 양육권 심리가 같은 장소, 같은 시기에 열린 것은 그저 삶이라는 룰렛이 돌아간 것뿐이고 그는 우연히

승리한 것일까(부인은 지고)? 이 기회를 창조할 때 그는 어떤 역할을 했을까? 그는 12단계 프로그램을 열심히 이수함으로써 자기 몫을 했다. 그가 준비를 했기 때문에 이런 기회를 만들 수 있었다. 딸의 소원은 그저 이러한 우연을 창조하는 데 도움이 됐을 뿐이다. 옳은 행동을 하는 것은 간절히 바라는 우연이 알맞은 때와 장소에 일어나게 하는 데 도움이 된다.

| 변화 속으로 뛰어들기

아이를 낳을까 고민하는 여성이 있다면 이 중요한 결정을 내리는 데 우연이 도움을 줄 수 있다. 작가 진 볼렌의 이야기를 들어 보자. 한 치료사가 아이를 낳을지 말지를 결정해야 하는 갈림길에 섰다. 그녀는 환자를 보는 자신의 일을 정말 좋아했고 남편에게 경제적으로 의존하지 않는다는 사실도 마음에 들었다. 하지만 동시에 어린 시절부터 꿈꾸었던 예술에 대한 갈망이 있었다. 그녀는 다시 그림을 그리기 시작했고, 미술에 대한 열정이 다시금 되살아나자 이제 아이를 가질 준비가 되었다고 느꼈다. 다만 그녀는 직업과 경제적 독립을 포기하고 싶지는 않았다.

하루짜리 학회에 참가했을 때, 우연히도 그녀는 몇 년간 연락이 끊긴 동료 옆자리에 앉게 됐다. 점심을 먹으며 그녀는 6년 동안 일하다가 전업 주부가 된 동료의 이야기를 들었다. 동료는 열정적으로 정원을 가꾸고, 빵을 굽고, 도자기를 빚다가 이제 다시 복귀하여 의대에서 봉사 형식으로 학생들을 가르치고 있다고 했다.

치료사는 동료의 이야기를 들으며 가슴이 활짝 열렸다. 자신을 꼼짝 못하게 했던 갈등으로부터 홀연 자유로워지는 것을 느꼈다. 그녀는 학회에서 일찍 나와 남편을 집으로 불러냈다. 그리고 피임약 따위는 다 버린 채 아이를 갖기 위해 노력했다.[5]

이 치료사는 학회에 참석하면서 통상적인 일과를 벗어났다. 그리고 우연히 옆에 앉은 사람에게서 동시성을 느꼈다. 상대를 통해 자신의 현재 상태를 거울처럼 비춰 볼 수 있었고 자신이 상상했던 상황이 현실적으로 어떻게 흘러갈 수 있는지 엿보았다. 강한 감정을 느낀 그녀는 결국 우연을 계기 삼아 앞으로의 일을 최종 결정했다. 그녀가 어떻게 바로 '그' 자리를 찾아 앉았는지는 다시 한 번 무작위로 일어난 우연, 신의 계시, 이 자리에 앉는 것이 자신에게 제일 도움이 되겠다는 본인의 느낌 등으로 설명할 수 있다. 이런 증거들을 보면 사람에게는 도움이 되는 자리를 통신용 비둘기마냥 본능적으로 찾는 능력이 있는 것 같다.

임신은 그 자체로 새로운 영역으로 들어가는 여정이다. 누군가가 엄마의 삶으로 들어오는 큰 변화의 시기인 것이다. 다른 변화들과 마찬가지로 임신 기간 중에는 우연이 나타날 가능성이 크고, 변화의 핵심이라 할 수 있는 내면의 성장이 동반되기도 한다.

아이를 가진 어느 부부가 뱃속의 아이가 다운증후군일 가능성이 높다는 이야기를 들었다. 그들은 아이를 포기할지, 특수 장애를 지닌 아이를 키울 각오로 낳아야 할지 결정해야 했다. 두 사람은 하루 연차를 내고 자신들에게 가장 좋은 결정을 내리기로 했다. 다운증후군 아이가 태어나면 자신들의 삶은 어떻게 달라질 것인가? 아이를 또 낳을 수 있을까? 나이 많은 부모님도 모셔야 하는데 그건 어쩌나?

외출한 둘은 우연히도 다운증후군 아이가 있는 부부와 가까이 앉게 됐다. 부부는 이 가족을 통해 자신들이 맞이할 수 있는 미래를 잠시 엿볼 수 있었다. 후에 부부는 친구에게 이 우연이 의미하는 바가 무엇일 것 같냐고 물었다. 아이를 낳으라는 뜻일까 낳지 말라는 뜻일까? 친구는 알지 못했다.

부부는 그 아이의 부모에게 직접 물어볼 기회가 있었다. 아이와 함께 놀면서 다운증후군 아이를 가진다는 것이 어떤 느낌인지 직접 경험할 수도 있었다. 그들은 휴가까지 받아가며 고심한 결정의 장단점을 더욱 깊게 이해할 수도 있었다. 하지만 그들은 행동하지 않았다. 기회를 포착할 수 있는 시간은 아주 짧을 수 있다. 이 부부는 자신들에게 주어진 기회를 붙잡을 준비가 되지 않았다.[6]

집을 구하는 일은 운은 물론이고 순발력 있는 결정 능력도 필요하다. 이때도 우연은 제 몫을 할 수 있다. 감정적인 욕구가 크고, 변화의 순간임이 분명하고, 다음 단계의 일을 착실하게 이행한다면 집을 구하는 데 유용한 우연이 발생할 수도 있다.

제약 회사 영업 부장이었던 한 여성은 자신의 집찾기 여정에 대해 얘기해 주었다.

> 남편과 저는 당시 살고 있는 집을 사서 고쳐 쓰기로 했어요. 썩 괜찮은 집이어서 그렇게 하는 게 제일 쉬울 것 같았거든요. 그래서 은행에 가서 대출 신청을 했습니다. 집에 돌아오는 길에 남편이 매번 가던 길이 아닌 훨씬 돌아가

는 길로 가 보자고 하더군요. 나중에 말하길 그냥 다른 길로 가 보고 싶었대요. 그렇게 어떤 집을 지나가는데 한 여성이 '집 매매' 팻말을 세우는 거예요. 우리는 바로 멈춰 섰습니다. 제가 딱 원하던 집이었어요. 그래서 그 집을 샀습니다! 우리 가족이 살기에 최적의 집이었어요.

남편은 그저 '그렇게 하고 싶었다'고 했다. 집에 대해 약간 거슬리는 마음을 갖고 있던 부인은 자신의 불만을 해소시켜 줄 해결안을 감지했고, 부인의 이런 마음에 감응한 남편이 그들에게 딱 맞는 집으로 향했을지도 모른다. 이 우연의 이면에는 '집 매매' 팻말을 세워 놓은 여성이 있었다. 그녀가 있는 쪽으로 남편이 방향을 막 돌렸을 때 마침 그녀가 신호를 보냈다. 마치 두 줄기의 욕구가 연결되어 사는 사람과 파는 사람을 한데 끌어들인 것처럼 이들은 서로 정보를 주고받았다. 우리는 모두 이런 능력을 갖고 있다. 그리고 이 능력은 감정이 강렬해지고 맥락이 바뀔 때(평소와는 다른 길로 집에 가는 것처럼) 강해진다. 길을 잃는 것이 오히려 당신이 원하는 것을 찾는 데 유리할 수 있다.

> 길을 잃는 것이 오히려 당신이 원하는 것을 찾는 데 유리할 수 있다.

 삶에서 큰 변화가 일어날 때, 당신은 어떤 우연을 발견했나요?

| 헤어진 가족을 만나다

사랑하는 가족과 헤어진 사람이 기적이라고밖에 볼 수 없는 사건을 겪으며 가족과 상봉하는 경우가 있다. 하지만 이야기들을 자세히 살펴보면 그런 결과가 창조되는 데는 끈기, 변화, 감응, 욕구 같은 대단히 인간적인 자질들이 큰 역할을 한다. 이러한 자질에 더해 희망을 잃지 않고, 끊임없이 움직이고, 찾고, 간절히 믿다 보면 '언제나'라고 단언하지 못해도 적어도 가끔씩은 말도 못하게 기적적인 우연으로 인해 가족이 다시 만나기도 한다. 강렬한 욕구가 외따로 떨어진 두 사람을 한 자리로 끌어당길 수 있다. 이타 핼버스탬과 주디스 레벤탈의 책 『홀로코스트의 작은 기적Small Miracles of the Holocaust』에는 사랑이 만들어낸 우연으로 헤어진 가족이 상봉하는 이야기가 나온다.

　루이스 코폴로빅스는 고향인 카르파티아 산맥의 집에 가족들을 둔 채 1943년 헝가리 군대에 징집되었다. 그는 땅에 떨어진 지뢰를 손으로 주우라는 명령이라던가 혹독하기 그지없는 육체 노동 등, 유태인 군사들을 위험에 빠트리기 위해 계략된 일들을 겨우겨우 이겨내며 살아남았다. 이후 부다페스트에서 독일군에게 체포된 그는 오스트리아를 거쳐 마우타우젠 강제 수용소까지 꼬박 행진해야 했다. 그리고 1945년 5월 6일, 그는 조지 패튼George Patton의 군대에 의해 해방되었다.

　수많은 10대나 청년들과 마찬가지로 그도 가족을 찾아 헤매기 시작했다. 그는 지푸라기라도 잡는 심정으로 무엇이라도 아는 사람들이나 게시판에서 정보를 본 사람들과 마주치기를 간절히 기원하며 난민

수용소를 찾아다녔다. 그러던 어느 날 누군가 그의 어깨를 두드리더니 이렇게 말했다. "자네 아버지는 돌아가셨어. 그분이 그렇게 될 때까지 내가 부헨발트에서 같이 있었네." 코폴로빅스는 계속해서 가족들을 찾았다. 잘못된 정보, 큰 실망이 이어졌지만 그는 포기하지 않았다.

부다페스트로 가는 만원 열차에서 다리가 풀린 그는 비틀거리며 빈자리를 찾았다. 그는 너무 지쳤다. 찾는 걸 그만두려는 찰나, 다행히 빈 의자 하나를 찾았다. 곧 왜 그 많은 사람들이 앉지 않았는지를 알 수 있었다. 의자가 진흙투성이었다. 하지만 그는 다른 의자를 찾을 힘이 없었기 때문에 의자를 닦을 만한 것을 찾아 주변을 살폈다. 그런 그의 눈에 공식 문서에서 찢겨진 듯한 종잇장이 들어왔다. 문득 종이에 쓰인 이름 하나가 주의를 끌었다. 렌카 코폴로빅스. 그의 누이였다! 명단에 나열돼 있는 이름이 수십 개였음에도 그는 누이의 이름을 단번에 알아챘다. 스웨덴 적십자사의 도장이 찍힌 그 서류는 그곳에서 보호받고 있는 사람들의 명단이었다.

그는 스웨덴의 적십자사로 전보를 쳤고 그의 누이가 메시지를 받았다. 누이는 그에게 가족들 모두 아우슈비츠로 보내졌으며 오빠 버니를 제외한 모두가 죽었다는 소식을 전했다. 코폴로빅스는 고향으로 돌아와 형을 찾았고, 다리를 건너다 형과 마주쳤다. 세 남매는 마침내 상봉했다.[7]

끈기 있는 행동이 보상을 받았다. 만원 기차 바닥에 널브러져 있던 종이 한 장이 핵심 단서가 됐다. 어떻게 그 종이 쪼가리는 진흙투성이 의자 옆에 놓여 있게 됐을까? 그렇게 피곤한 상태였던 코폴로빅스는 그토록 많은 이름 중 어떻게 누이의 이름을 단박에 알아볼 수 있

3장 핏줄의 힘

었을까? 이러한 일련의 필연적인 일들은 마치 누가 조율한 것처럼, 계획한 것처럼 보인다. 하지만 이 생생한 앎이 어디에서 나오는지 우리는 알지 못한다. 미스터리 혹은 신이라는 대답 외에는. 그러나 그게 아니라면? 코폴로빅스는 끈질기게 찾고 수소문했다. 만일 그가 피곤하다는 핑계로 그 문서를 제대로 훑어보지 않았더라면 마지막 결과는 그를 피해갔을 것이다. 어떻게 그 의자는 마치 그를 위한 자리라는 듯 진흙투성이가 돼 있었을까? 어떻게 그 서류는 그가 집기 쉬운 장소에 놓여 있었을까? 그리고 그 타이밍, 참으로 운 좋은 타이밍이라니! 만원 열차에 빈자리는 그 진흙투성이 자리밖에 없었다. 종이는 그가 앉기 바로 얼마 전에 거기 떨어진 것이었는데 얼마 뒤 그냥 치워졌을 수도 있었다. 우리는 여기서 앎의 원천 하나를 추가할 수 있다. 바로, 간절히 원하는 답을 찾을 수 있는 상황을 만들고 싶은 한 남자의 강렬한 열망 말이다. 이 일이 모두 어떻게 일어난 일인가는 여전히 미스터리로 남아 있다. 하지만 조율된 것이 아니고서는 설명되지 않는 이 사건의 일부 요소들은 우리에게 낯설지 않다. 욕망과 행동, 이 두 가지는 반드시 관련이 있다.

　앉고 보니 옆자리 사람이 자신이 찾던 사람이더라는 얘기는 아주 의미 있는 우연 이야기에 단골로 등장하는 주제다. 러쉬넬이 소개하는 매우 감동적인 이야기를 들어 보자. 마비스 잭슨은 근 20년 동안 매번 똑같은 애너하임 교회를 차창 너머로 보며 중얼거렸다. '언젠가는 저기에 갈 거야.' 어느 일요일, 그녀는 마침내 교회 안으로 들어가기로 결심하고 사람으로 꽉 찬 3천 석 가운데에 자리를 잡았다. 예배가 시작되자 잔뜩 들뜬 그녀는 바로 옆자리에 앉은 여성에게 흥분된 목소리로 이렇게 말했다. "오늘 오게 돼서 너무나 기쁘네요. 참 멋지지 않아요?" 젊은 여성은 고개를 끄덕이며 말했다. "저는 중서부 출신이에요. 사실은 꼭 해야 할 일이 있답니다. 전 제 친엄마를 찾고 있어요."

마비스는 이 젊은 여성의 감정을 어느 정도 이해할 수 있었다. 그녀 역시 아주 오래전에 어린 딸을 입양 보내야 했기 때문이었다. "따님 생일이 어떻게 되나요?" 젊은 여성이 물었다.

"10월 30일이요." 마비스가 답했다.

"저도 그날이 생일이에요!" 젊은 여성이 놀라며 말했다.

맞다, 두 사람은 엄마와 딸이었다.[8]

20년이 지난 후 마비스는 굳이 그날에 굳이 그 자리를 골라 앉았고, 그 거대한 교회 내에서 오래전 헤어진 딸을 만났다. 그녀의 딸 역시 앉아야 하는 자리를 골랐다. 상대를 모르면서도 해변에서 서로를 찾았던 연인들처럼 엄마와 딸도 유사성과 욕구에 끌려 재회했다.

엄마와 딸이 있다면 아버지와 아들도 있다. 1969년 베트남 전쟁 중 20세의 미공군 병장 존 가르시아와 젊은 태국 여성 프라톤 바라누트는 같이 살며 누엥이라는 아들을 낳았다. 여자는 가족의 반대로 태국을 떠나지 못했기 때문에 존은 프라톤과 누엥 없이 미국으로 떠났다. 이후 그녀는 다른 미군과 결혼을 했는데, 그가 존의 편지를 모두 반송했기 때문에 존은 아들과 연락을 지속할 수가 없었다.

1996년, 존은 콜로라도 주 푸에블로의 한 고속도로에서 차를 몰고 가다가 가스가 반밖에 남지 않은 걸 발견했다. 꼭 가스를 충전해야 할 필요는 없었지만 자신도 설명할 수 없는 이유로 보통은 이용하지 않는 주유소에 들렀다. 지갑에 현금 30달러가 있는데도 그는 굳이 수표를 냈다. 이 역시 그가 평소에 잘 하지 않는 행동이었다.

"당신이 존 가르시아인가요?" 카운터를 보고 있던 젊은 남자가 수표를 본 후 물었다.

"그렇습니다." 존이 답했다.

"미공군에서 복무하셨나요?"

"네."

"태국에 산 적 있으세요?"

"네." 존이 점점 놀라워하며 대답했다.

"거기에 아들이 있나요?"

"그래요." 존이 다시 대답했다.

"아들 이름이 뭡니까?"

"누엥." 존이 답했다.

"제가 당신 아들이에요." 카운터에 앉아 있던 남자가 말했다.[9]

어쩌면 누엥은 존보다도 훨씬 더 이 만남을 바랐을지 모른다. 누엥이 정보의 빛 줄기를 쏴서 자신의 아버지를 끌어들이고 그가 이유도 모른 채 반응하도록 유도했을까? 감응, 유사성, 그리고 욕구가 힘을 합해 또 다른 도구적 우연을 만들어 냈다.

서로를 만나고자 하는 이 중요한 욕구를 충족하고 싶은 가족들은 상황이 어떠하건 온갖 방법으로 서로를 찾아낼 때가 많다. 모든 경우에 우연은 서로를 꼭 필요로 했던 사람들이 만나 안도감을 얻는 계기가 된다. 위의 존과 누엥은 모두 자신과 유사한 영혼을 강하게 필요로 했고, 우연히도 자신이 찾는 사람을 만났다. 다시 한 번 우리는 많은 우연에서 빠지지 않고 등장하는 두 가지 주요 요인들을 볼 수 있다. 바로 욕구와 변화다.

물론, 현대 사회에서 다른 사람을 '찾는' 데는 휴대폰이 최적화된 기술이다. 하지만 예전에는 그렇지 않았다. 한때 우리는 길거리의 유리 부스나 벽 혹은 기둥에 매달려 있던 공중전화에 의지해야 했다. 당시 상당히 재미있는 우연이 많이 일어났는데, 영국 캠브리지 대학의 확률 전공 수학자들이 운영하는 '불확실성 이해하기Understanding Uncertainty'라는 사이트에 그중 몇 개가 소개돼 있다.

한 이야기는 이렇다.

> 제가 열다섯 살이었을 때 시내에서 친구랑 쇼핑을 하고 있었어요. 원래는 그 친구와 학교 과제를 하고 있었어야 했죠. 길거리의 공중전화 박스를 지나가고 있는데 갑자기 전화가 울리기 시작하는 거예요. 저는 친구한테 전화를 받아 보라고 '도발'했죠. 그러자 그 친구는 그러는 네가 해 보라며 '역으로 도발'했어요. 그래서 저는 부스 문을 열고 들어가 수화기를 들고 "여보세요?"라고 답했어요. 그랬더니 엄마가 "안녕, 샬롯. 저녁 먹으러 집에 오니?"라고 묻는 거예요. 전 너무 놀라서 모든 사실을 이실직고했죠. 알고 보니 공중전화 박스 번호가 제 친구네 집 번호와 한 자리만 제외하고 완전히 같았던 거예요. 엄마가 다이얼을 잘못 돌리는 바람에 우연히 공중전화 박스에 전화를 걸었는데 제가 막 그때 그곳을 지나가고 있었던 겁니다.[10]

여기서 중요한 사실은 전화를 잘못 걸었던 것뿐 아니라(이런 일은 흔히 일어난다), 그 잘못된 번호를 딱 그 시간에 눌렀다는 것이다. 이 절묘한 타이밍은 두 사람이 같은 주파수에 연결되었음을 보여 준다. 엄마는 '실수로' 다이얼을 잘못 눌러 자신이 의심했던 바를 확인하려고 했다. 아이가 해야 할 일은 하지 않고 친구와 놀고 있는 상황 말이다.

우연히 걸린 전화가 표적을 정확히 맞힌 이야기는 또 있다.

> 제가 10대였을 때 친구들과 영국 콘월 주 리스커드로 놀러간 적이 있어요. 부모님 없이 우리들끼리만 간 첫 번째 휴가였죠. 동네 미용실에 가 보려고 걷고 있는데 공중전화 박스를 지나치는 순간 전화벨이 울리는 거예요. 맨 처음에는 모두들 그냥 웃고 넘겼어요. 그렇게 그냥 지나가고 있는데 갑자기 돌아가서 전화를 받아야 한다는 생각이 들더군요. 그래서 돌아가서 전화기를 들었더니 상대방이 "캐롤이니?" 하고 묻는 거예요. 완전히 놀라서 얼어 있는 와중에 "네"라고 대답은 했어요. 전화한 건 제 이모였는데 집안 어른이 돌아가셔서 아버지에게 연락하려고 했다는 겁니다. 저는 이 일이 평생 두고두고 혼란스러웠어요. 제 가족은 서리 주 월링턴에 살고 있었고 제 이모는 서리 주 서턴에 살고 있었거든요. 어떻게 제가 막 지나갈 때 콘월의 공중전화로 전화가 올 수 있었을까요?[11]

연락하고자 하는 이모의 욕구가 컸기 때문에 캐롤은 전화를 받아야겠다는 자신의 갑작스러운 충동을 기꺼이 따른 것이다.

| 반려동물 역시

아이들과 반려견들 역시 서로 떨어질 수 있지만 둘 중 하나 혹은 둘 모두의 내면에 있는 무언가가 이들을 서로 끌어당긴다. 나는 내 강아지를 사랑했다. 어느 날 강아지가 길을 잃어버렸지만, 우리는 서로를 찾았다. 어렸을 적에 겪었던 이 일은 우연의 유용성에 대해 눈을 뜨게 해 준 첫 번째 사건이었다.

내가 여덟아홉 살 즈음 아버지는 잡화점 관리직을 그만두고 오하이오 주 클리블랜드 주변의 농장에서 소 파는 일을 시작했다. 내가 개를 간절히 원한다는 사실을 잘 알고 있던 아버지는 태어난 지 6주된 강아지를 집에 데려왔다. 검정 바탕에 흰색과 갈색 무늬가 있고 나무 씹는 걸 좋아하던 이 개를 나는 스내퍼라고 불렀다. 우리는 둘도 없는 친구가 되었다. 어릴 적 스내퍼가 몸소 가르쳐 준 못된 습관들, 가령 긴장할 때 등을 긁는다든지 밥 먹을 때 입맛 다시는 소리를 내는 버릇은 아직까지도 내게 남아 있다. 그런데 그런 스내퍼가 어느 날 사라졌다. 나는 겁에 질려 어머니에게 스내퍼가 어디에 있냐고 물었다. 어머니는 모른다고 말하며 내가 다니는 초등학교 근처의 경찰서에 가 보라고 일렀다.

나는 자전거를 타고 평소에 다니는 길로 학교에 갔다. 운동장을 가로지르고 큰 길을 건너 자전거를 끌고 계단을 올라간 뒤 경찰서까지 걸어갔다. 제복을 입은 남자가 커다란 안내 데스크에 앉아 있었다. 하지만 그는 고개를 흔들며 "미안하다 얘야, 너희 집 개는 본 적이 없구나"라고 말했다.

나는 눈물을 쏟으며 경찰서에서 나왔다. 내가 지금 어디로 가고 있는지 파악할 정신도 없었다. 나는 계단을 내려왔다. 하지만 실수로 큰 길을 다시 건너지 않고 길가 오른쪽의 인도에서 자전거를 탔다. 하염없이 울다가 고개를 들었는데 글쎄 어떤 검정색 개가 스내퍼와 똑같은 걸음걸이로 내게 다가오는 게 아닌가! 혹시? 혹시? 그렇다! 그 개는 스내퍼였다! 스내퍼는 평소와 똑같이 나를 봐서 행복하다는 듯 내 다리로 뛰어 올라 자신의 머리를 쓰다듬을 수 있게 해 주었다. 스내퍼는 자기를 찾는데 왜 이렇게 시간이 오래 걸렸냐고 묻는 것 같았다.

나는 개를 잃어버렸다가 찾았다. 도대체 무슨 일이 벌어진 걸까? 우리가 상대를 너무 사랑해서 서로 끌어당긴 걸까? 아니면 우리가 만난 건 가능한 많은 사건들 중 하나에 불과한 것일까. 우리는 그냥 운이 좋았던 것일까? 우연한 사건에 불과했을까? 나는 우리가 서로에게 끌린 게 분명하다고 생각한다. 하지만 동시에 나는 스내퍼의 동선을 구글어스Google Earth로 확인해 우리가 서로 마주칠 확률이 얼마나 되는지 보고 싶었다. 스내퍼는 내가 집에 도착하기 얼마 전 셰이커 하이츠의 멘로 로드에 있는 우리 집에서 나왔다. 진입로에서 나오면 나는 보통 오른쪽으로 갔는데, 스내퍼는 분명히 왼쪽으로 갔을 것이다. 몇 집을 지나쳐 내려가다 그는 갈림길에 섰다. 왼쪽은 나와 만나지 못했을 방향, 오른쪽은 경찰서와 내가 있는 방향이었다. 그 후 스내퍼는 큰 길까지 왔다. 그는 오른쪽으로 가거나 왼쪽으로 가거나 그냥 길을 건널 수도 있었는데, 만일 그가 왼쪽이나 오른쪽으로 갔더라면 우리는 서로 엇갈렸을 것이다. 하지만 스내퍼가 길을 건넜다 해도 그 모습을 나는 볼 수 없었을 거다. 큰 길은 원래 세 길로 이루어져 있었기 때문이다. 클리블랜드의 간선급행통근열차 레일을 사이에 두고 찻길 두 개가 나란히 평행선을 달리고 있었다. 그는 큰 길을 건넜음이 틀림없다. 반대편에 도착한 그는 다시 좌회전, 우회전, 직진을 선택할 수 있는 갈림길에 섰을 것인데, 오른쪽만이 나를 만날 수 있는 길이었다.

경찰서 부근에서 우리가 다시 만나기까지는 상당한 시간차가 있었다. 그는 내가 경찰서에 도착하기 전에 그곳을 총총 지나갔을 수도 있다. 하지만 우리는 스내퍼가 마지막으로 우회전을 한 곳과 경찰서 사이의 중간 지점쯤에서 만났다.

스내퍼는 나에게 오기까지 총 네 번의 선택을 해야 했다. 그리고 그의 모든 선택은 정확했다. 그의 행동들, 그리고 눈물이 앞을 가려 잘못된 길로 접어든 나의 실수는 뜻밖의 행운이나 무작위적인 운 그 이상으로 느껴졌다. 매우 의미 있는 이 우연 덕분에 우리는 만날 수 있었다. 그는 이후에도 오랫동안 외로운 소년에게 없어서는 안 될 충직한 동반자가 되어 주었다. 나는 여전히 스내퍼가 보고 싶다.

스내퍼 이야기는 개가 주인을 찾아간다거나 먼 곳에서 집까지 찾아오는 그 수없이 많은 이야기 중 하나다. 영국의 생물학자 루퍼트 셸드레이크Rupert Sheldrake는 개의 지형공간정보습득Geospatial Information Acquisition을 증명하는 간단한 실험들을 실시했다. 그와 파멜라 스마트는 파멜라가 키우는 제이티라는 이름의 잡종 테리어의 행동을 연구했다. 옆집에 살던 파멜라의 부모님은 제이티가 오후 4시 30분 즈음이 되면 꼭 창문으로 간다는 사실을 알아차렸다. 그 시각은 비서로 일하고 있던 파멜라가 사무실을 떠나는 때였다. 제이티는 그곳에서 파멜라가 도착할 때까지 꼬박 30분에서 45분간을 기다렸다. 파멜라가 실직한 후에는 집에 돌아오는 시간이 훨씬 들쭉날쭉해졌다. 하지만 여전히 제이티는 파멜라가 언제쯤 집을 향해 출발했는지를 아는 듯했다.

셸드레이크와 스마트는 이 예측 능력을 연구하기 위해 본격적인 실험을 고안했다. 그들은 제이티가 규칙적인 일과, 부모님의 미묘한 신호, 파멜라의 차 소리 말고 혹시 다른 것에 의존해 파멜라의 귀가 시간을 예측하는지 알고 싶었다. 주의 깊게 기록을 계속하고 몇 달간 비디오 녹화를 한 결과, 그들은 파멜라가 도착하기 10분에서 45분 전 사이에 제이티가 파멜라의 귀가를 아는 것처럼 행동한다고 결론 내렸다. 파멜라가 멀리 있으면 있을수록 제이티는 더 일찍 예측했다.[12]

우리가 정확히 어디 있는지 아는 반려동물도 있다!

> 🔍 사랑하는 개나 고양이가 자기 집을 찾아오는 이야기 중에 아는 것이 있나요?

| 어떻게 그럴 수가 있지?

일단 이 이야기들이 사실이라고 가정해 보자. 나는 개인적으로 경험한 것이나 환자나 친구들이 해 준 이야기만을 보증할 수 있다.

이 장에 나오는 이야기들은 아직까지 명명되지 않은 감각을 증명하는, 점점 늘어나는 증거 중 하나다. 이 감각 덕분에 우리는 '안다는 걸 알지 못할 뿐 사실은 알고 있을' 수 있다. 좀 더 정확하게 말하자면, 기존의 과학적 사고방식으로는 알 수 없어야 하는 것들을 우리는 안다. 그렇다면 질문은 이거다. 이런 앎을 사람들은 도대체 '어떻게' 얻는가?

나는 도해를 제시할 뿐이다. 도해는 다양한 방식으로 정보를 시각화해서 보여 주지만 그렇다고 우리가 도해의 원리를 알 필요는 없다. 엔진의 원리를 몰라도 차를 운전할 수는 있는 것과 비슷하다.

어떻게 이것이 가능한지에 대한 힌트는 앞에서 만난 샐리 라인 페더가 들려준 나탈리라는 여성의 이야기에서 얻을 수 있다. 나탈리는 어떤 정신과 의사에게 호감이 있었다. 그의 차 앞유리에 메모를 꽂아 놓고 싶었던 그녀는 그를 찾는 와중에 한 번도 와본 적 없는 동네에 들어와 버렸다. 그런데 바로 거기에 그의 차가 있었다.[13] 나탈리는 어떻게 그곳에 갔을까? 그녀는 자신의 머릿속에 가야 할 방향을 알려 주는 지도가 펼쳐져 있었다고 말했다. 사람을 찾는 그 모든 이야기 중 내면의 GPS를 이용한 길 찾기가 직접적으로 언급된 것은 이 이야기가 유일했다.

철새를 살펴보면 어떻게 이런 일이 가능한지 좀 더 명확하게 알 수 있을지도 모른다. 어떻게 철새는 가야 할 곳을 정확하게 아는가? 이들은 남북으로 수천 킬로미터를 날아 매년 같은 장소에 도착한다. 이 새들은 지구의 자기장을 사용해 길을 찾는다고 알려져 있다. 우선 새들은 자기장을 감지하는 자기들만의 방법이 있을 것이다. 그 정보가 뇌의 어떤 부분에 등록된다. 그러면 뇌의 다른 부분이 실시간으로 입력되는 정보를 기존에 저장된 지도와 비교한다.[14]

철새에게는 내이(內耳)에 있을 것으로 추정되는 일종의 센서가 있어서 이를 통해 지구 대기 주변에서 맥박 치는 전자기파를 감지한다. 전자기장은 지역마다 독특한 패턴이 있고 새들은 이것을 통해 지역을 구분한다. 이 정보는 이후 뇌간으로 보내진다. 연구자들은 전자기장의 방향과 강도를 기록하는 세포 그룹을 비둘기의 뇌간에서 발견했다. 이후 이 정보는 다시 뇌의 다른 부분(아마도 해마로 추정)에 저장된 지도와 비교된다. 뇌간이 감지하는 지금의 장소를 기존에 저장된 지도와 비교함으로써 철새는 목적지를 기준으로 지금이 어디쯤인지를 가늠한다. 전두 피질은 이 정보를 활용해 필요할 경우 코스를 변경한다.

이것이 철새가 자신의 비행 패턴을 어떻게 결정하는지를 설명하는 유일한 모델이다. 훨씬 더 많은 것들이 밝혀져야 한다. 그들이 냄새나 지형도 사용할까?

철새의 이 전자기장 패러다임은 훨씬 복잡할 것으로 추정되는 인간의 메커니즘을 설명할 수 있는 발판이 된다. 인간의 모델은 욕구에 근거하기 때문에 변수가 훨씬 더 많다. 게다가 철새는 그저 계절에 따라 유사한 지역을 찾으면 되지만, 인간은 공간을 움직이는 '다른 사람'을 찾고 싶어 한다.

그렇다면 인간의 뇌는 사랑하는 사람, 아이, 동생, 사촌 등이 어디에 있을지 어떻게 아는가? 동시경험 이야기에 따르면 우리는 사랑하는 사람에게 무슨 일이 일어나고 있는지 멀리서도 안다. 휴대폰의 GPS 장치처럼 우리 역시 필요하다면 그들의 위치를 파악하여 그곳까지 가는 길이 그려진 지도를 소환할 수 있다. (한 사람 혹은 양측의) 욕구와 일상에서 벗어난 행동이 더해지면 우리는 내면의 지도에 접속해 자신이 꼭 앉아야 하는 기차의 그 자리, 해변 모래사장의 바로 그 자리, 카페의 그 의자, 교회의 그 좌석을 찾아갈 수 있다. 사랑, 그 신비스럽고 모호하고 영원하고 어렵고 강렬하고 가끔은 혼란스러운 감정은 중요한 영향력을 행사할 때가 많다.

어떻게 어떤 사람들은 특정 사람이나 사물을 알 수 있고 찾을 수 있냐는 질문에 '내면의 GPS' 개념은 훨씬 그럴 듯한 답을 제시한다. 또한 우리는 내면의 문제를 그대로 반영하는 듯한 패턴이 '주변'에서 벌어지는 것을 보고 해결책에 대한 실마리를 얻기도 한다. 공항에서 남편과 엇갈린 재닌이나 짧은 기간 동안 다수의 이혼남들을 만난 바트처럼 말이다.

일부 '순수과학 과학자들'은 이를 '마술적 사고'라고 부른다. 그들은 우리가 존재하지도 않는 연결 패턴을 찾고 있다고 생각한다. 하지만 이런 이야기들은 기존의 과학계가 인정하는 영역 너머에 있는 인간 잠재력의 존재를 뒷받침한다. 우리 모두의 내면에는 사람을, 사물을, 상황을 찾아가는 능력이 있다. 다만 그런 힘이 있다는 걸 모를 뿐이다. 이것은 일종의 직관력이다. 우리의 무의식은 우리에게 필요한 것을 주변에서 찾아내는 능력이 있다. 강렬한 감정, 습관적인 패턴에서 벗어난 일탈, 기꺼이 훑고 찾아보겠다는 의지가 이 능력의 발현을 돕는다.

> 🔍 고조된 감정, 변화의 시기, 강렬한 욕구, 적극적인 노력 등의 조건이 갖춰지면 우연을 만날 가능성이 높아집니다.

4장

CONNECTING WITH COINCIDENCE

우연을 부르는 우정

Connecting
with
Coincidence

친구란 누구인가? 관계를 설명하는 모든 어휘 중 이 '친구'라는 단어야말로 가장 모호하고 가장 갖다 붙이기가 쉽다. 과거나 현재에 당신이 어울려 놀았던 그룹의 일원도 친구라고 할 수 있고, 잘 알고 지냈거나 지내는 사람도, 그다지 잘 알지 못했거나 못하는 사람도 친구라고 할 수 있다. 당신에게 호의를 베풀었던 사람, 당신과 함께 일했던 사람, 당신과 식사를 같이 했던 사람도 친구라고 할 수 있다. 대개 친구란 서로의 사적인 부분을 알고, 굵직한 감정을 나누고, 함께 모험을 하고, 어려운 시기가 생기면 서로 도와주는 사람을 뜻한다. 같은 클럽 또는 그룹이나 조직에 속해 있다는 이유만으로 당신을 친구라고 생각하는 사람도 있을 수 있다. 관심사가 같아서, 같은 회의에 참여해서, 같은 사상을 믿기 때문에 당신을 친구라고 생각하는 사람도 있다. 혹은 당신과 친구라고 하면 제3자에게 유리해 보인다는 이유만으로 당신을 친구라고 부르는 사람도 있을 수 있다.

　페이스북은 친구의 의미를 여기서 한층 더 넓혔다. 당신이 친구 요청을 수락하기만 하면 설령 한 번도 못 본 사람일지라도, 그는 당신의 친구가 된다.

　우리가 생각하는 친구란 내가 정말 좋아하고 함께 좋은 일도 나쁜 일도 겪지만 그럼에도 계속해서 관계를 유지하는 사람이다. 친구는 사랑하고 좋아하는 가족이나 다름없지만 단 한 가지, 아주 큰 차이점이 있다. 바로 우정은 선천적으로 주어지는 게 아니라 서로 선택한다는 점이다. 우정은 자주 만나서 관심사를 나눌 때 더 단단해진다. 좋은 친구 사이라면 서로의 부모님, 형제자매, 아이들의 일도 세세하게 알 뿐 아니라 현재 하는 일은 어떤지, 다른 친구들로는 누가 있는지도 두루두루 안다. 서로의 집을 왕래하며 가족처럼 함께 식사를 하는 경우도 많다.

　깊은 우정의 또 다른 특징은 상대에 대한 불만을 얘기할 수 있다는 점이다. "네가 한/말한 것 때문에 내가 상처 입었어"라고 얘기할 수 있는 사이야말로 친구라고 할 수 있다. 이 '메타-대화' 능력, 즉 대화 자체를 놓고 대화를 나눌 수 있는 것이야말로 강한 우정의 특징이다. 우정에 동반되는 강렬한 감정과 변화가 우연을 낳는 발판이 된다.

| 새 친구

새로운 친구를 사귀는 일은 삶에서 누릴 수 있는 특별한 즐거움이다.

친구는 사랑, 섹스, 임신, 결혼 등 인간에게 내재된 생물학적 욕구를 채우기 위해 만나는 사이가 아니다. 친구는 그보다는 훨씬 부드러운 이유로, 내가 만나고 싶어서 만나는 사람이다. 친구들은 서로를 있는 그대로 좋아한다. 상대에게 돈벌이를 하지 않아도 되고 비즈니스 계약을 맺지 않아도 된다. 우리는 함께 이야기하는 것을 좋아하고, 무언가를 함께하는 것을 좋아하며, 그저 함께 있는 것을 좋아한다. 우리는 가족 간의 의무라서, 법의 명령이라서, 도덕적으로 꼭 해야 하는 일이라서 서로를 응원하는 게 아니다. 그저 상대의 안녕을 진심으로 빌어주기 때문에 응원할 뿐이다.

아주 희한한 방식으로 시작된 깊은 우정도 있다.

2001년 6월, 영국 스태퍼드셔 주에 살고 있던 열 살 먹은 로라 벅스톤은 할머니와 할아버지의 금혼식에 참석했다. 심심해하며 친구가 갖고 싶다는 로라에게 할아버지는 펜팔로도 친구를 사귈 수 있다고 했다. 그러면서 종이에 '로라 벅스톤에게 답장해 주세요'라는 문구와 함께 주소를 적어 헬륨 풍선에 넣고 하늘로 날려 보자고 말했다.

열흘 후 약 225킬로미터 정도 떨어져 있는 월트셔 주의 밀턴 킬본에서 한 농부가 목초지의 경계 울타리에 걸려 있는 풍선을 발견했다. 그는 풍선에서 로라 벅스톤이라는 이름을 보고는 이웃집 여자아이에게 가져다주었다. 그 아이 역시 이름이 로라 벅스톤이었기 때문이었다.

역시 열 살이던 밀턴 킬본의 로라 벅스톤은 스태퍼드셔의 로라 벅스톤에게 답장을 보냈다. 워낙 재미있는 우연의 일치였기 때문에 두 아이의 부모는 만남을 주선했다.

두 아이는 놀라울 만큼 유사한 점이 많았다.

일단 나이에 비해 키가 상당히 컸던 두 여자아이는 키가 같았고, 처음 만날 때 모두 핑크색 잠바와 청바지를 입고 나왔다. 둘 다 갈색 머리였고 머리 스타일도 같았다. 또한 둘 모두 집에서 세 살짜리 검은색 래브라도 리트리버와 회색 애완토끼를 길렀다. 기니피그도 있었는데, 역시 색이 같았고 심지어 '엉덩이'에 오렌지색 점이 있는 것까지 똑같았다.

두 아이들은 금방 친해졌고 몇 시간이고 앉아서 수다를 떨었다. 시간이 흘러 열아홉 살이 되었을 때도 두 아이는 여전히 아주 친한 사이였다. 스태퍼드셔의 로라 벅스톤은 자신이 원하던 펜팔 이상의 것을 얻었다.[1]

어쩌면 두 소녀의 유사성이 풍선의 궤도에 영향을 끼쳤을지도 모른다. '동질혼assortative mating(同質婚)'은 비슷한 사람들끼리 끌리는 경향성을 잘 포착한, 유명한 심리학적 원리다. 조현병 환자건, 아스퍼거 증후군을 가지건, 종교적 근본주의자이건, 직업이 비슷한 사람들이건, 대학 교육을 받은 부자건, 사람들은 자신과 비슷한 사람들끼리 모인다. 이들은 쉽게 친구가 되고 가끔은 서로 잘 통하는 점에 끌려 결혼까지 골인하기도 한다. 이렇게 비슷한 사람과 만나 짝을 이루는 것은 대개 현실에서 직접 만나 성사되는 게 대부분이고, 인터넷 데이트 서비스를 통해 만나는 경우도 가끔은 있다. 하지만 바람에 실려 간 풍선 이야기에는 이런 납득하기 쉬운 메커니즘이 다 빠져 있다. 이 이야기는 '끼리끼리 만난다'라는 말을 상기시킨다. 유사성이 공명을 만들고, 그 공명이 두 사람을 끌어당길 가능성 말이다. 생물학자 루퍼트 셸드레이크는 형태와 형상이 서로에게 영향을 주고 서로를 영속시킨다는 내용의 획기적인 '형태 공명morphic resonance' 이론을 내세웠다. 두 소녀를 이 토록 그럴 법하지 않은 방식으로 만나게 한 것은 유사성일 수도 있다.

2009년 이 이야기의 주인공인 어린 로라들은 미국 공영 라디오 National Public Radio, NPR의 라디오랩Radiolab에 함께 출연했다. 진행자들은 두 로라에게 무엇이 둘을 만나게 해 준 것 같냐고 물었다. 소녀들은 '운명' 혹은 '행운의 바람' 때문이 아니겠냐며 아마도 이 일의 전말은 자신들이 '호호 할머니'가 돼서야 알 수 있을 것 같다고 말했다. 청취자들이 이 기이한 우연을 과학적으로 살펴보기를 바랐던 진행자들은 통계학 교수들을 동원해 신기한 일들은 어느 정도 규칙성을 갖고 일어나며, 이러한 기이한 사건의 확률도 계산할 수 있다는 걸 증명해 보려고 했다.[2]

통계학자들은 확률에 대한 이해를 돕기 위해 예의 그 이미지를 동원했다. 동전을 던져 앞면 뒷면을 맞추는 게임 말이다. 모두가 알고 있듯이 동전을 100번 던지면 앞면과 뒷면이 정확히 5:5로 나올 가능성이 매우 크다. 동전을 더 많이 던질수록 50/50 결과를 얻게 될 가능성은 더욱 커진다. 그렇지만 동전을 연속해서 던지다 보면, 아주 낮은 확률이긴 하지만 앞면 혹은 뒷면이 연달아 7번 나올 확률이 어느 정도 존재한다. 동전을 100번 던지면 뒷면이 연달아 7번 나올 확률은 약 16퍼센트 정도다. 하지만 동전을 딱 7번만 던진다면 7번 모두 뒷면이 나올 확률은 단 1퍼센트다. 동전을 100번 던졌을 때의 확률이 저렇게 높은 것은 7번 연달아 나올 기회가 약 14번 정도 있기 때문이다(100÷7 =14). 단 하나의 사건, 즉 뒷면이 연달아 7번 나온 단 한 번의 경우에만 초점을 맞추는 것은 그 전후로 동전을 던져 나온 몇십 번의 결과들을 무시하는 셈이다. 이처럼, 우연의 출현에 영향을 끼칠 수 있는 주변 사건을 감안하지 않은 채 우연 자체만을 들여다보면 실제보다 훨씬 더 일어날 수 없는 일처럼 보인다. 복권에 두 번 당첨된 사람들의 사례가 이를 잘 보여 준다.

동일한 곳에 사는 동일한 사람이 복권에 두 번 당첨될 확률은 얼마나 될까? 확률이 1조 분의 1이긴 해도 이런 신기한 일은 실제로 일어난다. 인구수가 많으면 절대 일어날 법하지 않은 일도 일어난다. 그렇게 많은 사람들이 그렇게 많은 복권을 사다 보면 두 번 당첨되는 사람도 나올 것이다. 번개에 두 번 맞는 사람이 가끔씩 나오는 것처럼 말이다. 통계학자들은 우리가 '그저 우연'일 뿐인 상황에서 의미를 찾으려 한다고 경고한다. 여타 회의론자들처럼 이들도 '그저'라는 말을 '우연'과 함께 사용함으로써 그 중요성을 최소화시키려고 한다. 하지만 복권이 두 번 당첨되는 사건 뒤에는 지금껏 팔린 그 많은 복권들이 배경으로 깔려 있다. 동전을 딱 7번 던졌을 때보다 100번 던졌을 때 뒷면이 7번 연달아 나올 가능성이 훨씬 큰 것처럼 말이다. 마찬가지로 동일한 사람이 번개를 두 번 맞는 사건 뒤에는 지금껏 사람에게 떨어진 그 수많은 번개들이 배경으로 깔려 있다.

이러한 '순수' 통계학적 입장을 좀 더 면밀히 살펴보자. 동전을 던지거나 복권 당첨자를 연구할 때 우리는 기저율base rate을 계산한다. 기저율이란 어떤 사건이 발생할 확실한 확률을 뜻한다. 기저율을 구하려면 사건에 관여한 사람의 총 수와 그 사건이 일어난 총 횟수를 알아야 한다. 가령 복권에 두 번 당첨되는 일의 경우, 특정 기간 동안 복권을 구입한 사람의 총 수를 복권에 두 번 당첨된 사람 수로 나눈 것이

기저율이다. 동전을 100번 던져 뒷면이 7번 연달아 나올 기저율은 16퍼센트, 혹은 6분의 1이다.

그렇다면 하늘로 띄워 보낸 헬륨 풍선이 225킬로미터 이상을 이동해서 같은 이름을 가진 소녀의 집 근처에 떨어지는 사건의 기저율은 얼마일까? 실험을 할 수도 있겠지만 그러자면 어마어마하게 많은 시도를 해야 할 것이다. 일단 아무 이름이나 무작위로 붙인 헬륨 풍선 수백만 개를 하늘로 띄워야 할 것이고, 그런 다음에는 마음씨 좋은 사람들이 풍선을 발견해 가져다주어야 할 것이다. 풍선 중에는 나무에 걸린 것, 개가 씹어 버린 것, 염소가 먹어 버린 것, 호수나 바다에 빠져 버린 것 등등이 있겠다. 이 모든 실험이 진행되는 와중에 우리의 통계학자 친구들은 아주 아주 가능성이 낮은 이런 일들이 일어나기도 한다고 우리에게 말할 것이다. 이런 논증의 문제점은 일단 '어떤' 사건이 일어나기만 하면 통계학자들은 손사래를 치며 '사람들이 아주 많으면 절대 그럴 법하지 않은 일도 일어나는 법'이라며, 혹은 '아무리 신기한 일이라도 일어날 확률은 어느 정도 있는 법'이라며 그 일을 무시해 버릴 수 있다는 사실이다. 단순한 말로 옮겨 보자면 결국 저 두 진술이 의미하는 바는 이렇다. "그것이 일어났다면, 일어날 수 있었던 일이다." 그거야 당연한 말 아닌가!

두 로라가 만난 이런 사건들은 확실한 기저율을 계산할 수 없을 정도로 가능성이 너무나 희박한 일들이다. 우리로서는 알 수 없는 어떤 인간적인 요소가 이러한 우연을 만드는 데 일정한 역할을 할 수도 있다.

라디오 프로그램에 나온 통계학자들은 또한 두 소녀의 여러 차이

점들을 지적하면서 이야기를 비판했다. 사람들이 둘 사이의 유사성만 부각시키고 차이점은 무시했다는 것이다. 가령, 한 로라는 핑크색을 좋아했지만 다른 로라는 푸른색을 좋아했다. 대학 전공도 달랐다. 그리고 둘이 처음 만났을 때 한쪽은 아직 꽉 채운 열 살이 아니었다. 맞다, 소녀들의 모든 특징들이 완벽하게 맞아떨어지지는 않았다.

그러니 옳다. 그들은 '완벽하게' 똑같지는 않다. 이들은 일란성 쌍둥이가 아니다. 하지만 두 로라가 만났을 때 이들은 자신이 거울을 보고 있다고 느꼈다. 게다가 아무리 일란성 쌍둥이라도 완전히 똑같지는 않다. 이 우연에서 제일 중요한 점은 이 소녀들이 친구를 원했고 실제로 친구를 찾았다는 것이다! 라디오랩 프로그램에 출연한 어느 누구도 두 소녀가 제각각 품고 있던 이 대단히 중요한 '욕구'를 언급하지 않았다. 첫 번째 로라는 가족의 변화를 축하하는 자리(할머니 할아버지의 금혼식)에서 자신의 욕구를 표현했다. 할아버지는 손녀딸에게 친구가 생기기를 바랐다. 다시 한 번, '욕구'와 '감정'과 '변화'가 결합해 멍석을 깔아준 덕에 오랜 우정의 시발점이 된 우연이 일어날 수 있었다.

물론 여기에 부모님이 빠지면 이야기 자체가 성립되지 않았을 것이다. 부모님이 이 우연을 대단하게 여기지 않았더라면 우정은 애초에 존재하지 않았을 테다. 우연은 기회를 줄 뿐이다. 그 기회를 과연 잡을 것인지는 누군가 결정해야 한다.

로라 벅스톤의 이야기가 워낙에 별나서 눈에 띄긴 한다. 다른 우정은 이보다는 훨씬 그럴 듯한 상황에서 시작된다. 하지만 여기에도 '그저 우연' 이상의 무언가가 작동한다.

내 아들 아리는 우연을 향한 나의 관심에 대해 신기해하긴 했지만 기본적으로 회의적이었다. 그런 아들이 아내인 리자와 결혼하기 몇 달 전이었던 2012년 아버지의 날에 이런 이야기를 해 주었다. 당시 아리와 리자가 미네소타 주 미네아폴리스에서 산지도 거의 1년이 되어가고 있었다. 아리는 새 친구들을 사귀고 싶어 했다. 그들은 정착은 했어도 자신들과 잘 맞는 사람을 많이 만나지는 못했다. 그러던 중 동네 사람에게 시내에서 열리는 큰 콘서트에 같이 가자는 초대를 받았다. 만 명 가량의 사람이 바글바글한 큰 홀을 거닐고 있을 때 아리는 미주리 주 컬럼비아에서 고등학교를 같이 다닌 동창과 우연히 만났다. 두 사람은 힉맨 고등학교의 크로스컨트리 팀에서 같이 활동하던 사이였다. 그는 아리를 보고 뛸 듯이 반가워했고 자신이 아는 지역 사람들을 소개해 주겠다고 나섰다. 갑자기 아리의 친구 폭이 넓어지고 있었다.

잠시 후 아리와 같은 또래의 남자가 다가와 이렇게 물었다. "혹시 힉맨 고등학교 나오지 않았나요?" 아리는 그를 알아보지 못했다. 알고 보니 그는 또 다른 미주리 고등학교 출신의 테니스 선수로 미주리 주 한니발에서 열린 지역 준결승전에서 아리를 이긴 적이 있었다. 그 역시 아리에게 사람들을 소개시켜 주겠다고 나섰다. 그는 테니스를 비롯해 스포츠를 함께할 사람이 더 필요했던 참이었다. 이 둘은 함께 테니스 시합을 했고, 몇 주 후에도 같이 테니스를 쳤다.

우연에 대한 회의적인 태도를 완전히 버리지는 않았지만, 아리는 자신이 친구를 얼마나 사귀고 싶어 했으며 당시 얼마나 불안정한 변화의 시기를 겪고 있었는지를 절절히 토로했다. 그는 미네아폴리스에 완전한 의미로 자리를 잡고 싶어 했다. 그와 리자는 평소에는 하지 않았던 일을 했다. 일상을 깨고 록 콘서트에 간 것이다. 친구를 사귀고 싶은 마음이 컸고, 변화의 시기였고, 평소의 틀에서 벗어난 것 모두가 의미 있는 우연이 일어날 가능성을 높였다. 만 명 중 자기와 맞는 사람을 만날 확률은 상당히 낮지만 그래도 비슷한 생각을 가진, 게다가 나이대도 비슷한 사람들로 가득찬 홀에서 만날 확률은 생판 모르는 타인들이 오가는 길거리보다야 높다. 붉은 풍선 이야기와는 다르게 이런 상황에서 옛날 친구를 만날 확률은 계산이 가능할지도 모르겠다. 하지만 한 번에 둘씩이나? 새 친구를 만들고 싶다는 아리의 마음이 이러한 더블 히트를 만들어 내는 데 크게 일조했다. 필요한 사람이나 물건을 찾아내고 그쪽으로 가는 사람의 능력은 우리가 생각했던 것보다 훨씬 흔한 것처럼 보인다. 우연에 대한 아들의 의심이 이제는 조금 덜 해졌을지도 모를 일이다.

어느 날 롭은 문득 자신의 삶이 뼈저리게 외롭다는 사실을 깨달았다. 친구들이 질병이며 사고로 너무 많이 세상을 떠나 버린 탓에 그는 혼자 체육관에 가고, 혼자 자전거를 타고, 혼자 오페라에 가는 삶에 적응해야 했다. 체육관에는 뚱한 표정의 근육질 회원이 새로 나오기 시작했는데, 딱히 친절하지는 않았다. 그는 나머지 무리들과 잘 어울리지 못하는 듯 싶었다. 이 남자 필과 롭의 우연한 우정이 이번 이야기의 주제다.

또 다른 친구가 세상을 떴을 때, 롭은 장례식에서 노래를 부르기로 했다. 사람들 앞에서 노래하는 게 긴장이 된 그는 체육관의 마사지사와 약속을 잡았다. 그와는 이전에도 여러 번 본 사이였다. 하지만 마사지사는 나타나지 않았다. 직원이 이 사실을 알고는 다음날 다른 마사지사에게 무료로 마사지를 받을 수 있도록 다시 예약을 잡아 주었다. 마사지사도 친구도 모두 사라진 현실 속에서 롭은 끈 떨어진 연 마냥 외롭고 고독했다. 그런데 다음날, 새로운 마사지사 역시 나타나지 않았다. 차가 고장 났다고 했다. 다시 한 번 롭은 기대했던 위안을 받지 못한 채 홀로 남겨졌다. 그날 저녁 롭은 세 번째 마사지사와 만났다. 그런데 알고 보니 그는 절대 마사지사처럼 보이지 않았던 그 뚱한 표정의 근육질 남자였다.

하지만 필은 롭이 처음에 생각했던 이미지와 상당히 달랐다. 그는 아주 지적이고 박식하며 롭과 공통점이 대단히 많았다. 무엇보다 필은 치료사가 되기 위해 준비를 하고 있었고 열렬한 사이클리스트였다. 그는 롭의 사이클링 친구, 운동 친구가 되었고, 그의 절친한 벗이 되었다.[3]

중국의 『주역(周易)』에 '인내는 이롭다'라는 말이 나온다. 롭은 연이은 실망에도 굴하지 않았다. 서양의 속담도 있다. "한쪽 문이 닫히면 다른 문이 열린다." 나는 "그러니 반드시 그 다른 문을 열어라"라고 덧붙이겠다. 롭에게는 욕구가 있었고, 아마 필 역시도 그러했으리라. 롭의 이야기는 주변을 잘 살핀다면 욕구를 충족시킬 수 있는 가능성과 더불어 최고의 친구를 만나게 될 수도 있음을 보여 준다.

> 🔍 우연을 더 많이 만나고 싶으면 계속 움직이세요! 우연이 많이 일어나는 환경을 찾아보세요.

| 같이 어울리는 친구들

우리는 서로 돕고 응원하고 이해하기 위해 친구를 사귄다. 좋은 친구를 두었을 때 제일 신나는 일은 그들과 함께 놀 수 있다는 점이다. 하지만 그보다 훨씬 진지한 측면도 있다.

내 환자였던 열아홉 살 디드러는 두 세계 사이에 끼여 있었다. 이혼한 엄마가 속한 부유한 사교계와 지금 어울리는 친구들과 남자친구가 속한, 그녀에게는 새로운 중산층의 세계. 그녀는 가정부와 집사, 이국적인 음식과 옷, 세계에서 가장 화려한 리조트와 고급 호텔, 파리와 로마에 아파트가 있는 세상에서 자랐다. 하지만 지금 사귀는 친구들과는 훨씬 단순하게 놀았다. 예의를 두르고 옷으로 치장하지 않아도 사랑할 수 있고 서로를 있는 그대로 받아들이는 경험은 처음이었다. 이제 그녀는 지금까지 자란 동네에서 이 중산층 친구들과 어울리며 살 것인지, 그러면서 이곳 커뮤니티 칼리지에 다닐지, 아니면 영국 명문대에 1학년으로 들어갈지를 선택해야 했다. 영국에 간다면 그녀는 부유한 엘리트의 삶에 다시 한 번 붙들리게 될 것이었다. 그녀는 이 동네 친구들, 특히 남자친구는 더더욱 떠나고 싶지 않았다. 어렵사리 찾은 사랑과 인정이었다.

이런 결정을 앞두고 속앓이를 하던 그녀는 남자친구를 포함한 몇몇 친구들과 함께 동네 술집에 갔다. 한참 재미있게 놀고 있는데 초등학교 무렵 제일 친했던 친구가 들어오는 게 아닌가. 그녀는 부유하고 아름다운 젊은 여성으로 수년간 유럽에서 살고 있었다. 두 사람은 10

년 동안 연락이 끊긴 상태였다. 친구는 심지어 자기보다 더 부자인 런던 출신 남자친구와 함께였다. 이탈리아에서 휴가를 보내다가 며칠 짬을 내서 들른 것이라고 했다.

디드러는 친구가 데려온 젊은 부자 애인과 자신의 남자친구가 얼마나 다른지에 새삼 충격을 받았다. 그는 잘 차려 입었고, 우아하고, 매너도 흠잡을 데가 없었고, 말하는 것도 매력적이었다. 하지만 자신의 남자친구는 옷도 대충 입고, 다른 사람이 말할 때 끼어들고, 툭하면 욕이 튀어나왔다. 지금 어울려 노는 또래 여자애들도 자주 욕을 했다. 반면 전에 어울리던 상류층 아가씨들은 절대 욕을 하지 않았다. 디드러는 친구들이 입고 있는 옷, 나쁜 매너, 일도 안 하고 학교도 안 가는 남자친구에게 창피함을 느꼈다.

그날 술집에서 그녀는 자신이 미래에 맞이할 수 있는 상반된 두 세계를 보여 주는 연극의 관객이었다. 그 장면은 마치 그녀만을 위해 공연된 것 같았다. 그녀는 연극의 메시지에 귀기울였다. 그녀는 깊은 후회를 느끼며 자신이 해야 할 일이 무엇인지 깨달았다. 다시 상류 사회로 돌아가 원래의 계획대로 사회적으로 유능한 사람이 되기로 결심했다.

이 연극은 어떻게 '제작된 걸까?' 그녀 또래의 젊은이들은 원래 자주 술집에 가고, 게다가 이 술집은 상당히 유명한 가게였다. 그녀의 초등학교 동창은 여전히 그 동네에 연이 있었기 때문에 언제고 돌아올 예정이었다. 그러니 둘이 만날 가능성은 분명 존재했다. 하지만 왜 친구는 굳이 그 시간에, 디드러가 중요한 결정으로 괴로워하고 있을 때 들어온 것일까? 마을에 있는 그 모든 술집을 놔두고 왜 그녀는 완벽하게 비교되는 남자친구를 대동한 채 그 자리에 나타났을까? 이 있을 법하지 않은 사건의 기저율은 얼마인가? 계산하기 무척 어렵다.

'그저 우연' 이상의 것이 여기에서도 작동한다. 일단 이번에도 역시 강한 감정이 개입했다. 디드러는 친구들과 남자친구를 떠날 수도 있다는 사실에 심적으로 힘들어했다. 또한 이때는 떠나느냐 마느냐를 결정해야 하는 변화의 시기이기도 했다. 그녀는 중요한 결정을 앞두고 있었다. 나는 그녀가 술집에서 자신을 위한 무대를 올려 달라며 어린 시절 친구에게 어떤 식으로든 신호를 주었다고 생각한다. 친구는 여러 가능성에 마음을 연 채 자기 나름의 이유로 살던 동네에 들렀다. 이제야 조금씩 이해되는 방식으로 이 옛 친구는 딱 맞는 타이밍에 등장해 디드러가 원래의 귀족적인 삶으로 되돌아갈 수 있게 도왔다. 이 장면 덕분에 디드러는 (걱정에 함몰된 마음에서 벗어나) 자신의 결정이 야기할 두 가지 상황을 정면으로 마주할 수 있었다.

과학자 친구들은 다시 한 번 이런 나를 '마법적 사고'에 물들었다고 비난할 것이다. 과학 저술가이자 『마법적 사고의 일곱 가지 법칙The Seven Laws of Magical Thinking(국내 출간 제목은 『왜 우리는 미신에 빠져드는가』)』의 저자인 매슈 허트슨Matthew Hutson은 이 우연 이야기들이 말하고자 하는 결론이 과학으로 전혀 증명되지 못한다고 말한다. 그는 과학적 연구로 입증되지 않은 개념을 받아들이지 못한다. 조금 더 구체적으로 표현하자면, 그는 마음이 멀리서도 교류할 수 있다거나 마음과 물질이 서로 연결될 수 있다는 생각을 인정하지 않는다. 하지만 허트슨이 지적한 것처럼 한때 마법으로 여겨졌던 많은 생각들은 후에 진실이 되었다. 눈에 안 보이는 무언가가 전염성 있는 물질을 옮긴다는 '마법적 감염'의 예를 들어 보자. 박테리아 전문가는 눈에 보이지 않는 무언가가 전염될 수 있다는 세간의 두려움이 합리적임을 증명했다. 마법적 감염의 원인은 바로 박테리아였다.[4]

지금 우리 주변만 둘러봐도 알 수 있다. 우리는 텔레파시와 다를 바 없는 능력을 보유하고 있다. 전화, 이메일, 문자, 소셜 네트워킹 등을 통해 우리는 다른 사람들의 생각을 알 수 있다. 텔레비전과 웹캠을 통해 멀리서 무슨 일이 일어나는지 실시간으로 볼 수 있는 투시력도 생겼다. 우연은 세상을 이해하는 새로운 방식에 눈을 뜨고 내재된 능력을 사용하라고 우리 등을 떠민다. 허트슨이 '마법적 사고'라고 부르는 것에 가까운 미래의 전망이 담겨 있다. 허트슨은 마법적 사고를 잘만 사용하면 삶의 의미를 찾는 데 도움이 된다고 인정하기는 한다. 우리가 보이지 않는 에너지와 도움에 둘러싸여 산다고 믿는다면 위안이 되고 힘이 난다. 또한 마법적 사고는 마음과 환경의 상호 작용 가능성에 대한 새로운 아이디어를 많이 제시한다. 만일 우연의 과학이라는 게 있다면 그것은 이 책에 소개되는 것 같은, 꼬리에 꼬리를 물고 끊임없이 등장하는 우연 이야기에서 시작될 것이다.

친구와 노는 것은 삶을 즐기는 좋은 방편이기도 하지만 때로는 사람의 목숨을 살리는 일이 되기도 한다. 라이저 헬버스탬은 이 사실을 나치 시대 때 뼈저리게 깨달았다. 폴란드 마을에 살던 그는 다섯 살 무렵 유태인이 아닌 친구와 놀며 마을의 암묵적인 규칙을 위반했다. 우표며 동전이며 장난감들을 주고받으며 놀던 두 아이는 어느 날 서로에게 기도문을 가르쳐 주기로 했다. 부모들이 알면 기겁했을 일이지만 아이들은 어른들에게 절대 말하지 않았다. 라이저는 친구에게 유태교의 기도문을 가르쳐 주었고, 그는 친구에게 기독교의 기도문을 배웠다.

10년 후 그는 기독교인으로 가장하여 나치를 피해 도망다니고 있었다. 그런데 그의 위조 서류를 살피던 한 나치 군인이 그를 미심쩍은 눈으로 바라보았다. "당신이 기독교인이라고? 그렇다면 지금 기도문을 한 번 외워 봐, 독실한 기독교인이라면 누구나 바로 암송할 수 있는 것으로." 그 군인이 외워 보라고 한 기도문은 어린 시절 친구에게 배운 기도문이었다.[5]

그 나치 군인은 다섯 살 아이도 배울 수 있는 유명한 기도문을 선택했었을 것이다. 그리고 가장 중요한 것은, 라이저가 그걸 여전히 기억하고 있었다는 사실이다. 어린 두 소년들이 장난처럼 서로 가르쳐 주었던 기도문이 우연히 목숨을 살렸다. 우리는 여기서 다시 한 번 기저율의 질문을 던질 수 있다. 얼마나 많은 폴란드 꼬마들이 서로에게 기도문을 알려 주는가? 나치를 피해 도망가는 폴란드 유태인 청년들 중 기독교 기도문을 외워 보라는 명령을 받은 자는 얼마나 많은가?

이런 일의 가능성은 절대 계산하지 못할 게 뻔하지만 통계학 친구들은 이런 우연이 발생할 확률이 있다고 말할 것이다. 이미 이런 비슷한 일이 여러 번 벌어졌는데 기록된 바가 없을 뿐이라고 말이다. 그럴 수도 있겠다. 하지만 이후 랍비가 된 라이저와 그의 딸 이타는 무언가 다른 힘이 작동하고 있다고 생각했다. 그들은 그 정체가 신이라고 생각했다. 하지만 나는 라이저와 소꿉친구의 과감함, 그때까지 기도를 잊어버리지 않았던 그의 좋은 기억력, 탁월한 생존 본능에 더 높은 점수를 주고 싶다. 운

| 운이 일어날 기회도 준비된 자에게 온다. |

4장 우연을 부르는 우정

이 일어날 기회도 준비된 자에게 온다.

다음은 라이너라는 독일인의 이야기다. 그는 미국을 여행하는 중이었다. 『백일몽Waking Dream』의 저자 레이 그라스Ray Grasse는 1982년 네팔에서 만난 라이너에게서 다음의 이야기를 직접 듣고는 내게 이메일로 전해 주었다.

> 독일에서 어떤 친구가 라이너에게 일주일간 로스앤젤레스로 여행가지 않겠냐고 물었답니다. 알고 보니 같이 여행 계획을 짜던 여자친구가 막판에 가지 않겠다고 해서 혼자 가느니 차라리 라이너에게 같이 가자고 한 겁니다. 두 사람은 로스앤젤레스에 있는 동료의 집에 머물렀습니다. 어느 날 오후 라이너가 집에 혼자 있는데 초인종이 울리더랍니다. 그는 문을 열었고, 독일에 사는 친구, 그냥 친구가 아니고 굉장히 친한 친구가 서 있는 것을 보고 깜짝 놀랐습니다. 그 친구 역시 똑같이 놀란 표정을 짓고 있었고요. 두 사람 모두 상대방이 미국으로 여행 간다는 사실을 몰랐습니다. 둘 다 아주 충동적으로 온 여행이었으니까요. 친구는 그날 오후 차를 몰고 도시를 돌다 길을 잃었고, 아무 집이나 골라 초인종을 누르고 길을 물어야겠다고 생각했답니다. 그런데 바로 친구인 라이너가 나온 것이지요.

도움을 청하려고 아무 집이나 골라 노크를 한 것은 의미 있는 우연의 하위 유형에 해당한다. 윈스턴 처칠Winston Churchill은 자서전 『나의 청춘기My Early Life』에서 적들을 피해 몸을 숨기던 남아프리카에서 '아무 집'이나 골라 노크를 했는데 놀랍게도 영국에 온통 적대적인 지역에서 유일하게 그 집에만 영국에 동조하는 사람이 살고 있었더라는 일화를 들려준다.[6] 『홀로코스트의 작은 기적』에는 나치를 피해 한 번도 가본 적 없는 깊은 산속으로 피신한 한 남자가 어떤 오두막의 문을 두드렸는데 자신이 수년 전 목숨을 구해 준 기독교인이 나왔다는 이야기도 있다.[7]

처음 본 사람 옆에 앉는 것처럼, 위급 상황 시 위험을 무릅쓰고 하는 노크는 깜짝 놀랄 만한 결과로 이어지기도 한다. 필요한 자원을 기어코 찾아내는 사람은 과연 무엇이 다른 걸까? 사람이 갖고 있는 이 GPS 같은 시스템은 진짜 실재하는 것처럼 보인다. 하지만 물론 다급하게 노크를 한다고 언제나 자신에게 유리한 결과가 발생하는 건 아니다. 이 유용한 우연을 만드는 데는 욕구, 변화, 적절한 타이밍이 중요한 역할을 한다.

뉴욕의 작은 동네에 살던 수잔 왓킨스Susan Watkins는 주변에서 일어나는 우연을 자세히 관찰하여 저서 『이런 우연이라니!What a Coincidence!』에 상당 부분을 실었다. 그중 특히 반복적으로 나오는 주제는 어떤 친구를 생각하면 바로 그 친구와 마주치는 것이다. 그녀는 관련된 여러 이야기를 소개한다. 로니를 생각했는데 로니와 마주치고, 샤론을 생각했는데 샤론과 만나는 식이다. 이들은 수잔이 한동안 못 보던 친구들이었다.[8] 이와 비슷하게 연구 참가자들 역시 머릿속으로 떠올린 사람을 실제로 만난 경우가 있다고 보고했다. 이런 간단한 우연들은 생각과 일상적인 사건 간의 연결성에 대해 다시금 살펴보게 만든다. 만일 당신이 더 많은 우연을 보고 싶다면 이런 일반적인 경우를 찾아보고 기억하라. 이런 것들을 알아채고 생각하다 보면 훨씬 더 복합적인 우연에 민감해질 것이다.

│ 상담사와 내담자 사이의 우연

정신 치료와 상담은 우연이 일어나기에 대단히 적합한 환경이다. 환자들은 대개 감정적으로 스트레스를 받고 있고 어떤 식으로든 변화를 추구하기 때문이다. 이 내면을 향한 모험에 참여하는 모든 사람들, 즉 상담사와 환자는 동료가 된다. 어떨 때는 각자의 경험이 서로에게 득이 되는 방식으로 서로를 비춰 주기도 한다.

상담사 롤프 고드해머는 내담자와 상담사의 경험이 서로를 비춰 준 경우에 대해 이렇게 말한다.

> 1980년대 중반 이란-이라크 전쟁 당시 저는 이란 출신 대학생과 상담하고 있었습니다. 그는 가족을 너무 걱정하고 있었죠. 집이 전쟁 지역에 있었기 때문에 가족들은 피난을 가야 했습니다. 몇 회에 걸쳐 저는 그의 감정적 고통을 덜어줄 방법을 찾았습니다. 상담에 영적인 분위기를 더하면 좋겠다 싶어서 그에게 파라마한사 요가난다Paramahansa Yogananda의 『요가난다, 영혼의 자서전Autobiography of a Yogi』을 보여 주었습니다. 그러더니 놀랍게도 그가 가방에서 같은 책을 꺼내는 겁니다. 읽고 있는 부분도 거의 똑같았어요. 이 동시성이 학생에게 어떤 차분함을 안겨 준 것 같았습니다. 운명을 결정하는 건 우리보다 더 큰 우주의 힘이라는 사실을 그가 알게 된 것이죠.[9]

이 두 사람이 같은 책을 읽을 확률은 얼마일까? 계산하기 쉽지 않다. 1946년에 출간된 이 책은 영적 스승을 찾는 저자의 발자취를 담고 있다. 이후 이 책은 전 세계 30여 개 언어로 번역되면서 20세기 영성 분야에서 가장 유명한 책으로 자리매김하게 되었다. 상담사와 환자 모두 삶의 영적 의미를 찾는 사람들이었으므로 이 책은 상당히 그럴 법한 선택이었지만, 사실 이 주제를 다룬 유명한 책들은 수천 권도 더 있었으므로 그들은 얼마든지 다른 책을 읽을 수도 있었다. 게다가 거의 같은 페이지를 읽고 있었다는 사실까지 더해지니 이 우연은 더욱 있을 법하지 않게 느껴졌고, 두 사람은 이 사건을 의미심장하게 받아들였다.

이 우연을 두고 상담사와 자신이 서로 대단히 잘 통하는 사이라고 해석할 수도 있었겠지만 학생은 그렇게 느끼고 싶지 않았다. 그는 더 큰 우주의 힘이 인간의 운명을 관장한다고, 더 정확하게는 그 선한 힘이 자신의 가족을 살려 줄 것이라고 믿고 싶어 했다. 그 학생은 자신의 믿음이 옳다고 확신시켜 줄 외부의 징조를 찾고 있었고, 그는 그걸 찾았다.

우연은 개인적 차원으로도 초개인적 차원으로도 해석할 수 있다. 현재 자신이 내리는 결정에 사용할 수도 있고, 현실에 대한 믿음을 공고히 하거나 부정하는 용도로도 쓸 수 있다. 위의 학생은 '사랑 가득한 신'이라는 자신의 믿음이 사실이기를 간절히 확인받고 싶어 했다. 이런 믿음을 갖고 있으면 가족에 대한 걱정이 덜어지기 때문이다. 한동안 상담사는 학생이 불안을 줄일 수 있도록 도왔다. 나는 이 상담사가 모종의 방식으로 학생의 마음에 접속해 그를 차분하게 해 줄 바로 그 방법(바로 책)을 찾았다고 생각한다. 상담사는 독특한 형태의 공감 능력을 발휘해 내담자에게 도움이 될 방식을 찾았다.

이제 심리 치료사 에리카 헬름 미드의 이야기를 들어 보자. 그녀는 장내 기생충 진단을 받고 비참한 기분에 휩싸였다. 사랑하는 고양이도 기생충에 걸렸다는 게 그녀의 마음을 더욱 아프게 했다. 아마도 오염된 물 때문인 것 같았는데, 그 때문에 고양이는 생사를 다투고 있었다.

한 내담자가 편치 않은 몸을 이끌고 상담실에 왔다. "어제 우리집 새와 제가 장내 기생충에 걸렸다는 사실을 알았지 뭐예요." 상담사는 이 비슷한 상황에 놀라움을 금치 못했다. 사람과 반려동물이 똑같이 장내 기생충에 감염되는 것도 모자라 한 공간에서 만난 두 사람이 동시에 그렇다고? 두 사람의 집은 50킬로미터도 더 넘게 떨어져 있었고 상수도 시스템도 서로 달랐다.

이 내담자는 자신의 영성을 회복하고 싶다는 마음에 상담을 받고 있었다. 그녀는 수년 전에 내면과의 연결감을 잃어버린 상태였다. 내담자가 동물 병원에서 시도한 치료가 번번이 실패했다는 얘기를 하고 있을 때 상담사의 머리에 떠오른 것은 새를 위해 기도하고 있는 내담자의 모습이었다. '새가 살건 죽건, 상태가 좋아지건 악화되건, 이 사람은 영적인 세상에 부탁해야 할 거야.' 상담자는 속으로 생각했다.

그녀는 내담자에게 혹시 이 문제에 대해 기도해 본 적 있냐고 물었다. 그러자 내담자가 갑자기 울음을 터트렸다. 그날을 기점으로 그녀는 다시 영적 수행의 길로 돌아갔다.

상담사 역시도 영적 수행에 대한 마음이 시들어 가는 것을 방관하고 있었다. 이 환자가 다시 매일 기도하게 된 것을 보고 그녀도 자신의 고양이를 위해 기도하기 시작했다. 새와 고양이 모두 죽음의 문턱까지 다가갔지만, 수의사들이 놀랄 정도로 회복됐다. 거울처럼 서로의 상황을 그대로 비춰 준 이 우연 덕분에 두 사람 모두 기도에 대한 열정을 되살릴 수 있었고, 상담사는 이 기생충들에게 고마워하는 마음까지 갖게 되었다.

두 사람이 동시에 반려동물과 함께 기생충에 감염되었던 일은 설명하기가 쉽지 않다. 많은 우연이 미스터리하다. 사람들이 왜 정신 치료사가 되고 싶어 하는지를 이 이야기와 잘 알려지지 않은 속담 하나가 잘 보여 준다. "치료사가 되는 것은 환자가 되지 않고도 심리 치료를 받을 수 있는 유일한 길이다." 우리는 다른 사람을 돕는 과정에서 스스로에 대해 무척 많은 것들을 배운다.[10]

> 🔍 심리 치료와 상담에는 우연을 만들어 내는 데 필요한 모든 재료가 들어 있습니다. 고조된 감정, 욕구, 변화에 대한 열망, 감정적 어려움을 이겨내기 위해 방법을 간구하는 태도가 그것입니다.

| 기존 설명

좁게는 치료사의 상담실에서부터 넓게는 세계를 무대로 신기한 우연들이 일어난다. 이웃들은 사는 동네에서 훨씬 떨어진 곳에서 놀라운 방식으로 만나기도 한다. 영국에서 온 '세상 참 좁네' 이야기에는 우연을 찾는 사람들이 주의해서 생각해야 할 거리가 숨어 있다.

작년에 아내와 저는 포르투갈의 빌라모라에서 휴가를 보냈습니다. 하루는 버스를 타고 해변 도로를 달려야 나오는 알부페이라에 당일치기로 다녀오기로 했죠. 도착해서는 마을을 지나 해변을 따라 걸었어요. 그렇게 걷다 보면 맨 끝에 대형 승강기가 보이는데 그걸 타고 꼭대기로 가면 전망대가 나오지요. 우리 부부는 전망대에 앉아 뒤쪽으로 펼쳐진 마을의 전경을 구경하고 있었어요. 그런데 갑자기 예전 이웃 한 사람이 떠오르더군요. 싱글이었는데 언젠가 알가르베에서 오래도록 살아 보고 싶다는 말을 한 적이 있었거든요. 우리는 '알가르베 어디를 말하는 거였지?'라고 궁금해 하며 별 뜻 없이 옆자리를 흘깃 쳐다봤어요. 그런데…… 맞습니다, 예상하시는 게 맞아요……. 그 사람이 저희 바로 옆자리에 앉아서 저희와 똑같이 뒤로 돌아 마을을 보고 있는 겁니다! 우리가 나타나자 그 사람 역시 말을 잇지 못했죠.[11]

어떤 이웃에 대해 생각하던 참이었는데 눈앞에 그가 나타났다. 놀랍지 않은가! 연구 참가자들에게 받은 답변으로 볼 때 멀리 사는 누군가를 우연히 마주치는 일은 흔한 것 같다. 통계학자들은 분명 이렇게 말할 것이다. 여행을 좋아하는 사람은 아는 사람이 많기 마련이고 그중에서도 많은 사람들이 여행자일 거라고. 다시 앞서 이야기를 살펴보면, 포르투갈에서 휴가를 보내던 이 부부는 사실 어디에서 어떤 사람과도 마주칠 수 있었다. 자신이 아는 사람을 먼 곳에서 만날 확률은 상당히 크다. 그런 우연은 놀랍기는 하지만 마음에 남을 정도는 아니다.

하지만 이 부부는 이웃 남자를 보기 전에 그를 떠올렸다. 이 경우에는 아무 지인이나 만난 게 아니다. 부부는 그 사람을 문득 생각해 냈고 서로에게 그 사람이 기억나느냐며 대화를 나누었다. 어떻게 두 사람이 문득 그 사람을 생각해 냈을까? 이 질문에 가장 단순하고 가장 논쟁의 여지가 없는 방식으로 답해 보기 위해 우선 기존 과학이 합리적인 설명을 내놓을 수 있는지 한 번 살펴보자. 이 이야기의 경우 뇌의 작동 방식에 대해 지금까지 알려진 지식을 살펴보는 게 제일 좋다.

우리의 눈은 끊임없이 주변을 살핀다. 눈앞에 보이는 장면이 전부인 것 같아도 사실 우리는 눈 가장자리로도 세상을 본다. 주변 시야로 보이는 것이 의식의 영역으로 들어오는 순간은 그 대상이 독특하거나 특별하거나 위협적이거나 잠재적으로 유용할 때다. 그렇지 않다면 스캔 결과는 계속해서 무의식에 저장된다. 휴가 중이었던 부부는 이 상냥한 이웃을 눈 가장자리로 봤을 가능성이 크다. 그는 독특하지도 위협적이지도 않았으나 전혀 예상치 못한 곳에서 만난 익숙한 얼굴이었다. 그에 대한 생각이 둘 중 한 사람의 뇌에 인지되자 그 사람은 상대에게 그와의 인연을 언급했다. 그리고 둘은 함께 주변을 둘러보았고 그를 발견했다. 한 사람이 그를 무의식적으로 봤고, 그에 대해 생각했고, 그에 대한 이야기를 꺼내고 난 후에야 그의 존재가 의식으로 들어온 것이다. 이웃 남자의 출현을 두고 '마음 상태가 현실에 그대로 투영된 신기한 현상'이라고 생각할 수도 있지만, 사실은 통상적으로 무의식이 스캔한 결과라고 보는 편이 더 그럴듯해 보인다.

이 설명이 처음으로 깊이 와닿았던 것은 어느 환자가 내게 자신은 천사의 보호를 받고 있다고 말했을 때였다. 그는 이 믿음에 대한 증거로 다음의 경험을 들었다.

> 저는 마리화나에 취해 있었어요. 진짜 제대로요. 그런 상태에서 차에 올라

운전을 했는데, 마침 내려가던 길 양쪽에 차가 빼곡히 주차돼 있어서 조금만 실수하면 부딪칠 정도로 폭이 좁았습니다. 그런데 갑자기 저도 모르게 브레이크 페달을 발로 콱 밟았습니다. 급정지한 충격에서 벗어나 고개를 든 순간 제 앞으로 어떤 꼬마 아이가 달려가는 거예요. 브레이크를 밟지 않았더라면 저는 그 아이를 치었을 거고. 그랬다면 제 인생은 망했겠지요.

그는 하늘의 도움을 받은 자신에게 뿌듯함을 느끼며 의자에 몸을 파묻었다.

하지만 나는 뇌과학에 기초한 다른 설명을 제시했다. 눈으로 들어오는 정보는 대개 두 개의 회로를 거친다. 하나는 빠른 회로이고 다른 하나는 느린 회로다. 느린 트랙을 도는 정보는 후두 피질occipital cortex(뇌 뒷부분의 시각 피질)로 보내진 다음 그곳에서 내용이며 중요도가 분석된다. 하지만 빠른 트랙의 정보는 뇌 깊숙이 박혀 있는 아몬드 모양의 구조물인 편도체amygdala로 직진한다. 편도체는 공포 반응을 일으키는 기관으로 제일 잘 알려져 있다. 가령, 뱀을 두려워하는 사람이 땅에서 뱀처럼 생긴 것을 보면 편도체가 도피 반응을 일으킨다. 느린 회로 역시 땅에 놓인 물건을 동시에 분석하기 시작하지만 속도가 좀 더 느리고, 나중에서야 그것이 실은 뱀이 아닌 비틀린 나무 막대기라고 결론 내린다. 일단 도망가고 나중에 질문을 하는 편이 꼼짝 않고 그 자리에 서서 뱀에 물릴 위험을 감수하는 것보다 훨씬 낫다.

내 환자의 경우도 이와 마찬가지다. 그는 자신이 마주할 위험천만한 상황을 의식적으로 인지하기 전에 브레이크를 밟았다. 그는 살았다. 하지만 천사의 도움 때문이라기보다는 편도체의 빠른 반응 덕분이 아니었을까 하는 게 내 생각이다. 그는 내 설명을 딱히 마음에 들어 하지는 않았다. 그렇게 되면 자신이 특별하다는 생각이 바래지기 때문이다. 우연을 이해하고자 할 때는 일단 기존의 설명을 제일 먼저 참고하는 편이 좋다.

하지만 학회에서 동료를 만난 내 경험은 어떤 식으로 설명하는 게 좋을지 확신이 서지 않는다. 기존의 뇌과학으로 이해해야 하는지, 아니면 욕구를 충족시켜 줄 대상을 환경 속에서 찾아낼 줄 아는 듯한 인간의 GPS 능력으로 봐야 하는지 말이다. 언젠가는 이 GPS 기능 역시 일반 뇌과학의 일부로 인정될 수도 있겠지만 현재로서는 그렇지 못한 실정이다.

당시 나는 심리 치료 학회에서 칼로스 미라페익스를 찾고 있었다. 우리는 편지나 이메일로 서로 연락을 주고받던 사이였지만 실제로 만난 적은 없었다. 학회가 막 시작되려고 했다. 나는 불안한 마음에 주위를 둘러보며 앉을 자리를 찾았다. 아무 자리에나 앉고 나서(빈자리가 많았다) 옆에 앉은 이의 이름표를 흘긋 쳐다보았다. 그런데 그 사람이 바로 칼로스 미라페익스였다!

그 전에 내가 그 이름표를 무의식적으로 봤던 걸까? 자리에 앉을 때 내가 슬쩍 그의 이름을 보았고, 의식적으로 인지하기 전에 그 정보가 입력된 것일까? 아니면 서로를 찾고 싶은 우리의 마음이 나를 그 자리에 앉힌 것일까? 나는 알 수 없었다. 하지만 연유가 어떠하든 나는 그를 찾아서 즐거웠고, 그 역시 나를 만나서 기뻐했다.

1989년, 저명한 통계학자인 퍼시 디아코니스Persi Diaconis와 프레데릭 모스텔러Frederick Mosteller는 우연을 철저하게 조사했다. 이들은 통계적 방법으로도 설명할 수 없는 대단히 놀라운 우연도 어느 정도 있다고 인정했다. 하지만 우연이라면 다 믿고 보는 사람들에게 몇 가지 주의를 주기도 했다.

1. 우연 이야기의 정확성을 판별하기란 쉽지 않고, 심지어 실제로 일어난 일인지조차 의심스러운 경우도 있다.
2. 어떤 대상이나 사람에 대한 생각을 많이 할수록 그 물건이나 사람을 만날 가능성은 높아지는데, 사람들은 현실에서 만난 우연만을 생각할 뿐 자신이 얼마나 그것/그/그녀에 대해 생각했는지는 무시한다.
3. 우연은 관찰자의 마음에서 형성된다. 우연이 얼마나 자주 발생하는가는 구체적인 생각을 계속 염두에 두고 있는지, 그리고 그 생각이 현실에 반영됐을 때 알아챌 수 있는지에 달려 있다. 어떤 사람들의 마음속에는 아예 '우연' 카테고리가 별도로 있어서 우연을 쉽게 기억할 수 있다. 하지만 그렇지 않은 사람도 있다.
4. 사람들이 우연을 어느 정도까지 알아채는가는 문화가 결정한다.
5. 두(혹은 그 이상) 사건은 얼마나 유사한가? 어느 정도까지를 유사하다고 볼 수 있는가? 사랑의 고통에 사로잡힌 낭만주의자들 중에는 상대방이 자신과 인연임을 확신하기 위해 증거를 찾는 경우도 있다. 이들은 이름이나 사는 위치, 직업, 개인사 등, 비슷한 점이 조금이라도 있으면 억지로 갖다 붙이면서 자신들이 원래 맺어질 사이였음을 어떻게든 증명하려고 한다.[12]

통계학자들은 여기에 한 가지 항목을 덧붙였어야 했다. 바로 '우연을 이루는 요소들이 시간상 얼마나 가깝게 붙어 있는가'다. 융이 처음 제시한 '동시성'은 '같은 시간에 일어남'을 의미한다. 하지만 아주 인상적인 우연 중에는 시간적으로 아주 멀리 떨어진 것들도 있다(가령, 9장에 나오는 '순환의 완성' 우연들 참고).

| 아는 사람과 낯선 사람

자신이 거의 알지 못하는 상대임에도 강렬한 감정이 우연을 불러오는 때도 있다.

수잔 왓킨스는 텔레비전과 현실이 교차한 예를 들려주었다. 뉴욕 주 엘마이라에 사는 휴 휠러는 1970년대 초부터 TV 시리즈 〈앨리어스 스미스와 존스Alias Smith and Jones〉에 공동 주연으로 출연한 피터 드우엘Peter Deuel(피트 듀엘이라고도 불리는)에게 묘한 연결감을 느꼈다. 왠지 몰라도 그가 익숙하게 느껴졌다. 휴는 벽에 붙여 놓을 요량으로 피터 드우엘의 큰 포스터를 하나 샀는데, 1971년 12월 31일 드우엘이 자신의 할리우드 아파트에서 총상으로 숨진 채 발견됐다. 명백한 자살이었다. 포스터를 볼 때마다 난감한 마음이 들었던 휴는 아직 포장되어 있던 포스터를 벽장 안에 넣어 놓고는 그대로 잊어버렸다.

20년 후, 휴의 막내아들인 채드가 크리스마스 선물로 아버지를 놀래려고 그 포스터를 액자에 넣어 포장해 두었다. 크리스마스 당일 휴가 선물 포장을 막 뜯으려는 순간, 전화벨이 울렸다. 전화를 받으러 간 채드가 창백하게 질린 얼굴로 되돌아왔다. 군 기지에서 온 전화인데, 신분을 밝히지 않은 어떤 사람이 피터 드우엘의 남동생인 제프 드우엘에게 연락하려면 이쪽으로 전화해 보라며 번호를 주었다는 것이다!

당연히 휠러네 가족들은 이게 어떻게 된 영문인지 설명할 수 없었다. 드우엘 가족은 휠러네와 아주 멀지는 않은 뉴욕 주 로체스터에 살고 있었다. 하지만 그것 외에는 연결점이 하나도 없었다. 엘마이라와 로체스터의 지역 코드 역시 완전히 달랐다(607과 716).[13]

감정이 켜켜이 쌓인 오래된 포스터를 펼쳤을 때 그와 연결된 에너지가 일련의 사건을 일으켜 이상하리만치 정확한 타이밍에 전화가 울린 것일까? 덕분에 휴 휠러는 피터 드우엘에 대한 기억을 잠시나마 꺼내 볼 수 있었다.

캠브리지 대학의 통계연구소가 소개하는 전화와 낯선 사람의 이야기를 하나 더 들어 보자.

1970년대 후반, 당시 10대였던 저는 남아프리카에서 살고 있었습니다. 명절을 맞아 언니와 영국에 가려고 요하네스버그의 얀 스뮈츠 공항에서 비행기를 기다리다가 요하네스버그 근교의 브라이언스톤에 사는 제일 친한 친구가 생각나서 전화를 걸었어요. 공중전화에서 열심히 수다를 떨고 있는데 바로 옆 부스의 남자분이 전화 때문에 쩔쩔매고 있는 게 보이더라고요. 친구한테 잠시 기다려 달라고 하고는 그분을 도와주러 갔어요(전혀 모르는 분이었답니다!). 도와드릴까요라고 물으니까 남자분이 너무 좋아하면서 자기가 영국에서 지금 방금 도착했고 동료한테 전화를 걸려는 중이었다고 하더군요. 저는 "그렇군요, 그분이 어디에 사시는데요?"라고 물었어요. "요하네스버그요"라고 하길래 몇 번을 눌러야 하는지 알려 주고는 "요하네스버그 어디요?"라고 다시 한 번 물었습니다. "샌튼이요." 그가 말했어요. "어머, 저 지금 샌튼에 사는 사람과 통화 중이었어요." 그리고는 몇 번을 눌러야 하는지 또 알려 줬죠. 제가 "샌튼 어디요?"라고 물으니 브라이언스톤이래요. 그래서 저도 "아, 저 지금 브라이언스톤에 사는 사람과 통화 중인데. 누구한테 전화 거시는 거예요?"라고 물었어요. 그랬더니 그분 왈, "줄리언 L. 입니다." 제가 대답했어요. "지금 제 말이 황당하시겠지만, 저 사실 그분의 딸과 통화 중이에요! 이리 와서 제 전화를 쓰세요. 제가 친구에게 아버지 바꿔 달라고 할게요!" 저는 제 전화로 가서 친구에게 말했죠. "내가 지금 도와주고 있던 분이 너희 아버지를 찾고 계셨어. 아버지 좀 바꿔 줘!"[14]

공중전화를 나란히 쓰고 있던 두 사람이 같은 시간, 같은 가족에게 전화를 걸 기저율은 도저히 파악하기 어려울 것이다. 특히 한 사람이 가려고 하는 국가를 다른 사람은 막 떠나온 경우라면 더더욱 그러하다. 게다가 이 여성은 딱 맞는 질문들을 했다. 두 사람이 동시에 전화를 걸 기저율을 설령 계산할 수 있다 해도 한 사람이 다른 사람을 도와주고 싶다는 마음을 느끼고 그것을 '실행'할 확률은 얼마나 되는가? 무엇이 그녀로 하여금 도움을 주게 했는가? 그녀는 어쩌면 왠지 모를 둘 사이의 공명을 감지했고, 자신이 도움이 될 수 있다는 사실을 은연 중에 알았을 수 있다. 이 앎의 느낌 때문에 그녀에게는 나서서 도와주는 일이 쉬웠을 것이다. 물론 재미도 있었을 테고 말이다.

친절과 예의는 우리로 하여금 평상시의 행동 패턴을 깨도록 만들고, 그 덕에 유익한 결과가 나오기도 한다. 다음에 소개되는 우연들은 그 예를 다양한 방식으로 보여 준다. 첫 번째 이야기는 쾨슬러 재단the

> **친절과 예의는 우리로 하여금 평상시의 행동 패턴을 깨도록 만들고, 그 덕에 유익한 결과가 나오기도 한다.**

4장 우연을 부르는 우정

Koestler Foundation의 우연 이야기 컬렉션에서 선정한 것이다. 쾨슬러 재단은 수십 년에 걸쳐 사람들에게 우연 에피소드를 보내 달라고 요청했고, 수천 개의 답장을 받았다.

존 카는 처음으로 진지하게 사귄 남자친구와의 관계가 끝나자 깊은 우울에 빠졌다. 애인이 날씬한 것을 좋아했기 때문에 그는 차라리 굶어 죽자고 결심했다. 어느 날 아무 것도 먹지 않고 누워 있는데 초인종 소리가 울렸다. 안면만 있는 여인이 "당신이 좋아할 것 같아서"라는 말과 함께 케이크를 건넸다. 그녀의 친절한 행동은 그에게 전환점이 되었다. 존은 다시 자신을 돌보기 시작했다.

두 사람이 처음 만난 건 크리켓 시합에서였고, 그녀는 출장 뷔페로 음식을 준비해 주던 사람이었다. 당시 그는 고맙다며 인사를 건넸었다. 이후 존이 왜 그때 자신에게 케이크를 가져다주었냐고 묻자 그녀는 "케이크를 만들어서 가져다주면 좋겠다는 생각이 '불현듯' 나서" 그랬다고 답했다. 그녀의 친절한 행동 덕에 그는 마음을 고쳐먹었다.

이 여성은 그가 사는 곳을 어떻게 알았을까? 우리는 그것까지는 알지 못한다. 다만 이 이야기의 핵심은, 이 여성이 모종의 방식으로 존의 욕구를 알아챘고, 그에 응답했다는 것이다. 한 사람의 욕구를 가까운 가족이 느끼고 이를 해소시켜 주는 많은 동시경험 이야기에서처럼 말이다. 존이 과거 고마움을 표했던 덕분에 여성은 존에게 '주파수'를 맞출 수 있었던 것 같다. 자신의 욕구가 다른 사람의 행동으로 정확히 채워지는 이런 우연은, 친하지 않은 사람도 가족이나 애인들과 별다를 바 없이 이런 감정을 알아챌 수 있음을 보여 준다.

다음은 예의 바른 행동이 목숨을 살린 또 다른 이야기다.

랍비인 새뮤얼 샤피라는 『탈무드Talmud』의 가르침을 따라 매일 산책길에서 맨 처음 만나는 사람에게 인사를 하기로 했다. 때는 1930년대 폴란드였고, 당시 유태인과 비유태인 사이는 경직돼 있었다. 그가 마을 산책길에서 만난 사람들 중에는 뮤엘러라는 농부도 있었는데, 이 농부는 그가 인사할 때마다 돌덩이 같은 침묵만 지킨 채 고개를 돌려 버리곤 했다. 하지만 이에 굴하지 않고 랍비는 매일매일 진심을 담아 "좋은 아침입니다, 뮤엘러 씨"라고 정답게 인사를 건넸다. 마침내 농부도 희미한 미소를 지으며 모자를 살짝 들어 올리는 것으로 화답하기 시작했다. 이 일과는 수년간 계속되었고, 뮤엘러 역시 "좋은 아침입니다, 랍비님"이라고 인사하기 시작했다.

이 모든 일은 나치가 폴란드를 침공하면서 끝났다. 랍비는 여러 지역의 수용소 캠프로 끌려 다녔고 끝내 아우슈비츠에 도착했다. 그는 줄을 섰다. 맨 앞쪽에서는 수용소 사령관이 지휘봉을 오른쪽 혹은 왼쪽으로 휘두르며 사람들을 분류하고 있었다. 왼쪽은 가스실로 가는 길이었고 오른쪽은 살아남을 가능성이 조금이라도 있는 길이었다. 랍비의 차례가 가까워졌다. 지휘봉은 왼쪽을 향할까 오른쪽을 향할까? 두려움이 전신을 옥죄어 왔지만 그는 고개를 들어 사령관의 눈을 정면으로 쳐다보았다.

두 사람의 눈이 마주쳤다.

"좋은 아침입니다. 뮤엘러 씨."

아주 잠시 얼음장처럼 차갑던 눈에 온기가 돌았다. "좋은 아침입니다, 랍비님." 그는 봉을 오른쪽으로 가리키며 말했다.[15]

어찌 됐든 그의 지휘봉은 오른쪽을 가리켰을 수도 있다. 하지만 나는 랍비의 굴하지 않은 공손함이 그에게 유리한 방향으로 동전을 뒤집었다고 믿을 것이다.

> 🔍 예의 바름이 우연의 빈도수를 늘린다는 생각을 한 번 시험해 보세요.

| 끼리끼리 모인다

2012년 나는 누군가에게 진심으로 고마움을 전하고 싶었다. 이 또한 예의 바름의 문제인데, 다음은 그 결과로 나타난 우연 이야기다. 러스 F.가 나와의 점심 약속을 취소했기 때문에 나는 내 친구이자 동료인, 그 이름도 유명한 데이비드 B.에게 같이 점심을 하자고 연락했다. 워낙 인기가 많은 사람이라서 그가 나와 식사할 시간이 있다고 했을 때 오히려 내가 더 놀랐다. 어쨌든 우리는 샬러츠빌의 중심가에 위치한 그리스 식당을 찾았다. 사람들이 몰리기 전이었기 때문에 자리를 고를 수 있었고 데이비드는 입구 근처 창문 옆의 테이블을 골랐다. 들어오는 사람은 누구라도 볼 수 있고 사람들도 그를 볼 수 있는 자리였다. 유명 인사였던 그는 식당으로 들어오는 사람들에게 연신 미소 지으며 인사를 했는데, 갑자기 행복한 목소리로 "안녕, 러스"라고 하는 것 아닌가. 나는 문을 등지고 있었기 때문에 순간 놀랐다. 러스라고? 나는 그가 약속에 못 오는 줄 알았는데. 고개를 돌려 쳐다보니 러스라는 이름의 다른 사람이었다. 데이비드가 우리를 소개시켜 줬다.

그런데 이 러스는 내가 꼭 만나고 싶어 하던 사람이었다. 이름을 몰라 찾지 못하고 있을 뿐이었다. 한 달 전 우리 부부는 아버지의 '야르자이트Yahrzet'에 참석하기 위해 토요일 아침 근처 유태교 회당에 갔다. 야르자이트는 사랑하는 사람을 추모하는 기일로 보통 유태교 기도를 암송한다. 그런데 우리가 늦게 도착하는 바람에 앉을 곳이 없었다. 안내원이 끝열의 좁은 좌석으로 안내했기 때문에 우리는 틈새를 비집고 겨우겨우 들어갔다. 그러자 그곳에 앉아 있던 수염을 기른 한 남자가 정중하게 일어나서는 조용히 자리를 뜨며 우리보고 앉으라고 친절하게 손짓했다. 나는 그에게 감사의 인사를 전하고 싶었지만 식이 끝나고 곧바로 나가는 바람에 그 사람을 만나지 못했다. 그 이름 모를 분에게 인사하고 싶다고 나는 여러 번 생각했다.

그 수염 기른 남자가 바로 그리스 식당으로 들어온 또 다른 러스였다. 나는 그가 얼마나 큰 친절함을 보여 주었는지 얘기했다. 그는 나를 기억했고, 나는 감사의 인사를 전했다. 낯선 이에게 베푼 친절은 고마움으로 돌아왔다.

한 러스가 사라지자 다른 러스가 약속된 시간 즈음에 나타난다. 당신은 어쩌다 생긴 일이라고 말할 텐가? 두 번째 러스는 점심 시간에 부인이나 친구들과 좋은 레스토랑에서 식사를 한다. 게다가 그는 가끔씩 시내에서 일을 했으므로 우리가 만날 확률은 분명히 존재했다. 내가 회의적인 러스 F.(점심 약속을 취소한 친구)에게 이 우연을 이메일로 써서 보내자 그는 자신이 실은 그 다른 러스로 변장을 하고 나타나 나를 골려 준 것이라는 판타지스러운 이야기를 답장으로 보냈다. 기발한 이야기였지만 내가 문을 등지고 앉을 거라는 사실은 어떻게 알았느냐는 질문에 그는 "메뚜기가 알려 줬지"라고 대답했다. 그는 우연 자체에 대해 생각하는 것을 회피하기 위해 이 우화를 만들어 냈다. 인간들은 자신이 굳게 믿고 있는 신념이 도전받는 상황을 피하기 위해 여러 가지 방법을 동원하는데, 우연도 이와 다르지 않다.

한편, 통계학자들은 내가 긍정적인 힌트만을 기억하는 것이라고 불평할 것이다. 우연이 발생하지 않은 수많은 다른 사건들은 잊어버렸다고 말이다. 내가 한쪽으로 치우쳐 있다는 말은 사실이다. 나는 우연이 그저 어쩌다가 생긴 일이 아닐 수 있다는 걸 스스로에게나 타인에게 설득하는 쪽으로 편향돼 있고, 우연의 쓸모에 대한 나의 이 편향성을 증명하기 위해 의도적으로나 비의도적으로 이야기를 선별한다. 이런 '확증 편향'은 우리 모두에게 뿌리깊이 존재한다. 정치 프로그램, 라디오, 웹사이트들 모두 청취자나 시청자의 편향을 확증해 준다. 사람들은 미디어를 통해 자기가 듣고 싶은 것을 들으면서 본인의 믿음이 옳다는 긍정적인 기분을 경험한다. 그러니 히치콕의 말처럼 나 역시도 삶의 지루한 부분들은 덜어내고 재미있는 부분, 설명하기는 어렵지만 마음과 환경 사이의 대단히 흥미진진한 부분을 강조하고 있는 것뿐이다. 그 부분만으로도 너무 많다.

오스트리아의 생물학자이자 일찍부터 우연에 관심을 가졌던 파울 캄머러Paul Kammerer는 우리가 반복적으로 마주하는 우연의 또 다른 중요 특징을 강조한다. 바로 유사성이다. 유유상종, 사람들은 서로 비슷하기 때문에 친구가 된다. 우연의 이 중요한 특징을 강조한 캄머러는 당시의 과학에 기반해 우연을 설명하는 이론을 발전시켰다. 그가 제시한 아주 드라마틱한 예 중 하나는 1915년 보헤미아 카토비츠의 한 병원에 부상을 입고 누워 있던 두 사람의 이야기다. 생판 남이었던 두 사람은 19세였고, 폐렴에 걸려 생사를 넘나들고 있었고, 슐레지엔 출신이었고, 자원 운전수였고, 무엇보다 '프란츠 리히터'로 이름이 같았다. 그중 한 명의 병세가 심각해져 위독한 상태였는데, 실수로 다른 프란츠의 가족들에게 그 소식이 전해졌다. 두 청년의 생김새가 서로 빼닮았기 때문에 다른 프란츠의 부모는 자기들 앞에서 죽어가고 있는 사람이 아들인줄로만 알았다. 그런데 장례를 치르고 얼마 후, 진짜 아들이 살아서 돌아왔다.

두 군인에게는 나이, 출신 도시, 하는 일, 질병, 성, 이름, 신체적 특징 등 일곱 가지 공통점이 있었다. 캄머러는 쌍둥이처럼 똑같은 두 사람의 삶에 개인적인 주석은 전혀 붙이지 않은 채 이들을 100개가 넘는 '연속성seriality'의 예 중 한 사례로만 냉정하게 다루었다. 그가 말하는 '연속성'이란 비슷한 사건들이 일정 시간을 기준으로 무리를 이룬다는 의미다. 그는 여러 공원 벤치에 몇 시간이고 앉아 성별, 나이, 옷차림, 우산 소지 여부, 꾸러미 소지 여부 등을 기준으로 지나가는 사람들을 분류했다. 집에서 사무실이 있는 빈까지 기차를 타고 가면서도 동일한 작업을 했다. 캄머러는 의미에는 딱히 관심이 없었다. 그가 관심을 가진 것은 그저 유사한 상황이 얼마나 연속적으로 일어나는가 뿐이었다. 그가 수집한 예를 보면 숫자, 이름, 단어, 글자 등이 별 의미 없이 단순 반복되는 것들도 많다. 자기 부인이 대기실에서 슈발바흐라는 이름의 화가에 대한 책을 읽고 있는데 '슈발바흐 부인'이라는 환자가 진료실로 불려 들어간 일이 한 예다. 콘서트에 간 처남의 휴대품 보관소 번호가 좌석 번호와 같은 9번이었던 일도 그가 수집한 예였다. 얼마 후 캄머러와 처남은 또 다른 콘서트에 갔는데, 이번에도 처남의 휴대품 보관소 번호와 좌석 번호가 21번으로 동일했다. 세 번째 예에는 그의 친구 프린스 로한이 등장한다. 캄머러의 부인은 기차에서 '로한 부인'이라는 인물이 등장하는 소설을 읽고 있다가 프린스 로한과 똑같이 생긴 사람이 기차에 오르는 것을 보았다. 그런데 바로 그날 밤 프린스 본인이 캄머러의 집에 들렀다.

캄머러는 복잡한 분류 체계를 만들고 왜 그렇게 유사한 것들이 특정 시간 안에 많이 몰리는지에 대한 난해한 이론을 발표했다. 그는 정보가 절대 파괴되지 않으며 오직 흩어질 뿐이라고 주장했다. 특정 조건이 마련되면 유사한 형태의 정보들이 서로에게 끌려오게 되고, 이후 사람들에게 관찰된다는 것이 그의 생각이었다.[16]

캄머러의 두 프란츠 리히터 청년들처럼 서로 빼닮은 인생은 상당한 놀라움을 안겨 준다. 더불어 당사자들에게 강한 울림을 주기도 한다. 내 사촌의 친구인 아서의 이야기를 들어 보자. 그는 자신과 유사한 점이 대단히 많았던 한 남자와의 우연한 만남에 대해 다음과 같이 설명했다.

> 1966년 뉴욕 시립 대학을 졸업한 저는 셸오일컴퍼니에 입사했습니다. 뉴욕시 록펠러 빌딩 본부에서 진행되는 관리자 훈련 프로그램의 담당자로 들어갔어요. 저를 뽑은 사람은 해당 프로그램의 수장인 리로이 드루리란 사람이었습니다. 그곳에서 일하는 4년 동안 드루리 외에 E.V.와 L.T. 밑에서도 일을 했지요. 본부는 뉴욕 한복판에 있었지만 사실상 거의 모든 요직은 텍사스 사람들

이 차지하고 있었습니다.

1969년 8월, 저는 텍사스 주 휴스턴으로 이전할 새 본부에서 일해 보지 않겠냐는 제안을 받았습니다. L.T.가 언급했던 것처럼 저는 "텍사스에 있는 직원들과 비교했을 때 크게 모자라지 않는" 사람이었거든요(L.T.는 칭찬으로 한 말이었습니다). 회사에서는 제게 휴스턴에서 몇 주 동안 일해 보고 결정하라고 권했습니다. 그래서 저는 1969년 8월에 내려갔어요. 8월의 휴스턴은 참을 만했습니다. 어떻게 하면 호텔에서 사무실까지 피부를 절대 노출시키지 않고 갈 수 있는지 터득한 다음부터는요. 물론 그들의 제안은 대단히 유혹적이었지만 저는 이 멋진 모험을 끝내기로 마음먹었습니다.

40년이란 세월을 빨리 감아 제가 부인과 함께 떠난 캐나다 로키 산맥 여행 이야기를 해 보죠. 여행의 출발지는 워싱턴 주 시애틀이었습니다. 같이 여행할 사람들과 선박에서 만나 시애틀 수로를 지나며 빌 게이츠의 집 같은 명소를 둘러보는 패키지 여행이었지요. 배 위에서 우리는 다른 여행자의 이름이 적힌 종이를 각각 한 장씩 받았습니다. 사람들과 통성명하면서 바로 그 이름의 여행자를 찾는 게임이었어요. 제가 찾아야 하는 사람은 마크란 사람이었습니다. 저는 마크가 아닌 사람들과 여러 차례 대화를 한 끝에 겨우 그를 만났습니다. 처음 만난 여행자들과 서로 얼굴을 익히기에는 참으로 영리한 방법이지요. 하지만 저를 조금만 아는 사람이라면 이 연습이 제게 얼마나 곤혹스러웠을지 잘 알 겁니다. 어쨌든 저와 마크는 만났고, 우리는 처음 나눈 대화를 통해 다음과 같은 사실들을 알게 되었습니다.

* 마크는 1965년 리로이 드루리에 의해 채용되었다. 나는 1966년에 리로이에 의해 채용되었다.

- 그는 록펠러 빌딩 43층에서 일을 시작했고 1970년까지 그 층에서 일했다. 나도 43층에서 일을 시작했고 1970년까지 그 층에서 일했다.
- 그는 맨 처음에 E.V. 소속으로 들어갔다. 1년 후 나도 E.V. 소속으로 처음 일을 시작했다.
- 그는 결국 L.T.로 소속이 바뀌었다. 나도 결국 L.T.로 소속이 바뀌었다.
- 우리 모두 미국 주방위군에 입대했고, 1967년 반년간 군복무를 하면서 회사에게 월급의 반을 받았다(쉬운 일은 아니었다).
- 그는 1969년 8월 몇 주 동안 휴스턴에서 지내며 이직을 고민했다. 나도 1969년 8월 휴스턴에서 몇 주 동안 지내며 이직을 고민했다.
- 그는 휴스턴으로 옮기기로 결심했고 이후 40년 동안 셸에서 일했다. 나는 이후 40년간 17개 기업에서 일했다.
- 나는 내가 거절한 자리를 수락한 사람을 만났다.

아서는 이 만남을 통해 만약 휴스턴에서의 일을 선택했을 경우 자신의 삶이 어떻게 흘러갔을 지를 엿볼 수 있었다. 그는 인생의 특정 시점마다 많은 가능성이 동시에 존재한다는 가설에 눈을 떴다. 마치 저마다의 현실을 가진 평행 우주가 수없이 많이 존재하는 것처럼 말이다.

나이가 같고 수입이 비슷한 두 사람이 이런 여행을 선택할 확률은 상당히 높다. 하지만 아서가 찾아야 할 사람으로 마크의 이름을 받게 된 것은 매우 가능성이 낮은 일이다. 어쩌면 캄머러는 자신의 이론을 통해 '끼리끼리 모인다'는 엄청난 사실을 발견한 것인지도 모르겠다. 역시나 닮은 꼴이었던 두 로라 벅스톤은 이보다 더욱 예측 불가능한 방식인, 헬륨 풍선으로 서로에게 끌렸다. 유사성은 우리가 서로서로 연결될 수 있도록 도와줄 뿐 아니라, 앞서 이야기들에서도 알 수 있듯이 전혀 몰랐던 사람들도 만나게 해 준다.

카쉬미르 힐은 자신과 완전히 똑같이 생긴 사람의 사진을 이메일로 받고는 소름이 돋았다. 카쉬미르의 친구 중 무려 세 명이 '리'라는 이름을 가진 이 사람이 카쉬미르인줄 알고 인사했다. 이후 리가 카쉬미르를 찾았다. 영국의 저널리스트 소피 로비미드는 크라우드소싱 crowd sourcing*을 통해 자신과 얼굴이 똑같은 사람을 찾았다. 나이암 기니가 자신과 똑닮은 사람과 처음 만나는 장면을 찍어 올린 비디오는 입소문을 타고 퍼져 나갔다. 자신과 똑같이 생긴 사람을 마주보는 일은 참으로 신기한 감정을 불러일으킨다. 하지만 두 로라와 아서와는 달리 카쉬미르와 리 사이의 유사성은 피상적인 수준에 그쳤다.[17]

> 🔍 당신은 도플갱어를 아십니까? 도플갱어를 보면 우연의 본질에 대해 어떤 생각이 떠오르나요?

• 대중(crowd)과 아웃소싱(outsourcing)이 합쳐진 말로 대중이 가진 참신한 발상이나 의견을 모아 제품을 만들고, 이로 인해 수익이 생기면 참여자가 함께 공유한다.

5장

CONNECTING WITH COINCIDENCE

건강을 되찾다

Connecting
with
Coincidence

우리는 두 세계를 오가며 산다. 바로 병듦과 건강함의 세상이다. 병은 예상치 못한 시점에 우리에게 와서 평범한 일상을 흔들어 놓고, 가끔은 열병과 고통, 고립과 걱정으로 의식 상태를 바꿔 놓는다. 침묵의 시간과 길고 외로운 나날들이 이어지고, 불편해지는 거동과 점점 쇠약해지는 육체는 노화와 죽음을 알린다. 병은 몇 달이고 우리 주변을 맴돌다 만성으로 이어지기도 한다. 우리는 '예전의 나'의 그림자 같은 존재가 되어 건강했던 한때의 즐거움을 추억하고, 그다지 반갑지 않은 새로운 육체-정서적 상태를 다양한 수준과 방식으로 받아들이고 뛰어넘는다.

건강한 상태에서 아픈 상태로의 전환, 아픔이 가져다주는 마음 상태의 변화, 다 나은 상태에 대한 기대는 우연을 낳는 풍요로운 토양이다.

| 병을 떨쳐내기

당신은 언제 병원에 가야겠다고 생각하는가? 조금만 아프거나 통증이 느껴져도 당장 의사와 약속부터 잡는 사람들도 있고 배에서 혹이 잡히거나 움직일 수 없는 지경이 될 때까지 참는 사람들도 있다. 의사들 중에는 환자가 되는 것을 주저하는 사람들도 있다. 에스더 스턴버그 박사 역시 그런 사람이었다. 한 번의 우연으로 자연 치유할 수 있는 방법을 찾기 전까지는.

내가 스턴버그의 이야기를 들은 것은 2010년 3월, 애리조나 주 피닉스에서 열린 통합적 정신건강학회Integrative Mental Health Conference에 참여했을 때였다. 국립보건원 연구자 자격으로 무대에 오른 스턴버그 박사는 활기차고 에너지가 넘치며, 열정적이고 똑똑하고, 현명해 보였다. 신경내분비-류마티스학 연구자인 그녀는 스트레스로 인해 면역 체계가 망가질 수 있음을 동료들에게 알리고자 노력했다. 스턴버그는 스트레스가 질병을 일으키며, 미국인의 삼분의 일이 극심한 스트레스 상황에서 살고 있다는 사실을 알았다. 그녀는 스트레스가 어떻게 육체적 질병을 일으키는지 보여 주고 싶어 했다. 이 부분을 사람들에게 널리 알리려고 노력하던 당시, 그녀의 어머니는 유방암으로 투병 중이었다. 스턴버그는 자신 역시도 대단한 스트레스 상황에 놓여 있다는 사실을 눈치채지 못했다.[1]

워싱턴 D.C.의 새 집으로 이사한 후 그녀는 몬트리올로 날아가 3주간 어머니의 마지막을 지켰다. 이후 집으로 돌아오는 비행기에 탄 그녀는 무릎 한쪽이 부었다는 사실을 발견했다. 아마도 어디에 부딪힌 것 같다고 생각했다. 그런데 몇 주 후, 다른 쪽 무릎도 부어 오르더니 관절들이 아파오기 시작했다. 류마티스학자가 염증성 관절염에 시달리다니!

그녀는 병원에 입원하는 것만큼은 피하고 싶었다. 당시 쓰고 있던 첫 번째 책을 어떻게든 마무리하고 싶었다. 새 집에 앉아 컴퓨터로 작업을 하고 있던 어느 날, 누군가 문을 두드렸다. 새 이웃들이었다. 그들은 무사카moussaka*, 돌마dolma** 등 맛있고 건강에도 좋은 그리스 음식들로 그녀를 환영했다.

모니터에 뜬 빼곡한 글자를 보며 한 사람이 물었다. "작가이신가 봐요?"

"왜요?" 그녀는 스스로를 작가라고 생각한 적은 없었다.

"저희는 크레타 섬에 있는 별장에 언제나 작가가 머물기를 바랐거든요."

그녀는 홀린 듯 곧 크레타 섬으로 갔다. 그리고 그곳에서 장소와 음식의 치유력을 알게 됐다. 이제 그녀는 워싱턴 D.C.의 스트레스에서 벗어나 그림에나 나올 법한 섬의 풍경을 실컷 누렸다. 그녀는 그때 이웃들이 가져다준 음식과 매우 비슷한, 소위 '지중해식 식단'을 만들어 먹기 시작했다. 먹거리는 주로 올리브 오일, 콩, 가공하지 않은 통곡물, 신선한 과일과 야채, 약간의 유제품(대부분 치즈와 요거트), 생선, 소량의 고기, 적당량의 와인이었다. 이런 식단이 심장병과 암 발생률을

* 다진 소고기나 양고기에 가지와 양파, 토마토를 넣고 치즈와 소스를 뿌려 구운 요리다.
** 채소의 속을 다진 고기와 볶은 쌀, 허브 등으로 채워 넣은 요리다.

줄여 준다는 연구는 이미 반복적으로 나왔다. 그녀의 관절염도 사라졌다. 그녀는 환경 변화가 회복 속도를 촉진시켰을 가능성에 주목했다. 그녀는 물리적 장소에 스트레스 관련 질환을 회복하는 데 도움이 되는 힘이 있음을 검증하기 위한 새 연구를 실시했다.

연구 결과, 특정 장소는 뇌의 자가 치유 능력을 활성화해 치유를 돕는 것으로 밝혀졌다. 또 다른 연구에서는 담낭 수술을 받고 회복 중인 사람들을 대상으로 조사를 벌였는데, 창문 옆에 침대가 있어 나무와 하늘을 볼 수 있었던 사람들은 벽 바로 옆에 침대가 있었던 사람들보다 회복 기간이 하루 빨랐고 진통제도 덜 먹었다. 스턴버그는 병원 건축가들에게 힐링 공간을 만들라고 촉구한다. 현재는 대다수의 병원이 스트레스를 야기하는 환경이 되어 버렸다. 그녀는 긴장을 풀 수 있는 자신만의 공간을 찾아보라고 조언한다. 의자도 좋고, 방도 좋고, 외부의 장소도 좋다. 그녀에게 그런 공간은 워싱턴 국립성당 부지에 있는 공원이다.

새 집에 있었기에 그녀는 이 중요한 메시지를 훨씬 쉽고 빠르게 발전시킬 수 있었다. 스턴버그는 이웃들의 관대한 환영 덕에 자신의 병도 고치고 다른 이들에게 도움이 될 만한 성과도 냈다. 어떻게 이런 일이 일어났을까? 스턴버그는 글쓰기뿐 아니라 치유를 위해서라도 자신에게 꼭 필요했던 그 집으로 자신을 보낸 게 바로 어머니라고 믿었다. 제리가 지금의 아내 리타와 공항에서 만날 수 있도록 해 준 게 바로 돌아가신 아버지라고 생각하듯이 말이다. 하지만 다른 가능성은 없을까? '나' 밖에 있는 외부의 힘에 대한 믿음이 내부 GPS와 내재된 본연의 힘을 활성화시킨 것은 아닐까? 나는 스턴버그가 스스로 염증성 관절염의 치료법을 찾고 있었음을 의식적으로 알지 못했을 뿐이라고 생각한다. 그리고 그녀를 안내한 것은 본인의 행동 무의식behavioral unconscious, 즉 자신에게 필요한 것을 찾게 도와주는 지혜와 정보가 담긴 무의식 영역이라고 생각한다.

엄마의 행동 무의식은 아이들을 돌보는 데도 도움이 된다. 켄트는 아홉 살 때부터 극심한 위장 장애를 겪기 시작했다. 부모는 아이의 신발 사이즈가 도무지 달라지지 않는다는 사실을 알아차렸다. 키도 크지 않았다. 부모는 켄트를 오랫동안 알던 소아위장병 전문가에게 데려갔다. 의사는 내시경 검사로 위와 내장 상태를 살펴보았지만 결과는 애매모호했다. 어떤 것도 이유가 될 수 있었다. 염증성 문제일 수도 있다는 판단하에 의사는 스테로이드(프레드니손)를 처방했다. 하지만 치료는 오래 가지 못했다. 켄트가 활동항진 상태가 됐기 때문이다. 아이는 잠들지 못했고 말수도 과도하게 늘었다. 이따금씩 진정됐다면 괜찮았겠지만 그러지 않았다. 스테로이드는 사람에 따라 조증과 우울증을 유발할 수 있었기 때문에 부모는 치료를 중단했다.

켄트는 기운 없는 10대 시절을 보냈다. 하지만 부모에게 위통이나 하루에 일곱 번 이상 시달리는 설사에 대해서는 말하지 않았다. 그러다가 건강 상태가 조금 나아지면서 다시 성장하기 시작했다. 몇 년 후 더 많은 검사를 받았지만 여전히 확실한 진단은 나오지 않았다.

대학 3학년이 되자 그는 더 이상 참을 수 없었다. 제대로 된 도움이 필요했다. 부모는 켄트를 대학 병원의 위장 전문가에게 데려가 다시 모든 검사를 받도록 했다. 하지만 역시 검사 결과는 뚜렷하게 나오지 않았다. 그러던 어느 날, 또 다른 검사 결과가 나오기 전에 켄트와 어머니가 이 문제와 관련해 앞으로 어떻게 할지 심도 깊은 대화를 나누고 있을 때였다. 갑자기 어머니가 미용실 예약을 깜빡했다며 급하게 뛰어 나갔다. 예약 시간보다 늦게 도착한 그녀는 숨을 몰아쉬며 사과했다. 이렇게 정신이 없는 와중에 어머니는 평소라면 하지 않았을 행동을 했다. 머리를 잘라 주는 이 친절하고 낯선 이에게 아들에 대한 얘기를 한 것이다. 사생활에 관해선 엄격한 사람이 공공장소에서 자신의 불안과 고통을 마구 토해냈다.

미용사는 자신의 이야기를 들려주었다. 그녀 역시 켄트와 유사한 원인 불명의 병으로 고통을 겪었는데, 알레르기 전문의를 만나 자신의 병이 여러 가지 음식에 대한 알레르기 반응이라는 사실을 알게 됐다고 했다. 켄트의 어머니는 그 전문가의 연락처를 얻어 바로 약속을 잡았다.

검사 후 켄트에게 음식 알레르기가 있음이 밝혀졌다. 그는 소에서 나온 모든 것들, 즉 고기와 우유를 절대 먹으면 안 되는 체질이었다. 가끔씩 피자는 먹어도 된다고 했지만 그 결과가 어떤지 켄트는 너무나 잘 알고 있었다. 식단을 잘 조절하자 거의 평생을 시달렸던 증세가 예전에 비하면 거의 무시할 수 있을 정도로 줄어들었다.

해결 방법을 찾을 가능성은 어떤 환경에서 찾고 있는가에 달려 있다. 도움은 어딘가에 분명 있다. 뼈를 찾는 개는 사막보다는 숲속을 돌아다녀야 한다. 고조된 감정 상태, 욕구, 일상의 틀에서 벗어나는 것 외에도 적합한 환경에서 해결책을 찾는 것 역시 원하는 바와 결과를 정확히 일치시키는 데 중

> 고조된 감정 상태, 욕구, 일상의 틀에서 벗어나는 것 외에도 적합한 환경에서 해결책을 찾는 것 역시 원하는 바와 결과를 정확히 일치시키는 데 중요한 변수로 작용한다.

요한 변수로 작용한다.

켄트의 어머니는 아들에 대한 걱정 때문에 불안이 고조되고 해결책을 갈구하는 마음이 강한 상태였다. 또한 평소 성격답지 않게 약속 시간에도 늦어 마음이 좋지 않았다. 그 결과로 인해 그녀는 잘 알지 못하는 사람에게 개인적인 문제를 털어놓았고, 마침 그 사람은 필요로 하는 정확한 정보를 갖고 있었다. 이 만남을 그저 어쩌다 일어난 일로 볼 수 있을까? 나는 그녀의 행동 무의식이 기회로 가득 찬 환경에서 활성화된 것이라고 생각한다. 자신이 필요로 하는 것에 가까이 갔음을 직감한 그녀가 얘기를 시작한 것 아닐까.

스턴버그나 켄트의 엄마처럼, 많은 사람들이 예상치 못한 곳에서 자신에게 필요한 의료 정보를 얻는다. 다음의 이야기에 나오는 여성 역시 마찬가지였다. 우리 연구의 참여자였던 그녀는 딸 때문에 고민이 컸는데 경매에 갔다가 다음과 같은 일을 겪었다.

제 딸은 주의력 결핍 장애와 큰 학습 장애를 갖고 있었습니다. 초등학교를 졸업했는데도 읽기 수준은 1학년 정도에 불과했죠. 저는 이 때문에 혹시라도 아이가 사회에서 낙오될까봐 상당히 노심초사했습니다. 그런데 한 달 정도 지났을까요. 제가 7년 전쯤 함께 일했던 사람을 미주리 주 시골에서 열린 경매에서 마주쳤어요. 그녀는 자신의 아들이 읽기를 배운 캔자스 시티의 한 프로그램에 대해 알려 주었습니다. 그래서 우리는 그곳에 대해 알아봤죠. 몇 년 후 제 딸의 읽기 실력은 또래보다 한 학년 높은 수준이 되었습니다. 마치 '운명'이나 '신의 은총'이 저를 바로 그 시간, 그 장소로 불러내 딸에게 도움이 될 만한 것을 제게 안내해 준 것 같아요.

다음의 이야기는 불행했던 유년 시절의 집을 아주 오랜 만에 방문한 발이라는 이름의 여성이 로버트 홉케(책 앞부분에 나온 융 학파 치료사)에게 털어놓은 일이다. 그녀의 아버지는 오랜 투병으로 고통에 찌들어 있었고 어머니는 그런 아버지를 힘들게 수발하고 있었다. 그녀는 어머니에게 힘이 되고자 고향집에 내려갔다. 수년 전 도망치다시피 나온 이 집에서 자는 것만큼은 피하고 싶었지만 달리 방도가 없어 마지못해 집에 머물렀다. 그러던 어느 날, 아침에 일어나는데 어떤 '강렬한 메시지'가 느껴졌다. 한 번도 가본 적 없는 쇼핑 센터의 서점으로 차를 몰고 가서 자연 치유 코너로 직진해 어떤 구체적인 제목의 책을 찾아 장뇌유와 플란넬 천을 사용한 고통 완화 방법을 살펴보라는 아주 구체적인 메시지였다. 발은 혼란스러웠지만 이 강렬한 느낌을 그대로 따랐다. 그녀는 서점으로 가서 그 책을 찾은 다음 장뇌유와 플란넬 천에 대한 정보를 살펴보았고, 책과 함께 장뇌유와 천도 사서 집으로 돌아왔다. 그리고 어머니에게 아버지가 아파하는 부위를 책에서 설명하는 대로 마사지해 보라고 권했다. 놀랍게도 아버지의 통증이 줄어들었다. 그뿐이 아니었다. 그때까지 부정적인 감정으로 경직돼 있던 부부 관계가 완전히 달라져서 아버지는 돌아가시는 날까지 어머니와 사이좋게 지냈다.[2]

한때 의절한 딸의 도움, 병간호에 지친 아내의 손길, 이를 통한 자연 요법, 이 모든 것이 더해져 아버지의 몸과 부부의 관계 회복을 도왔다. 발은 의식하지는 못했지만 자신이 어디로 가야하는지 알았다. 그녀의 행동 무의식은 '저기 바깥 어딘가'에 있는 책의 특정 페이지로 그녀를 인도했고, 이를 계기로 고통스러운 상황은 사랑으로 전환되었다.

이보다는 덜 극적이지만 몸의 문제를 해결할 방법을 찾는 일은 상당히 자주 일어나는 듯하다. 해결책은 우리 주위를 떠돌아다닌다. 우리는 그저 마음을 열고 그것을 받아들이기만 하면 된다.

내 친구는 체육관에서 평소 하지 않는 동작을 하고 나서 등 아래 부분에서 찌릿한 통증을 느꼈다. 집으로 돌아와 소파에 누워 TV를 보던 그는 어느 영화배우가 마사지 테이블에 누워 마사지를 받는 장면을 보게 되었다. TV 속 배우는 친구가 등 운동하던 자세를 하고 있었는데, 친구는 그때까지 그 동작을 까맣게 잊고 있었다. 그는 바로 바닥으로 내려와 등 운동을 했다. 그러자 통증이 사라졌다. 그는 주어진 힌트를 받아들였다. 이런 힌트는 세상에 널렸다. 우리는 그저 찾기만 하면 된다.

한 정신과 의사 친구는 평소 이런 메시지에 주의를 잘 기울였는데, 나중에 보면 결과적으로 자신에게 큰 도움이 됐다고 한다. 한 번은 그녀가 발목을 삐었다. 정형외과 의사는 가볍게 깁스를 해 준 뒤 괜찮아질 것이라고 말했다. 하지만 몇 달이 지나도 나아지지 않았다. 테니스를 같이 치던 한 친구가 브래드라는 이름의 물리 치료사를 만나 보라며 추천했지만 그녀는 거절했다. 저절로 나을 때까지 기다릴 셈이었다. 추천을 받은 직후, 발목을 심하게 삐어서 몇 달 동안 상담에 오지 못한 환자가 평소처럼 걸어 들어왔다.

환자는 정신과 의사가 발목을 뺀 날 신었던 것과 똑같은 브랜드와 모델의 테니스화를 신고 있었다. '이것 봐라.' 그녀는 속으로 말했다. 그리고 환자에게 어떤 물리 치료사에게 갔는지 물어봤다. 환자는 "브래드"라고 답했다! 정신과 의사는 메시지를 접수하고 브래드에게 갔고, 발목은 금방 나았다. 그녀는 힌트를 받아들였다.

> 🔍 만일 병에 걸려 궁지에 빠졌다면 우선 가능한 해결 방법이 있는지 주변을 훑어보세요. 가끔은 이상한 곳을 찾아보기도 하세요.

우리 연구 참가자 중에는 자신이 알지도 못하는 사람의 끔찍한 곤경을 직관적으로 알아차린 사람도 있다.

몇 년 전 저는 시골 외딴 곳에 있는 집에서 아이 돌보미로 일하고 있었어요. 점심쯤에 우연히 미닫이 유리문의 블라인드를 열게 됐어요. 바로 그때 저 멀리 목초지에서 트랙터로 밭을 갈고 있는 남자가 보였습니다. 그쪽으로 시선을 돌리는 순간, 오래된 트랙터 좌석의 스프링이 고장나면서 남자가 자리에서 떨어졌고 트랙터의 뒷바퀴가 그 위로 지나갔어요. 트랙터는 계속 움직였고 몸이 쟁기의 칼날 아래로 말려 들어가고 있었습니다. 제가 바로 그 순간에 커튼을 열어 떨어지는 걸 보지 못했더라면 아마 그분은 지금 살아 계시지 못했을 겁니다. 우리가 살던 곳은 정말 허허벌판이었거든요. 그분이 나중에 말씀하시길 자기가 목초지에 나와 있는 걸 아무도 몰랐대요. 폐 양쪽에 구멍이 뚫려서 피가 빠르게 고이는 바람에 그분은 도와달라고 소리칠 수도 없었어요. 다리가 뭉개졌기 때문에 걸을 수도 없었고, 상태가 아주 빠르게 나빠지고 있었죠. 저는 911에 전화했고 밖으로 달려 나가 그분을 도왔습니다. 제가 그 순간에 그분을 보지 못했더라면 그분은 돌아가셨을 거예요. 어떻게 이런 우연이 다 있을까요!

그녀는 왜 그 블라인드를 열었는지 알지 못했다. 그저 어떻게 하다 보니 그렇게 된 것이라고 말했을 뿐이다. 어쩌면 그녀는 무슨 소리를 들었을 수도 있다. 아닐 수도 있지만 말이다.

생면부지의 남을 우연히 구한 이 이야기는 인간에게 타인의 신체적 문제를 비일상적인 방법으로 아는 능력이 있음을 보여 준다. 물론 많은 사람들이 갑작스레, 혹은 홀로 죽어간다. 죽음이 임박했음을 알아차리는 사람 하나 없이, 도와주러 달려오는 사람 하나 없이 말이다. 모든 사람들이 사랑하는 사람이나 낯선 사람, 혹은 그 누구에 의해 구사일생으로 살아나지는 않는다. 야구선수는 삼진아웃 당하고, 천재 투자자는 말도 안 되는 결정을 내리고, 수술은 잘못되고, 약은 낫게 하기는커녕 해만 된다. 우리가 하려고 하는 모든 일이 매번 도움이 되지는 않는다. 사랑하는 사람이나 근처에 있는 사람이 위험에 빠진 것을 우리가 언제나 알아차리지는 않는다. 하지만 우리 안에는 타인의 신체적 문제를 가끔씩은 감지하는 이 능력이 잠자고 있는 듯하다. 그리고 이 예민함은 발달시킬 수 있다.

| 의료인의 직관

의사들은 종종 평범하지 않은 방식으로 진단을 내리고는 스스로 놀랄 때가 있다. 영국 런던의 가정의학과 의사인 이안 루벤스타인의 경우가 그랬다. 어느 토요일, 루벤스타인은 왠지 체육관에 가야겠다는 강한 느낌이 들었다. 그는 그곳에서 운전공포증 문제로 자신에게서 치료를 받았던 캐서린을 만났다. 그녀는 루벤스타인에게 손녀 커스티가 전날 학교에서 플라스틱 볼펜의 뚜껑을 삼켰다는 이야기를 했다. 커스티에게 내려진 처방은 물 한 잔이었다. 루벤스타인은 그때의 상황을 이렇게 기록했다. "그 말을 듣자마자 저는 가슴에 큰 압박을 느꼈습니다. 그 느낌을 경험해 보니 아마도 커스티가 삼킨 볼펜 뚜껑이 폐의 주요 통로 중 하나에 걸린 것 같다는 생각이 강하게 들더군요."

루벤스타인은 커스티의 어머니인 비키와 꼭 통화를 해야겠다고 말했고, 비키는 딸이 발레 수업에 가기 싫다고 해서 쉬고 있는 것 외에는 별 이상이 없어 보인다고 말했다. 그는 비키에게 커스티를 마당에서 뛰게 한 다음 아이의 숨소리를 들어 보라고 시켰다. 커스티는 쌕쌕거렸다. 그러고 나서 루벤스타인은 비키에게 커스티의 가슴 양쪽에 차례대로 귀를 대고 소리를 들어 보라고 했다. 쌕쌕거리는 소리는 왼쪽보다는 오른쪽에서 더 컸다. 대부분 물체를 삼키면 기관지의 오른쪽 관으로 내려가기 때문에 루벤스타인은 커스티가 삼킨 뚜껑이 폐로 들어간 게 확실하다고 생각했다.

흉부 엑스레이를 두 번이나 찍었지만 이물질은 보이지 않았다. 하지만 커스티의 엄마와 할머니는 기관지경으로 폐 속을 직접 보는 게 좋겠다고 건의했고, 흉부외과 전문의가 검사를 진행했다. 그리고 결국 커스티의 오른쪽 기관지에서 볼펜 뚜껑을 끄집어냈다. 커스티가 뚜껑을 씹어서 플라스틱 표면이 자잘하게 일어나는 바람에 뚜껑은 기관지 벽에 박혀 버린 상황이었다. 커스티는 기침으로 뱉어 낼 수도 없었다. 아마 그대로 두었다면 커스티는 폐렴에 걸렸거나 더 심한 상황으로 치달을 수도 있었다.

루벤스타인은 할머니의 이야기만 듣고 한 번도 만난 적 없는 소녀의 진단을 내렸다. 마치 동시경험처럼 그는 커스티가 뚜껑을 삼켰다는 얘기를 들은 직후 가슴에 끔찍한 답답함을 느꼈다. 그리고 그는 이 느낌을 '커스티의 폐 한쪽에 박혀 있는 뚜껑'이라는 시각 이미지로 전환했다. 그 시각 이미지가 진단의 단초가 됐고, 결국 성공적인 치료로 이어졌다.[3]

내가 의료인으로서의 직관을 단련하기 시작한 것은 의사 면허 유지를 위해 '평생의료교육Continuing Medical Education, CME' 학점을 따야 했을 때였다. 의료 정보 사이트인 '메드스케이프Medscape' 온라인 교육에서 선택할 수 있는 정신건강의학과 단기 강좌는 50개가 넘었다. 무슨 이유에서인지 나는 생소한 수면무호흡증 강좌를 선택했다. 우울증으로 착각할 수 있는 수면무호흡증의 핵심 진단 기준 대부분을 나는 모조리 암기했다. 잘 때 코를 골고, 수면 시간 동안 적어도 무호흡이 다섯 번 반복되는 것 등이 기준이었다. 수면무호흡증을 갖고 있는 사람은 대개 낮에 졸음이 쏟아지는 증상을 호소하고, 비만인 경우가 많으며, 목이 굵은 편이다. 굵은 목의 이미지가 특히 내 뇌리에 남았다.

바로 그 다음날, 새 우울증 환자가 내원했다. 그는 굵은 목에 비만이었고, 낮에 졸음이 너무 온다고 호소했으며, 부인은 남편이 밤에 숨을 쉬지 않을 때가 있다고 말했다. 새 환자가 이러한 증세를 보일 것이라고 감지하고 그 과목을 선택한 것일까? 나는 길게 나열돼 있는 과목들 중 별 생각 없이 폐쇄성수면무호흡을 골랐다. 예전에 내가 제일 좋아하던 CME 과목들은 우울증과 양극성 장애였다. 하지만 이제는 다른 걸 들어 봐야 할 때가 아닌가 생각했을 뿐이다. 다시 한 번, 가능성에 몸을 맡기고 습관의 굴레에서 벗어나자 도구적 우연의 문이 활짝 열렸다.

평범하지 않은 방법으로 진단을 내리는 행위는 이후 '직관 의료인Medical Intuitive' 단체가 만들어질 정도로 사람들의 관심을 끌었다. 2002년에 창설된 '직관의료인국제협회International Association of Medical Intuitives'에는 전문의 회원은 전혀 없고 고급 학위를 가진 사람도 매우 소수다. 이들은 루벤스타인이 펜 뚜껑 문제를 해결할 때 그랬던 것처럼 멀리서 진단을 내린다.

일명 '잠자는 예언가' 에드가 케이시Edgar Cayce는 변성된 의식 상태에서 자기 앞에 있는 사람이건 멀리 떨어져 있는 사람이건 진단을 내리고 치료를 추천한 게 수천 건이라고 알려져 있다. 1920년대에 그가 버지니아 주의 버지니아 비치에 세운 여러 조직은 현재 '연구와 깨달음 협회Association for Research and Enlightenment'와 '애틀랜틱 유니버시티Atlantic University'로 명맥을 이어오고 있는데, 이곳에서는 대체 의학과 보완 의학을 포함해 많은 '뉴에이지' 사상을 연구하고 보급한다.

대부분의 의과대학에서는 직관적 진단과 치유 가능성을 무시한다. 대신 그들은 '증거에 기반한 치료'를 점점 더 강조한다. '증거에 기반한 치료'란 대개 이중맹검•과 위약 대조군 연구••가 뒷받침하는 치료를 의미한다. 대부분의 의사들은 직관을 키우면 큰일나는 줄 아는

• 연구를 진행할 때 실제 변화가 사실상 이루어지는지 아닌지를 피시험자와 연구자가 모르게 하는 방법을 뜻한다.
•• 현재 실험하는 약과 전혀 상관없는 위약을 투여했을 때, 실제 약에서만 효과를 보이는지 이와 상관없이 위약에서도 보이는지 대조하는 연구 방법을 말한다. 이를 통해 실험하는 약이 정말 효능이 있는지를 알 수 있다.

데, 오히려 나는 어떻게 의술을 펼치는 자가 내면에서 불쑥 솟아오르는 정보를 전혀 고려하지 않고 사람들을 치료할 수 있는지가 더 의아하다. 임상 경험, 개인적으로 아팠던 경험, 직관, 내면의 자극 모두 이성적인 지식에 힘을 실어 줄 수 있고, 실제로 그러하며, 환자들에게 도움이 된다. 동시경험 사례들은 인간에게 타인의 신체적, 정서적 상태를 멀리서도 알 수 있는 능력이 있음을 보여 준다. 이 주제에 대한 의료계 연구는 일부 존재한다.

    방사선 전문의 래리 버크는 많지 않은 그 문헌들을 검토했다.[4] 연구 결과는 일화를 그저 나열한 것 보다는 조금 더 체계적이었는데, 그에 따르면 일부 사람들은 멀리서도 타인의 건강 문제를 파악하는 데 대단히 뛰어나다고 한다. 불행히도 대부분의 직관 의료인들은 연구에 참여하기를 꺼리는 듯하다. 환자만 돕는 게 아니라 연구자들도 돕게 될 것이기 때문이다. 분명 환자는 간절한 마음이 있기 때문에 직관 의료인들에게 진단을 받으러 간다. 의료적 직관은 앞서 보았던 동시경험의 예와는 한 가지 면에서 아주 다르다. 바로 '의도성'이다. 이 의료인들은 특정인의 아픈 부위를 진단하겠다고 '의도'를 낸다. 사람에 따라서는 동시경험을 의식적으로 조절할 수 있음을 추측케 하는 대목이다. 이는 결국 의사와 간호사들도 자기만의 동시경험 능력을 개발할 수 있다는 뜻이고, 어쩌면 능력이 아주 뛰어난 사람들 중에는 자기도 모르게 그렇게 하고 있는 경우가 많을지도 모른다. 그들은 데이터에 기반한 이상적인 의사 결정과 계속해서 갈고 닦은 직관을 통합한 것이다.

| 우연을 통한 심리 치료와 상담

심리 치료는 형태가 다양하다. 친척이나 친구들이 해 주는 조언, 좋고 나쁜 경험 모두 치료 효과가 있다. 심리 치료와 마찬가지로 정신적으로 성장하는 데 필요한 핵심 요소는 두 가지다. 바로 이제는 변해야 한다는 인식, 부적응적인 사고와 행동 패턴을 기꺼이 검토해 보겠다는 마음가짐이다. 가끔 치료사가 환자에게 당신은 이런 핵심 패턴을 갖고 있습니다, 라고 설명해 주면 환자는 놀라서 자신과 가까운 사람(부모, 배우자, 친한 친구)이 그런 말을 해 준 적이 있다고 털어놓는다. 그들은 사랑하는 사람이 말해 준 것을 그동안 무시해 왔다. 하지만 내담자는 내 도움을 받기 위해 기꺼이 비용을 지불했고, 또 나는 그들의 변화에 개인적인 이해 관계를 갖고 있지 않으므로, 내담자는 내 얘기에 귀기울이고 변화를 위한 단계를 밟아나가기 시작한다. 우연을 통한 심리적 변화 역시 부적응적인 패턴을 기꺼이 볼 수 있는 자발성이 필요하다.

패턴이 변하려면 보통 세 단계를 밟아야 한다. 오래된 패턴을 포기하고, 새 패턴을 시작한 다음, 그 새 패턴을 유지해야 한다. 각각의 단계로 넘어가려면 의식적인 결정이 필요한데, 이를 우연이 촉진시켜 줄 수 있다. 다음은 심리 치료에서 실제로 일어난 일이다. 우연이 치료사의 코멘트와 더해졌을 때, 변화를 위한 결정이 얼마나 빨라질 수 있는지 생생하게 보여 준다.

카를 융은 고등 교육을 밟은 '이성적인' 젊은 여성의 심리 치료를 진행하고 있었다. 그녀는 융의 생각을 거듭해서 퇴짜 놓고는, 융의 말에 따르면 고도로 이성적이고 논리적인 태도를 고수했다. 융은 "보다 인간적인 생각으로 이 내담자의 이성 중심주의를 누그러뜨릴 수 있기를 바랐"으나 소용없었다. 이에 그는 "예상치 못한 비이성적인 일이 일어나기를" 소원했다. 내담자가 꿈에서 본 황금색 풍뎅이(고대 이집트에서는 풍뎅이가 신성한 곤충으로 추앙받았다) 형상의 비싼 보석에 대해 얘기하고 있을 때 융은 누군가 사무실 창문을 톡톡 치는 소리를 들었다. 그는 창문을 열고 풍뎅이를 잡았다. 색깔과 모양이 내담자가 꿈에서 보았다고 말하는 풍뎅이와 대단히 비슷했다. 그는 풍뎅이를 환자에게 주며 이렇게 말했다. "당신의 풍뎅이네요." 융이 바라던 대로 예상치 못한 일이 일어났다. 이후 내담자는 융의 생각을 훨씬 더 잘 받아들이게 됐다. 그녀는 오래된 생각을 기꺼이 포기하며 변화를 위한 첫발을 내딛었다.[5]

융은 풍뎅이의 이 미스터리한 출현을 자신의 동시성 이론을 설명하기 위한 에피소드로 사용했을 뿐, 자신이 이 드라마에서 맡은 핵심적인 역할에는 주의를 기울이지 않았다. 융은 내담자의 저항을 깰 수 있을 만한 비이성적인 일이 일어나기를 간절하게 바랐다. 대단히 창의적이고 대단히 유능한 이 치료사의 강렬한 열망이 간절히 원하던 풍뎅이를 알맞은 때에 나타나도록 만들었다. 나는 그의 마음이 풍뎅이를 창문으로 끌어들였을 가능성을 제시한다. 그는 창문을 열고 풍뎅이를 잡아서 내담자에게 줌으로써 우연을 완성했다. 융의 열망과 기민함이 없었더라면 이 동시성은 일어나지 않았을 것이다. 우리의 주변 역시 심리 치료 효과가 있는 우연의 풍부한 보고가 될 수 있다. 그런데 이 우연을 만나려면 치료 상담실에서 권장되는 만큼의 정신적 상태를 갖추어야 한다. 즉, 평소의 패턴에서 벗어나야 하고, 감정이 고조돼야 하며, 자신의 마음을 잘 알아차리고, 변화를 진심으로 원해야 한다. 다음의 짧은 이야기 속 주인공처럼 말이다.

내 동료인 정신과 의사 알리는 혼자 떠난 여행에서 헤어진 연인과의 관계에 대한 은유가 응축된 장면과 마주쳤다. 당신의 생각을 그대로 반영해 주는 친구처럼, 동료처럼, 심리 치료사처럼 그 장면은 알리에게 무엇을 해야 하는지 가르쳐 주었다. 그의 회상을 들어 보자.

저는 암스테르담의 중앙역을 떠나 도시 속으로 흘러들어 갔습니다. 어찌나 신이 나던지 다른 모든 감정이 묻혀 버릴 정도였습니다. 저는 튼튼하게 생긴 자전거를 빌려서 도시 이곳저곳을 다녔습니다. 단 하나도 놓치지 않겠다는 마음으로 주변 풍경을 샅샅이 살폈지요. 도시의 유명한 운하를 지나가는데 갑자기 최근에 헤어진 애인이 생각나면서 그녀와 함께 단둘이 배를 타는 상상을 했습니다. 잃어버린 사랑에 대한 슬픔이 저를 사로잡았습니다. 저는 그 사람이 제게 부족하다고 생각했었어요. 저는 자전거 페달을 더욱 빨리 밟았습니다.

그러던 중 강가의 한 구역에서 열리는 깔끔한 골동품 시장에 들어갔습니다. 저는 과거 세대의 유물을 감상하고 그들의 삶에 대해 생각해 보았죠. 시장 한복판에는 샤와르마(숯불에 구운 아라비아식 고기) 가게가 있었습니다. 허기가 지기 시작했습니다. 그 순간 완벽한 한끼 식사의 이미지가 그려지더군요. 운하 바로 옆의 멋진 레스토랑 테이블에 앉아 천천히 지나가는 배를 보며 식사를 하는 저의 모습이었지요. 저는 암스테르담만의 독특한 정취를 너무나 느껴 보고 싶었습니다. 저를 이 도시에 흠뻑 빠지게 해 줄 무언가를요. 샤와르마야말로 독특하기로 치자면 어떤 것에도 비할 바가 못됐지만, 그것을 먹는 장소가 저는 영 못마땅했습니다. 제 기준에 충분히 멋지지 않았거든요.

저는 자전거로 근처 동네를 샅샅이 뒤졌습니다. 길을 따라 수없이 많은 레스토랑이 보였습니다. 하지만 이 식당은 운하 옆이 아니었고, 저 식당은 그저 진부한 이탈리아 음식점이었고, 저기 보이는 건 버거킹이었죠. 운하 바로 옆의 정말 멋진 식당은 음료수만 팔았습니다.

배는 점점 고파졌고 저는 실질적인 딜레마에 봉착했습니다. 머릿속의 완벽한 장면을 위해 영원히 식당만 찾아다닐 수는 없는 노릇이었죠. 어느 순간에는 멈추고 음식을 먹어야 했습니다. 완벽함이 유일한 목표는 아니니까요. 하지만 어쨌든 저는 즐거운 경험을 하겠다고 마음먹었습니다.

저는 운하를 잇는 다리에 도착했습니다. 어떻게 보아도 도시의 화려함과는 거리가 있는 곳이었죠. 다리 근처에는 재즈 뮤지션 셋이 모여 즉흥 연주를 하고 있었어요. 한가하게 노닥거리는 사람들 한 무리가 조각상 밑에 모여 앉아 여름의 부드러운 바람과 음악을 즐기고 있었습니다. '아하' 하는 깨달음이 제 머리를 치더군요. 그리고 새로운 장면이 떠올랐습니다. 저는 즉시 근처 샤와르마 판매대로 뛰어가 직원에게 빨리 샌드위치를 달라고 재촉했습니다.

저는 그 사람들 사이에 앉아 충분히 먹을 자격 있는 맛있는 샌드위치를 음미하며 음악을 듣고 운하의 경치를 즐겼습니다. 친절한 사람들에 둘러싸여서요. 그 완벽한 순간에 가슴이 벅차올랐습니다. 저는 주변 모든 사람들과 신나게 수다를 떨었지요. 그런데 행복감이 서서히 잦아들자 제가 언제 마지막으로 이렇게 행복했는지가 떠오르더군요. 그리고 아주 슬픈 통찰이 제 머리를 때렸습니다. 슬픔이 두 경험을 하나로 이어 주었습니다.

저는 완벽했던 행복을 두고 제 발로 떠났습니다. 그녀가 생각났습니다. 그녀와 벌였던 재치 만점의 소소한 설전. 깊은 대화들. 그녀가 얼마나 따뜻한 사람이었는지, 그녀와 있는 제가 얼마나 따뜻한 사람이었는지, 우리 둘 모두 TV에는 관심도 없고 얼마나 여행을 좋아했는지 가요. 줄줄이 이어진 깨달음 속에서 우리가 얼마나 잘 어울리는 사이였는지 새삼 알겠더군요. 그녀의 모든 것이 제가 아주 오래전부터 원하던 전부였다는 사실이 그제야 보였습니다. 그녀는 지적이면서도 수줍고, 총명하면서 수수했습니다. 그녀는 저를 이해했고 저는 그녀를 이해했습니다.

하지만 어둠에 사로잡혀 있던 저는 그녀를 떠나보냈습니다. 저는 모든 일이 화려하고 완벽해야 한다고 생각했어요. 그녀의 수수한 아름다움의 너머에 있는 것을 보지 못했지요. 방에 들어갈 때 모든 사람들의 입이 쩍 벌어지는 미녀가 제 옆에 있어야 한다고 생각했습니다. 우연히 마주친 천국의 태양 아래서 기분 좋게 빛을 쬐며 저는 제 주변을 둘러보았습니다. 낡아빠진 다리와 아스팔트 도로 옆에서 내가 얼마나 큰 행복을 맛보고 있는지 곰곰이 생각해 보니 그런 것들이 얼마나 의미 없는지 알겠더군요. 관계에 대한 저의 갈등이 너무나 어리석어 보였습니다. 저는 제 생각의 패턴이 세상에 고스란히 반영되는 것을 보았고, 그 거울을 통해 제 실수를 보았습니다. 생각이 여기에 이르자 눈물을 참을 수 없더군요. 저는 제 잃어버린 행복을 애도하며 눈물을 흘렸습니다. 그녀가 제 옆에 있을 때는 비록 그녀를 보지 못했지만, 그녀를 다시 꼭 찾겠노라고 다짐했습니다.

알리는 자신의 위를 채워 줄 음식과 사랑에 대한 욕구를 채워 줄 사람을 찾고 있었다. 그리고 암스테르담의 한 운하 옆에서 벌어진 장면 속에서 그 두 가지를 다 찾았다. 우연히도 그의 갈등은 주변 상황에 고스란히 반영되었고, 결국 그는 해결책을 찾았다. 2년 후에 두 사람은 함께 살고 있었고 곧 결혼할 예정이었다.

마음이 그대로 비치는 상황, 즉 이 상징적인 우연을 알아차리고 분석할 때 우리는 주변의 패턴과 형상을 통해 우리의 면면을 확인할 수 있고, 세상에서 우리가 차지하는 자리를 새로운 관점으로 볼 수 있게 된다. 눈에 보이는 것을 통해 눈에 보이지 않는 것을 파악하는 셈이다.

융 학파 학자들은 알리의 우연이 동시성의 정확한 정의와 딱 맞는다고 생각할지도 모른다. 심리적 갈등과 상징적인 상황이 일치됨으로써 당사자가 상당한 심리적 변화를 꾀하게 된 것이니 말이다. 융 학파 학자들은 환경이 일시적으로 연결되는 동시성의 과정은 아직 밝혀져야 할 부분이 많다고 말한다. 알리의 우연은 신비스러운 설명이 필요 없다. 그는 현상과 실체 사이의 갈등을 해결하고 싶은 마음에 불타오르고 있었다. 그가 명료하게 의식적으로 의도한 것은 아니지만 간단히 음식을 먹고 싶었던 허기와 감정적 괴로움을 끝내겠다는 결의가 그로 하여금 두 가지 욕구를 만족시킬 상황을 고르도록 만들었다. 그는 무의식적으로 이 우연을 만들어 냈다.

> 🔍 **심리적 갈등으로 괴롭다면 주변에서 일어나는 패턴을 주의 깊게 살펴보세요.** 그중에는 당신의 마음을 그대로 비춰 주면서 당신의 선택에 대한 유용한 관점을 제시하는 패턴이 있을 수도 있습니다.

| 슬픔

누군가를 죽음으로 떠나보내고 슬퍼하고 있을 때 주변의 대상이나 생명들이 주는 상징 덕에 위안을 얻을 때도 있다. 이런 도움은 뜬금없이 나타나기도 한다.

크리스틴과 가족은 어머니의 장례식을 준비하고 있었다. 며칠간 감정적으로 힘든 나날들이 이어졌다. 특히 크리스틴은 몇 달간 어머니를 보지 못했기 때문에 더욱 힘들었다. 크리스틴은 다른 주에 살고 있었기 때문에 어머니의 임종을 지키지 못했다. 장례식을 앞둔 오후, 무거운 마음으로 이를 기다리던 가족들은 어머니가 묻힐 묘지를 보러 가기로 했다. 주차장 근처를 지나는데 어떤 할머니가 버건디색 뷰익 파크 애비뉴 옆에 서 있는 게 보였다. 차의 모델이며 색이 크리스틴의 어머니가 더 이상 운전대를 잡지 못하게 될 때까지 몰던 차와 완전히 똑같았다. 어머니는 그 차를 각별히 아꼈다. 크리스틴의 가족이 차를 타고 출발하는데 그녀의 올케가 말했다. "우리를 쳐다보고 있는 저 여자분은 누구지?" 크리스틴은 다시 쳐다봤다. 그리고 차 번호판에 적힌 '루비2'라는 글자를 보았다. 순간 크리스틴은 말문이 막혔고 마음속 깊게 깔려 있던 슬픔이 홀연 사라지는 게 느껴졌다. 어머니의 이름 역시 루비였다.

뜻밖에 나타나는 새와 꽃 역시 슬픔을 덜어주는 우연이 될 수 있다. 한 친구가 다섯 살인 어린 자식을 잃어 비통에 젖은 한 어머니의 짤막한 이야기를 들려주었다. 아이의 장례식 직후 야외에서 식사를 하는데 작은 새가 그녀의 가슴에 내려와 30분 정도 머물렀다. 이 새는 주변을 돌아보고, 찍찍거리고, 그녀를 쳐다보았다. 이 어머니는 마침내 작은 새를 날려 보냈는데, 그 손짓과 함께 그녀는 비로소 아들을 보내 줄 마음의 준비를 할 수 있었다.

새는 날 수 있고, 부드럽게 착지할 수 있고, 바람을 탈 수도 있으며, 아주 먼 거리의 길도 잘 찾아올 수 있다. 하지만 동시에 새들은 영적인 존재처럼 인간의 마음을 알아채고 인간이 자신들을 통해 큰 경외심을 느낄 수 있도록 돕기도 하는 것일까? 확실히 그런 것처럼 보인다.

이런 이야기들이 많이 존재했지만 나는 새 이야기에는 다소 회의적이었고, 그 예를 우연으로 집어넣는 것도 꺼렸었다. 슬퍼하는 사람이 새를 생각하고 있을 때 새가 나타난 것은 아니기 때문에 새가 날아오는 것은 다른 우연들과 다르다고 생각했다. 하지만 새가 하는 행동이 죽은 사람의 평소 모습과 비슷하다면 새가 날아온 것은 마음의 상태를 반영한 것이라고 볼 수 있다. 슬픔에 젖어 있는 사람 입장에서는 이 날아다니는 생명이 죽음으로 헤어진 사람을 상징하는 것이라고 어떻게 생각하지 않을 수 있겠는가? 공룡에서 진화한 새는 하늘에 닿고 우리를 하늘로 데려가 주기도 한다. 정확한 타이밍에 나타난 정확한 새는 치유 과정을 돕는다. 적어도 그들은 우리가 자가 치유 능력을 회복할 수 있도록 해 준다. 플라세보 효과placebo effect•를 내는 약이나 상담을 받아들일 때와 같이 그들은 우리가 가고자 하는 방향으로 길을

• 약효가 전혀 없는 가짜 약을 진짜 약으로 가장해 환자에게 복용하도록 했을 때 환자의 병세가 호전되는 효과를 말한다.

전환할 수 있게 도와준다.

꽃 역시 슬픔과 공명할 수 있다. 누군가에게 확신이 필요할 때 화초는 제 계절이 아닌 시기에 활짝 꽃을 피우는 마법을 부린다. 작가인 테일러 컬드웰의 남편은 오랜 투병 생활 끝에 죽음을 앞두고 있었다. 그가 숨을 거두기 몇 분 전 테일러는 남편의 손을 꼭 움켜쥐고는 간절히 부탁했다. "저 세상에도 삶이 있다면, 제발 부탁이니 나에게 신호를 보내 줘. 당신이 나와 함께 있다는 걸 알려 줘." 그는 그러겠노라고 약속했다.

다음날 아침 그녀는 신호를 보내 달라고 간청하면서 정원을 거닐었다. 그동안 아무리 애를 써도 화초 하나 자라지 않았던 정원의 한 구석으로 그녀가 발길을 돌린 순간, 지금껏 한 번도 보지 못한 로즈메리 덤불이 눈에 들어왔다. 전날 그녀는 임종을 지켜야 하는 슬픔에서 잠시 벗어나고자 정원을 산책하며 똑같은 곳을 지나쳤었다. 로즈메리 상태가 왜 이 모양이냐고 혼잣말로 중얼거리기까지 했었다. 그런데 그 시들했던 꽃이 바로 다음날 활짝 피어 있었다. 그녀는 메시지를 받았다. 그녀는 이제 남편이 여전히 자신과 함께 있음을 믿었다. 그녀는 로즈메리의 상징적 의미가 추억, 사랑, 정절, 배우자에 대한 신의 등임을 알고 있었다. 그 전날까지만 해도 시들어 있던 덤불은 생생하게 꽃을 피웠다.[6]

사랑하는 사람이 걱정 말라는 메시지를 보냈다고 믿는 것 외에, 놀랍지만 사실은 너무나 바랐던 이 사건을 설명할 수 있는 방법이 과연 있을까? 남편이 아직도 자신을 기억한다고 믿고 싶은 부인의 마음이 이런 일을 일으킨 것이라고 설명하는 편이 더욱 설득력 있어 보인다. 컬드웰의 마음이 로즈메리를 꽃피우게 했다. 우리는 여기서 세 가지 선택을 할 수 있다. 이야기가 거짓이라고 믿거나, 남편이 꽃을 피운 것이라고 믿거나, 컬드웰의 마음이 에너지로 작용했다고 믿거나.

꽃을 주는 행위는 어쩌면 감정이 고조된 시기에 꽃이 딱 맞춰 피는 것에서 유래되었을지도 모르겠다. 제니퍼 힐은 할아버지의 장례식이 끝난 후 할머니를 집에 모셔다 드렸다. 할머니는 낡은 손수건으로 눈가를 연신 찍어내고 있었지만 여전히 제대로 된 눈물을 쏟아내지는 못하고 있었다. 할머니와 할아버지가 거의 40년간 함께했던 집에 도착했을 때 제니퍼는 현관 바로 옆 치자나무에 꽃 한 송이가 피어난 것을 발견했다. 치자나무는 원래 11월에는 꽃을 피우지 않는다. 치자나무 꽃은 할머니가 제일 좋아하는 꽃이었고, 할아버지는 그 사실을 알았다. 제니퍼는 할머니가 그 꽃 특유의 달큰하고 톡 쏘는 향을 알아차릴 때까지 기다렸다. 그 꽃을 본 순간 할머니의 눈에서 눈물이 쏟아지기 시작했다. 치유가 시작됐다. 할머니가 제일 좋아하는 꽃을 할아버지가 보낸 것이다. 할머니는 치자나무 꽃을 꽂은 화병을 집안 정중앙에 놓고는 할아버지와 함께했던 세월을 기렸다.[7]

새나 꽃과 관련된 이 이야기에서 우연을 경험한 주인공들은 하나같이 대단한 전환기에 있었고, 감정이 고양되었으며, 위안을 얻고 싶은 마음이 무척 강했다. 흔하게 볼 수 있는 이런 영적 상징들이 우리 삶에서 큰 역할을 할 수 있고, 실제로 하고 있다는 사실을 주장하기 위해 얼마나 더 많은 새와 꽃 이야기가 필요한가?

마음과 살아 있는 상징 사이의 이러한 일치가 어떻게 발생하는가에 대한 단서는 정신과 의사 빅터 프랭클이 쓴 짧은 글에서 만나 볼 수 있다. 제2차 세계대전이 종국으로 치닫던 1945년, 나치 수용소에 수감돼 있던 그는 오래전에 헤어진 아내를 생각하고 있었다. 아내가 살았는지 죽었는지도 모르는 상황이었다. 두 사람은 1942년에 결혼했는데, 바로 그해에 그와 아내, 부모와 남동생 모두 체포되어 수용소로 보내졌다. 부모와 남동생은 사망했고 여동생은 호주로 이민을 간 덕에 살아남을 수 있었다.

"아내가 나와 함께 있다는 느낌이 점점 더 강해졌다." 프랭크는 다음과 같이 썼다. "그녀를 만지고 손을 뻗어 잡을 수 있을 것만 같았다. 그 느낌은 매우 강했다. 그녀는 거기 있었다. 그런데 바로 그 순간, 새 한 마리가 조용히 내려와 바로 내 앞에 앉았다. 내가 도랑을 파느라 쌓아둔 흙더미 위에 앉아 새는 나를 고요히 쳐다보았다." 그는 아내의 존재감을 느꼈다.[8]

우리와 마찬가지로 새와 식물들도 주변 환경에 조응한다. 그들이 자기들만의 방식으로 욕구, 즉 인간의 욕구를 감지하고 그에 반응해 어떤 행동이나 움직임을 보이면, 인간은 그로부터 위안을 얻는다. 프랭클은 사랑에 조응했다. 그는 아내에 대한 감정이 대단히 깊었고, 아내와 함께 있기를 간절히 원했다. 해마다 먹이를 찾아 같은 곳으로 이동하는 철새들처럼, 인간의 감정을 감지하고 이에 이끌리는 생명들도 있는 것 같다.

개나 고양이를 비롯한 반려동물들 역시 우리의 욕구를 알아차린다. 개는 우리의 상처를 핥고 우리가 힘겨울 때면 위로해 주려고 애쓴다. 우리의 불평에도 귀기울이는 것처럼 보인다. 내 아들 캘런이 오른쪽 무릎뼈가 탈골되는 사고를 당했을 때, 반려견 월터는 마치 자신의 간호로 그를 건강하게 만들려는 듯 여러 번 아들의 무릎에 걸터누웠다.

고양이 역시 인간의 상태를 감지하는 능력이 대단히 뛰어난 경우가 많다. 죽어 가는 사람을 알아내는 것으로 유명한 고양이 오스카가 대표적이다. 오스카가 살았던 로드아일랜드 주 스티어하우스 요양 재활 센터의 직원들은 임종 직전의 사람을 예리하게 감지하는 이 고양이의 능력을 대단히 신뢰했다. 그는 평소엔 다른 고양이처럼 복도를 어슬렁거리며 돌아다니다가 죽음이 임박한 사람이 느껴지면 바로 그 사람 곁에 가 몸을 동그랗게 말고는 그가 세상을 떠날 때까지 골골거렸다. 오스카가 한 사람을 지정하면 직원은 재빨리 가족에게 전화를 걸었다. 그는 사람이 삶으로부터 벗어나는 과정을 도와주는 듯싶었다. 오스카가 몸을 말고 골골대는 것은 죽어 가는 사람에게 위로를 건네는 그만의 방식인 것 같았다.[9]

> 🔍 당신의 개나 고양이는 당신에게 위로가 필요할 때라는 걸 어떻게 압니까? 당신의 동물 친구를 오래도록 깊게 바라보세요. 당신에게도 그와 비슷한 능력이 있습니다.

동시경험 능력은 대부분의 사람에게 우리 생각보다 훨씬 뿌리깊게 존재한다. '감응자Empath'라고 알려진 사람들은 가까이에서건 멀리에서건 타인의 감정 상태를 그대로 알 수가 있다. 직관적으로 상담하는 이들은 타인의 감정 상태를 느끼고 그에 반응한다. 간호사인 한 감응자는 자신이 경험한 의식적인 동시경험을 이렇게 묘사한다.

> 저는 감응자이기 때문에 종종 제가 돌보는 사람의 통증이나 압박감, 불편함 등을 제 몸으로 느낍니다. 그 부위마저도 환자들과 동일하죠. 제가 직접 '돌보는' 사람이 아닌데도 뭔가가 갑자기 느껴진다거나 인터넷에서 차트 프로그램을 보고 있는데 통증이 느껴지는 경우도 상당히 많습니다. 그런 경우 저는 당사자분께 이런 저런 부위에 이런 저런 것이 느껴지냐고 묻습니다. 제 도움으로 그분이 통증이나 느낌을 해소시키는 순간, 저 역시 그것으로부터 해방됩니다. 그러니 여기에는 어느 정도 이기적인 요소도 있는 셈이지요.[10]

정신과 의사로 일하는 나 역시 환자가 말해 주지 않는 정보를 파악할 때 깊은 즐거움을 느낀다. 내가 환자의 패턴을 볼 수 있는 것은 의사로서 패턴을 인식하는 능력이 세심해서이기도 하고, 수년간 사람들의 말을 듣고 치료 과정에 대한 글을 쓰며 갈고 닦은 기술이기도 하다. 하지만 때로 나 역시 많은 동료들과 마찬가지로 아무런 준비나 계획도 없이 이유도 모른 채 어떤 말을 할 때가 있다. 그러면 환자는 놀랍다는 듯 웃으며 말한다. "그걸 어떻게 아셨어요?"

이럴 때 보통은 그럴듯한 설명을 내놓을 수 없다. 그저 대부분의 사람들처럼 나 역시도 어떻게 아는지 모르는 것을 알고 있을 뿐이다.

6장

CONNECTING WITH COINCIDENCE

공중에 떠다니는 생각들

Connecting
with
Coincidence

모든 아이디어가 똑같이 중요한 것은 아니다. 많은 생각들은 그저 '인지적인 소음'에 불과해서 우리의 일을 방해하고 주의를 뺏는다. 개중에는 재미있는 생각도 있고, 의식의 영역으로 떠올라 생각과 행동에 영향을 주는 것들도 있다. 앞 장에서 우리는 사랑, 가족, 친구, 질병 등 강한 감정을 불러일으키는 관념이 우연의 동기가 되는 상황을 살펴보았다. 이번 장에서는 도서관, 인터넷, 약리학, 의사 결정, 소설과 관련된 우연을 살펴본다.

| 아이디어를 주는 우연

아이디어 우연은 흔하게 볼 수 있다. 아이디어는 우리의 마음 안팎에 이미 수도 없이 떠다니고 있기 때문이다. 하지만 마음과 환경이 유사하게 맞아떨어지는 이런 일들 중 유독 우리의 흥미를 끄는 것들이 있다. 이런 우연들이 중요한 이유는 그것을 잘 활용할 수 있어서만은 아니고, 어떻게 그런 일이 일어났는지 질문을 던질 수 있기 때문이다. 이런 소소한 우연들은 신의 속삭임인가 아니면 그저 생각과 맥락이 임의적으로 교차한 것뿐인가? 혹은 다른 요인이 작동하고 있는 것일까? 사소한 아이디어 우연은 중요한 역할을 담당한다. 이 우연들은 우리의 평범한 삶에 약간은 평범하지 않은 일들이 벌어지고 있음을 암시한다. 일단 이렇게 우연에 눈을 뜨게 되면 훨씬 중요한 가능성을 알아차리기가 쉬워진다. 그리고 이 신비로운 현상의 정체를 밝히기 위해 통계적 분석부터 아직 발굴되지 않은 인간의 잠재력까지 광범위한 설명들을 끌어모아 검토하고, 각각의 설명이 얼마나 타당한지 살펴본다.

우연이 흔하게 일어난다는 주장을 체계적으로 실험해 보기 위해 우리는 미주리 대학 컬럼비아 캠퍼스의 우연 조사 참가자들에게 질문을 했다. 가령, '어떤 노래에 대해 생각하고 있었는데 그 노래가 라디오에서 흘러나왔다' 같은 우연이 얼마나 자주 일어났는가에 대해 물어보자 약 30퍼센트의 응답자가 '종종 있었다'라고 대답했다. 노래가 유명해지는 것은 보통은 긍정적인 느낌을 불러일으켜 많은 사람들이 그것에 대해 생각하기 때문이다. 우리의 생각이 노래에 생명을 부여한다.

정확한 타이밍에 라디오에서 흘러나온 노래 덕에 씨씨 스페이식Sissy Spacek은 아카데미 여우주연상을 탈 수 있었다. 씨씨는 누구 말을 듣는 사람이 절대 아니었다. 그래서 가수 로레타 린Loretta Lynn이 가십 칼럼니스트와 온갖 토크쇼 진행자들에게 씨씨가 영화 〈광부의 딸A Coal Miner's Daughter〉에서 로레타 역을 맡게 될 것이라고 말하고 다니자 씨씨는 이 여자를 한 번 만나 봐야 되겠다고 별렀다. 그들이 처음 만난 곳은 루이지애나 주 슈리브포트였다. 로레타의 투어 버스가 주차돼 있는 주차장에서 로레타를 만난 씨씨는 처음의 의도와는 달리 오히려 그녀에게 홀딱 반해 자기가 이 역할을 맡아야겠다고 생각했다! 하지만 약간의 불안감은 있었다. 아직 살아 있는 인물을 어떻게 연기할 수 있을까? 감독은 씨씨가 역할에 맞지 않는다며 주저했지만 유니버설 스튜디오와 씨씨의 소속사는 그녀가 이 역할을 맡아야 한다고 강력하게 밀어 붙였다. 그러나 매니저는 하지 말라고 말렸다.

밀고 당기는 이 숨막히는 전쟁 속에서 씨씨는 남편 잭과 함께 시어머니인 게리를 만나러 워싱턴 D.C로 향했다. 게리는 고층 아파트에 살고 커다란 흰색 캐딜락을 모는 여인으로 컨트리 음악을 싫어했다. 그녀의 차 라디오는 언제나 클래식 채널에 맞춰져 있었다. 게리는 로레타란 가수를 잘 알지 못했다. 그녀는 씨씨가 처한 딜레마에 대해 듣고는 기도를 해 보라고 권했다. 씨씨는 농담조로 하느님께 계시를 내려 달라고 기도했다.

그날 저녁 다 함께 모여 텔레비전을 보고 있는데, 로레타가 조니 카슨에게 씨씨가 그 역할을 맡게 될 것이라고 말하는 장면이 나왔다. 몹시 화가 난 씨씨는 남편에게 같이 드라이브를 하러 가자고 청했다. 시어머니의 캐딜락을 타고 출발하는데 라디오에서 로레타의 노래 〈광부의 딸〉이 흘러나오기 시작했다. 어쩐 일인지 게리의 클래식 음악 채널이 다른 것으로 바뀌어 있었다. 씨씨는 그 길로 영화에 출연하겠다

고 결심했다.[1]

그리고 1981년 씨씨 스페이식은 제53회 아카데미 시상식 여우주연상을 거머쥐었다.

우리는 연구 참가자들에게 '어떤 아이디어에 대해 생각하고 있었는데 라디오나 TV나 인터넷에서 그것을 듣거나 본 적이 있다'는 질문을 던지기도 했는데, 20퍼센트의 응답자가 '종종 있었다'라고 답했다. 다섯 명 중 한 명이 마음과 미디어가 일치하는 상황을 자주 겪었다고 말한 것이다. 노래와 마찬가지로 아이디어 역시 우리의 문화적 마음을 떠다니다가 개개인의 사고 패턴 속으로 들어온다. 아이디어에 동력을 공급하는 것은 인쇄 매체와 시각 매체의 에디터들, 그리고 대중의 관심이다.

우리의 마음 안팎에 존재하는 아이디어들이 서로 일치할 때 사람들은 '약간 관심이 간다'에서 '대단히 놀랍다'까지 다양한 반응을 보인다. 아이디어 우연들 중에는 유용한 것들도 있다. '정보를 다급하게 찾고 있는데 놀랍게도 그 정보가 툭 튀어나온 적이 얼마나 자주 있었는가'라는 질문에 연구 참가자들 중 약 18퍼센트가 '종종 있었다'라고 답했다. 그렇다. 어떤 정보를 강렬하게 원하면 어찌된 일인지 그 정보가 '놀라운' 방식으로 나타나는 경우가 많아진다. '도서관 천사'와 '인터넷 천사'는 예상치 못한 순간에 파닥이며 날아든다.

| 도서관 천사

'도서관 천사'라는 용어를 처음 쓴 아서 쾨슬러Arthur Koestler는 뉘른베르크 나치 재판 기간에 벌어진 특정 에피소드를 찾고 있던 데임Dame• 레베카 웨스트의 일화를 소개한다. 놀랍게도 당시 재판 개요들은 체계 없이 제멋대로 분류되어 여러 책에 나뉘어져 있었다. 여러 선반을 뒤적거리며 몇 시간 동안 자료를 찾던 웨스트는 도저히 안 되겠다 싶어 사서에게 도움을 청했다. 사서에게 설명을 하는 와중에 그녀는 책 한 권에 손을 얹고 선반에서 빼낸 다음 별 생각 없이 펼쳤는데, 바로 자기가 찾던 페이지가 나왔다. 웨스트는 뛸 듯이 기뻤다. 그걸로 조사가 끝났기 때문이다.[2]

    통계학자들은 이렇게 주장할 것이다. '도서관에서 몇 시간이고 체계적으로 검색을 한 뒤 그 많은 책을 아무렇게나 펼쳐도 전혀 성과가 없는 사람들이 대다수다. 그중 찾던 페이지를 발견하는 사람이 가끔은 몇 몇 나오기도 할 것이다'라고 말이다. 하지만 웨스트가 정보를 찾은 과정에는 독특한 특징들이 보인다. 그녀는 제대로 정리되지 않은 책더미들을 몇 시간이고 찾다가 도움을 청했고, 그러다가 '의식적인' 의도 없이 자기가 찾던 책을 선택해 찾던 페이지를 펼쳤다. 마치 그녀의 의식 밖에서 지시가 내려와 그녀의 손을 움직이게 만든 것처럼 말이다. 그녀는 분명 오랜 시간 별 소득 없이 계속되는 검색에 지쳤을 것

• 작위를 받은 여성에게 붙는 직함이다.

이고, 덕분에 필요한 것을 찾아내는 능력, 이제야 조금씩 이해되기 시작하는 그 능력이 열렸던 것 같다.

통계학자들은 일어날 법하지 않은 사건들도 가끔은 벌어진다고 반복해서 상기시킨다. 결국 그것이 '일어날 법하지 않은' 사건의 정의인 셈이다. 하지만 통계학자들은 예상 밖의 사건에 연루된 사람의 특징들을 설명하지 못한다. 여기서 다시 한 번, 우리는 주변 환경을 둘러보고 자신에게 필요한 바로 그것을 찾아내는 무의식의 능력을 만난다. 모든 기술이 그러하듯 다른 사람보다 이것을 더 잘하는 사람들이 있다. 이 '위치 찾기' 능력은 조건이 제대로 맞아떨어진다면, 즉 강한 욕구와 마음의 상태 변화가 더해지면 훨씬 강화될 수 있다. 위 상황의 경우 웨스트는 피곤한데다 짜증이 난 상태였고, 다른 이에게 도움을 청했다.

트리쉬 맥그리거의 우연 웹사이트에 나와 있는 니콜라스 캐롤의 이야기에는 모르몬교와 관련해 도서관 천사가 두 번 나타난다.

> 이탈리아 사르데냐 주의 마달레나 제도에서 군인으로 복무하던 저는 1994년(이탈리아에서 지낸 3년째 해이자, 마지막 해)에 두 모르몬교 선교사를 만났습니다. 저는 그분들과 계속 모임을 가졌고 모르몬교 신자가 될 생각을 진지하게 했습니다. 제가 있던 영내에 작은 도서관이 하나 있었는데…… 어느 날, 무료 도서함에서 데보라 라크Deborah Laake의 『비밀 의식Secret Ceremonies』이란 책을 발견했습니다. 들어 보기는 했는데 도서관의 소장 목록에는 없는 책이었어요. 어떻게 거기 놓여 있는지는 저도 알 수 없었지만 어쨌든 전 그 책을 가져다가 읽었고 선교사들이 알려 주지 않은 모르몬교의 여러

사실에 대해 알게 됐습니다. 모르몬교의 교리가 제 논리에는 맞지 않았기 때문에 교회에는 나가지 않았습니다.

하지만 3년 후, 저는 브리검 영 대학에 (모르몬교를 믿지 않는 학생으로) 입학했습니다. 1998년 혹은 1999년이었을 겁니다. 당시 수업에서 배운 일부 교리, 특히 인종에 대한 관점 때문에 저는 큰 혼란에 빠졌습니다. 한 아프리카계 미국인이 (백인 모르몬교도 학생으로 가득한) 종교 수업 시간에 자신은 흑인 남성에게 목사 안수를 주지 않는 모르몬교의 정책에 찬성한다면서, 흑인은 아직 목사가 될 준비가 되지 않은 인종이라고 말하는 데에 놀랐습니다. 그의 말이 너무도 걸려서 저는 인종에 따른 모르몬교의 금지 규정 역사를 더 알아보고 싶었습니다. 하루는 (규모가 큰) 도서관에 갔다가 잡지로 가득한 방에 들어가게 됐습니다. 선반 위에 누워 있는 책이 왠지 이상해서 혹시 잘못 꽂힌 게 아닌가 싶어 그리로 갔습니다. 책을 집어 들고 제목을 본 순간 저는 깜짝 놀랐습니다. 왜 그런 정책이 생겼는지를 다룬 흑인 모르몬교도들에 대한 역사서였기 때문이었습니다. 저는 어안이 벙벙했어요. 그 큰 도서관에서 책을 찾을 필요도 없었습니다!³

캐롤이 모르몬교도가 되는 걸 심각하게 고민하고 있을 때 도서관의 무료 도서함에서 그의 생각을 바꿔 놓은 책이 나타났다. 그는 (모르몬교에 대해 더 알고 싶은) 욕구가 있었고, 책을 '찾고' 있었으며, '변화'의 시기를 겪고 있었다(곧 이탈리아를 떠날 예정이었다). 그 책이 그 작은 도서관에 어떻게 있었는지는 여전히 알 수 없다. 그가 필요한 책을 찾을 수 있었던 것은 매번 갈 때마다 무료 도서함을 뒤적였던 습관 때문일 수도 있고, 어느 날 그가 그 책에 끌렸기 때문일 수도 있다. 레베카 웨스트가 자신이 찾던 책에 끌렸던 것처럼 말이다.

캐롤은 도서 목록을 통해 두 번째 책을 찾을 수도 있었다. 하지만 대신 그는 선반 위에 잘못 놓인 것 마냥 누워 있는 책에 끌렸다. 그 책은 잘못 놓이기는커녕 그가 알고 싶어 하던 내용을 포함하고 있는 책이었다. 그의 주의가 엉뚱하게 놓인 책으로 향했다는 것은 위치를 찾는 그의 무의식적 능력이 활성화되었음을 의미한다.

책은 도서관이나 책방에서만 볼 수 있는 게 아니다. 필요한 책은 일상 어디에서라도 불쑥 나타날 수 있다. 1974년, 영화 〈페트로브카에서 온 소녀The Girl from Petrovka〉에 출연하게 된 배우 앤서니 홉킨스 Anthony Hopkins는 조지 파이퍼George Feifer의 원작 소설을 읽고 싶었다. 하지만 런던의 어느 서점에서도 책을 찾을 수가 없었다. 하루는 레스터 스퀘어 역에서 지하철을 기다리는데 벤치에 책이 한 권 놓여 있는 게 보였다. 여백에 메모가 깨알같이 적힌 그 책은 바로 조지 파이퍼의 소설이었다. 홉킨스는 책을 어떻게 찾게 됐는지 작가에게 얘기했고, 두 사람은 나중에 직접 만났다. 알고 보니 그가 발견한 책은 바로 작가의 책이었고, 여백의 메모 역시 그의 자필이었다. 런던 거리에 주차된 작가의 차에서 누군가 책을 훔쳐간 것이었다.[4]

홉킨스는 그 책이 필요했고, 책을 찾으러 다녔다. 캐롤이 도서관의 무료 도서함에서 책을 찾은 것처럼, 홉킨스 역시 런던 어딘가에 있던 책을 찾아냈다. 기적이라고? 아니다. 이는 그저 무언가를 필요로 하고, 실제로 그것을 찾고 있고, 변화의 상태에 있는 어떤 사람들은 무의식적인 위치 추적 능력을 통해 원하는 것을 찾아내기도 한다는 주장을 뒷받침하는 또 다른 증거일 뿐이다. 우연히 책을 찾은 이런 이야기들은 우리의 행동 무의식이 의식적인 의도에 도움을 줄 수 있음을 보여 준다.

다음은 행동 무의식의 안내로 책을 통해 자신의 마음 상태를 확인한 사람의 이야기다. 나의 내담자였던 45세의 철학과 교수는 자신의 내면 깊은 곳에 강렬한 분노가 응축된 오물통이 숨겨져 있음을 끝내 인정하지 못하고 있었다. 그는 타인들, 특히 전 부인과 네 딸, 그리고 새 부인의 요구에 과도하게 순응하는 방식으로 내면의 분노를 보상했다. 어떤 상황에서건 그는 본인의 화를 터트리지 않으려고 안간힘을 썼고, 무슨 수를 써서라도 그들의 성미를 건드리지 않으려고 조심조심했다. 자기 안의 화를 단속하랴, 주변 사람들의 화를 피하랴, 분노에 대한 불안은 그를 강박적인 사고 패턴 속에서 맴돌게 만들었고, 그는 결국 어찌할 줄 모르며 무력해지곤 했다. 내가 우연에 관심이 많다는 사실을 알고 다음의 메일을 보내왔던 그는 내면 깊은 곳에서 느껴지는, 하지만 교묘히 숨겨져 있는 분노를 이제야 막 알아차리기 시작하고 있었다.

> 방금 로버트 루이스 스티븐슨Robert Louis Stevenson의 『지킬 박사와 하이드Dr. Jekyll and Mr. Hyde』를 완독했습니다. 왜 제가 저 책에 끌렸는지 잘 몰랐는데 읽다 보니―특히 지킬 박사의 독백 부분이요―박사님과 하는 지금의 작업이 결국은 저의 하이드적인 면을 찾는 것임이 절실히 느껴졌습니다. 그에게 주기적으로 목소리를 낼 기회를 주어야 한다는 것도요.

그는 자신이 왜 그 책에 끌렸는지 "잘 몰랐다"고 하지만 나는 쉽게 설명할 수 있다. 그 이야기가 결국 자신의 이야기임을 자기도 모르게 알았던 그는 무의식적으로 그 책을 골랐고, 악마인 하이드 박사에서 자신의 모습을 보았다. 그가 의식적으로 그렇게 한 것은 아니다. 하지만 '극단적으로 이성적인 마음'을 벗어난 그는 자신이 외부의 악마를 통해 내면의 '악마'와 대면해야 한다는 사실을 알았다.

작가들 중에는 우연에 의존해 창의적인 아이디어를 발전시키는 사람도 있다. 자기만의 도서관 천사를 불러오는 데 용이한 방향으로 상황을 세팅하는 것이다. 저명한 이디시어Yiddish language• 작가인 아이작 B. 싱어Isaac B. Singer는 어떻게 그렇게 비좁고 엉망진창인 작업실에서 글을 쓸 수 있냐는 질문을 받았다. 작업실 내에 책장이나 선반처럼 보이는 모든 곳에는 종이와 책 더미가 아슬아슬하게 쌓여 있었다. 하지만 싱어는 그런 방의 모습이 완벽하다고 생각했다. 새로운 아이디어가 필요할 때마다 어떤 영감을 떠올리게 해 줄 종이들이 땅바닥으로 떨어졌기 때문이다. 소용돌이치는 그의 욕구가 서재에 일종의 격변을 일으켜 기발한 아이디어가 담긴 종이를 후드득 떨어트릴 만큼 공간의 평형성을 깨트리는 것 아니었을까.[5]

도서관 천사는 수많은 정보 천사들, 즉 필요한 정보가 예상치 못한 방식으로 당도하는, 뜻밖이지만 가장 반가운 도구적 우연들 중 하나다. 작가인 에이미 탄은 무슨 이유에서인지 머릿속에 떠오른 이미지 하나를 두고 고민 중이었다. 짙은 어둠이 깔린 계곡에 중력을 거스르는 듯 비스듬한 각도로 쌓여 있는 돌첨탑 수백 개가 깔려 있는 이미

• 유럽에 거주하는 유태인이 사용하는 언어로, 히브리 문자를 사용하며 오른쪽에서 왼쪽으로 쓴다.

지였다. 당시 그녀가 쓰고 있는 이야기에 들어가야 할 것 같은 그림이었는데, 그녀는 그 이유를 납득하지 못하고 있었다. 왜 소설 속 캐릭터가 이 이상한 계곡을 만나야 하는가? 이야기 속에 그 장면을 어떻게든 넣어 보려고 애쓰고 있을 때 친구 하나가 해변 산책을 권유했다. 그곳은 에이미 탄이 한 번도 가본 적 없는 장소였다. 산책을 하다가 두 사람은 몸을 굽혀 교각 아래를 구경했는데, 그곳에서 긴 머리를 한 아시아 남성이 돌을 쌓아 수십 개의 첨탑을 만드는 모습을 보았다. 그 어두운 계곡에 있던 것과 똑같은 형상이었다. 그녀는 첨탑들이 쓰러지지 않은 비결이 있는 거냐고 남성에게 간곡히 물었다. 그러자 그가 말했다. "나도 모릅니다. 다만 모든 것에는 균형점이라는 것이 있지 않나 생각합니다. 균형점을 찾는 법은 본인이 직접 터득해야 해요." 그 즉시 에이미 탄은 이것이야말로 그 장면의 의미임을 알게 됐고, 이 이미지가 이야기와 어떻게 어울리는지 깨달았다.[6]

이미지의 의미가 확실하지 않았을 때는 글이 '제자리만 맴돌' 뿐, 그림은 제 자리를 찾지 못했다. 그녀의 이 좌절이 명료함을 원하는 마음을 강화시켰고, 해결을 위한 상황을 창조하는 데 큰 역할을 했다. 한 번도 가본 적 없는 해변처럼 새로운 지리적 장소에 가는 것 역시 그녀가 해결책을 발견하는 데 도움이 됐다.

마리아 포포바는 무작위로 선택한 정보를 소개하는 온라인 사이트 '브레인 픽킹Brain Pickings'의 에디터다. 아이디어 천사들을 의도적으로 초대해 블로그, 뉴스레터, 트위터에 올릴 새로운 아이템을 선정하는 그녀는 자신의 작업이 "수동 발견 엔진으로 세상의 흥미로움을 찾는 과정"이라고 말한다. 어머니가 도서관학을 공부했기 때문에 그녀는 책에 둘러싸여 자랐다. 역시나 책을 너무 좋아했던 친할머니 덕에 집에는 백과사전 전집도 있었다. 포포바는 아무 책이나 펼쳐서 옛날 지식을 새롭게 발견하는 게 얼마나 즐거운지를 알게 됐다. 그녀는 인터넷이 현재의 지식에 너무 치중해 있다고 비판한다. 백과사전을 아무렇게나 훑어보다 보면 세상에 대한 뜻밖의 사실들을 알게 된다. 그녀의 온라인 사이트는 이 임의적인 발견 과정을 그대로 반영하여 매우 흥미로운 격언, 사진, 시, 연구 결과들을 엮어 놓은 결과물이다. 도서관 천사가 새 친구인 인터넷 천사를 만나 포포바와 독자들의 이 즐거운 여정에 동행하고 있다.[7]

> 🔍 이 책에 나온 이야기들 중 유난히 기억에 남는 이야기를 다시 한 번 보세요. 그 이야기가 당신에게 무슨 말을 건네고 있는 걸까요?
>
> 통제된 혼돈 속에서 기회를 찾아보세요.

| 인터넷 천사

인터넷에는 아이디어 천사들이 날개를 펼칠 기회들이 대단히 많다. 노련한 정신과 의사인 내 친구 데이브는 내담자 두 명이 예약을 취소하는 바람에 졸지에 두 시간 가량의 자유 시간을 갖게 되었다. 무엇을 읽을까? 그는 심리학 책을 또 읽고 싶지는 않았다. 그는 다른 책을 원했다. 그는 좋아하는 주제인 대중 과학서가 하나 있었으면 싶었다. 무엇을 할까 생각하며 그는 이메일을 확인했다. 첫 번째 메일은 텍사스주 휴스턴 어딘가에서 정처 없이 떠돌며 사는 조카가 보내온 것이었다. 이 조카는 일주일에 몇 번이고 데이브에게 이메일을 보내 그의 컴퓨터와 휴대폰을 업그레이드할 수 있는 새로운 기술 혁신들을 지치지도 않고 소개했다. 데이브는 언제나 예의를 갖춰 이런 이메일은 더 이상 보내지 말라고 답했지만, 조카는 아랑곳하지 않고 계속 메일을 보냈다. 그런데 그 주에 처음으로 보낸 이메일에서 조카는 굉장히 흥미로운 대중 과학서를 소개하며 책의 전체 PDF 파일을 첨부해 보냈다. 그것은 딱 데이브가 찾던 책이었다! 조카는 그에게 책을 보낸 적이 한 번도 없고 데이브 역시 그랬다. 데이브는 선물을 받았다고 생각했다. 실제로도 그러했다.

최고의 선물이란 받는 사람을 잘 관찰해서 그가 좋아하거나 필요로 할 만한 것을 주는 것이다. 상대의 장갑이 너덜거리는 걸 보고 새 장갑을 선물로 주는 것. 베스트셀러 책이나 최신 DVD 같은 의무적인 선물이 아닌, 상대가 정확히 필요로 하는 물건을 주는 것이 진정한 선물이다. 데이브는 읽을거리가 필요했고, 조카가 보낸 PDF는 그런 그의 욕구에 정확히 맞는 선물이었다. 그는 감동받았다.

회의적인 내 친구는 이 절묘한 우연을 어떻게 설명했을까? "내 조카는 분명 별 생각 없이 아무렇게나 골랐을 거야. 사실 내 마음에 들 거라면서 첨부 파일을 보내는 사람들이 많거든. 타이밍이 잘 맞는 것 하나쯤은 있어야지."

그의 이러한 반응에 내가 말했다. "글쎄, 데이브. 확률이라던가 '아무렇게나'라는 말은 상황을 묘사하는 말이지 원인은 아니야. 어떻게 그 조카는 네가 딱 좋아하는 류의 책을 고르게 됐을까? 어쩌면 다른 친척들로부터 네가 대중 과학서를 좋아한다는 얘기를 들었다가 우연히 이 책을 보고 네가 좋아하겠다고 생각했을 수도 있지. 그 연결은 무의식적으로 이루어졌을 수 있고."

"그건 불가능해." 그가 답했다. "걔는 몇 년 동안 다른 친척들하고 왕래가 전혀 없었거든."

"그렇다면 가능한 설명은 딱 한 가지군. 네 조카는 너의 관심사를 기존과는 다른 방식으로 알아차린 거야. 그 아이는 네 이메일이나 네가 그를 생각하는 마음을 통해 너에게 접속한 거지. 자기도 의식하지 못한 방식으로 네가 무엇에 관심이 있는지를 구체적으로 파악한 거야. 그는 네가 그 책을 좋아하리라고 그저 느낀 것 아닐까. 실제로 너는 좋아했고."

"그렇게 볼 수도 있겠군." 그는 인정했다.

필요한 정보가 미지의 사람에게서 미지의 이유로 뜬금없이 나올 때도 있다. 작가인 로렌 레인은 이렇게 썼다.

> 저는 특히 인터넷을 하다가 필요한 정보를 얼결에 찾는 경험을 자주 했습니다. 이제는 그런 일이 일어나도 별로 놀라지도 않습니다. 일종의 '보이지 않는 지원'을 신뢰하게 됐기 때문이죠. 2000년에 책을 쓰면서 여신에 대해 조사한 적이 있었는데, 한 번은 정말 뜬금없이 일면식도 없는 사람으로부터 사라스와띠 여신에 대한 자세한 정보를 이메일로 여러 차례 받은 적 있었습니다. 당시 제가 찾던 바로 그 정보였어요. 저는 지금도 그 글을 보내 준 사람이 누구인

지 모르고, 심지어 그분이 제 이메일 주소를 어떻게 알았는지도 모릅니다.

필요했던 정보가 어디선가 갑자기 날아들었다.[8]

레인은 외부의 어떤 존재의 도움으로 자신이 필요한 것을 찾았다고 믿었다. 하지만 그녀의 욕구가 그녀를 돕고 싶어 하는 사람에게서 반응을 이끌어 내는 데 일조했다. 이 메커니즘은 필요로 하는 게 서로 맞아떨어지는 사람들을 연결시켜 주는 웹사이트 광고의 정신적 버전이라고 생각하면 된다. 정보를 원하는 사람이 있고, 그 정보를 주고 싶어하는 사람이 있다. 레인의 이야기가 인터넷 천사의 활약을 잘 보여주는 것이기는 하지만, 여신에 대한 정보가 불쑥 나타난 것을 보다 일반적인 관점에서 설명해 줄 세부 정보가 빠져 있는 것도 사실이다. 이 사람은 과연 누구였는가? 그녀는 레인의 이메일 주소를 어떻게 알았는가? 그 정보를 보낸 목적은 무엇이었는가? 혹시 두 사람을 동시에 아는 지인이 있어서 그가 미스터리 정보 제공자에게 레인의 프로젝트를 말해 준 것은 아닌가? 등등. 많은 우연 이야기에는 이야기를 더욱 신비스럽게 만들건, 보다 일반론적인 원인을 더욱 명료하게 드러내건 간에 전말을 제대로 파악하는 데 필요한 세부 사항들이 결여돼 있는 게 사실이다.

하지만 우연 이야기 전문 작가 브라이언 킹은 자신이 만난 인터넷 천사의 인과 관계를 세세하게 분석할 필요가 없었다. 킹은 우연 이야기 조사를 위해 컴퓨터를 쓰려고 BBC 방송국 사무실에 들어갔다. 프로듀서 한 명이 그에게 용건을 물었고, 그는 책에 쓸 우연 이야기를 찾고 있다고 대답했다. 그러자 그녀는 이렇게 말했다. "제가 호주에 사는 제 친구 캐시에게서 방금 받은 이 이메일 좀 보세요." 이 사연에 얽힌 개인적인 사정을 모두 빼고 핵심만 말한다면 분실물과 관련된 대단히 놀라운 우연이 프로듀서에게 일어났고, 킹은 이 이야기를 자신의 이야기에 포함시켰다. 사이버 공간은 워낙에 많은 아이디어로 소용돌이치기 때문에 개중에는 누군가 원하는 바로 그 순간, 컴퓨터나 스마트폰 스크린에 물질화될 수도 있다. 하지만 컴퓨터 앞에 앉아 있던 사람은 킹이 아니었다. 프로듀서였다.⁹

| 약학계의 우연들

자연에는 몸을 치유하는 데 도움을 주는 물질들이 많다. 디기탈리스(폭스글로브)에는 심장병에 도움이 되는 약성이, 아스피린(버드나무 껍질)에는 열과 통증에 도움이 되는 약성이 있다. 효과가 대단히 뛰어난 약들 중 상당수(가령 항암제, 항우울제, 비아그라 등)가 행복한 우연에 의해 발견된 것이다. 하지만 그중에서도 단연코 믿기 힘들 정도의 우연이 꼬리에 꼬리를 문 덕분에 세상에 나온 약이 있으니, 바로 페니실린이다.

과거에 박테리아 감염으로 사망한 사람들은 수를 헤아리기가 어려웠고 특히 제1차 세계대전 당시에는 더더욱 심했다. 영국의 미생물학자 알렉산더 플레밍Alexander Fleming은 이 죽음의 물결을 저지하겠다는 강한 의지를 가지고 자신의 연구실에서 박테리아의 성장과 죽음을 연구했다. 1921년 11월, 그는 감기에 걸렸다. 박테리아가 자라고 있던 배양 접시 쪽으로 그가 몸을 숙이는 순간 그만 코에서 콧물 한 방울이 흘러나와 미생물이 응집해 있던 쪽에 떨어졌다. 이후 콧물이 떨어진 곳에 투명한 원, 즉 '무균 지대'가 형성되었다. 다시 말하자면, 점액질이 떨어진 곳의 박테리아가 죽었다! 콧물에 함유된 치사작용제는 리소자임lysozyme으로, 항생제로 대량 생산될 수 없는 것이었다. 하지만 플레밍은 단서를 얻었다.

9년 후, 여름 방학을 보낸 플레밍은 연구실이 있는 런던의 세인트메리 병원으로 복귀했다. 그는 싱크대에 페트리 접시˙들을 놓고 휴가를 떠났었다. 살균하기 전에 접시를 꼼꼼하게 살핀 그는 포도상구균 박테리아가 자라고 있던 접시 일부에 곰팡이가 핀 것을 보았다. 놀랍게도 9년 전에 본 것과 똑같은 무균 지대가 이번에는 곰팡이가 핀 곳 주변에 형성돼 있었다. 그 곰팡이가 박테리아를 죽이는 무언가를 분비하고 있었던 것이다! 그는 그 곰팡이 액을 곰팡이의 이름인 페니킬리움 노타툼Penicillium notatum을 따서 '페니실린'이라고 이름 붙였다. 곰팡이 포자가 그의 페트리 접시에 앉게 된 것은 위층 연구실의 연구원들이 곰팡이 관련 프로젝트를 진행 중이었기 때문이다. 삐걱댈 정도로 건물이 오래됐기 때문에 천장이며 바닥이며 계단통에 균열이 많았고 곰팡이가 플레밍의 연구실까지 날아 들어올 수 있었다.[10]

플레밍의 마음은 그 무균 지대의 중요성을 알아챌 준비가 돼 있는 상태였다. 1945년, 그는 페니실린의 박테리아 감염 치료 효과를 입증하고 대량 생산 방법을 찾아낸 두 명의 공동 연구자와 함께 노벨상을 탔다.

˙ 뚜껑이 달린 얕고 둥근 유리 접시로 미생물을 배양할 때 쓰인다.

제2차 세계대전 당시 군인 수천 명을 치료할 만큼의 약을 대량 생산하는 데 필요한 마지막 단계는 곰팡이 액을 가장 많이 생산해 내는 페니실린 곰팡이 유형을 찾는 것이었다. 미군은 항생제 생산에 가장 효과적인 곰팡이 샘플을 구하기 위해 일리노이 주 피오리아의 연구실에서 전 세계로 전화를 돌렸다. 하지만 의사이자 작가인 모튼 메이어스에 따르면 "미군은 연구실 조교 메리 헌트에게 한 방 먹었다." 그녀는 피오리아의 한 과일 가게에서 썩은 멜론에 피어 있는 노란색 곰팡이를 보았다. 메리 헌트Mary Hunt는 플레밍의 곰팡이보다 페니실린을 3천 배나 더 많이 생산할 수 있는 종인 페니실리움 크리소게눔Penicillium chrysogenum을 발견했다.[11]

그녀의 마음 역시 기회를 잡아챌 준비가 돼 있었다. 그녀의 우연한 발견 덕에 페니실린의 상업적 생산이 가능해졌다. 예로부터 내려오는 현명한 우화가 상기시켜 주듯이 우리가 찾던 것은 바로 코앞에 있을 때가 많다.

| 우리가 찾던 것은 바로 코앞에 있을 때가 많다.

우연은 준비된 사람을 좋아한다. 기회를 잡을 준비가 돼 있어야 운도 온다. 플레밍은 '운이

| 우연은 준비된 사람을 좋아한다.

좋았다.' 콧물 사건 덕에 무균 지대를 알아차릴 준비가 돼 있었기 때문이다. 메리 헌트 역시 준비가 돼 있었다. 연구실에서 본 시료 덕분에 노란색 곰팡이가 어떻게 생겼는지 알고 있었기 때문이다. 두 사람 모두 열심히 찾고 조사했으며, 언제든 우연한 사건을 낚아챌 준비가 돼 있었다. 물론 그 사건은 그들의 행동 무의식에 의해 창조된 것일지도 모르지만 말이다.

플레밍과 헌트 모두 각자 자기만의 방식으로 스스로 운을 만들어

냈다. 양극성 환자 치료에 리튬이 효과 있다는 사실을 발견한 사람 역시 마찬가지다. 리튬은 자연적으로 생성되는 미네랄이다. 1940년대 후반, 정신과 의사였던 존 케이드John Cade는 플레밍이 그랬듯이 자신이 찾는 바를 대략적으로만 알고 있을 뿐 명료하게는 파악하지 못하고 있었다. 구체적으로 그는 조증 환자의 흥분된 사고와 말, 과다 행동 등을 진정시키는 법을 찾고 있었다. 그는 조울병(양극성 기분 장애)을 갑상선 질환의 대표적인 증세 두 가지와 비교했다. 갑상선 기능 항진증 환자는 말과 생각과 행동이 빠른 반면, 갑상선 기능 저하증 환자는 느리고 우울한 생각과 행동을 보였다. 즉, 갑상선 기능 항진증 환자는 조증처럼 보일 때가 많았고 갑상선 기능 저하증 환자는 우울증 환자처럼 보일 때가 많았다. 케이드는 생각했다. '어쩌면 조증 환자의 혈액에는 갑상선 호르몬 같은 것이 과도하게 많을 수도 있겠다.' 합리적이지만 정확하지는 않은 이 가설에 근거해 그는 실험을 거듭했고 그 과정에서 우연히 리튬을 발견했다.

이 가상의 독성 물질이 과연 존재하는지 검증하기 위해 그는 조증 환자, 조현병 환자, 일반인의 소변 샘플을 농축했다. 그 물질이 신장을 통해 배설될 수 있다고 생각했기 때문이다. 각각의 농축액을 기니피그에 주사한 그는 조증 환자의 소변 샘플이 다른 두 환자군보다 독소가 더 강하다는 사실을 발견했다. 그래서 그는 독소가 소변의 주요 화학 물질인 요소urea 때문이라고 추론했다. 당시 과학자들은 요산이 요소의 활동성을 증가시키고, 요소의 수치가 높으면 조증이 일어난다고 (잘못) 믿었기 때문이다. 이 잘못된 생각 하나가 정신과 치료 역사상 가장 큰 진전을 이룬 발견으로 이어졌다. 덕분에 처음으로 구체적인 진단에 맞게 구체적인 약물을 처방할 수 있게 되었다.

실험을 하려면 요산을 용해해야 했다. 하지만 요산을 용해시키기가 어려워서 케이드는 가장 용해성이 높은 형태인 리튬 요산염을 사용했다. 그런데 놀랍게도 평소에 쉽게 흥분하고 산만하던 기니피그가 조용하고 수동적으로 변하는 게 아닌가. 기니피그는 심지어 눕히는 것도 가능했는데, 평소 같았으면 일어나려고 발버둥을 쳤을 동물들이 가만히 그를 쳐다보았다. 이후 계속된 실험으로 이러한 진정 효과는 요산이 아닌 리튬 때문인 것으로 밝혀졌다.[12]

케이드는 원하는 게 분명했다. 그는 조증 환자에게 처방할 수 있는 약을 찾고 싶었다. 비록 '잘못된 길'로 들어섰지만 그는 그럼에도 자신이 찾던 것을 찾았다. 알렉산더 플레밍처럼 그 역시 자신이 찾는 것이 저기 어딘가에 있다는 사실을 믿었고, 끈질기게 쫓은 끝에 우연히 자기 앞에 답이 놓여 있음을 알게 됐다.

| 세렌디피티

이러한 우연한 발견을 '세렌디피티'라고도 한다. 이 단어는 18세기 영국인 호레이스 월폴Horace Walpole이 처음 썼다. 유명한 작가이자 영국 하원 의원이었던 그는 필요한 것을 적시에 정확히 찾아내는 능력이 자신에게 있음을 알았다. 그는 친구이자 먼 친척인 호레이스 만에게 감사 편지를 보내며 이 단어를 처음으로 사용했다. 이탈리아 플로렌스에 영국 공사로 부임해 있던 만은 월폴에게 아름다운 대공비의 초상화를 한 점 보내 주었고, 월폴은 그 그림에 홀딱 반해 버렸다. 월폴은 그림을 액자에 걸어 놓기로 했는데, 마땅한 틀은 찾았으나 그림에 걸맞은 문장을 고르지 못하고 있었다. 그러다가 도서관 천사의 도움으로 읽고 있던 고서에서 딱 맞는 문장을 '우연히 발견했다.' 1754년 1월 28일 이 기막힌 우연에 잔뜩 들뜬 그는 사촌 호레이스에게 편지를 쓰면서, 필요한 것을 예상치 못하게 찾아내는 자신의 능력에 '세렌디피티'라는 이름을 붙였다.

월폴은 「사렌디프 세 왕자의 여행과 모험The Travels and Adventures of Three Princes of Sarendip」이라는 동화를 보고 이 단어를 생각해 냈다. 사렌디프(혹은 세렌디브)는 인도 남쪽에 위치한 섬나라 스리랑카의 옛 이름이다. 동화 속 왕은 제대로 된 교육은 책에서만 배우는 게 아니라는 것을 깨닫고 아들들을 나라 밖으로 보내 견문을 넓히게끔 했다. 이야기는 영리한 왕자들이 주변을 면밀히 관찰한 뒤 그렇게 얻어진 통찰로 위험과 죽음에서 성공적으로 살아남는 내용이다.

호레이스 월폴은 '세렌디피티'를 '정확한 관찰(그가 사용한 정확한 말은 기민함sagacity이다)과 우연을 '모두' 동원해 원하는 것을 찾는다'라는 의미로 사용했다. 단어 자체의 매력적인 발음, 이국적인 기원, 그리고 월폴이 제시한 모호한 정의 덕에 '세렌디피티'는 여러 가지 의미로 쓰일 수 있게 됐다. 세렌디피티의 핵심 요소는 운, 우연, 적극적인 탐색, 정확한 관찰 등인데, 이 말은 크게 두 가지 맥락에서 쓰인다. 찾고 있던 것을 우연히 찾았을 때와 무언가를 찾다가 다른 것을 찾았는데 알고 보니 그것이 매우 유용할 때다. 결국 세렌디

> 결국 세렌디피티는 주변 환경을 살펴 필요한 사람, 아이디어, 물건을 발견해 내는 무의식의 능력에 근거한 것이라고 볼 수 있다.

피티는 주변 환경을 살펴 필요한 사람, 아이디어, 물건을 발견해 내는 무의식의 능력에 근거한 것이라고 볼 수 있다.[13]

| 결정을 움직이다

아이디어 우연을 통해 얻은 정보는 결정의 향방을 좌우할 수 있다. 그렇다거나 아니라거나 이쪽 혹은 저쪽처럼 말이다.

책을 '아무' 페이지나 펼쳐서 현재 필요한 조언을 얻는 것은 '서적점(占)'이라는 말이 생겨날 정도로 무척 일반적인 의사 결정 방식이 되었다. 이런 책으로는 『성경Bible』이 제일 많이 쓰이고, 중국의 『주역』은 아예 그런 구절을 뽑게끔 만들어졌다. 서적점은 우연을 의식적으로 창조하는 것이다. 우리 연구의 한 참여자는 서적점과 관련해 다음과 같은 글을 썼다.

> 나는 알코올 중독 치료 센터에 있었다. 하루는 밤에 혼자 예배당에 갔다. 나는 신에게 사죄하고 도움이 필요하다고 솔직하게 말했다. 재단 중앙에 『성경』이 놓여 있길래 펼쳐져 있는 페이지를 봤다. 아무 일도 일어나지 않았다. 그러다가 아무 생각 없이 몇 페이지를 한꺼번에 넘겼는데, 시편 23편이 나왔다. 그 시편의 글귀가 나를 위한 것이라고 느껴졌다. 불현듯 희망이 느껴지고 평화로움이 나를 감쌌다. 그날 밤 나는 아주 오랜만에 한 번도 깨지 않고 푹 잤다. 나는 그때 이후로 그 시편을 매일 반복해서 읽고 있으며, 지금도 그 말씀에서 깊은 위안을 얻는다.

카를 융은 주변에서 일어나는 소소한 일들이 전하는 메시지를 하나도 빼놓지 않고 살펴보려 노력했다. 그는 자신의 의사 결정에 도움이 될 만한 우연한 사건들에 끊임없이 주의를 기울이며 평생을 살았다. 그는 자기 자신은 물론이고 주변인들에 대한 생각이 현실에 그대로 반영되는, 살아 있는 매트릭스 속에 살고 있다고 생각했다. 그래서 갑작스럽거나 평소와 다른 움직임, 동물이나 새떼의 출현, 바람, 돌풍, 서재 밖 호수에서 갑자기 크게 들리는 물소리 등 모두가 자신의 심리적 내면을 그대로 반영하는 상징이라고 생각하며 주의를 기울였다.

1928년 융은 큰 고립감 속에서 만다라mandala를 그리고 있었다. 만다라는 존재의 전일성을 의미하는 섬세한 기하학 무늬를 반복해서 그린 그림으로 보통 명상 도구로 사용된다. 만다라에 따라서는 여신이나 사원을 비롯해 시간을 초월한 이미지들을 그려 넣기도 한다. 융은 자신도 모르게 황금성이 중앙에 놓인 만다라를 그리고 있었다. 그는 이렇게 썼다.

> 만다라를 다 그렸을 때 나는 '왜 이렇게 중국스러운 분위기가 나는 것일까?' 하고 자문했다. 겉에서 봤을 때는 전혀 중국적인 요소가 없는 그림이었다. 하지만 나는 그렇게 느꼈다. 참으로 신기하게도 바로 얼마 뒤에 프랑크푸르트의 리하르트 빌헬름Richard Wilhelm으로부터 편지 한 통을 받았다. 봉투에는 「황금 꽃의 비밀The Secret of the Golden Flower」이라는 제목의 도교와 연금술을 다룬 논문이 동봉돼 있었다. 그는 내게 이 책의 발문을 써달라고 부탁했다. 나는 앉은 자리에서 원고를 정신없이 읽었다.

천년의 역사를 지닌 이 중국 문헌은 융이 그린 것과 비슷한 노란색 성을 다루고 있었다.[14]

자신이 만다라에 그린 중국풍 성과 원고에 나오는 성이 일치한 이 우연한 사건 덕에 융은 한층 더 강한 확신을 갖고 원고를 검토했고, 그의 고립감은 깨졌다. 빌헬름과의 우정 역시 깊어졌고 중국 철학의 중요성에 대한 융의 확신도 강해졌다. 1949년, 융은 빌헬름이 독일어로 번역한 『주역』 번역서에 서문을 실었다. 『주역』은 1923년 다른 번역서가 처음 출간 됐을 때 융이 이미 공부한 것이기도 했다. 황금성의 우연을 계기로 융은 의미 있는 우연의 존재와 그 유용성에 대해 더욱 강한 확신을 갖게 됐다.

의식적으로 의도하지는 않았지만 융은 자신이 찾던 것을 찾았다. 그 덕에 그는 고립감에서 벗어났고 동시성에 대한 자신의 생각에도 확신을 갖게 됐다. 빌헬름의 경우, 황금 꽃 논문에 대해 논평도 해 주고 이후 가장 유명한 『주역』 번역본이 된 자신의 책에 서문도 써 줄 적임자를 찾았다.

대부분의 사람들은 융만큼 우연의 안내에 귀기울이지 않는다. 달라(가명)가 우리 연구 팀에 합류한 것은 데이터만 많이 쌓였을 뿐 분석은 아직 진행되지 않고 있었을 때였다. 나는 쉽지 않을 통계적 질문을 함께 풀어갈 사람이 필요했다. 그래서 미주리 대학 컬럼비아 캠퍼스의 교육심리학과에 사람을 구한다고 광고를 냈다. 지원자는 딱 한 명, 달라뿐이었다. 그녀는 통계를 더 배우는 것에는 아주 관심이 많았지만 우리의 연구가 진짜 가치 있는 일인지 대해서는 의심을 거두지 않았다. 하지만 그녀는 일자리가 필요했고, 우리는 그녀가 필요했다.

프로젝트 일을 시작한지 얼마 되지 않아 달라가 내 사무실에 와서 지난 주에 있었던 일을 얘기해 주었다. 일요일 각기 다른 시간대에 '특별한 책의 페이지를 찢어 버리다'라는 공통된 주제를 세 번이나 만났다는 것이었다. 달라가 참여하는 교회의 영화 세미나인 '필름 신학' 시간에 그 주의 주제로 다룬 영화는 〈죽은 시인의 사회Dead Poets Society〉였다. 영화에는 존 키팅이라는 영어 교사가 시를 수학적으로 해석할 수 있다고 주장하는 책을 찢는 장면이 나온다. 키팅은 학생들에게 시를 해석하는 것은 고도로 주관적인 행위이며 따라서 그래프나 차트로 수치화할 수 없다는 사실을 역설했다. 그날 오후에는 달라의 언니가 전화해 교회 수업 시간에 어떤 교사가 성경의 페이지를 찢더니 각 페이지의 존재는 그 말씀의 진가가 증명하는 것이라고 했다는 일화를 전해 왔다. 그리고 그날 저녁, 영성을 다룬 유명한 책을 읽던 달라는 키팅 선생이 책을 찢는 〈죽은 시인의 사회〉의 장면이 다시 한 번 언급되는 부분과 마주쳤다. 역시나 독립적인 사고의 중요성을 강조하기 위해 동원된 예였다.

나에게 직접 와서 얘기해 줄 만큼 이 경험이 흥미롭다고 생각한 달라는 어쩌면 우연 연구에 어떤 의미가 있을지도 모르겠다며 마지못해 인정했다. '책을 찢는' 이 우연들은 그녀의 마음을 바꿔 놓았다. 우연은 그녀로 하여금 멈춰서 생각하고, 다시 고려해 보도록 만들었다. 나는 기뻤다. 이제는 그녀가 열의를 갖고 연구에 참여할 가능성이 커졌기 때문이었다. 그녀는 다만 파티에서 기이한 우연 연구에 대해 얘기하면 사람들의 시선이 쏠리는 게 부작용이라면 부작용이라고 털어 놓았다. 달라는 변화의 시기를 겪고 있었고(새 직장 초기), 감정이 고양돼 있었으며(이 일이 자신의 마음에 들 것인가, 자신이 잘 할 수 있을 것인가?), 찾고 있었다(어쨌든 이 우연이라고 하는 건 무엇이지?). 이 모든 요소들은 우연이 일어날 가능성을 높인다. 그녀가 나와 함께 일하던 2년 동안 그 외의 우연에 대해 말한 적은 한 번도 없었다. 문은 닫혔다. 하지만 그녀의 통계 작업은 대단히 훌륭했다. 그녀는 프로젝트에 필요한 것을 정확히 채워 넣었다. 나는 그녀가 제때 등장해 준 것이 대단히 고맙다. 잠시 동안 달라는 사이코스피어에 직접 접촉했다(사이코스피어에 대해서는 12장에 자세한 내용이 나온다).

다음의 예에서 나는 내가 찾고 있는 것이 무엇인지 정확하게 알지 못했지만, 그것을 본 순간 '이거다'라고 느꼈다. 내가 워싱턴 대학에서 교수로 재직할 당시 웨인 케이턴이라는 동료가 있었다. 그는 매우 똑똑하고 친절한 사람이었는데 왜인지 나는 그에게 경쟁심을 느꼈다(수년 후 내가 이 경쟁심에 대해 그에게 물어본 적이 있었는데, 그는 나를 멘토이자 친구로 생각했다는 답변이 돌아왔다. 결국 그것은 내 머릿속 드라마였다). 수년간 우리는 평행선을 달렸다. 그는 가정의학과에서 외래 환자 정신과 상담을 했고, 나는 내과 1차 치료 클리닉에서 외래 환자 정신과 상담을 했다. 시애틀에서 10년을 일한 후 미주리 컬럼비아로 떠나기 위해 한창 준비하고 있을 때였다. 정신의학과 복도에 마지막으로 서서 나는 그에게 작별 인사를 할까 말까 고민했다. 그에게 느낀 경쟁심과는 별개로, 예의를 지키고 동료를 존중하는 마음으로 옳은 일을 하자고 결심한 나는 그의 연구실 문을 두드렸다. 그의 책상 위에는 가슴 통증과 공황장애의 관계에 대한 논문이 한 편 있었다. 나는 논문의 내용에 대해 물었다. 연구자들이 심장 카테터법Cardiac Cutheterization•을 한 환자들을 인터뷰한 결과 정상적인 심장 동맥을 가진 환자의 삼분의 일 이상이 공황장애 진단 기준에 부합한다는 사실을 발견했다는 내용이었다. 이는 결국 심장질환이 없지만 심각한 가슴 통증을 호소하는 사람들은 공황장애를 앓고 있을 확률이 높다는 뜻이었다. 웨인은 이 연구를 기반으로 한 페이지짜리 연구 초안을 작성해 두었다고 했다. 나는 머뭇거리며 그 초안을 한 부 복사해 줄 수 있느냐고 그에게 부탁했고, 그는 친절하게 내주었다. 이후 웨인은 이 초안을 기반으로 정신과 의사의 영역을 일반 병원으로까지 확장시킨, 세계적으로 유명한 연구를 진행하게 된다. 나 역시 이 초안을 손에 쥐고 미주리 대학 컬럼비아 캠퍼스에서 승승장구했다. 정신의학과에 우호적인 세 명의 심장 전문의의 도움으로 나는 가슴 통증은 있으나 심장질환이 없는 심장병 환자들을 대상으로 대규모 연구 두 건을 진행했다. 이런 노력 덕에 나는 해당 주제에 대해 약 40개의 논문을 쓸 수 있었고, 그중 두 개는 웨인과 공동 저자로 이름을 올렸다. 그 결과 나는 종신 교수로 승진했고 곧 학장이 되었다. 이 모든 일이 예의를 잃지 말자는 마음에 충동적으로 웨인 교수의 연구실 문을 두드린 것에서 시작되었다.

나는 변화의 시기를 겪고 있었고(시애틀을 떠나기 직전이었다), 갈증을 느끼는 상황이었으며(새로운 곳에서 연구 프로젝트를 진행해야 한다는), 감정이 고조된 상태였다(내가 경쟁자라고 여겼고, 어쩌면 마지막으로 보게 될 동료와 말을 해야 한다는 긴장). 나는 찾고 요청할 준비가 돼 있었고, 결국 내가 찾고 있는지도 몰랐던 것을 찾았다. 웨인의 초안은 내 학문적 성공의 길

• 유연한 관인 카테터를 동맥이나 정맥에 삽입해 혈관을 따라 심장까지 가도록 해 심장의 기능이나 혈행 상태를 알아보는 검사 방법이다.

을 열어 준 열쇠였다.

| 글이 현실이 되다

소설, 극, 영화 같은 픽션은 우리의 일상 생활을 반영하고 우연에 의지해 이야기를 풀어 나간다. 창조적 글쓰기를 가르치는 로버트 맥키 Robert Mckee는 시나리오 쓰는 법에 대해 다음과 같이 얘기한다.

> 스토리는 의미를 창조한다. 그런 의미에서 우연은 우리의 적처럼 보인다. 우연은 무작위적이고 말도 안 되는 방식으로 세상이 충돌하는 것이고, 이 정의에 따르자면 무의미하기 때문이다. 하지만 우연은 삶의 엄연한 일부분이다. 가끔은 존재를 뒤흔들어 놓을 정도로 강력하고, 그래놓고는 등장만큼이나 말도 안 되는 방식으로 퇴장한다. 그렇다면 우연을 피하는 게 해결책은 아니다. 오히려 우연이 무의미하게 삶에 들어왔다가 점점 의미를 띠는 과정을, 무작위적인 우연의 반논리가 실제 삶이라는 논리로 변해가는 과정을 극화해서 보여 줘야 한다.[15]

우연은 삶의 일부분이다. 이따금씩 스토리 작가들은 기이할 정도로 앞일을 정확하게 보여 주는 우연에 휘말릴 때가 있다. 그들이 쓴 글은 실제 삶과 절묘하게 일치한다. 그들이 글을 쓰고 난 '이후'에 말이다. 그들은 이미 일어난 일을 기록한 것이 아니었다. 어찌된 일인지 이들은 앞으로 일어날 일에 대한 정보를 미리 알았다. 픽션이 실제 삶이 된다.

그중 가장 유명한 우연은 모건 로버트슨Morgan Robertson 이야기다. 그는 1898년에 『공허Futility』라는 책을 썼다. 이 소설은 '타이탄'이라는 호화 대형 여객선이 처음으로 대서양 횡단을 하는 이야기를 다루고 있다. 절대 가라앉을 일이 없다고 광고한 것과는 다르게 배는 빙산에 부딪혀 가라앉았고 수많은 사상자를 낳았다. 그리고 1912년, 절대 가라앉지 않는 배라고 공언했던 호화 대형 여객선 '타이태닉' 호는 첫 번째 대서양 횡단 중 빙산에 부딪혀 가라앉았고 어마어마한 사상자를 낳았다. 로버트슨의 책에서 이 사고는 현실에서와 마찬가지로 4월에 벌어졌다. 책에서 묘사한 탑승 인원은 3천 명이었고, 실제 타이태닉 호의 탑승 인원은 정확하게 2,207명이었다. 책에 나온 구명보트는 24척, 타이태닉 호의 구명보트는 20척이었다.[16]

이 놀라운 우연에 통계의 잣대를 들이대기란 어렵다. 너무나 많은 세부 사항들이 밀접하게 연결돼 있다. 작가는 소설을 쓰고 있을 당시 그러한 배가 만들어질 수 있다는 사실을 알고 있었고, 차가운 북대서양에 위험이 도사리고 있다는 사실 역시 분명 인지하고 있었을 것이다. 하지만 세부 내용이 실제 사건과 이토록 비슷하려면 논리 이상의 무언가가 더 필요하다. 그는 자기도 모르게 타이태닉의 침몰을 예측했다. 그는 모종의 방법으로 인간의 오만함과 힘의 흐름을 감지하여 미래를 거울처럼 반영하는 글을 썼다. 그는 뭔가를 알았다. 하지만 자신이 어떻게 아는지는 알지 못했다. 예술은 무의식적으로 삶을 모방한다.

'무의식적으로 삶을 모방한 픽션'의 예로 입에 자주 오르내리는 또 다른 이야기는 뉴욕의 작가 노먼 메일러Norman Mailer의 에피소드다. 메일러가 소설 『바버리의 강변Barbary Shore』을 쓰기 시작했을 때 그는 뉴욕 브루클린, 102 피에르폰트 거리에 살고 있었다. 처음 소설을 쓸 때는 스파이에 대해 쓸 계획이 없었지만 이야기가 진행되면서 미국에서 활동하는 러시아 스파이가 조연으로 등장하게 됐고, 결국 그 스파이는 소설의 주요 캐릭터가 됐다. 1951년 소설이 완성됐을 때, 미국 이민국United States Citizenship Immigration Services, USCIS은 메일러와 같은 아파트에 살고 있던 한 남성을 체포했다.

1963년 인터뷰에서 메일러는 다음과 같이 말했다.

> 내가 살던 층 바로 아래에 루돌프 아벨 대령이라는 사람이 살고 있었는데, 그는 8년에서 10년 동안 미국에서 활동하는 소련 스파이 중 가장 거물급이었습니다. 분명 우리는 엘리베이터도 여러 번 같이 탔겠죠. 이 사건을 생각하면 나는 언제나 아득해집니다. 이 일을 계기로 난 경험과 상상력에는 명확한 경계가 없다고 생각하게 되었습니다. 우리가 무의식적으로 포착해 내는 현실의 단편들이 얼마나 대단할지 누가 알겠습니까?[17]

우리가 이제야 막 이해하기 시작한 어떤 방식으로 노먼 메일러는 아래층에 사는 스파이의 존재를 감지했다. 그리고 그의 존재에 대한 인식이 노먼 스스로 자신의 창작물이라고 생각한 소설 속으로 스며들어갔다. 그는 자기도 모르게 아파트에서 벌어지는 드라마를 기록하고 있었다.

로버트슨이나 메일러 모두 자신이 창작한 사건을 묘사한 게 아니다. 로버트슨은 타이태닉의 침몰을 무의식적으로 예측했고, 메일러는 아래층에 사는 진짜 스파이에게 일어난 사건 일부를 기록했을 뿐이다.

이들 뿐만 아니다. 라이언이라는 이름의 한 남자는 로버트 페리의 우연 웹사이트에 자신이 겪은 사건을 올렸다. 글과 현실이 즉각적으로, 그리고 기이하게 충돌한 사건이었다.

누군가 문을 두드리는 소리가 들리는데 왠지 기분이 매우 이상했습니다. 바로 타이밍 때문이었죠. 노크 소리가 들린 바로 그 순간 저는 (제가 쓴) 이야기 중에 방문객이 문을 두드리는 장면을 수정하고 있었습니다. 이야기 속의 방문객이 '전화'를 걸게 할까 문을 '노크'하게 할까 고심하고 있었죠. 저는 펜을 내려놓고 일어나서 누가 이런 음향 효과를 내고 있는지 보러 갔습니다. 창문을 통해 제가 본 것은 진짜 육체를 가진 처음 보는 흑인 남성이었습니다. 그 순간 저는 제가 기이한 동시성의 영역에 있다는 사실을 깨달았습니다. 제 이야기 속의 방문객 역시 낯선 흑인 남성이었거든요. 제가 문을 열었을 때도 이런 우연의 일치는 계속됐습니다. 이야기 속의 낯선 사람처럼 진짜 육체를 가진 이 낯선 사람 역시 술 냄새를 풍겼습니다. 그가 입을 떼는 순간 술 냄새를 맡을 수 있었어요. 이 술에 취한 진짜 사람은 빈 알약 통을 들고 있었는데 약 살 돈이 없다면서 돈을 좀 달라고 하더군요. 그러면서 자기가 무슨 병에 걸렸는지 말했습니다. 알고 보니 만성 장애를 갖고 있었어요. 이야기 속의 술 취한 사람 역시 장애가 있는 사람이었지요. 제 이야기 속의 주인공은…… 임사체험near-death experience, NDE 생존자였습니다. 자연스레 저는 제 앞에 있는 이 사람도 궁금해졌죠. 그래서 물었습니다. 그의 눈이 휘둥그레지더군요. 병원에서 거의 죽다 살아났다고요. "황금색 사과가 달린 나무를 보는 게 어떤 기분인지 압니까? 만

티코어manticore*를 본 적이 있어요?" 그가 물었습니다.[18]

    1995년 1월, 이 낯선 사람이 노크를 하기 2주 전에 라이언은 꿈을 꿨다. 어떤 사람을 만났는데 알고 보니 천사였다. 그런 다음 라이언은 임사체험처럼 느껴지는 유체이탈을 경험했다. 결국 소설은 흡사 임사체험 같았던 그 경험을 표현하기 위한 일종의 안전한 통로였다. 그는 두 사람의 우정이 사회적으로 보기 힘든 것이라면, 즉 부자와 빈자, 흑인과 백인, 장애인과 비장애인 사이의 만남이라면 이야기가 더욱 강렬해지리라고 생각했다. 픽션이 현실이 된 라이언의 이 이야기는 결국 세부적인 사항까지 생생하게 상상하며 강렬한 느낌과 감정을 갖고 글을 쓴다면 주변에서 비슷한 일이 일어날 수도 있음을 증명한다.

    이와 비슷한 코믹북 작가 더그 모언크Doug Moench의 이야기는 제프리 크라이펄Jeffrey Kripal의 『뮤턴트와 미스틱스Mutants and Mystics』에 실려 있다. 모언크는 만화 『혹성탈출Planet of the Apes』에서 고릴라 브루투스가 등장하는 씬의 이야기를 막 완성한 상태였다. 검은색 후드를 뒤집어쓴 듯한 짙은 털빛의 브루투스가 인간 주인공의 집에 쳐들어와 친구의 목에 총구를 들이대고는 주인공을 조종하려는 장면이었다. 더 그가 이 장면을 쓴 직후 부인이 거실에서 이상한 목소리로 그를 불렀다. 그는 일어나 집을 가로질러 거실로 갔고, 그곳에서 검은색 후드를 뒤집어쓴 남자가 부인의 목을 결박한 상태로 머리에 총을 겨누고 있는 장면을 목격했다.[19]

---

* 사자의 몸에 노인의 얼굴을 한 괴물로, 인도에서 살며 사람을 잡아먹는다고 한다.

모언크가 그 장면을 탈고한 순간 픽션 속 후드를 뒤집어쓴 침입자가 그의 집에 처들어왔다. 모언크는 자신이 그 상황을 예견한 것인지 창조한 것인지 알지 못했다. 그는 자기가 과연 글을 더 써야 하는지 말아야 하는지 고민했다. 그가 확실히 안 것이라곤, 글 속의 이야기와 자기 삶 속의 사건이 서로 똑같았다는 사실뿐이었다.

글이 살아 움직인다. 소설가의 상상력이 현실이 된다. 후드를 쓴 침입자는 모언크가 그에 대해 쓰기 전부터 존재했던 사람이다. 라이언이 만난 낯선 흑인 역시 그의 글과는 상관없이 이전부터 존재했던 사람이다. 이 두 사람은 작가가 그들에 대해 쓴 순간 작가의 문 앞에 나타났다. 영문은 모르겠지만 이 현실의 '창작물'들은 두 사람의 집에 끌렸다. 이 픽션 속 캐릭터들은 현실 버전이 존재했고, 이들은 작가가 창조한 게 아니다.

조건만 잘 갖춰지면 우리는 어떻게 아는지 모르는 것들을 안다. 때로는 사건을 예측하기도 하고 우리가 생각하는 것을 현실로 끌어들이기도 한다. 우리의 마음은 우리 주위에 소용돌이치고 있는 생각의 장으로 생각을 내보내는데, 개중에는 우리의 내면 세계와 일치하는 것

> 우리는 때로 사건을 예측하기도 하고 우리가 생각하는 것을 현실로 끌어들이기도 한다.

도 있는 듯하다. 이러한 이야기는 이런 유형의 우연에 대한 설명으로 (무작위성, 통계를 동원한 이성적 접근, 신성의 개입이라는 믿음과 더불어) 한 자리를 당당히 차지한다. 마음과 외부 사건이 이렇게 똑같이 일치하는 일들은, 우리의 내면에 존재하지만 정작 인식하지 못하는 인간의 놀라운 잠재력을 가리키는 예로 보는 게 가장 마땅해 보인다.

7장

CONNECTING WITH COINCIDENCE

제때 굴러 들어오는 돈

Connecting
with
Coincidence

돈이라는 관념에는 대단히 감정적인 힘이 실려 있다. 육체가 생존하는 데도 돈이 필요하다. 자존감 역시 돈에 좌지우지될 때가 많다. 정치를 움직이는 동력도 돈이고, 조직은 돈이 있어야 돌아간다. 돈이 없어서 뿔뿔이 흩어지는 가족들도 많다. 돈은 더 갖고 싶다는 욕망을 만들어 내고, 잃는 것에 대한 두려움을 만들어 낸다. 돈이 있기 때문에 우리는 많은 즐거움을 누리기도 하고, 사람을 돕기도 하고 상처를 주기도 하며, 새로운 지식을 배우기도 하고, 진실을 왜곡하기도 한다. 돈을 향한 경쟁은 승자와 패자를 만들고, 우월감과 자기 비하를 낳는다. 돈은 사람을 통제하는 데도 쓰이고, 스스로를 고립시키는 데도 쓰이고, 혹은 원만하고 살기 좋은 공동체를 만드는 데도 쓰인다.

대부분의 사람들은 더 많은 돈을 원한다. 너무나 많은 사람들이 더 많은 돈을 원하고, 너무나 많은 사람들이 그저 '넘쳐날 만큼 무조건 많은 '돈'을 원한다. 우리 마음에 들어앉은 이 욕망의 강도와 그것을 자각하는 정도는 사람에 따라 천차만별이다. 돈이 간절하게 필요할 때 사람들은 꼭 필요한 만큼의 돈이 들어오기를 열렬히 바란다. 그리고 가끔은 정확히 필요한 액수의 돈이 실제로 들어온다. 통계학자들은 돈을 간절하게 원하는 사람들이 워낙 많으므로 예상치 못한 돈을 받는 사람들이 얼마간은 생기게 마련이라고 말한다. 하지만 이 이성적이고 수학적인 설명은 왜 그런 일이 어떤 사람에게는 운 좋게 일어나고 어떤 사람에게는 일어나지 않는지를 설명하지 못한다.

| 필요한 만큼의 돈이 들어오다

절친한 친구였던 피트가 살해당한지 6개월이 지난 어느 날, 작가 에이미 탄은 장애 아동을 돌보는 일로는 수입이 충분치 않아 걱정을 하고 있었다. 게다가 키우는 고양이 사그와가 4층 아파트 창문에서 뛰어내려 다리를 다치는 바람에 상황은 더 안 좋아졌다. 고양이 치료비만 383달러가 나왔는데, 1970년대에 이 돈은 꽤 큰 금액이었다. 그녀와 남편이 1년을 저축해도 모으지 못할 돈이었다.

오클랜드에서 베이 브릿지를 건너 샌프란시스코로 차를 몰고 가던 탄은 여유를 좀 가져 보라는 친구 피트의 목소리를 들었다.

"너야 그런 말 하기가 쉽겠지." 탄이 목소리뿐인 피트에게 말했다. "넌 죽었잖아. 난 꼬박꼬박 내야 할 돈이 있다고."

친구끼리 나누던 정겨운 투덕거림은 이미 부서지기 일보직전이었던 폭스바겐 밴의 옆구리를 다른 차가 세게 박으면서 끝났다. 이 충격으로 탄의 차는 도로 반대편으로 튕겨져 나갔다. 한 남자가 차에서 급하게 뛰어나와 탄의 상태를 확인했다. 그녀는 괜찮았다. 둘은 함께 차를 살폈는데, 길게 긁힌 자국이 있기는 했지만 차 상태가 이미 안 좋았기 때문에 별로 눈에 띄지도 않았다. 그는 보험 회사 전화번호를 주었지만 탄은 받지 않았다. 그녀의 잘못은 아니었다지만 보험료가 오를 게 뻔했기 때문이었다. 그러자 남자는 명함을 건네며 회사를 통해 비용을 직접 지불할 테니 수리비 견적을 받아 보라고 말했다. 그녀가 결국 받은 돈은 383달러였다.[1]

시간이 지나면서 탄은 이 383달러의 우연은, 우연을 보고 싶어 하는 자신의 욕망이 만들어 낸 사건이라고 생각하게 됐다. 그녀는 이 절묘한 시기에 벌어진 신기한 횡재를 별 거 아닌 것으로 치부하려고 했다. 하지만 그 긴 다리를 운전해 지나가던 그녀는 분명히 변화의 순간에 있었다. 간절히 원하는 게 있었고, 어딘가에서 도움의 손길이 뻗치길 바랐다. 383이라는 숫자 역시 그녀의 마음속에 분명히 존재했다. 탄은 친구인 피트와 대화를 하며 변성된 의식 상태에 들어감으로써 자신의 욕구가 정확히 채워지는 상황을 만들어 내는 데 일조했다. 이 변성된 의식은 원하는 것을 찾아내는 그녀의 무의식적 능력을 촉진시켰다. 폭스바겐 밴은 사실상 멀쩡했다. 탄 역시 다치지 않았다. 상대 운전자는 충분한 돈을 쉽게 융통할 수 있는 사람이었다. 돈은 더도 말고 덜도 말고 그녀가 딱 필요한 액수였다. 우리의 제한적인 정보로 설명할 수 없는 것은 상대 운전자는 왜 이 상황에 연루되었는가다. 이 만남에서 그가 얻은 혜택이나 교훈, 혹은 충족한 욕구는 무엇이었을까?

아니면 그의 역할은 그저 탄을 돕는 것뿐이었을까?

우리의 연구 참가자들 역시 간절히 바라던 돈이 뜻밖에 들어온 일에 대해 여럿 보고했다. 그들 중 한 사람은 이렇게 말했다.

> 저는 의미 있는 우연을 여러 번 겪었지만, 가장 최근에 경험한 것은 저에게 필요한 돈이 거의 액수까지 맞춰서 굴러들어 온 사건이었습니다. 모기지 상환 일자가 다가오고 있었는데 딱 350달러가 모자랐어요. 어떻게 이 돈을 마련하지 하고 직장에서 내내 골머리를 썩었죠. 그런데 그날 퇴근하고 집에 왔는데 미국 정부에서 보낸 358.49달러짜리 수표가 도착해 있는 게 아니겠습니까. 5년도 훨씬 전에 완납했던 학자금 대출 중에 제가 초과 지불한 게 있어서 돌려주는 돈이었습니다.

그는 복권에 당첨된 것도 아니고, 돈을 퍼주는 TV 쇼에 나간 것도 아니었다. 이 사람은 돈이 필요했고, 그 돈은 예상치 못하게 생겼다. 짙은 안도감 덕분에 이 이야기는 당사자의 기억에 또렷이 남았다. 이 참가자는 개인적인 설명은 덧붙이지 않은 채 그저 자신이 얼마나 돈 때문에 괴로워했으며 돈이 생긴 뒤 얼마나 큰 무언의 안도감을 느꼈는지만을 얘기했다. 꼭 필요했던 돈과, 정부 특유의 느린 일 처리가 만들어 낸 결과가 타이밍 좋게 완벽히 맞아떨어졌다. 신의 중재처럼 느껴질 수 있는 상황이다. 하지만 여기서는 통계학자들의 손을 들어줘야 할 것 같다. 많은 사람들이 돈을 필요로 하고, 많은 사람들이 정부로부터 뒤늦게 수표를 받는다. 그러니 돈이 필요한 그 많은 시기에 수표가 절묘하게 도착하는 일은 때때로 벌어질 수 있다. 정부의 돈이 적시에 도착하는 일의 기저율은 사실상 적지 않을 것이다. 이것은 일어날 법한 일이다. 오히려 이 일을 일어날 법하지 않은 사건으로 만드는 요인은 들어온 돈의 액수가 필요한 액수와 거의 비슷했다는 사실이다.

수표가 도착한 절묘한 타이밍 덕에 이 사건은 강한 인상을 주었다. 이성적인 사람들이 하기 좋아하는 말처럼 우리는 기이하고 튀는 사건만을 기억할 뿐이다. 현금이 필요한 사람에게 돈이 들어오지 않는 많고 많은 사건들은 무시한다. 하지만 '사람이 많으면 일어날 가능성이 아주 없어 보이는 일도 일어난다'는 말을 충분히 납득하지 못하는 사람들도 있다.

또 다른 연구 참여자의 돈 이야기에서 좀 더 쉬운 설명을 찾아볼 수 있다.

> 우리 형편에는 너무 부담인 액수의 돈을 내야 할 상황이 예상치 못하게 생겼습니다. 우리 부부는 하나님께 우리가 재정적으로 책임감 있는 사람이 되게 해 달라고 기도했고, 우리의 영광이 아닌 당신의 영광을 위해 당신이 우리에게 주신 것을 이용할 수 있게 해 달라고 간청했습니다. 한 10분 정도 지났을까, 문득 어떤 생각이 난 저는 서류 캐비닛으로 가서 예전 직장에서 받아 봉투도 뜯지 않고 보관해 둔 서류를 꺼냈어요. 알고 보니 그것은 저의 옛날 퇴직 연금 배당 수표였습니다. 액수도 제가 내야 할 돈과 정확히 일치했죠. 하나님의 돈을 책임질 수 있게 인도해 달라고 기도했기 때문에 하나님이 서류 캐비닛에 가 보라는 생각을 제게 내려주신 거라고 생각해요.

이것은 기도가 통한 훌륭한 예지만 기도한 사람이 생각한 우연의 원인이 옳다고 단정할 수는 없다. 그는 신이 자신을 돈으로 인도했다고 믿었다. 하지만 나는 그가 돈을 발견하는 데 신과 동등한 역할을 했다고 생각한다. 그가 기도를 통해 변성된 의식 상태에 들어갔기 때문에 배당 수표의 위치를 알아낼 수 있었던 게 아닐까. 돈이 필요하다는 마음이 그의 비일상적인 인식 능력을 활성화시킨 것이다. 평소 의식 상태였다면 그 정보를 얻을 수도 없었을 테고, 실제 그러지도 못했다.

이와 유사한 이야기를 동유럽 출신의 엠마가 '더 시크릿The Secret'이라는 웹사이트에 올렸다. 이 경우에는 '신'이 아닌 '우주'가 등장한다.

> 저의 가장 큰 크리스마스 소원은 제 가족들에게 뭐라도 사줄 돈이 충분히 있는 것이었습니다. 하지만 전 한푼도 없었어요! 식구들에게 사줄 물건을 아주 세세한 부분까지 생각하던 와중에 돈이 전혀 없다는 사실을 깨달은 저는 크리스마스 선물을 살 돈을 좀 달라고 우주에게 부탁했지요. 그런데 어떤 일이 벌어졌는지 아세요? 돈이 그야말로 뚝 떨어졌습니다! 제 방을 청소하다가 상자 하나를 발견했어요. 그걸 열었더니 돈이 있더군요. 2년 동안 한 번도 본 적 없는 상자였어요. 이게 우연이라고 생각하시나요? 전 너무 감사했어요.

상자는 그녀의 것이었다. 돈도 마찬가지였다. 방을 정리하겠다는 결심도 그녀가 했다. 하지만 그녀는 돈을 찾은 게 '우주' 덕이라고 말했다. 하지만 잠시 후 그녀도 자신의 공을 일부 인정한다.

> 하지만 제가 여기서 배운 게 있어요. '내려놓는 것'이 얼마나 중요한지를요. 돈을 벌고 싶어서 무척 많이 노력했지만 전혀 소용이 없었어요. 하지만 이

제는 그 이유를 알죠. 제가 '나는 돈이 필요해, 나에게 돈을 줘, 나는 돈을 원해'라는 생각에만 너무 집중하고 있었기 때문이었어요. 하지만 이 사건을 기점으로 저는 알았어요. 그저 잊어버리고 우주가 제 할 일을 하도록 내버려두는 게 아주 중요하다는 사실을요.[2]

그녀는 우주가 제 할 일을 하도록 '내버려두는 법'을 배웠다. 나는 그녀가 평소의 '나'보다 훨씬 더 큰 무언가와 접속한 덕에 돈의 존재를 기억하고 위치를 추적할 수 있었다고 생각한다. 즉, 기도의 경우와 마찬가지로 그녀 역시 도움을 청하고 '내려놓음'으로써 의식의 상태를 변성시켰다. 욕구를 내려놓은 덕분에 그녀는 더 확장된 마음 상태로 들어갈 수 있었고, 내면에 봉인된 능력을 풀 수 있었다. 그녀는 우주와 함께 원하는 결과를 얻어낸 것이다.

신의 개입이라고 단정하거나 통계가 주는 간편함에 안주하기 전에 우선 우리 안의 가능성을 들여다볼 필요가 있다. 우리에게는 의식적인 기억이나 오감을 넘어 지식을 얻는 능력이 있다.

각자의 욕구를 서로 채워 줄 수 있는 두 사람이 만나는 것처럼 동시경험을 더욱 정확하게 보여 주는 예는 '더 시크릿' 웹사이트에서도 볼 수 있다. 인도 남부 첸나이에 살고 있는 센틸은 2008년 2월 무렵 30루피가 필요한 상황이었다. 그 돈이 있어야 25킬로미터 떨어진 곳에 가서 1000루피의 수표를 받아올 수 있었다. 하지만 그는 돈이 전혀 없었다. 집 앞에 앉아 그는 책 『시크릿The Secret』의 내용을 떠올렸다. 5분간 마음을 차분히 가다듬은 그는 우주가 작은 황금 공의 형상으로 자기 앞에 있다고 상상한 뒤 30루피를 달라고 부탁했다. 그곳에 계속 앉아 있는데 한 남자가 그에게 다가와 혹시 오래된 병과 그릇이 있으면 팔지 않겠냐고 물었다. 센틸은 자신의 작은 정원을 둘러보았고 한 구석에서 사용하지 않은 작은 알루미늄 양동이를 발견했다. 남자에게 양동이 값으로 얼마를 내겠냐고 물었다. "30루피를 드리지요." 남자가 말했다. 센틸은 그렇게 수표를 찾으러 갈 여비를 마련했다.[3]

센틸은 우주에 돈을 요청했고, 그릇을 찾고 있던 남자는 무슨 이유에서인지 우연히 그 앞에 나타났다. 센틸은 상상으로 자신의 욕구에 에너지를 불어넣었다. 욕구의 두 기둥이 서로 교차했고, 이 연결을 통해 두 사람은 만났다.

현실을 바라보는 기본적인 관점에 따라 우연을 설명하는 방식은 각자 다르다. 아무리 이야기가 많고 증거가 차고 넘쳐도 우리는 대개 우리가 선호하는 믿음을 꼭 붙잡고 놓지 않는다. 우리의 연구 참여자들 역시 자신의 선호를 분명하게 밝혔다. 그중에서도 '신성의 개입'과 '어쩌다 일어난 사건'이라는 설명을 사람들은 가장 좋아했다. 내가 아는 문학 에이전트인 리처드의 이야기는 이 점을 가장 잘 보여 준다.

한 지인이 리처드에게(이 얘기를 해 준 사람은 리처드다) 결혼 비용을 조금만 빌려 달라고 부탁했다. 그는 자신과 신부의 돈만으로 충분히 결혼할 수 있으리라 생각했는데 알고 보니 현실은 그게 아니었다. 깊은 대화 끝에 리처드는 그에게 돈을 빌려 주기로 했다. 그러자 리처드 앞에서 그 남자가 하늘을 쳐다보더니 큰 소리로 외쳤다. "감사합니다, 예수님. 제 기도에 응답해 주셨군요." 리처드는 화가 나서 속으로 말했다. '그 망할 돈을 준 건 나니까 나한테 감사해야지!' 하지만 딱 맞는 사람을 '고른' 사람은 그 남자였다.

돈을 빌릴 수 있었던 것은 누구 덕일까? 리처드일까 예수님일까? 두 사람은 서로 의견이 갈렸다. 하지만 여기서 가장 공이 큰 사람은 지인이다. 그가 리처드에게 물어보았기 때문이다. 정확한 타이밍에 정확한 사람에게 부탁하려면 자기도 어떻게 아는지 모르는 정보에 의존해야 할 수도 있다.

가끔은 우리가 받아야 한다고 생각할 타이밍에 돈을 받지 않는 게 더 나을 때도 있다. 어느 연구 참가자의 말을 들어 보자.

> 한 번은 아주 큰 돈이 들어올 날을 기다리고 있었어요. 제 딴에는 정말 급한 데 쓸 일이 있다고 생각했기 때문에 지급일이 두 달 정도 늦어졌을 때 속이 탔죠. 그 두 달 동안 도대체 무엇이 제 계획을 방해하고 있는지 거듭 생각해 봤습니다. 마음을 내려놓고 드디어 돈이 들어왔을 때 저는 알았습니다. 만일 돈이 제때 들어왔더라면 저는 어리석은 결정을 내렸을 것이고, 그랬다면 돈만 날리는 게 아니라 마음의 평화까지도 뺏겼을 거라고요. 제가 충동적인 결정을 하지 않도록 누군가 저를 보호한 것이었습니다.

절묘한 타이밍에 필요한 현금이 들어온 이전 이야기와는 달리, 이번에는 늦게 들어온 돈이 다행이었던 경우다. 이 참여자는 돈이 어떤 문제를 일으켰을지에 대해서는 자세히 설명하지 않았다. 돈이 들어오는 게 어떻게 미뤄졌는지도 우리는 모른다. 이 사람은 마치 신성이 개입해 돈의 행로를 늦춘 것 마냥, 예정된 돈이 들어오지 않음으로써 자신이 '보호 받았다'고 믿었다. 이에 대해 '어쩌다' 일어난 일이라며 자기가 선호하는 설명을 주장하는 사람도 있을 것이다. 하지만 나는 지급이 제때 이루어졌을 경우 일어날 수 있는 일을 무의식적으로 인지한 이 사람이 모종의 역할을 하지 않았을까 생각한다.

> 🔍 **가능한 영역에 있는 것을 기도해 보세요.** 어쩌면 당신의 행동 무의식이 유용한 방식으로 활성화될 수도 있습니다.

| 옳은 일 하기

때로 돈은 한 번 걸리면 빠져나갈 수 없는 거미줄로 우리를 유혹해 옳은 일을 할 수 있는지를 시험한다. 한 사람의 성품은 그가 한 모든 결정의 총합이라고 볼 수도 있다. 더 많은 돈을 받을 수 있거나 돈을 잃

> 한 사람의 성품은 그가 한 모든 결정의 총합이라고 볼 수도 있다.

을 수 있는 상황 앞에 놓여 있을 때 우리는 시험대에 오른다. 플라이머와 킹이 소개하는 앨런 치크의 이야기를 들어 보자. 그는 야망이 넘치는 직원으로, 옳고 그름의 기로에 서 있었던 사람이다. 치크가 처음으로 승진하자 상사는 그의 성공을 치하하며 다음 프로젝트를 설명했다. 예비 투자자를 속여 상당한 돈을 빼돌리는 일이었다. 치크는 거절하면서 만일 이 사기 계획을 계속 밀고 나간다면 회사를 그만두겠다고 협박했다. 하지만 상사는 물러서지 않았다. 일이 꼭 필요한 상황이

었지만 치크는 회사에 사표를 내고는 거의 300킬로미터를 달려가 낌새를 전혀 알아채지 못하던 피해자에게 경고했다. 그는 회사가 자신을 상대로 사기를 칠거라는 걸 잘 믿지 못했다. 치크는 자기가 할 수 있는 일은 다 했다며 자리를 떴다.

2년 후 치크는 다른 회사에서 일을 하고 있었다. 그런데 다니던 회사의 사정이 안 좋아졌다. 돈을 방만하게 써버리는 바람에 회사가 빚더미에 오른 것이다. 이사장은 회사 문을 닫는 것 밖에는 방법이 없다고 생각했다. 하지만 치크는 솟아날 구멍을 봤다. 그는 회사를 회생시킬 수 있는 방법에 대한 보고서를 썼고 이사장과 이에 대해 논의를 했다. 몇 시간의 치열한 협상 끝에 이사장은 CEO를 해고하고 치크를 책임자로 임명했다.

당장 쓸 수 있는 현금이 거의 없는 상태였기 때문에 치크가 제일 먼저 한 일은 임대료가 저렴한 사무실로 회사를 옮기는 것이었다. 그는 차고 위에 위치한 소형 사무실 세 개를 광고에서 보고는 직접 찾아갔다. 사무실로 쓰기에 그럭저럭 괜찮은 공간이었지만 문제는 임대료를 훨씬 더 깎아 주어도 다 내지 못할 정도로 회사 형편이 나쁘다는 점이었다. 그는 건물주에게 거의 파산 지경인 이 회사에 대한 자신의 믿음을 피력하면서 임대료 지급을 늦춰 줄 수 없겠느냐고 물었다.

"당신 이름이 뭐라고 하셨죠?" 건물 주인이 물었다.

"앨런 치크입니다."

"2년 전에 어떤 사람에게 사기 조심하라고 경고한 적 있으시죠?"

"네, 맞습니다."

"그 사람이 제 형이었어요. 아마 그때 당신이 경고해 주지 않았다면 평생 모은 돈을 다 날렸을 겁니다. 편할 때 들어오시고, 돈은 형편될 때 주세요."

4년이 지나 회사는 건물 주인에게 임대료를 완납하고, 빚을 청산한 후, 더 큰 사무실로 옮겼다.⁴

치크는 옳고 그름에 대한 자신의 믿음을 끝까지 고수하며 윤리적으로 행동했다. 회사에 사표를 던진 그의 극적인 태도는 자신의 신념을 지켰다는 자기 만족으로 그칠 수도 있었다. 하지만 그는 정말 평범하지 않은 일을 했다. 300킬로미터를 달려 피해자가 될 수도 있는 사람에게 경고를 전한 것이다. 보통은 상사의 요청에 '아니오'라고 대답한 뒤 그저 회사를 나가는 것으로 그쳤을 수도 있다. 하지만 치크는 자기 자신을 수렁에서 건져냈을 뿐 아니라 피해자가 될지도 모를 이에게도 경고함으로써 애초에 거짓과 배신의 싹을 잘라냈다.

이렇듯 명료한 사고 속에서 치크는 이사장에게 새 회사에 대한 제안서를 제출했고, 이는 받아들여졌다. 계획 자체가 좋았던 것도 있었겠지만 치크의 강인한 성품 역시 영향을 끼쳤을 것이다. 자신에게 주어진 새 역할을 맡자마자 그가 빠르게 단행한 것은 사무실의 규모를 줄이는 일이었다. 덜 비싼 공간에 대한 그의 강렬한 욕구가 그의 행동 무의식을 활성화시킨 것으로 보인다. 그는 자기가 아니었더라면 사기 피해자가 될 수 있었던 사람의 동생이 소유하고 있던 공간을 선택했다. 그는 자기도 의식하지 못한 채 자신에게 필요한 것을 찾아냈다.

내 파일에는 윤리적으로 옳은 일을 하는 것이 얼마나 중요한가를 알려 주는 우연 이야기들이 많다. 그러한 이야기들은 덕을 쌓는 일이 그 자체로도 좋은 일이지만 동시에 긍정적인 결과를 가져올 수도 있음을 알려 준다. '좋은 일을 하고도 나쁜 일이 생길 수 있다'는 속담은 그 이면에 도사리고 있는 냉정하고 차가운 사실을 가감 없이 포착했다. 실제로 옳은 일을 했는데 더 깊은 수렁으로 빠져드는 경우도 있다. 그럼에도 이러한 이야기들은 '윤리적 행동이 당사자에게 도움이 될 때도 있다'는 불후의 교훈을 잘 보여 준다. 나는 학문적 라이벌이라고 생각했던 사람에게 예의를 갖춰 작별 인사를 했고, 그 대가로 내 커리어를 크게 발전시켜 준 연구 초안을 받았다. 나는 윤리적 행동과 좋은 결과 사이에 연관성이 있다고 믿는다.

| 악의적인 우연

하지만 모든 우연이 긍정적인 결과를 가져오는 것은 아니다. 사실 우리는 좋지 않은 우연을 우연이라고 부르지 않고 불운이라고 부른다. 안타깝게도 의도적으로 우연을 만들어서 비윤리적으로 사용하는 경우도 있다. 투자 사기꾼인 버나드 매도프Bernard Madoff가 자신의 피해자를 낚은 것도 이러한 '우연처럼 보이는' 가짜 우연이었다.

미국의 소설가 커트 보니것Kurt Vonnegut은 소설 『고양이 요람Cat's Cradle』에서 '우정으로 착각할 수 있는 거짓 사귐'을 뜻하는 '그랜팰룬granfalloon'이란 단어를 지어냈다. 누군가를 처음 만났는데 그가 같은 곳에서 왔거나 같은 학교 출신임을 알게 되면 사람들은 이렇게 우연히 만난 게 인연이 아닐까 생각하게 된다. 매도프의 경우 롱아일랜드와 팜비치의 부자 유태인들이 회원으로 있는 컨트리클럽과 유태교 회당에 가입하면서 '유태인 전략'을 썼다. 그가 유태인이었기 때문에 사람들은 그를 믿었다. 그가 같은 조직에 속해 있는 사람이었기 때문에 사람들은 그를 믿었다. 좋은 투자처를 찾고 싶다는 욕구와 감정적으로 끈끈한 이 '그랜팰룬' 우연이 합세하자 피해자들은 매도프의 전략에 숨어 있는 의심스런 세부 사항들을 보지 못했다.

매도프는 새 투자자들에게서 끌어들인 돈으로 이전 투자자에게 빌린 돈을 갚았다. 2008년 주식 시장 폭락으로 그의 사기는 막을 내렸다. 신규 투자자가 없어 기존 투자자에게 돈을 줄 수 없었던 것이다. 2008년 12월 그는 체포됐고, 약 20년간 648억 달러에 달하는 금융 사기로 총 11개의 범죄 혐의에서 유죄 판결이 내려져 150년 형을 받았다.[5]

다음과 같은 사기 전략을 쓰는 금융 '그랜팰룬'도 있다. 미스터 럭키에게 경제 뉴스레터가 도착한다. 아무 조건도 없고 지불해야 하는 비용도 없다. 그는 그저 훑어본다. 재정 전문가가 조언하길 특정 주식가가 큰 폭으로 뛸 것이란다. 그런데 실제로 주가가 뛴다. 다음 번 뉴스레터에서 전문가는 자신이 어떤 영리한 방법으로 이런 예측을 할 수 있었는지 자랑스럽게 소개한다. 그리고는 또 다른 주가 상승을 예측한다. 그런데 실제로 또 주가가 오른다. 다시 한 번 전문가는 이런 결론을 낼 수 있었던 자신의 논리를 개관하는데, 이번에는 주가의 하락을 예측한다. 그리고 실제로 주가는 내려간다. 이런 정확한 예측이 몇 번 반복된 후 이 전문가는 미스터 럭키에게 2천 달러를 내면 더 상세한 주가 동향이 실린, 더 높은 수익률을 보장해 주는 뉴스레터를 받을 수 있다며 구독 의사를 묻는다.

7장 제때 굴러 들어오는 돈

자, 이제 전말을 살펴보자. 이 금융 전문가는 순자산이 100만 달러가 넘는 투자자들 목록을 돈 주고 사서는 128,000명을 선별했다. 그리고 그중 절반에게는 주가 상승을 예측하는 뉴스레터를 보내고 나머지 절반에게는 주가 하락을 예측하는 뉴스레터를 보낸다. 예측이 맞았던 64,000을 다시 절반으로 나누어 한쪽에는 상승 예측 뉴스레터를, 다른 쪽은 하락 예측 뉴스레터를 보낸다. 예측이 맞았던 32,000명에게 다시 한 번 각각 상승과 하락을 예측하는 뉴스레터를 절반씩 보낸다. 미스터 럭키는 금융 전문가의 예측이 세 번 연속 '맞았던' 16,000명 중 한 명이었다. 그는 한 번 더 지켜보기로 했다. 안타깝게도 그는 다시 한 번 예측이 들어맞은 뉴스레터를 받았고, 그는 자신과 동일한 처지의 8,000명과 마찬가지로 사기꾼이 만들어 낸 우연에 속아 소위 전문가라고 하는 사람에게 2천 달러를 보냈다.

버나드 매도프는 자신의 피라미드 전략에 사람들을 꾀기 위해 우연을 만들었다. 경제 뉴스레터를 작성한 사람은 연속으로 정확한 예측을 함으로써 사람들을 끌어들였다. 어떤 우연들은 사실이라기에는 너무나 달콤하다.

> 어떤 우연들은 사실이라기에는 너무나 달콤하다.

| 돈을 끌어당기다

론다 번Rhonda Byrne의 책 『시크릿』과 비디오는 돈이 들어오는 우연을 의식적으로 만드는 법에 대해 알려 준다. 요지는 자신이 돈을 받는 모습을 상상하는 것이다. 아주 간단하게 설명하자면, 1천 달러를 받고 싶으면 1천 달러의 이미지를 그린 다음 침대 위 천장에 붙여 두고 응시한다. 그러면 돈이 올 것이다. 그녀는 '끌어당김의 법칙Law of Attraction,' 즉 LOA를 설파했다. 당신이 생각하는 것이 당신에게 끌려온다. 당신 주변에 무엇이 있든 그것이 당신이 생각했던 것이다. 당신이 가난하다면 그것은 당신이 가난에 대해 생각했기 때문이다. 당신이 부자라면 그것은 당신이 부에 대해 생각했기 때문이다.

전형적인 LOA 이야기를 보자. 어떤 사람이 깊은 우울에 빠져 돈은 나쁜 것이라고 생각한다. 그가 돈은 나쁜 것이라고 생각하기 때문에 그에게는 돈이 없다. 그런데 어느 날 그가 『시크릿』을 만나면서 삶이 180도 달라진다. "이제 나는 언제나 돈을 물질화할 수 있습니다. 돈은 쉽게 자주 내게 옵니다. 복권에 당첨되고, 현금 선물을 받아요." 그는 이러한 변화를 가져다준 번과 그녀의 책에 감사의 인사를 보낸다.[6]

사람들은 『시크릿』과 그 후속편인 『파워The Power』와 『매직The Magic』 덕에 세금 환급, 보너스, 주식 배당금, 사업 성공, 온갖 종류의 경제적 이득 등을 얻었다고 증언한다. 번의 조언은 간단하다. '요청하고, 믿고, 받아라.' 자신이 원하는 것을 우주에 요청하라. 우주에게서 응답이 올 것을 믿어라. 그것을 받을 것이라고 기대하라. 긍정적인 태도를 유지하라. 반드시 믿어야 한다. 소원에 집착하지 말고 내려놓으라. 그러면 언젠가 받게 돼 있다. 언제나 당신이 갖고 있는 것에 감사하라. 동시에 자신이 '돈을 끌어 모으는 자석'이라고 생각하면서 '나는 돈 자석이다, 내가 만지는 모든 것이 금으로 변한다. 나는 큰 부를 요청한다. 나는 언제나 신에게 감사하다'라고 말하라. 그녀는 이런 확언에 대한 비디오를 30일만 꾸준히 시청하면 재정적 변화가 생길 것이

라고 약속한다.⁷

번은 심상화를 권한다. 어떤 사람들은 흐르는 시냇물을 보면서 돈이 자신에게로 흘러 들어온다고 상상한다. 비전 보드를 만들어서 자기가 돈다발을 깔고 앉은 그림, 집이 100달러 지폐 더미 위에 둥지를 튼 그림, 돈이 넘쳐나는 지갑 그림 등을 붙여 놓는 사람들도 있다. 아니면 그저 자신의 세금 문제가 저절로 해결되리라고 믿고 기다리고, 실제로 이루어졌다고 생각하는 사람들도 있다.

『시크릿』은 생각의 힘을 주제로 다양한 영적 스승들과 대화를 나눈 일련의 비디오 인터뷰에서 시작되었다. 비디오가 먼저 나왔고 책은 그것을 편집해서 정리한 것이다. TV 프로듀서였던 번은 이 내용을 어떻게 연출하고 마케팅해야 하는지 잘 알았다. 그녀의 성공 방식은 끌어당김의 법칙을 그대로 적용한 것이기도 하다. 번은 결과를 상상한 뒤 많은 노력을 투자하고, 훈련하고, 용기와 기지를 발휘했다. 몇 년간 미디어를 다룬 경험 역시 빼놓을 수 없다. 꿈을 이루려면 생생한 상상 이상의 것이 필요하다. 노력은 반드시 필요하다. 번이 그것을 증명했다.

> 꿈을 이루려면 생생한 상상 이상의 것이 필요하다. 노력은 반드시 필요하다.

그녀의 책이 누린 대중적 인기는 곧 대단히 많은 사람들이 그녀의 글에서 어떤 진실을 발견한다는 뜻이기도 하다. 즉, 자신이 원하는 바를 상상하는 것은 원하는 것을 얻는 데 대단히 중요하다. 운동 선수들은 목표를 생생하게 떠올리는 것이 성공을 좌우한다는 사실을 알고 있다. 사업가나 학자들도 마찬가지다. 성공은 미래를 상상하는 것과 더불어 몇 가지 필수적인 요소가 포함돼야 따라온다. 바로 긍정적인 기대, 목표를 성취할 수 있다는 자신에 대한 믿음, 시간과 에너지를 투자할 의지, 그리고 우연 같은 까다롭고 예측하기 어려운 사건들이다.

우연 이야기들은 특정 조건이 맞춰지면 우리가 생각하는 바가 마치 거울처럼 현실에 그대로 드러날 수 있음을 알려 준다. 우리는 우리가 생각하던 사람, 사물, 상황을 찾아가기도 한다. 강한 감정, 특히 변화의 시기에 활성화되는 욕구는 이러한 현상이 발생할 가능성을 높여 주는 것으로 보인다. 연구 결과에 따르면 우연을 접한 빈도수가 높았던 사람들은 대체적으로 부산스럽고, 찾고, 훑고, 탐색하고, 궁금해 하는 사람들이다. 매사에 만족하고 무엇이든 수용하는 사람들은 우연의 빈도수가 더 적었다.[8]

정신과 의사이자 심리 치료사인 나는 사람들이 명료한 마음을 되찾을 수 있도록 돕는다. 그래야 가능성의 세계에 눈을 뜨고 자신의 욕구를 제대로 볼 수 있기 때문이다. 내담자들은 자신이 어떤 사람인지 더 이상 모르겠다는 혼란을 안고 정서적 고통과 대인 관계의 딜레마에서 벗어나고 싶어서 상담실을 찾는다. 하지만 시야가 점차 맑아지면서 그들은 한치 앞도 보이지 않던 어둡고 긴 터널이 드디어 끝났음을 스스로 알게 된다. 그들이 그토록 찾고 있던 곳이 더 또렷하게 보인다. 자신이 어디를 가고 싶어 했는지가 보인다. 가고 싶은 곳의 위치를 정확히 알아야 그곳에 도달할 수 있다.

마음에 영향을 끼치는 약을 처방하는 의사로서 나는 환자들에게 약을 통해 기대하는 증세의 변화를 상상해 보라고 말한다. 약의 분자들이 표적으로 삼고 있는 증세는 무엇인가? 어떤 나쁜 감정들을 완화할 목적으로 약을 먹는가? 불면증, 맥없음, 높은 불안, 집중력 부족, 대인 관계에 대한 걱정 또는 예민함? 일단 표적을 정확하게 잡으면 우리 뇌 속의 '약물 저장고'가 활성화되어 원하는 대로 증세가 좋아질 수 있다.

심리 치료를 할 때나 약을 처방할 때나 나는 환자들의 상상력을 활성화시켜서 그들이 나를 통해 찾고 싶었던 것을 발견하도록 돕는다. 이런 긍정적인 변화가 꼭 전문가의 도움이 있어야만 일어날 수 있는 것은 아니다. 우리 모두의 내면에는 자연 치유 능력이 있고, 이 능력은 여러 방식으로 활성화될 수 있다. 조건만 잘 갖춰지면 우리는 원하는 것을 찾게 해 주는 무의식적 역량을 활성화할 수 있다.

그렇다면 필요한 것을 우리에게 가져다주는 이 무의식적 능력을 의식적으로 키우려면 어떻게 해야 하는가? 데임 레베카 웨스트는 자기가 찾고 있던 뉘른베르크 초록이 어떤 것인지 정확히 알고 있었을 뿐 아니라 사서에게 '요청'했다. 소리 내어 요청하는 것은 생각과 현실이 일치될 가능성을 높이는 방법 중 하나다. 도서관 천사를 부르는 그녀의 주문은 받아들여졌다. 이와 마찬가지로 기도가 이루어지려면 우선 소원이 명료해야 한다. 많은 기도가 응답 받지 못하는 것은 조건이 맞지 않기 때문이다. 현재의 가능성을 훌쩍 넘어선 것을 요청하거나, 욕구가 충분히 크지 않거나, 당사자의 태도나 상황이 일치 가능성을 증가시키기는커녕 하락시키고 있기 때문일 수도 있다.

생일은 시간이 바뀌는 기준점이고, 생일을 맞이한 많은 사람들이 소원을 빈다. 어쩌면 결과를 이끌어 내는 능력은 소원을 비는 이 축하 의식에 잠재되어 있을지도 모르겠다. 소원을 큰 소리건 속으로건 말하는 순간, 사고의 패턴과 주변 환경의 패턴을 일치시키는 우리의 능력이 더욱 예리해질 수 있다.

번은 자신이 원하는 것을 그림으로 그리거나 마치 지금 갖고 있는 것 마냥 행동해 보라고 한다. 글을 쓰는 것 역시 도움이 된다. 나는 환자들에게 일기를 써 보라고 권할 때가 많다. 이때 이미 일어난 일뿐 아니라 앞으로 일어나길 바라는 것 역시 쓴다. 그림을 그리면 시각적으로 훨씬 진짜 같다. '마치 이루어진 것 마냥 행동하는 것' 역시 자신이 원하는 바를 훨씬 사실처럼 만든다. 글은 추상적인 생각에 시간과 공간을 부여하기 때문에 생각을 훨씬 구체적으로 만든다. 이러한 행위들이 의도를 더욱 명료하게 만들기도 한다.

번은 그대로 따라한다면 누구에게나 돈이 들어올 수 있는 '생각과 행동의 점검표'를 만들었다. 논리적 실험을 실시한다면 다음의 핵심 변수 하나하나의 중요성을 확인할 것이다. (1) 요청하고, 믿고, 받아들여라. (2) 상상하라. (3) 비전 보드를 만들어라, (4) 내려놓고, (5) 감사하라.

이 개념 중 일부에 대한 연구는 『시크릿』이 출간되기 전에 이미 시행된 바 있다.

> 🔍 속으로건 큰 소리로건 요청하는 것을 잊지 마세요. 숲속에서, 들판 한가운데서, 물 옆에서 당신을 둘러싼 더 큰 존재에게 요청합니다. 아니면 당신 옆에 앉아 있는 '마침 딱 맞는 사람'에게 부탁하는 것도 좋은 생각이에요.

| 공돈에 대한 연구

1990년대 후반 심리학과 졸업생 메리 케이 랜던Mary Kay Landon은 '공돈에 대한 연구The Study of Unexpected Money, SUM'를 실시했다. 상당히 투기적인 이 영역에 대한 제대로 된 첫 번째 연구였다. 총 60명이 참가한 이 연구는, 특정 조건이 충족된다면 돈에 대한 의도를 의식적으로 세웠을 때 현금이 우연히 생기는 일이 많이 발생할 수 있다는 전제를 검증하기 위해 설계되었다. 즉, 특정 조건이 갖춰진 상태에서 공돈이 들어올 것이라고 생각하거나 혹은 적극적으로 바란다면 실제 공돈이 들어오는 가능성이 높아질 수 있다는 생각에서 출발한 연구다.[9]

연구 목적상 '공돈'은 '뜻밖에' 그리고 '갑자기' 수중에 들어온 돈으로 참가자가 번 돈, 다른 사람에게서 받은 돈, 얻기 위해 구체적으로 노력한 돈, 혹은 기대했던 돈은 모두 제외했다. 길거리에서 주운 현금이 공돈의 전형적인 예이고 그 외에도 뜻밖의 유산, 복권이나 공모전으로 딴 돈, 예상치 못하게 받은 마일리지, 집단 소송 합의금, 하늘에서 뚝 떨어진 자본 소득 등이 모두 이에 속한다. 빌려준 돈을 받은 것도 만일 '돌려준 일이 여러모로 봤을 때 전혀 평범하지 않은 경우'라면 실험의 목적에 부합한다고 보아 공돈으로 계산했다. 그 외에 '불법 행위로 얻은 소득'이나 '당사자가 원고, 피고, 혹은 피해자 자격으로 참여한 소송에서 승소하여 받은 돈 혹은 보험 합의금' 등은 연구의 목적에 맞지 않은 공돈의 유형으로 분류되었다.

랜던의 실험에서 참여자들은 제일 먼저 이전 달에 '예상치 못하게' 받은 돈이 몇 차례 있었는지를 기록했다. 그 뒤 처음 2주 동안에는 공돈이 생길 가능성에 그저 주의를 기울이기만 했다. 참가자들은 매일 결과를 기록했다. 그런 뒤 다음 2주 동안에는 60명을 무작위로 나눠 세 그룹으로 만든 뒤 주의를 집중하는 방식이 공돈의 양 혹은 빈도수에 영향을 미치는지 알아보았다.

첫 번째 그룹은 그저 수용적인 자세를 유지하기만 했다. 이들에게 주어진 지시 사항은 '돈복과 관련된 물건을 눈에 잘 띄는 위치에 놓는다'였다.

두 번째 그룹은 돈을 불러들이는 행위를 각자 선택해 실시했다. 소원을 빌거나, 복을 부르는 행동을 하거나, 확언을 쓰거나, 기도를 하거나, 명상을 하거나, 돈을 심상화했다.

세 번째 그룹 사람들은 랜던이 제공한 초록색 양초를 태우고 각자가 선택한 짧은 주문을 외웠다. 또한 공돈을 받는다는 생각을 언제나 염두에 두고 있었다.

랜던은 실험 결과에 놀랐다. 특정 활동을 의도적으로 하는 것보다 그저 주의를 기울이는 편이 성과가 더 좋았다. 그저 주의만 기울인 그룹의 사람들이 나머지 두 그룹의 사람들보다 몇 배나 더 많은 공돈을 받았다. 돈을 부르는 활동을 여러 가지 했던 그룹과 비교하면 이 차이는 통계적으로 유의미했다.

2차 분석은 더 큰 차이를 밝혀냈다. 실험 초에 공돈 받기를 기대한다고 말했던 사람들이 기대치가 낮거나 보통 수준의 사람들보다 20퍼센트 더 많은 돈을 받았다. 이는 통계적으로 상당히 유의미한 차이다. 돈을 끌어들일 수 있다는 긍정적인 믿음 역시 기도의 효험이나 돈복에 대한 긍정적인 믿음과 정적 상관 관계를 맺고 있었다.

공식적인 연구 분석이 완료된 후 랜던은 60명을 연구에 임하는 태도에 따라 네 그룹으로 나누었다. 첫 번째 그룹은 '수동적인' 사람들이었다. 랜던의 부모님과 친구들처럼 그녀를 돕기 위해 일단 참여는 했지만 연구 과정 중에 딱히 공돈을 얻게 될 것이라고 예상하지 않는 사람들이었다. 두 번째 그룹은 '호기심이 많은' 사람들로 공돈을 바랐지만 딱히 그 생각에 집착하지 않는 부류였다. 세 번째 그룹은 이미 돈을 물질화시키는 영적 수행을 하고 있는 '적극적인' 사람들로 이번 연구 참여를 계기로 어떻게 하면 더 잘할 수 있는지 알고 싶어 했다. 네 번째 그룹은 그저 더 많은 돈을 원하는 '해결 지향적인' 사람들이었다. 일이 없거나 빚이 있거나 어떤 식으로든 돈이 필요한 사람들이었다.

동기가 가장 큰 사람은 단연코 네 번째 그룹 사람들이었지만 실제로 공돈을 받은 성공률은 가장 낮았다. 심지어 연구 기간 동안 돈을 잃었다고 보고한 사람들도 있었다. 반대로 호기심에 참여한 두 번째 사람들이 평균적으로 가장 큰 성공을 거두었다.[10]

'해결 지향적인' 사람들의 성공률이 가장 낮았다는 데서 내릴 수 있는 결론은 다음과 같다.

> 자신이 원하는 것에 지나치게 매달리지 말라. 내려놓으라. 적극적 수동성을 신뢰하라.

목표 달성을 위해 과하게 열중하고 싶은 마음을 억제하는 것도 에너지가 드는 일이다. 적극적으로 수용하는 자세를 유지하라. 이 결론은 번이 강조한 '내려놓으라'와 일맥상통한다.

랜던의 연구는 또한 성공에 대한 기대치가 높은 사람이 제일 성공한다는 사실을 보여 준다.

나 역시 정신약리학 연구를 통해 기대하는 마음이 얼마나 극적인 영향력을 행사할 수 있는지 직접 확인했다. 예전에 나는 아디나졸람이라는 약의 임상 실험에 참여한 적이 있다. 결국 상용화되지는 못한 이 약은 유명한 벤조디아제핀 알프라졸람(자낙스)의 사촌격인 약이었다. 실험은 두 가지 형태의 불안, 공황장애(잦은 공황발작)와 일반적인 불안장애(과도한 걱정)에 이 약이 치료제로 효과가 있는지를 알아보기 위한 것이었다. 지금은 사라진 제약 회사인 업존Upjohn이 후원하고 총 여덟 곳의 대학 연구진들이 참여했다. 각 진단 그룹의 참여자가 약 120명에 달하는 등, 규모도 상당히 컸다. 120명 중 반은 위약을 받고 반은 실제 약을 받았다.

나는 업존의 허가를 받아 질문지를 추가했다. '변화의 단계The Stages of Change'라는 이 질문지는 참가자가 변화를 받아들일 자세가 얼마나 돼 있는지를 측정하는 도구였다. 32개 항목으로 이루어진 이 설문지는 변화를 수용하는 자세가 치료 결과와 밀접한 관련이 있다는 걸 금연, 체중 감량, 약물 중독 재활 등 다양한 심리 치료 분야에서 증명했다. 하지만 그때까지 정신약리학 연구에서는 이 설문 조사가 한 번도 시도되지 않았었다.

우리는 달라질 준비가 된 사람이 실제로 달라졌음을 알게 됐다. 위약을 받았지만 변화에 대한 의지가 있었던 사람은 실제 약을 받았지만 변화할 마음이 없었던 사람만큼이나 증세가 좋아졌다. 가장 효과가 좋았던 사람은 실제 약을 받고 바뀔 마음도 있었던 참여자들이었다.

변화를 받아들일 마음의 자세와 변화를 기대하는 마음은 약의 효과를 어떻게 높이는 걸까? 담배를 끊을 준비가 돼 있고 살을 뺄 마음이 있는 사람은 뭐라도 다르게 '행동할' 가능성이 크다는 사실은 누구라도 알 수 있다. 담배를 그만 피우건 과식하지 않건 말이다. 하지만 약은 삼키는 것 말고는 할 수 있는 게 없다. 여기서 핵심은 약이 약효를 발휘할 수 있도록 내버려두는 것이다. 약이 변화의 연쇄를 일으켜서 뇌 화학 물질 간의 균형이 증진될 수 있게끔 허용하는 것이다. 약이 제대로 효과를 내려면 적극적 수동성이 필요하다. 생화학적인 변화가 당신의 뇌를 더욱 바람직한 방향으로 이끌어 갈 수 있도록 허용하는 태도가 필요하다. 일이 저절로 일어나게끔 내버려둘 때 좋은 결과가 생긴다. 나는 임상에서 약을 처방할 때 이 원리를 적극적으로 활용한다. 나는 환자가 해당 약을 진짜 원해서 복용하는지 확인하고, 이 약을 먹으면 어떤 증세가 좋아지는지 자세히 안내한다.

당신이 일어나리라고 기대하면 그 일은 실제로 일어날 가능성이 커진다. 공돈을 받는 것 역시 그런 것 같다.

> 🔍 긍정적인 기대와 호기심이 있을 때 공돈을 제일 많이 받았습니다. 꼭 기억하세요!

8장

CONNECTING WITH COINCIDENCE

직장과 일 그리고 '운'

Connecting
with
Coincidence

구직 조언은 인터넷에서 성행하는 하나의 산업이 되었다. 사람들은 이력서 작성하는 방법이며 호감 가는 온라인 이미지를 구축하는 방법에 대해 이런 저런 조언을 한다. 물론 인사 담당자가 당신의 과거 온라인 흔적을 검색해 볼 수 있으므로 개인 정보는 제한해야 한다는 경고도 빠지지 않는다. 한때 먼 과거에는 직업 상담사들이 흥미와 능력에 맞는 일을 가져야 한다고 설파하던 때가 있었다. 하지만 그런 시대는 갔다. 이제 대부분의 사람들에게 구직 활동은 각자가 벌이는 공격적인 사냥이다. 자신의 연줄과 인터넷을 샅샅이 뒤져 조건에 맞는 자리를 찾는 사냥 말이다.

우리 연구의 참가자들은 자신의 커리어 발전에 우연이 중요한 역할을 했다고 보고했다. '예상치 않게 만난 사람 덕에 나의 일/커리어/학업이 발전한 적이 있다'는 진술에 참여자의 30퍼센트가 상당히 자주 그런 일이 일어났다고 답했다. '내가 '적재적소'에 있었던 덕에 나의 일/커리어/학업이 발전했다'는 진술 역시 참여자의 25퍼센트가 자주 일어나는 일이라고 답했다.

사람들은 자기도 모르게 득이 되는 방식으로 행동한다. 꼭 필요한 사람을 만나거나 정확한 타이밍에 정확한 장소에 가 있는 식이다. 우연은 구직 활동에도 큰 역할을 할 수 있다.

| 알맞은 때와 알맞은 곳

벼랑 끝에 몰렸다가 꿈의 직장에 들어가는 사건에는 의미 있는 우연을 만드는 데 필요한 모든 재료가 총 동원되기 마련이다. 새로운 단계로의 변화, 일에 대한 욕구, 고양된 감정, 일을 찾는 행위 등.

20대인 앨리슨은 평생을 보낸 눈 내리는 매사추세츠 주를 떠나 새 남자친구와 함께 햇살 가득한 플로리다 주로 이주했다. 출판 업계에서 일을 잡을 때까지 식객 노릇은 할 수 없었으므로 그녀는 임시 인력 사무소에 지원했고, 벽장 만드는 회사에서 전화 받는 일을 하게 됐다. 일터에 제일 먼저 도착한 그녀는 건물에서 가장 가까운 자리에 차를 주차하고 계단에 앉아 누군가 오기를 기다렸다. 두 번째로 도착한 직원이 그녀를 친절하게 맞아주었다. 그런데 사무실을 안내해 주던 직원이 '못되기 짝이 없는' 사장이 제발 오늘 오지 말았으면 좋겠다고 말했다.

앨리슨은 전화 교환대에 앉아 직원들이 들어올 때마다 인사했다.

직원들은 반갑게 인사하면서도 다음과 같은 말을 빠트리지 않았다. "그 재수 없는 사장이 오늘은 오지 말았으면 좋겠네." "사장 오는 거 너무 싫어." 앨리슨은 생각했다. '세상에, 이 사람들 너무 부정적이네. 사람이 나빠 봤자지.'

바로 그 순간, 덩치가 산만한 남자가 앞문으로 요란하게 들어오더니 시뻘건 얼굴로 부들부들 떨며 소리쳤다. "어떤 정신머리 없는 자식이 내 자리에 주차했어?" 앨리슨은 이마에 핏대를 세운 채 씩씩대는 사장의 얼굴을 올려다봤다. 그가 정신머리 없는 자식의 차라고 가리키고 있는 것은 앨리슨의 차였다.

"아, 제가 그 사람인데요." 그녀는 반은 농담 삼아, 반은 무안한 마음으로 답했다. 자기 소개를 하러 일어나면서 그녀는 그가 아마도 웃거나, 아니면 사람 면전에 대고 그런 말을 한 것에 대해 사과할 것이라고 생각했다. 하지만 그의 얼굴에는 웃음기 하나 번지지 않았다.

"아 그러신가, 그럼 빼! 지금 당장!" 손가락으로 앨리슨의 차를 가리키던 그가 앞문으로 팔을 뻗으며 고함쳤다.

'지금 뭐하는 짓이지?' 앨리슨이 생각했다. '누구도 나에게 이런 식으로 말할 수는 없어! 아무리 시간당 8달러라고 해도 이건 아니지. 당연히 내 차 옮길 거야. 저 길 끝으로 옮겨 주지!'

그녀는 차 키를 집어 들고 당당하게 차로 걸어갔다. 사장이 자기를 쳐다보는 것을 확인한 그녀는 웃으며 손을 흔든 다음 두 손으로 쌍욕을 날려 주고는 주차장에서 빠져 나갔다. '그 사장 망해 버려라!' 앨리슨은 생각했다. 어리둥절해 할 사장의 얼굴과 직원들의 반응을 상상하며 그녀는 웃기 시작했다. '한 방 먹었겠지!'

하지만 곧 현실 파악이 됐다. 그녀의 한 방에 타격을 받은 사람은 아무도 없었다. 오히려 일자리도 잃고, 앞으로 일을 얻을 가능성도 잃은 사람은 그녀였다. 그 사장이라는 사람이 그녀를 추천할 리는 더욱 없었다. '내가 무슨 짓을 한 거지? 나 끔찍한 실수를 저질렀나 봐.'

마음이 폭주하며 불안함이 짙게 깔리는 와중에 그녀는 길을 잘못 들었다. '세상에, 나 완전히 다른 방향으로 가고 있었네. 여긴 어디고 나는 뭘 하고 있는 걸까.'

바로 그때 오른쪽으로 쇼핑몰이 보였고 '임시 인력 사무소'라고 적힌 팻말이 단박에 그녀의 시선을 끌었다. '까짓 거, 오늘 정장도 입었겠다 화장도 잘 됐으니 한번 가 보자.'

그녀는 주차장으로 들어갔다.

딸랑 소리와 함께 문을 열고 들어가자 그녀를 반기는 목소리가 있었다. "앨리슨? 정말 앨리슨이니?"

"음…… 그런데…… 누구시죠?"

앨리슨은 자기 앞에 서 있는 이 귀엽고 활기찬 금발머리 여성을 알아보지 못했다. 얼굴이 익숙하기는 했는데 어떻게 아는 사이인지가 도저히 기억나지 않았다.

"어머." 금발머리 여성이 말했다. "만나서 너무 반갑다! 세상에, 널 마지막으로 만난 게 짐의 보스턴 집에서였는데."

짐! 드디어 기억이 났다. 짐은 앨리슨의 전 남자친구였다. 그리고 앨리슨이 짐과 헤어진 것은 브리짓이라는 이 금발머리 여성 때문이었다. 그녀의 생기와 완벽함에 앨리슨은 질투심을 느꼈고, 때문에 몇 번의 다툼이 이어지면서 결국 짐과는 헤어졌다. 그런데 바로 지금, 처음 만난 곳에서 무려 1천 9백 킬로미터 떨어진 이 사무실에서 브리짓과 만났다. 브리짓은 인력 사무실 직원으로 근무하고 있었다.

"너 편집자 맞지?"

"응"

"이 길 아래쪽에 출판사가 하나 있는데 거기서 편집자를 구하고 있어. 너한테 정말 잘 맞을 거야. 그쪽에서 오늘 한 명 더 인터뷰하고 싶다고 했거든. 네 실력이야 잘 알고 있으니까 내가 입사 시험은 안 보게 해 줄게. 지금 그쪽으로 가 볼래?"

말할 것도 없이 앨리슨은 무조건 가겠다고 했다.

앨리슨은 면접을 봤고 취직했다. 꿈꾸던 일이었다. 보조 편집자로 시작한 그녀는 승진을 거듭해 결국 편집자의 자리에 올랐다. 그리고 15년 후 그녀는 『우연접속자』의 편집자가 되었다.

만일 그녀가 '주차하면 안 되는 자리'에 주차하지 않았더라면 어떻게 됐을까? 만일 10분 늦게 도착했다면, 혹은 다른 자리에 주차했다면? 사장이 그렇게 못된 사람이 아니었더라면? 예의 바른 태도나 좋은 말로 차를 옮겨 달라고 말했더라면? 아마도 그녀는 지금도 시간당 8달러를 받으며 전화를 받고 있을지도 모른다.

정신과 의사 로버트 홉케는 잘못된 타이밍 덕에 더 좋은 결과를 얻게 된 다음 이야기를 소개한다. 노력파 가수인 '엘리스'는 오페라에서 배역을 맡기 위해 목소리 훈련, 연기, 동작 수업에 시간과 돈을 아끼지 않았다. 그녀의 재능을 아는 사람들은 뮤지컬을 해 보지 않겠냐고 권했지만, 그녀는 오페라 디바의 꿈을 놓지 않았다. 그녀는 작은 오페라 극에서 작은 역들을 전전하며 언젠가 빛을 볼 날을 기다렸다.

유명 오페라의 주연을 따내기 위해 꼼꼼하고 성실하게 준비를 마친 그녀는 오디션 마지막 날 오디션 장소인 커뮤니티 센터에 도착했다. 하지만 건물은 휑했고, 그녀는 자신이 뭔가 실수했음을 알게 됐다. 그녀는 복도에서 종이를 챙기고 있는 여자에게 급하게 다가가 다섯 시로 예정된 오디션에 대해 물었다. 여자는 깜짝 놀라며 오디션은 이미 끝났다고, 하지만 심사위원들은 아직 나가지 않았을 거라고 말했다. 그녀는 심사위원들에게 마지막으로 한 지원자의 노래를 더 들어보지 않겠냐고 물었고, 그들은 그러겠다고 했다. 엘리스가 오디션 곡을 피아니스트에게 전해 주자 그가 이상한 눈으로 쳐다봤다. 심사위원석에 앉아 있던 두 남자와 여자 하나는 특별한 표정 없이 그녀가 이탈리아어로 부르는 아리아를 주의 깊게 들었다. 노래가 끝나고 엘리스는 심사위원들에게 노래를 들어줘서 고맙다는 인사를 하고 떠날 채비를 했다. 그런데 심사위원 한 명이 혹시 영어로 준비한 노래는 없느냐고 물었다. 그녀는 깜짝 놀랐다. 알고 보니 이 오디션은 뮤지컬 〈캉디드Candide〉를 위한 것이었다. "오페라 오디션은 내일이에요." 심사위원들이 말했다.

바로 그 순간 그녀는 이 뮤지컬에서 역할을 따보겠다고 결심했다. 그녀는 가장 어려운 역할인 캉디드의 부인 퀴네공드 역을 따내기 위해 처음 보는 노래를 악보만 보고 불렀다. 앞서 세 명의 소프라노를 봤던 심사위원들은 엘리스가 이 어려운 역에 제격이라고 판단했다. 엘리스는 결국 이 역을 따냈고, 덕분에 미디어의 주목을 많이 받았다. 그리고 그 유명세를 발판으로 더욱 큰 역할들에 캐스팅됐다. 오페라가 아닌 뮤지컬로.[1]

자신의 실수에 대해 설명해 달라는 나의 요청에 그녀는 자기가 '칠칠치 못했다'고 답했다. 하지만 난 그렇게 생각하지 않는다. 그녀는 자기가 따야 한다고 '생각'했던 역할이 아닌, 땄어야 하는 역할을 땄다. 자기를 깎아 내리는 그녀의 이 태도는 자신이 사실은 더 나은 미래로 나아가고 있었다는 매우 명징한 가능성을 무시하는 것이다. 그녀를 아끼는 사람들은 그녀의 미래가 오페라가 아닌 뮤지컬에 있다고 생각했다. 하지만 그녀는 저항했다. 무엇이 그녀를 그곳에 하루 일찍 가게 했을까? 이성적인 마음이 갈피를 못 잡는 불확실한 시기에 우리는 기존의 사실에서 파생되지 않은 정보를 알 수 있다. 어쩌면 그녀는 자신의 의식에 저장하지만 않았을 뿐 〈캉디드〉 오디션 공고를 봤을 수도 있고, 어쩌면 자신에게 진짜 맞는 오디션의 시간을 다른 방식으로 알았을 수 있다. 그녀는 자기도 모르게 자신에게 정확히 맞는 '잘못된' 시간, 정확한 장소에 나타났다.

TV 토크 쇼 호스트인 오프라 윈프리Oprah Winfrey가 간절히 원하던 배역을 얻기까지의 이야기는 이보다 훨씬 복잡하다. 1982년, 시카고 지역 방송국의 TV 토크 쇼 진행자가 된 오프라 윈프리는 〈뉴욕타임스〉에서 소설 『컬러 퍼플The Color Purple』의 비평 기사를 봤다. 그녀는 서점에 가서 책을 읽었다. 문장 하나가 그녀의 시선을 단박에 끌었다. "하나님, 저는 열네 살입니다. 제게 무슨 일이 벌어지고 있는지 제발 말해 주세요." 책은 그녀에게 큰 울림을 주었다. 남부 지방에서 가진 것 없이 학대받으며 살던 오프라 자신의 모습이 책에 고스란히 담겨 있었다. 특히 그녀는 강인하고 자기 주장이 강한 소피아라는 캐릭터에 강하게 이입됐다. 이 소설에 흠뻑 빠진 그녀는 구할 수 있는 모든 책을 사들인 뒤 시카고의 웩커 스트리트 브리지를 돌아다니면서 책을 읽지 않은 사람에게 한 권씩 나눠 주기도 했다.

한편 뮤지션이자 프로듀서인 퀸시 존스Quincy Jones는 책의 판권을 샀고, 영화감독 스티븐 스필버그Steven Spielberg에게 영화를 만들자고 제안했다. 윈프리는 소피아 역을 맡고 싶었다. 그녀는 자신이 그 역에 완벽히 맞는다는 사실을 뼛속까지 알았다. 그녀의 이야기를 듣다 보면 이 역을 맡는 것만큼 인생에 중요한 일이 없었던 것처럼 보인다. 하지만 그녀는 어떻게 해야 오디션을 볼 수 있는지 몰랐다.

시카고에 출장차 들른 존스는 우연히 텔레비전에서 윈프리를 봤고 즉시 그녀가 소피아에 적역임을 간파했다. 얼마 뒤 윈프리는 〈문송Moon Song〉이라는 영화의 오디션 제의 전화를 받았다. "원래 제목이 '컬러 퍼플' 아닌 거 확실해요?" 그녀가 물었지만 캐스팅 담당자는 그렇다고 답했다. 하지만 오디션을 보러 가서 그녀는 알게 됐다. 영화는 〈컬러 퍼플〉이 맞았다. 제목이 잠시 바뀐 것이었다. 그녀가 바랐던 대로 윈프리는 소피아 역 오디션을 제안받았다.

몇 달간 초조한 기다림이 이어졌다. 그녀는 캐스팅 담당자에게 전화했지만 다시는 전화하지 말라는 소리만 들었다. 연기 경험이 전무한 당신과 달리 그 역할을 소화할 만한 배우는 차고 넘친다는 소리도 들었다. 그래도 자기를 알리기 위해 뭐라도 해야겠다고 생각한 그녀는 살을 빼려고 체중 감량 숙박 캠프에 들어갔다. 하루는 트랙을 달리고 있는데 큰 소리로 기도가 터져 나왔다. "저는 이해가 안 돼요. 하지만 당신은 아시겠죠. 이 모든 게 농담인지도 모르겠어요. 저는 제가 이 역을 맡기를 당신이 원한다고 생각했어요. 저는 당신께 감사할 수가 없네요. 그러니 제발 부탁 드리건데 이 마음을 내려놓도록 해 주세요." 문득 옛날 영가가 떠올랐다. "모든 걸 바칩니다. 모든 걸 바칩니다. 내 빛나는 구세주 당신께 모든 것을 바칩니다. 모든 걸 바칩니다." 그녀는 노래하고 기도하고 울었다. 그녀는 자신이 움켜쥐고 있던 강렬한 욕망이 스르르 풀리는 것을 느낄 수 있었고 이제 다 괜찮아지리란 사실을 직감했다.

바로 그때 누군가 트랙으로 와서 전화가 왔다고 전했다. 스필버그였다. 그는 그녀가 '체중 감량 캠프'에 들어갔다는 소식을 들었다면서 살을 1킬로그램이라도 뺀다면 역을 맡지 못할 것이라고 경고했다. 그녀는 당장 캠프에서 나와 인스턴트 음식을 게걸스럽게 먹었다. 다음 날 그녀는 유니버설 스튜디오의 사무실로 갔고, 역을 따냈다.

영화는 1985년에 개봉했다. 그녀의 토크 쇼가 전국적으로 유명세를 떨치기 직전이었다. 다음해 그녀는 제58회 아카데미 시상식 여우조연상 후보로 올랐고, 제43회 골든 글로브 시상식에서도 최우수 여우조연상 후보에 올랐다. 이 모든 것을 발판으로 그녀는 자신의 TV 쇼를 전국적으로 히트시켰다.[2]

윈프리의 이야기를 들어 보면 감정적으로 가장 중요한 단계는 자신이 오래도록 간절히 원하던 목표를 내려놓음과 동시에 〈내 모든 것을 하느님께 바치네Letting go and Letting God〉라는 영가를 부른 대목인 것 같다. 나는 동시다발적으로 터져 나온 기도와 노래와 울음이 전화가 올 것임을 알았던 그녀의 무의식이 만들어 낸 산물이라고 생각한다. 그녀의 직관이 먼저 알아낸 한 줄기의 정보를 의식적인 마음은 그저 나중에 확인하기만 했을 뿐이다. 영가를 노래하며 벅차올랐던 감정은 전화를 받기 위한 준비 작업, 실패가 아닌 성공을 받아들이기 위한 준비 작업이었다.

그녀의 눈물어린 기도와 스필버그의 전화가 정확히 맞아떨어질 수 있었던 것은 수년간 그녀가 쌓아올린 노력과 열정이 있었기에 가능했다. 어릴 적 윈프리는 누구라도 붙잡고 인터뷰하며 노는 것을 좋아했다. 10대가 되어서는 라디오로 진출해 현실 감각을 키우고 대중에게 통하는 것이 무엇인지 예리하게 파악했다. 마침내 그녀는 시카고 지역 방송국 TV 프로그램의 진행자가 되어 자신의 존재를 세상에 알리는 동시에 소피아 역할을 하는 자신의 모습을 열렬히 상상했다. 그녀는 자기 자신을 아주 잘 알았으므로 본인이 소피아 역에 제격임을 누구보다도 확실하게 인지했다.

소피아 역을 원했던 사람이 오프라만 있었던 것은 아니다. 하지만 퀸시 존스는 행동 무의식의 안내를 받아 시카고의 TV 프로그램을 훑어보았고, 원하던 것을 바로 찾았다. 분리된 두 마음에서 뻗어 나온 정신적 통로들이 연결되었고, 서로의 욕구가 정확히 충족되었다. 오프라는 세간의 인정을 받기 위해 끊임없이 노력하고 준비했다. 그녀는 전화를 받을 준비가 돼 있었다.

> 🔍 **당신의 역량과 한계를 알고 있어야 합니다.** 당신과 당신의 상황에 맞는 이미지와 꿈을 찾으세요. 당신에게 가능한 것을 끝까지 놓치지 마세요. 계속해서 움직이고, 시도하고, 실험하고, 상상하세요.

| 두드려라

앞서 말한 것처럼 준비된 자에게 기회가 오는 것이 운이다. 준비가 되어 있어야 일을 할 수 있는 기회도 얻는다.

2002년 리어 드베소넷은 정치와 사회사상을 전공하던 버지니아 대학 4학년 학생이었다. 그녀는 무대 감독 앤 보가트Anne Bogart를 우상으로 삼고 있었는데, 어느 날 라가디아 공항에서 우연히 보가트를 봤다. 드베소넷은 그녀에게 말을 걸어 대화를 시작했고, 보가트는 대화 말미에 뉴욕의 SITI 컴퍼니에서 자신의 조수로 일해 보지 않겠냐는 제안을 했다. 이 일을 발판삼아 그녀는 연극 프로듀서의 길을 걸을 수 있었다. 그녀에게 무대란 "더 큰 세상으로 나아가는 매체이자 거대한 영적, 정치적, 사회적 문제를 열어 젖히는 문"이었다.³

앤 보가트는 드베소넷의 물리적 네트워크에 속해 있지는 않았지만 그녀의 정신적 네트워크에는 속해 있었다. 라가디아 공항에서 드베소넷이 보가트를 본 순간, 그 정신적 네트워크는 두 사람이 실제로 만날 수 있게 도왔다. 라가디아 공항은 때에 따라서는 대단히 복잡한 곳이다. 하지만 드베소넷은 바로 그 장소, 그 타이밍에 공항에 도착했고 보가트를 본 순간 순발력 있게 용기 내어 말을 걸었다.

길을 잃은 것처럼 만사가 불확실하고 명료하지 않을 때 오히려 주변의 가능성에 눈을 뜨는 사람도 있다. 야구팀 샌프란시스코 자이언츠의 야구 해설가 테드 로빈슨Ted Robinson은 가능성을 그냥 넘기지 않은 덕에 혜택을 본 경우다. "정말 요행이었어요." 1996년 로빈슨이 말했다. 그는 어떻게 이 일을 시작했을까? 그는 전화를 걸었다. 야구팀 오클랜드 어슬레틱스 사무실로 직접 전화를 걸었고 그 전화를 구단주 찰리 핀리Charlie Finley가 받았다. 로빈슨은 준비된 사람이었다. 그는 대학 스포츠와 마이너리그 하키팀에서 해설자로 일했었지만 하키팀이 해체하면서 같이 일자리를 잃었다. 일을 그만둘까 고민하던 그에게 아버지가 오클랜드 어슬레틱스의 찰리 핀리는 경험 없는 사람을 낮은 연봉으로 고용하곤 한다면서 전화라도 한번 해 보라고 권했다. 테드 로빈슨은 자신의 재능을 팔 기회를 붙잡았고, 오디션을 봤다. 처음에는 고작 몇 이닝을 해설하는 것에 그쳤지만 그는 결국 풀타임 메이저리그 해설가가 되었다.[4]

당신이 원하는 일이 있다면 전화를 하라(아니면 이메일을 보내라). 사람들은 돕는 것을 좋아한다. 혹시 아는가, 당신의 비전이 그들의 욕구와 정확히 맞아떨어질지도.

| 잃어버린 기회

우리는 많은 기회를 놓친다. 기회를 알아보지 못하고, 재빨리 움직일 준비가 안 돼 있고, 먼저 나서서 요청하기를 두려워하기 때문이다.

내가 아는 한 저널리스트는 처음 일을 시작했을 때 다음과 같은 모호한 기회와 마주쳤다.

때는 1970년대 후반이었습니다. 저는 학교를 졸업하고 저널리스트로서 첫 직장을 구하기 위해 뉴욕으로 갔어요. 「옴니Omni」라는 새 잡지가 창간됐는데, 전 그곳에서 너무나 일하고 싶었습니다. 이 잡지를 창간한 밥 구치오니Bob Guccione는 「펜트하우스」 잡지의 발행인이기도 했죠. 그래서 저는 전화부를 뒤져 주소를 알아내고는 직접 사무실에 찾아가기로 결심했습니다. 사무실은 제가 살던 곳에서 몇 블록 떨어지지 않은 맨해튼 어퍼이스트사이드에 있었습니다. 그런데 찾아가보니 우리가 보통 상상하는 고층 빌딩이 아닌 고급 브라운스톤•이더군요. 그 전에도 브라운스톤을 사무실로 개조한 잡지사에 몇 번 가 본 적이 있기 때문에 이번에도 그냥 그런가보다 했습니다. 제가 들어가자 관리인이 누굴 보러 왔냐고 묻더군요. "밥 구치오니 씨요"라고 하니 "4층으로 올라가세요"라고 합디다. 그래서 전 엘리베이터에 타 4층 버튼을 누르고 올라갔습니다. 그런데 엘리베이터 문이 열렸는데 통상 보여야 할 복도나 리셉션 데스크가 보이지 않았어요. 제가 도착한 곳은 다름 아닌 남의 집 거실 한복판이었습니다. 페르시안 러그에 대형 소파, 화려한 의자와 큰 그림들, 금테를 두른 거울 등, 정말 화려하기 그지없었습니다. 저는 밥 구치오니 씨의 집으로 들어온 것이었습니다! 실수했다는 걸 깨달은 저는 아무도 안 보이는 틈을 타 그대로 1층 버튼을 눌러 내려왔고 허둥지둥 그 건물을 떠났습니다. 지금은 좀 궁금합니다. 제가 엄청난 기회를 놓친 걸까요? 제가 만일 소파에 앉아 누군가 나타나기를 기다렸더라면? 어쩌면 제 인생은 180도 달라질 수도 있었겠지요.

만일 그가 떠나지 않고 있었더라면 무슨 일이 일어났을까? 경호원이 쏜 총에 맞았을까, 사무실 관리자가 환하게 웃으며 반겨줬을까?

• 갈색 사암을 써서 지은 도시 주택을 일컫는다.

아니면 발행인을 만날 기회를 얻어 잡지사에 취직됐을까? 알 수 없다.

이 저널리스트는 이리저리 돌아다니며 연줄을 만들려고 노력하면서 운을 맞이할 가능성을 높였다. 하지만 어쩌면 완벽하게 옳은 곳이었을 수도 있는 장소에 잘못 간 충격을 감당할 준비는 되어 있지 않았다. '잘못된' 장소에 있게 됐을 때 깜짝 놀라는 자신을 흘려보낼 수 있게 스스로를 준비하라.

| 학업을 돕는 우연

우연은 학교 진급에도 한몫할 수 있다.

고등학교 성적이 좋지 않았던 윈스턴은 경쟁률이 높은 곳으로 진학하기 위해 예비 시험을 쳤다. 시험에 합격하려면 아무래도 윈스턴은 특별히 더 노력해야 했다. 그보다 준비를 더 철저하게 한 학생들도 수두룩하게 떨어졌기 때문이다. 일단 특정 국가의 지도를 그리라는 문제가 나온다는 건 확실했다. 하지만 어떤 나라가 나올지는 아무도 몰랐다. 시험 전날 밤 그는 전 세계 모든 나라의 이름을 종이에 적어 모자에 넣은 다음 하나를 뽑았다. 뉴질랜드가 나왔다. 그는 뉴질랜드의 지도를 세세하게 암기했다. 다음날 시험 첫 문제는 '뉴질랜드의 지도를 그리시오'였다. 그는 매우 높은 점수를 받았다. 이 학생은 윈스턴 처칠이었고, 높은 점수 덕에 그는 군대에 들어갈 수 있었다. 영국 총리로 이어지는 가장 중요한 발걸음을 뗀 셈이었다.[5]

어떻게 이런 도박이 먹혔을까?

윈스턴은 수세기의 역사를 자랑하는 점술을 활용해 집중적으로 공부할 범위를 선택했다. 그는 통제된 우연controlled chance을 통해 미래를 알 수 있다는 점술의 전제를 신뢰했다. 여러 나라의 이름을 모자 속에 넣고 섞는 것은 『주역』이나 타로 카드, 혹은 『성경』을 아무 데나 펼쳐서 조언을 얻는 행위와 비슷하다. 『주역』은 점을 보는 사람의 현재 문제와 해결책을 암시하는 총 64개의 괘로 이루어져 있는데, 동전 세 개를 여섯 번 던졌을 때 나오는 괘를 책에서 찾는 형식이다. 타로 카드 역시 카드를 섞고, 뽑아, 특정 배열법에 따라 카드를 배열하면 미래를 알 수 있다고 한다. 눈을 감고 『성경』을 아무 데나 펼친 뒤 손가락으로 특정 구절을 짚어 현재 겪고 있는 문제의 실마리를 찾을 수도 있다. 윈스턴은 통제된 우연에 자신의 운을 맡겼고, 기회를 얻었다.

1968년, 나는 샌프란시스코의 마운트 시온 병원에서 인턴십을 끝내고 정신과 레지던트 과정에 지원할 준비를 하고 있었다. 스탠퍼드 대학이 멀지 않은 곳에 위치해 있었기 때문에 나는 그곳의 자리를 한번 공략해 보자고 결심했다. 내가 면접을 본 사람은 교수이자 정신과 의사였던 프레드 멜제스Fred Melges였다. 호기심 어린 깊은 눈매에 안경을 쓰고 키가 큰 멜제스 교수는 나를 요모조모 꼼꼼하게 뜯어보았다. 그는 내가 어떤 분야에 관심 있는지, 최근에 읽은 책은 무엇인지 물었다. 나는 조지 켈리George Kelly에 대한 이야기를 시작했다. 조지 켈리는 『인격 이론A Theory of Personality』이란 야심찬 책을 쓴 오하이오 주의 정신과 의사였다. 6년 전 머리를 식히기 위해 스워스모어 칼리지 도서관의 지하를 기웃거리다가 우연히 발견한 책이었다. 뭔가 재미있는 책을 찾고 있었는데, 바로 이 책이 그랬다. 멜제스 앞에서 나는 책의 핵심 구절을 암송했다. "한 사람이 걷는 길은 그가 미래를 예상하는 방식에 의해 심리적으로 결정된다." 좀 더 간단하게 말하자면, 미래에 대한 기대가 지금의 경험에 영향을 미친다는 뜻이다. 멜제스는 놀랐다. "나도 조지 켈리를 연구하네!" 두 정신과 의사가 상대적으로 무명인 정신과 의사에게 깊은 관심을 갖고 있다는 사실에 멜제스는 놀라움을 금치 못했다. 내가 지원하던 해에 남아 있는 레지던트 자리는 총 세 개였고, 나는 그중 하나를 얻었다. 많은 부분 멜제스와의 인터뷰 덕이었다. 게다가 멜제스는 스스로 요청해 내 지도 교수가 되었다.

레지던트 후보를 인터뷰하던 그 많은 교수진들 중 나는 나의 세렌디피티적인 발견에 공명하는 사람을 만났다. 멜제스는 미래에 대한 관점이 현재의 느낌과 행동에 어떤 영향을 끼치는지에 대해 연구하고 글을 쓰고 있었다. 심지어 지금도 정신의학은 과거와 현재에는 과도하게 천착하면서 개인의 미래에는 직접적인 관심을 거의 두지 않는다. 하지만 미래에 대한 우리의 생각은 하는 일이나 느낌에 큰 영향을 끼친다. 멜제스의 멘토링과 그의 책 『시간과 내면의 미래Time and The Inner Future』 덕에 나는 개인의 미래에 대한 연구에 더욱 매진할 수 있었다. 나는 왜 지그문트 프로이트 대신 조지 켈리에 대해 얘기했을까? 나는 의대에서 프로이트 이론을 배웠고 미국 정신분석학회의 전 회장을 개인적으로 알고 있었다. 하지만 어떤 이유에서인지 관심사를 묻는 질문에 조지 켈리를 주제로 꺼냈다. 나는 직관적으로 최선의 선택을 했다. 아무래도 나는 이 사람이 이러한 주제에 대해 관심이 있으리란 사실을 비이성적인 방식으로 느끼거나 알았던 것 같다. 혹은 의식하지는 못했어도 켈리의 책이 그의 책상이나 책장에 있는 것을 보았을 지도 모른다.

> 🔍 끌리는 정보를 계속해서 수집하세요. 언젠가 빛을 발할 날이 올 지도 모릅니다.

| 일하기

우연은 일을 하는 데 도움이 되기도 한다.

　1909년 어느 날, 오하이오 주립 대학 토목공학과의 학장이었던 크리스토퍼 셔먼Christopher Sherman은 오하이오의 도로 지도책을 어떻게 완성하나 골머리를 썩고 있었다. 남서쪽 카운티들의 지도는 아예 없거나 구하기 어려웠기 때문이다. 설령 지도가 존재한다 해도 그 카운티로 직접 가야만 찾을 수 있는 옛날 지도밖에는 없었다. 문의하는 서신을 보냈지만 파이크와 하이랜드 카운티에서는 답이 없었다. 게다가 주의 남쪽 부분을 잇는 오하이오 강의 지도 역시 마땅한 것이 없었다.

　편지를 써도 아무런 소득이 없자 그는 어쩔 수 없이 기차를 타고 신시내티로 갔다. 그리고 그곳의 미국 설계 사무실에서 아주 탁월한 오하이오 강의 지도를 찾았다. 시작이 좋았다! 그 후 그는 하이랜드행 기차를 탔고 노우드 마을에 내려 힐즈버러로 가는 연결편을 기다렸다. 힐즈버러에 카운티 지도가 있을 가능성이 제일 높다고 생각했기 때문이다. 하지만 어떤 이유에서인지 그는 판매원에게 자신이 찾고 있는 책을 언급했고 판매원은 기차역 뒤편에 있는 방에 옛날 책이 한 권 있다는 말을 했다. 둘은 함께 방을 뒤졌고 마침내 그가 찾던 '하이랜드 카운티 지도'를 찾았다. 판매원은 지도책을 팔지는 않았지만 기쁜 마음으로 셔먼에게 빌려 주었다.

셔먼은 이후 파이크 카운티행 기차를 탔다. 이번에도 역시 기차를 갈아타기 위해 칠리코시에서 내려야 했다. 칠리코시에 사는 오랜 친구를 깜짝 놀라게 할 심산으로 거리를 느긋하게 내려가고 있는데, 놀랍게도 바로 그 친구가 그를 향해 걸어오고 있었다. 마치 만나기로 약속이라도 한 것처럼. 친구는 다른 기차를 타기 위해 가던 중이라고 했다. 두 사람은 즐겁게 인사를 나눴다.

이후 연결편 기차를 탄 셔먼은 전날 그에게 편지를 보낸 지인을 만났다. 바로 그 자리에서 셔먼은 남자의 질문에 답을 해주었고, 덕분에 답신을 보내야 하는 수고를 덜 수 있었다.

파이크 카운티의 웨이벌리에 도착한 셔먼은 자신이 아는 두 사람이 혹시나 마을에 없을까봐 걱정했다. 한 사람은 기계공학과 학생이었고, 한 사람은 토목공학과 학생이었다. 셔먼이 호텔 근처에 도착해 마차에서 내리는데 바로 앞 마차에서 그 기계공학과 학생이 내렸다. 그는 셔먼이 저녁 식사를 막 끝내고 있을 때 마을에 도착한 참이었다. 그는 파이크 카운티의 지도에 대해서는 아는 게 없었지만 어쩌면 아버지는 알지도 모르겠다고 말했다.

"아 저기 오시네요!" 기계공학과 학생이 말했다.

학생의 아버지는 카운티 감사관에게 지도가 하나 있을지 모르겠다고 말했는데, 바로 그 순간 감사관이 일행 쪽으로 걸어왔다. 토요일

밤이었지만 감사관은 그들을 초대했고, 일행은 그의 책상 뒤쪽에 파이크 카운티의 옛 지도가 걸려 있는 것을 보았다. 마침 셔먼에게는 그 지도의 크기에 딱 맞는 투사지가 있었다. 기계공학과 학생은 셔먼의 투사 작업을 도와주었다.

"전 완벽한 하루를 보냈다는 충만한 느낌으로 그날 밤을 마무리했습니다." 셔먼의 말이다.[6]

셔먼은 단서를 따라가는 걸 두려워하지 않았다. 그는 평소 일하는 패턴에서 과감히 벗어나 새로운 가능성을 삶 속으로 초대했다. 그에게는 용기와 지혜가 있었고 사람들에게 숨기지 않고 요청했다. 그리고 자신이 찾던 것을 받았다. 개인적으로나 직업적으로나 이 놀라운 우연의 연속은 셔먼이 우연의 흐름을 타고 있었음을 보여 준다.

> 🔍 당신은 언제 이런 흐름을 탔었나요?

간절한 욕구와 윤리적 행위는 가끔 놀라운 도움을 주기도 한다. 저널리스트 스티븐 다이아몬드Stephen Diamond가 그러했다. 샌프란시스코에 도착한 그는 자신의 현재 느낌을 모조리 글로 쏟아 붓고 싶다는 초조한 열망으로 가득했지만 전 재산은 고작 10달러가 전부였다. 제일 싼 공책조차 살 돈이 없었던 그는 동네 잡화점에서 공책을 한 권 훔치기로 결심했다. 하지만 일단 잡화점에 도착하자 양심이 그를 이겼다. 그럼에도 그는 여전히 자신의 느낌을 글로 풀어내고 싶다는 열망에 불타올랐다. 그런 그의 눈에 '산더미처럼 쌓인 쓰레기와 잡동사니 맨 위에 있는 앞면이 뒤집힌 종이 패드 하나'가 들어왔다. 그것은 200장 정도의 깨끗한 종이가 끼워진 아름다운 병원 기록지였는데, 맨 위에 '전문의 스티븐 다이아몬드'라는 문구가 페이지마다 굵은 글씨로 인쇄돼 있었다. 바로 그의 이름이었다. 그는 결국 글을 썼고 『나무가 말한 것What the Trees Said』이란 베스트셀러를 출간했다.[7]

샌프란시스코의 그 많고 많은 쓰레기 더미 중에서 스티븐 다이아몬드는 어떻게 자신이 꼭 찾던 것을 발견했을까? 아마도 간절한 욕구로 들끓던 그가 필요한 것을 주변에서 찾아내고 마는 자신의 무의식적 능력을 소환해 낸 게 아닌가 싶다. 흡사 레이더로 표적을 찾는 유도탄처럼 말이다. 어쩌면 대부분의 사람들이 믿고 있는 것보다 우리는 주변 환경과 훨씬 덜 분리돼 있는지도 모른다.

나 역시 세상과의 그런 연결을 활용할 때가 있다.

새로운 사람을 뽑는 일은 때론 모험을 해야 하는 불확실한 일이기도 하다. 미주리 대학 컬럼비아 캠퍼스의 정신과 학장이었던 나는 새 교직원들을 뽑아야 했다. 통상적으로는 정신과 전문지에 광고를 내고 다른 도시의 동료들에게 전화를 돌려야 했지만 내 방법은 달랐다. 내가 고용한 교직원들 대부분은 스스로 나타났다. 총 다섯 명의 여성들이었는데, 특히나 이들의 공통된 사연이 놀랍다. 일을 시작한지 얼마 안 되어 다섯 명 모두 임신을 했다. 두 번째, 세 번째, 네 번째 여성은 쌍둥이를 임신했다. 몇 년간 아이를 가지려고 노력하던 다섯 번째 여성 역시 일을 시작한지 얼마 되지 않아 임신했는데, 다른 사람들과 달리 쌍둥이는 아니었다.

가임기 여성이 만족스런 일을 찾게 되면 여유도 많아지고 아이를 키울 능력도 생긴다. 때문에 새 일을 시작하면 임신 가능성이 커진다. 하지만 우리 부서 사람들이 줄줄이 쌍둥이를 임신한 일은 여러모로 훨씬 놀랍다. 농구 경기에서 선수 한 명이 한 게임 내에서 득점, 어시스트, 리바운드 등 세 부문에 걸쳐 두 자리 수의 성공을 기록하는 것을 '트리플더블'이라고 하는데, 내 부서야말로 트리플더블을 기록했다. 세 여성이 쌍둥이를 임신했으니 말이다.

아이 하나를 낳은 첫 번째 여성은 몇 년간 근무하다 날씨도 더 따뜻하고 월급도 두 배나 더 주는 곳으로 이직했다. 그녀의 퇴사는 우리 부서에 큰 손실이었다. 다섯 번째 여성 역시 즐겁게 아이를 키웠으나 남편이 다른 곳에서 더 좋은 직장을 구하는 바람에 채 2년도 되지 않아 퇴사했다.

하지만 쌍둥이를 키우는 세 여성은 남았다. 그중 둘은 남편과 이혼한 후에도 계속해서 탁월한 능력을 뽐내며 우리 부서에서 근무하고 있다. 이혼하지 않은 세 번째 여성도 마찬가지다. 우리 학과의 '다산왕' 환경에서 벌어진 일련의 우연 덕에 탁월한 교직원 셋은 바람대로 오래 근무할 수 있었다.

다시 한 번, 서로의 욕구를 충족시켜 줄 수 있는 사람들끼리 만났다. 이 여성들은 아이들을 낳고 키울 수 있는 안전하고 편안한 보금자리가 필요했고, 우리 과는 헌신적이고 능력 있는 교직원이 필요했다. 이 거래를 최종적으로 성사시킨 것은 세 쌍둥이었다. 세 여성 모두 우리 과에 뿌리를 내리고 우리와 함께했다.

| 운

나폴레옹이 장군 후보자들과 면담할 때 "자네는 운luck이 좋은가?"라는 질문을 던졌다는 일화가 있다. 일과 관련된 저 이야기 속의 주인공들은 '운이 좋다'고 말할 수 있는 사람들이다. 모두들 기회를 받아들일 준비도 돼 있었다. 운에 대한 연구는 어떻게 하면 의미 있는 우연의 발생 가능성을 더 높일 수 있는지 이해하는 데 도움이 될 수 있다.

정신과 의사 리처드 와이즈먼Richard Wiseman은 운이 좋은 이들이 어떻게 그런 운을 만들어 내는지 알아보고자 일련의 실험을 실시했다.[8] 그는 운이 좋은 사람들은 끈기가 있고, 낙천적이며, 실패로부터 배우고, 직관에 의존한다는 사실을 발견했다.

끈기

와이즈먼은 자칭 운 좋은 사람과 운이 안 좋은 사람을 대상으로 과제 수행 실험을 실시했다. 운이 좋은 사람들은 실패 앞에서도 포기하지 않았다. 그는 사실은 할 수 없는 과제를 제시하고 참여자들에게는 완성할 수 있다고 말했다. 스스로 운이 좋다고 생각한 사람들은 실패해도 끝까지 물고 늘어지는 시간이 운이 좋지 않다고 생각한 사람들보다 훨씬 길었다. 그러니 포기하지 않고, 끊임없이 움직이고, 계속해서 시도하면 당신도 운이 좋은 사람이 될 수 있다.

낙천성

불운한 사람은 찾는 것을 금방 포기한다. 저기 어딘가에 내가 잡을 수 있는 기회가 있다는 믿음을 잃어버렸기 때문이다. 세상은 종종 무질서하게 움직이는 것처럼 보인다. 하지만 바로 그 무질서함 속에 기회가 숨어 있다. 운을 뜻하는 '찬스chance'란 단어가 거의 정반대의 의미로 쓰이는 것은 우연이 아니다. '찬스'는 많은 경우 무작위로 일어나는 상황을 묘사할 때 쓰인다. 하지만 동시에 '평화에게 기회를 주세요give peace a chance'에서처럼 기회를 의미하는 말로도 쓰인다. 불운한 사람들은 있는 그대로의 '무작위성'에 천착하는 반면, 운이 좋은 사람은 그 무작위성 속에서 기회를 본다. 세상은 친절하고, 얼마든지 쉽게 다가갈 수 있으며, 당신을 위한 가능성을 품고 있다고 신뢰하라. 실제로 어떤 환경은 다른 곳보다 훨씬 풍요로우며, 운이 좋은 사람은 자신에게 최적화된 환경을 선택한다. 세상에 대한 긍정적인 기대가 없는 소위 불운한 사람들은 주변을 둘러보지 않는다. '귀찮게 뭐하러?'란 심리만 팽배하다.

또 다른 실험에서 와이즈먼은 돈을 땅에 떨어트려 놓고, 참가자들을 유력한 연줄이 많은 사업가 쪽으로 유도해 그와 대화를 틀 수 있는 기회를 주었다. '운 좋은' 사람들은 즉시 땅에 떨어진 돈을 보고 주웠다. 그런 다음 그걸 계기로 삼아 카페에 앉아 있는 사업가에게 자신을 소개하고 나름의 드라마를 만들어 갔다. 반면 자신은 되는 일이 별로 없다고 말한 '운이 안 좋은 사람'들은 땅에 떨어진 돈을 한 번도 보

> 운을 뜻하는 '찬스'란 단어가 거의 정반대의 의미로 쓰이는 것은 우연이 아니다. '찬스'는 많은 경우 무작위로 일어나는 상황을 묘사할 때 쓰인다. 하지만 동시에 '평화에게 기회를 주세요'에서처럼 기회를 의미하는 말로도 쓰인다.

지 못했고 사업가를 만날 노력은 전혀 하지 않은 채 커피만 마시고 나갔다.

와이즈먼은 '운이 좋은' 사람들에게 나쁜 운이 닥쳤을 때 그 상황을 어떻게 받아들이는지 궁금했다. 그래서 그는 운이 좋은 사람과 운이 안 좋은 사람들에게 불행한 시나리오를 준 뒤 각각의 반응을 살폈다. 그는 은행에서 줄을 서고 있는 모습을 상상해 보라고 말했다. 그런데 갑자기 무장 강도가 은행에 쳐들어 와서 총을 쐈고, 참가자들은 팔에 총상을 입었다. 이는 행운인가 불운인가? 운이 안 좋은 사람들은 아주 불운하다고 생각했다. 자신은 강도한테나 붙잡히는 팔자라고 했다. 운이 좋은 사람은 행운이라고 생각했다. 상황이 더욱 안 좋게 끝날 수도 있었는데 그 정도라서 다행이라고 말이다. 심지어 몇몇 사람은 자신의 이야기를 신문에 팔수도 있겠다고 생각했다.

실패

운이 좋은 사람은 실패를 목도하고도 계속해서 나아간다. 그들은 먹구름 속에서도 한줄기 빛을 발견하고, 발부리에 걸리는 돌을 발판으로 바꿔 놓는다. 실패는 인생의 가장 위대한 스승이 될 수 있다. 실패로부터 배우지 못하는 게 진짜 실패다. 성공 스토리만으로는 온전한 이야기가 되지 못한다. '온갖 역경들'과 실패에서 배운 교훈은 문제를 새로운 기회로 바꿀 수 있다. 나쁜 일이 일어나도 운이 좋은 사람은 그 속에서 유용한 것을 찾는다. 넘어지거든 옛날 노래 가사처럼, 일어나서 툭툭 털고 다시 시작하면 된다.

> 실패는 인생의 가장 위대한 스승이 될 수 있다. 실패로부터 배우지 못하는 게 진짜 실패다.

직관

우리 안의 작고 고요한 목소리가 현명한 조언을 해 줄 수도 있다. 운이 좋은 사람들은 이 목소리를 듣는다고 말한 반면, 운이 안 좋은 사람들은 직관이 무슨 말을 해도 이성적인 생각만을 고수한다고 말했다.[9]

직관을 기르려면 그 내면의 목소리, 내면에서 올라오는 충동, '그냥 그런 기분이 들었어'의 느낌에 귀기울이는 법을 배워야 한다. 하지만 그 다음에는 어떤 암시를 따라가야 할지 결정하는 과정도 필요하다. 이 목소리들 중에는 그저 나쁜 생각에 불과한 것들도 있고, 놀라운 기회로 이어지는 것들도 있다. 직관이 하는 조언을 일종의 가설로 받아들인 뒤 시험해 보라. 시험을 통해 진실하고 효과가 있는 소리가 무엇인지 가려내라.

직관Intuition이라는 단어는 '후견인을 찾다'라는 뜻의 'tutio'라는 라틴어에서 왔다. 이 단어는 '후학을 가르친다'는 의미의 '튜터' 하고도 관련이 있다.[10] 즉, 직관은 우리 '내면의 스승'이다. 여기서 학생은 우리의 의식이다. 대부분의 선생들이 그러하듯 직관에도 결함은 있다. 지속적인 연습과 학습을 통해 이성적인 사고와 균형이 맞는 순간 직관의 정확도는 높아질 것이다.

와이즈먼의 실험이 많은 것을 시사하기는 하지만, 여기에는 중요한 특징이 빠져 있다. 일과 관련된 운이 제대로 뿌리내리려면 당사자가 그에 맞는 자격을 갖추고 있어야 한다. 나는 아버지의 회사를 물려받은 부자 지인을 안다. 하지만 그녀가 회사를 맡자마자 회사는 빠르게 내리막길을 걷기 시작했다. 회사가 거대한 빚더미에 앉았는데도 그녀는 회사를 곧 정상화시킬 수 있을 것이라며 대단히 낙관적인 태도를 취했다. 한번 어떤 생각에 꽂히면 아무것도 막을 수가 없는 사람이었다. 그녀는 끈질기게 고집을 부렸다. 그녀는 운을 초대하기 위한 자질은 다 갖추고 있었다. 하지만 그 운을 감당하지는 못했다. 기본적인 사업 능력이 없어 대차 대조표를 읽을 줄도 몰랐고 리더십을 발휘할 줄도 몰랐다. 그녀는 자리에 맞는 자격을 갖추지 못했다. 아무리 낙천적이고 끈기 있는 사람이라 해도 무시무시한 혼돈을 헤쳐 나가기에는 역부족이었다.

오프라 윈프리는 준비되어 있었다. 가수 엘리스도 준비되어 있었다. 하지만 이 사업가는 아니었다. 낙천성과 끈기, 실패를 통해 배우는 자세, 날카로운 직관은 철저한 준비와 만나야지만 더 많은 우연과 유용한 우연을 만들어 낼 수 있다.

> **낙천성과 끈기, 실패를 통해 배우는 자세, 날카로운 직관은 철저한 준비와 만나야지만 더 많은 우연과 유용한 우연을 만들어 낼 수 있다.**

> 🔍 내면에서 올라오는 충동을 따라가면서 직관을 연마하고, 어떤 일이 일어나는지 살펴보세요. 더 나은 결과를 가져온 충동이 어떤 인상과 결을 갖고 있었는지 기억해 두세요.

9장

CONNECTING WITH COINCIDENCE

제자리로 돌아오다

Connecting
with
Coincidence

우연을 통해 우리는 일상의 경험을 넘어서는 더 큰 존재와 연결될 수 있다. 그 존재를 우리는 자연이라고도 하고, 우주 혹은 신이라고도 한다.

야간 근무를 마친 한 여성이 커피 한 잔을 들고 공장 건물 밖으로 나와 떠오르는 아침 해를 감상한다. 하늘은 지극히 아름다운 색조로 물들어 있다. 그녀는 벅차오르는 감사함 속에서 탄식하듯 숨을 내뱉고 그 생동감 넘치는 아름다움을 가득 들이마신다. 사무실로 돌아가려는데 돌부리에 발이 걸려 그만 회색 작업복에 커피를 쏟고 만다. 뜨거운 액체가 그녀의 심장 바로 위에 하트 모양의 얼룩을 남긴다. 그녀는 웃으며 그 마법 같은 순간 속으로 더욱 깊게 들어간다.

폴라 터너는 짧은 순간 영적인 체험을 했다. 우연히 생긴 커피 자국을 계기로 일체감Oneness을 맛보았다.

| 종교적 욕구가 충족되다

종교 의식은 세대를 불문하고 사람을 하나로 이어주며, 우리를 과거의 문화로 데려다준다. 선조들이 했던 행동을 그대로 반복할 때 그들은 우리 삶의 일부로 남아 있게 되고 종교는 연속성을 띤다. 다음은 최소한의 인원이 필요했던 종교 의식에 관한 이야기다.

이스라엘의 랍비와 신도 여덟 명이 동료 신도의 결혼식에 참석하기 위해 벨기에 앤트워프로 가는 비행기를 탔다. 하지만 비행기의 연료가 떨어지는 바람에 벨기에 농촌 마을의 작은 공항에 착륙해야 했다. 비행기에서 내린 후 랍비는 공항 직원에게 저녁 기도 예배를 드릴 수 있는 공간이 있느냐고 물었다. 그는 믿을 수 없다는 눈빛으로 랍비를 쳐다봤다. "제가 공간을 구해드리겠습니다. 다만 제 아버지를 위해 카디시(죽은 자를 위한 추모기도)를 암송할 수 있게 해 주십시오." 그들이 방으로 들어가자 직원은 자신이 전날 꾼 꿈을 랍비에게 얘기해 주었다. 바로 다음날이 아버지의 기일인데, 아버지가 꿈속에 나타나 자신을 위해 카디시를 암송해 달라고 부탁했다는 것이었다. 아버지는 예배 정족수(기도를 암송하기 위해서는 10명이 필요하다)가 채워질 거라고 약속했다. 하지만 그 직원은 마을에 유태인은 자기 한 명뿐인데 사람들이 어떻게 모이겠냐며 불가능한 일이라고 생각했다. 하지만 그들은 카디시를 암송할 수 있었다.[1]

그 직원은 아홉 명의 사람이 필요했고, 랍비는 방이 필요했다. 두 사람의 욕구가 정확히 맞아떨어졌다. 비행기는 제때에 연료가 떨어졌다. 꿈속에서 아버지는 예배 정족수가 채워질 것이라고 예언했다. 강한 욕구들이 다시 한 번 맞물리면서 놀라운 우연이 일어났다.

종교 집단의 일원이 되고 종교 의식을 치르고 싶다는 마음은 많은 사람들의 마음속에 깊이 박혀 있다. 『작은 기적들』의 저자 이타 핼버스탬과 주디스 레벤탈은 종교적 욕구가 우연을 통해 충족되는 이야기를 들려준다.

린다는 부와 명성을 모두 가졌지만 내면을 갉아먹는 공허감에 시달렸다. 심한 불안감에 항불안제를 먹을까 생각도 해 봤지만 약은 문제를 덮기만 할 뿐 해결하지 못한다는 걸 그녀는 알고 있었다. 하루는 로스앤젤레스의 라브레아 거리에 위치한 직장에 출근하기 위해 차를 몰고 가다가 도로 수도관이 터지는 바람에 좁은 곁길로 우회를 해야 했다. 작은 길가 교회에 손글씨로 써 놓은 표지판이 그녀의 시선을 사로잡았다. "하느님이 없으면 평화도 없습니다. 하느님을 알면 평화를 알게 됩니다. 모두 환영합니다."

다음날 라브레아 거리에 있는 가게에 불이 나서 수많은 소방차와 경찰차들이 몰렸다. 또 한 번 차량 통제가 이루어져 이번에도 린다는 같은 곁길로 우회해야 했다. 그리고 다시 한 번 교회 표지판에 시선을 뺏겼다. 이상했다. 지금 무슨 일이 벌어지고 있는 거지?

다음날 린다는 다른 길로 가면서, 만일 이번에도 그 곁길로 가야 할 상황이 생긴다면 표지판을 일종의 신호로 받아들이자고 결심했다. 그런데 큰 교통사고가 나는 바람에 그녀는 다시 그 길로 가게 됐다. 린다는 교회 앞에 차를 주차하고는 젊은 목사에게 면담을 요청했다. 그녀는 결국 교회에 다니기 시작했다. 그로부터 18년이 넘는 시간 동안

그녀는 자신이 그토록 찾던 평화와 안식을 찾았다.[2]

린다는 '훌륭하지만' 만족스럽지 않은 자신의 삶 너머로 갈 수 있는 계기를 찾고 있었고, 반복되는 교통 통제를 통해 자신이 찾던 것을 결국 발견했다. 그녀 말고도 많은 차들이 같은 길로 안내를 받았다. 어쩌면 린다만큼이나 여러 번 같은 길을 갔을 수도 있다. 하지만 눈을 뜨고 본 것은 린다였다. 일상의 틀이 바뀌는 것이 다른 사람에게는 불편함이었겠지만 그녀에게는 축복이 되었다. 그녀는 자신의 종교적 안식처를 찾았다. 여기서 얻을 수 있는 교훈은 뭘까? 예상치 못하게 일상이 바뀌어 짜증이 날 때, 오히려 안테나를 세우고 새로운 기회를 찾아보자!

| 예상치 못하게 일상이 바뀌어 짜증이 날 때, 오히려 안테나를 세우고 새로운 기회를 찾아보자!

| 순환을 완성하다

다음의 이야기는 시간의 관점에서 봤을 때 여느 우연 이야기들과는 완전히 다르다. 하지만 유일무이한 독특함 만큼은 뒤지지 않는다. 우연은 대개 짧은 시간 안에 생각이나 욕구가 주변에서 일어나는 사건과 서로 일치하는 것을 뜻한다. 하지만 이번 우연은 수십 년에 걸쳐 완성됐다.

큰 원을 그리며 제자리로 돌아온 이 순환 우연에는 블랑쉬라는 여성과 그녀의 열한 살짜리 아들이 등장한다. 아들은 학습장애LD와 공황장애를 앓고 있었다. 당시에는 정신 관련 문제를 가진 LD 학생을 받아주려는 학교가 어디에도 없었다. 정신과 의사가 아무리 학교 관계자에게 이중 진단이 드물지 않은 것이라고 말해도 소용없었다. 블랑쉬는 근처 LD 교육 전문 사립 학교에 아들을 넣으려고 백방으로 노력했지만 역시 거절당했다.

어느 날 저녁 자선 단체에 참석한 블랑쉬는 우연히 바버라라는 부유하고 영향력 있는 여성 옆에 앉게 됐다. 그녀와는 안면만 있는 정도였다. 하지만 블랑쉬가 자신의 답답한 마음을 다 쏟아냈을 때 바버라는 그녀의 말에 귀기울였을 뿐 아니라 블랑쉬의 아들을 위해 같이 나서주기로 약속했다. 바버라는 마침 그 학교 교장의 옆집에 살고 있었고 학교에 큰 돈을 기부하는 후원자였다. 바버라의 도움으로 블랑쉬의 아들은 곧 학교에 입학할 수 있었고 이후 생애 처음으로 우등생 명단에 이름을 올렸다.

블랑쉬는 바버라와 계속 연락하며 지냈고 둘 사이에는 깊은 유대가 생겼다. 블랑쉬는 바버라의 두 자녀 모두에게 문제가 있다는 사실을 알게 됐다. 아들은 약물 중독자인데 최근 행방불명이 됐고, 딸은 경미한 지체 장애에 행동 문제가 많은 사람이었다.

둘이 만난 지 1년쯤 지나 바버라의 남편이 세상을 떴다. 장례식에서 블랑쉬는 자기 또래의 여성이 바버라 옆에 앉아 있는 것을 보게 됐다. 매우 낯익은 여성이었다. 블랑쉬의 친구가 그녀가 바로 바버라의 딸인 낸시라고 알려 주었다.

25년 전 사립 고등학교에 다니던 블랑쉬는 약간의 지체 장애를 갖고 있던 소녀와 친구가 되었다. 그 친구는 학교 행정 부서의 많은 반대에도 불구하고 부유하고 영향력 있는 부모 덕분에 학교에 입학할 수 있었다. 대부분의 학생들은 낸시를 잔인하게 따돌렸다. 블랑쉬만이 달랐다. 블랑쉬는 워싱턴 D.C.로 간 졸업 여행에서 그녀와 방을 같이 쓰겠다고 자원하기도 했다. 그때 블랑쉬는 낸시의 어머니를 만나지는 못했다.

그런데 장례식에서 만난 그 낯익은 여성이 바로 낸시였다.

손님을 맞는 낸시와 바버라에게 위로의 말을 전하면서 블랑쉬는 낸시를 도와주었던 자신의 선의가 자신의 아들에게 돌아온 이 거대한 순환에 감사했다.[3]

어쩌면 우리는 다른 사람들의 도움을 받아 죽음 이후의 자신을 만날 수도 있다. 다음의 우연 이야기가 이 기이한 가능성을 암시한다.

1966년 5월, 매달 캐나다 몬트리올로 출장을 갔던 데이비드 브로디는 잘 곳을 찾고 있었다. 모든 호텔이 만실이었다. 결국 그는 요양원에서 잠잘 곳을 겨우 찾을 수 있었다. 다음날 떠나면서 그는 자신이 랍비로 임명받은 사람인데 혹시 랍비의 도움이 필요한 유태인 거주자가 있는지 주인에게 물었다. 주인장은 전날 새뮤얼 와인스타인이란 백 살 노인이 돈 한푼, 친척 한 명 없이 죽었다면서 근처 기독교 묘지에 묻히게 될 거라고 말했다.

이에 브로디는 관을 자신의 차에 싣고 뉴욕으로 향했다. 하지만 불행히도 브루클린과 퀸스의 유태인 장례위원회에는 모두 묘지가 없었다. 누군가 북부 맨해튼의 워싱턴 하이츠 장례위원회는 돈이 없는 유태인을 위한 장례 기금을 운영하고 있으니 그리로 가 보라는 말을 했다. 50년 전쯤 한 부자가 그런 목적으로 특별 기금을 기부했다고 했다. 장례위원회 대표는 장례 준비에 착수했고 사망한 사람의 서류를 요청했다. 그런데 대표가 망자의 이름을 알아보았다. 시신을 확인한 그는 장례 특별 기금을 기부한 사람이 바로 이분이라고 외쳤다. 장례위원회는 새뮤얼 와인스타인을 묘지의 상석에 모셨다.[4]

부유했던 쉰 살의 와인스타인이 50년 후, 본거지였던 뉴욕에서 훨씬 떨어진 양료원에서 극빈자로 사망할 줄은 아무도 예상하지 못했을 것이다. 잠잘 곳을 찾던 지친 사업가가 끈질기게 노력한 끝에 와인스타인은 마침내 영원한 안식처를 찾았다. 와인스타인이 자기도 모르게 스스로 마련해 놓은 자리에서 말이다.

뱀이 자신의 꼬리를 물고 있는 소위 우로보로스Ouroboros 이미지는 매년 사계절을 지나 다시 봄이 오듯이 끊임없이 이어지는 삶의 순환을 상징한다. 혹은 시간의 흐름에 따라 나선형으로 원을 그리며 확장되는 삶을 가리키기도 한다. 한 바퀴를 돈 폴라 터너, 블랑쉬, 새뮤얼 와인스타인은 제자리로 돌아온 게 아니다. 그들은 시간을 순환하며 과거와 현재의 자신을 만남으로써 삶의 나선형 안에서 평행선을 그리며 돌고 있던 개별적인 원들을 서로 연결시켰다. 일련의 우연을 통해 처음과 끝이 맞닿을 때 단순한 장엄함이 떠오른다.

| 헤어진 사람들과의 연결

주류적인 사고방식으로 보자면 영혼은 육체를 떠나고, 죽은 자는 산 자의 기억 속에서 살아간다. 많은 사람들이 한 인간의 영혼은 영원히 존재하며 가끔은 산 사람에게 영향을 미치고, 심지어 우연을 통해 의

사소통을 하는 경우도 있다고 생각한다.

    융 학파 심리학자인 진 볼렌은 제2차 세계대전 당시 전투기 조종사로 활약한 젊은 흑인의 이야기를 소개한다. 그는 외부와의 접촉이 차단된 남부 미공군 기지에서 훈련을 받았다. 크리스마스 시즌이 다가오자 그는 평소보다 짙은 외로움과 고립감에 시달렸고 남부 캘리포니아에서 가족들끼리 단란하게 보낸 명절이 너무나 그리워졌다. 설상가상으로 그는 태어나 처음으로 지역 주민들에게 인종 차별을 당했다. 그는 사실상 기지에 갇힌 것이나 다름없었다. 어느 날 비참한 기분을 안고 기지 주변을 산책하는데 교회에서 크리스마스 성가대가 리허설하는 소리가 들렸다. 그는 교회 안으로 들어가 뒷줄에 자리잡고 익숙한 캐롤을 즐겼다. 노래를 듣다 보니 침례교도의 수석 집사이자 강인하고 인자하며 노래 부르는 것을 참 좋아했던 할아버지가 떠올랐다. 크리스마스 노래는 아니었지만 할아버지가 제일 좋아했던 찬송가인 〈정원에서In the Garden〉가 불현듯 생각났다.

    그런데 어떤 이유에서인지 그는 어떤 존재와 확신을 느꼈다. 성가대가 곧 그 노래를 부를 것 같다고 생각한 바로 그 순간 노래가 울려 퍼졌다. "장미에 아직 이슬이 맺혀 있는 정원에 나는 혼자 오네…… 그는 나와 함께 걸으시네, 그는 나와 함께 걸으시네, 그는 내게 내가 그의 자녀라고 말하시네." 그 흑인 조종사는 거대한 기쁨과 평화 속에서 울음을 터트렸다. 그는 누군가의 보살핌을 느꼈고 더 이상 혼자라고 생각하지 않았다.[5]

    정확히 필요한 순간에 들려온 노래가 외로운 영혼에 연결감을 불어넣어 주었다. 음악은 강한 감정을 불러일으킨다. 특히 어릴 적 누군가와 함께 들었던 음악이라면 더더욱 그러하다. 적시적소에 사람의 마음을 관통하는 노래는 잃어버린 연결감을 재구축하기도 한다.

    음악이 예상치 못한 결과를 가져오는 것처럼, 낯선 사람 옆에 앉았을 때도 뜻밖의 일이 벌어질 수 있다. 스콰이어 러쉬넬이 소개하는 다음 이야기는 옆자리에 앉은 낯선 사람이 막 세상을 떠난 가족과의 유대감을 더욱 돈독하게 해 준 경우였다. 돌아가신 스테이시아의 아버지는 유명한 광대였다. 스테이시아는 아버지를 마지막으로 배웅하려고 장례식이 열리는 플로리다로 가는 비행기를 탔다. 언제나 웃고 있는 일반 광대들과는 달리 '지친 윌리Weary Willie'는 언제나 얼굴을 찌푸리고 있었지만 그의 표정은 한 번 보면 잊기 힘들 정도로 사랑스러웠다. 그는 단 한 번을 제외하고는 웃는 사진을 절대 찍지 않았다. 당시 그는 사진 작가와 함께 홍보 인터뷰 중이었다. 전화가 울렸고 광대는 "당신은 이제 예쁜 딸의 아빠야!"라는 말을 들었다. 그의 첫 아이이자 유일한 아이였다. 광대 '지친 윌리' 분장을 하고 있던 에밋 켈리 Emmett Kelly의 얼굴에 함박웃음이 번졌고, 사진 작가는 그 순간을 포착했다. 전 세계의 신문이 그 사진을 골랐다.

    사진을 가져온 스테이시아는 활짝 웃고 있는 '지친 윌리'의 유명한 모습을 다시 꺼내 보았다. 아버지가 자신이 세상에 태어난 것에 기뻐하며 웃고 있다는 사실이 다시 한 번 절절하게 느껴졌다. 그녀는 흐느끼기 시작했다. 바로 옆에 앉은 남성이 괜찮냐고 물었다. "아버지가 오늘 아침에 돌아가셨어요." 그녀가 들고 있던 사진을 본 남자는 깜짝 놀라 자신이 그 사진을 찍은 작가라고 말했다. 스테이시아는 즉시 안도와 평화를 느꼈다. 마치 아버지가 자신의 슬픔을 어루만져 주는 것 같았다.⁶ (덧붙이자면, 내가 알기로 그 사진 작가는 플로리다의 장례식에 가려던 게 아니라 비행기를 갈아타고 애틀랜타의 다른 지역으로 갈 예정이었다)

전혀 모르는 사람 옆에 앉았는데 알고 보니 생모, 미래의 배우자, 찾던 동료였다니. 욕구를 동력으로 돌아가는 운명의 수레바퀴가 자리 배정의 묘를 부려 사람을 만나게 하는 일은 생각보다 그리 무작위적으로 일어나는 것 같지는 않다.

우연의 안내에 마음을 열면 예상치 못한 사람을 만나기도 한다.

| 우연의 안내에 마음을 열면 예상치 못한 사람을 만나기도 한다.

트리쉬와 롭 맥그리거는 데브라 페이지의 이야기를 들려준다. 데브라 페이지는 1993년에 딸을 낳았지만 희귀한 유전병 때문에 2년밖에 살지 못하고 죽었다. 고맙게도 지역 병원에서 너무나 많은 사람들이 집으로 찾아와 딸의 간호를 도왔다. 그러다 2007년, 페이지는 자신의 자가 면역 질환을 치료해 줄 새 의사를 찾고 있었다. 몇 차례 문의 끝에 그녀는 이 분야에서는 최고라는 평을 듣는 한 의사와 약속을 잡았다. 첫 만남에서 페이지의 병력을 검토하던 의사가 갑자기 눈물을 흘렸다. "당신과 따님을 알아요. 저는 따님을 도왔던 봉사자였습니다." 그녀는 많은 호스피스 봉사자들 중 한 명이었다. 두 사람은 포옹했다. 의사는 자기 딸이 10월 9일생이라고, 페이지 딸의 기일과 똑같은 날에 태어났다고 말했다.

페이지에게 이 우연은 '과거가 준 아름다운 선물'이었다. 마치 저 너머에서 딸이 손을 내밀어 그녀를 도와준 것 같았다. 잠시 동안 페이지는 죽은 딸이 살아 있는 것만 같은 느낌을 받았다.⁷

| 나의 아버지 이야기

이 책에 나오는 우연 이야기들의 포문을 연 것은 바로 나를 사랑하는 아버지의 마음이었다. 내가 샌프란시스코의 부엌 싱크대에서 숨이 막혀 괴로워하고 있던 바로 그때 아버지는 델라웨어 윌밍턴에서 질식해 돌아가셨다. 내 생일이었다. 이 사건으로 나는 동시경험이라는 개념에 눈을 떴다. 그러니 다시 한 번 아버지와 관련된 놀라운 우연으로 이 영적인 우연 이야기들을 끝맺으련다. 나를 또 한 번 찾아온 아버지는 아버지에게서 아들로 이어지는 내리사랑의 끈을 쥐어주고 떠났다. 내 아버지의 아버지인 루드비히, 루드비히의 아버지인 아이작, 아이작의 아버지인 다비드로 거슬러 올라가는 사랑의 끈을.

    2010년 2월 27일, 그날은 내 생일이자 아버지의 기일이었다. 그날 나는 아들인 아리, 내 동생 앨런과 함께 안식일 예배에 갔다. 우리는 아버지를 위해 카디시를 암송했다. 샬러츠빌의 보행자 구역에서 점심 식사를 막 마쳤을 때 앨런의 아들인 진이 생일 축하 전화를 걸어왔다. 앨런과 아리는 내가 진과 통화하는 동안 컵케이크를 먹고 있었다. 진은 새로 태어난 아들의 이름을 찰스라고 지었다고 전했다. 나는 찰스의 독일어 이름이 카를이며, 할아버지의 이름과 똑같다고 말했다. 진은 놀라며 그 사실에 기뻐했다. 그런 뒤 그는 자신이 지금 운전 중인데 방금 델라웨어 윌밍턴의 할아버지 묘소를 지났다고 말했다(진은 그곳에서 차로 45분 걸리는 남쪽에 살고 있어서 윌밍턴은 평소 다니는 구역이 아니었다). 통화를 하다 우연히 고개를 들었을 때 내 눈에 보인 것은 '비비안 가게'

라는 간판이었다. 비비안은 진의 아내 이름이다. 다 함께 차로 돌아가는데 앨런의 목에 컵케이크가 걸려 사레에 들렸다. 이것은 아버지가 돌아가시게 된 상황을 연상시켰다. 이런 일련의 사건들을 겪으며 나는 우리가 의미의 매트릭스에 깊게 파묻혀 있다는 사실을 떠올렸다. 이 의미는 특별한 상황을 통해 의식된다. 통상적으로 일어날 가능성이 없어 보이는 마음과 현실의 교차를 기대한다는 것은 결국 우리 안에 내재된 능력과 연결되고, 우리가 속해 있는 더 큰 마음과 연결될 수 있는 가능성에 눈 뜨는 것이나 마찬가지다.

CONNECTING WITH COINCIDENCE

PART 2

CONNECTING WITH COINCIDENCE

우연을 삶으로
통합시키다

10장

CONNECTING WITH COINCIDENCE

우연 사용법

Connecting
with
Coincidence

우연이 삶의 모든 어려운 국면에서 나타날 수 있다는 것을 충분히 보았으니 이제 우연을 잘 활용하는 데 도움이 될 만한 일반적인 원칙을 살펴보자. 이번 장에서는 도구적 우연의 두 가지 주요 쓰임새, 즉 우리에게 필요한 것을 정확히 찾아주고 의사 결정에 도움을 주는 면을 주로 다룬다. 그 외에도 의미 있는 우연은 사랑하는 사람과의 관계를 긍정해 주기도 하고 세상사 돌아가는 방식에 대한 믿음을 공고히 해 주기도 한다. 장의 마지막 부분에서는 우연을 잘못 사용할 경우 원치 않은 결과가 나올 수 있음을 알린다.

| 의미 있는 우연에 대한 믿음

지금까지의 우연 연구를 보면 우연의 유용성을 암시하는 이야기들이 수없이 많다. 삶에서 만나는 많은 아이디어가 그러하듯, 우연을 무시한다면 우연이 가진 잠재력을 최대치로 사용할 수 없다. 하지만 가능성을 믿는다면 새로운 장이 열릴 수 있다.

우연이 쓸모 있다고 믿는 것은 결국 '내가 살고 있는 현실은 내게 호의적이다'라고 생각하고 행동하는 것이다. 이런 자세를 긍정적인 편집증, 즉 '프로노이아pronoia'라고 부르자. 즉, 만사가 나에게 좋은 방향으로 일어날 것이며 '운'은 내 편이라고 믿는 것을 의미한다. '당신이 편집증 환자가 아니라면 그것은 제대로 보고 있지 않기 때문이다'라는 격언은 프로노이아에도 적용된다. 당신이 '프로노이드'가 아니라면, 그것은 도움이 되는 가능성에 주의를 기울이고 있지 않기 때문이다.

우연의 쓸모에 대한 믿음은 경험을 통해 강해진다. 책『우주와 정신, 새로운 세계관에 대한 암시Cosmos and Psyche: Intimations of a New World View』에서 문화 역사가 릭 타나스Rick Tarnas는 의미 있는 우연에 대한 자각이 어떤 과정을 거쳐 개발되는지 설명한다. 맨 처음에 사람들은 놀랍기도 하고 심지어 기이하게도 보이는 다소 애매한 패턴을 알아차린다. 그러나 대개 어쩌다 일어난 일이겠거니 치부하고 쉽게 잊어버린다. 그러다가 내면의 마음 상태와 외부 환경이 극적으로 일치하는 사건이 터지면서 삶이 뒤바뀐다. 특히 이때, 신기한 방식으로 연결된

다른 우연들이 함께 벌어지면서 삶이 바뀌는 속도가 더욱 가중되기도 한다. 이렇게 자각의 문지방을 한 번 넘고 나면 의미 있는 우연을 바라보는 시선이 완전히 달라진다. 우연을 일상의 자연스러운 부분으로 기대하게 된다. 이후 사람들은 점차 우연의 존재를 신중하게 인정하고 그것의 의미와 쓸모를 주의 깊게 해석하는 등, 기민하지만 균형 잡힌 태도로 우연을 바라보기 시작한다.[1]

내 연구는 물론이고 책으로 접한 많은 이야기를 통해 나는 우연을 유독 자주 보는 사람들이 있다는 사실을 알게 됐다. 나는 이런 사람들을 '코인사이더coincider'라고 부른다. '코-인사이더co-insider'처럼 내면에 대한 견해가 같은 사람들을 지칭하는 말이다. 코인사이더는 우연이 중요하고 유용하고 흥미롭다고 생각하는, 현재 그 수가 점점 늘어나는 사람들 중 하나다. 이들은 다른 사람들보다 훨씬 수월하게 마음의 상태와 외부의 사건을 연결시킨다. 이들은 자신의 내면에 갇혀 사는 내향적인 인간들이 아니다. 다른 사람들이나 외부의 현실에만 시선을 고정시키고 사는 외향적인 인간들도 아니다. 이들은 외부의 사건과 내면의 마음 사이를 빠르고 쉽게 오간다. 자기 마음 밖에서 일어나는 사건과 자기 자신을 빠르게 연결시킨다는 점에서 이들을 '자기 지시적인' 사람이라고 불러도 좋을 것이다. '자기 지시적인' 상태의 가장 극단적인 형태는 편집증paranoia과 과대성grandiosity이다. 편집증적인 사람은 외부의 사건이 자신에게 부정적인 결과를 가져올 거라고 결론 내린다. 사람들이 자신을 비난하고, 극단적으로는 자신을 해칠 음모를 꾀하고 있다고 생각한다. 반면 과대 성향의 사람은 자신이 세상의 중심이라고 생각하고, 그래야 한다고 생각한다. 모든 사건을 '기-승-전-

나의 위대함'으로 해석한다. 코인사이더는 이 중간의 길을 추구한다.

코인사이더들은 직관 능력 역시 뛰어나다. 이들은 직선적이고 이성적인 사고를 우회해 자기 주변에서 일어나는 일을 유용한 방식으로 해석할 수 있다.

두 사고방식 모두 제대로 활용하려면 연습은 필수다. 왜곡된 결론은 제거하고 유용하고 활용 가능한 결론을 식별하려면 '자기 지시적' 사고와 직관 모두 가끔씩은 회의적인 시선으로 검증할 필요가 있다.

삶에서 의미를 찾는 사람들 역시 우연에 민감하다. 이들은 자기 주변에서 일어나는 일을 통해 자신이 현재 삶의 어디쯤에 있으며, 어떤 목적지를 향해 가고 있는지를 알려고 한다. 이들은 적극적으로 답을 찾는다. 뼈를 찾기 위해 종종거리며 근처를 탐색하는 속담 속 강아지처럼, 이들 역시 재빠르게 돌아다니며 주변을 스캔한다. 삶의 의미를 찾는 사람들은 우리에게 한결같이 말한다. 우연을 찾으려면 움직이고 찾아야 한다고. 그저 침대에 누워 원하는 결과를 상상하는 것은 소용없다. 반드시 움직여야 한다.

두 코인사이더들은 자기 자신에 대해 이렇게 기술한다. (1) "솔직히 말하면 이 우연이라는 건 저에게 '언제나' 일어납니다. 어느 정도냐 하면 제 가족들은 이제 제가 하는 우연 이야기에 별 관심이 없어요. 더 이상 놀랄 일이 없기 때문이죠." (2) "저는 이런 일을 평생 겪었고, 언제나 1에서 10으로 점수를 매겨요. 1은 우연도가 제일 떨어지는 것, 10은 결이 다양하고 복잡한 최고 수준의 우연입니다."

| '관찰하는 자아' 활성화시키기

우연이 주는 놀라움은 당신의 '관찰하는 자아'를 활성화시킨다. 이 자아는 마음의 움직임을 모니터링하는 자각의 일부다. 내면에서 일어나는 일과 외부에서 일어나는 일의 놀라운 일치는 경외감과 더불어 분석 욕구를 일깨운다. 당신은 자신의 생각과 감정을 관찰하고, 이 기이한 병치를 이해하려고 애쓴다.

이 과정은 심리 치료의 핵심이다. 나는 환자가 자신의 관찰하는 자아를 활성화시킬 수 있도록 돕는다. 뒤엉켜 있는 감정을 차분히 풀어 보고 혼돈의 기저에 깔린 패턴을 찾아보라고 독려한다. 그들이 내적 사건을 묘사하면 나는 그들의 관찰하는 자아에 합류해 문제적인 갈등에 이름표를 붙이고, 그들이 새로운 관점으로 새로운 선택을 할 수 있게 돕는다.

심리 치료사의 예리한 한 마디에 상담 분위기가 전환되는 것처럼, 충격으로 다가오는 우연은 새로운 가능성의 문을 활짝 열어젖히고, 당신을 멈추고 생각하게 만들고, 새로운 에너지로 환기된 마음을 관찰하게 만든다. 이 우연은 어떤 의미인가? 그것이 함축하는 바는 무엇인가? 만일 의미가 있다고 한다면 나는 그것을 어떻게 활용해야 하는가? 이렇게 활성화된 자각은 빨리 사라질 때가 많다. 어떤 결론에 도달하지 않는다면 쉽게 잊힌다.

관찰하는 자아를 활성화시키는 것은 우연이 주는 큰 혜택이다. 당신은 마음과 환경 사이의 연결 가능성을 훨씬 더 의식하게 된다. 우연을 경험하면 할수록 마음은 당신과 주변 사이를 더 유연하게 오간다.

| 간절히 필요한 것을 주는 우연

앞의 많은 이야기가 증명하듯, 우연은 놀랍게도 그 순간 당신이 정말 필요로 하는 것을 마련해 줄 수 있다. 이번 장을 쓰며 마지막으로 글을 다듬고 있을 때, 구직 웹사이트인 '링크드인LinkedIn'을 통해 우연에 관심이 많은 뛰어난 편집자 한 명을 만나게 됐다. 때마침 우연을 잘 이해하고 있는 좋은 편집자를 찾고 싶다는 생각을 하고 있던 참인데, 그런 내 욕구에 대한 답이 온 것이다.

우연은 생각지도 않은 새로운 가능성을 눈앞에 보여 주기도 한다. 분명히 벽이라고 생각했던 것이 알고 보니 문이다. 그것을 잡아야 할까? 절실했던 욕구를 정확히 채워 줄 사람이나 아이디어, 물건들이 우리의 시야로 들어온다. 사랑에 대한 욕구, 취업 문제, 건강 문제, 막혀 버린 창조성 등, 어떤 문제가 생겼을 때 꼼꼼하게 계획을 짜서 대응할 수도 있다. 그렇지만 갑작스런 세렌디피티로 단번에 매듭이 풀리기도 한다. 새로운 연구 방향을 찾고 있던 나는 동료에게 작별 인사를 하러 갔고, 그의 책상 위에 놓여 있던 논문 한 편은 향후 내 학문적 성공의 발판이 되었다.

당신은 민첩하게 움직일 수 있는 준비가 돼 있어야 한다. 미래의 열쇠를 쥐고 있는 사람이 공항에서 슥 지나갈 수도 있는 법, 빨리 다가가지 않는다면 그 사람은 군중 속으로 사라져 버릴 것이다.

| 결정에 대한 통찰

진퇴양난에 빠지게 되면 우리는 자신의 결정을 뒷받침해 줄 증거를 찾아 주변을 두리번거린다. 미래의 일을 누가 알겠는가? 최고의 길을 선택하려면 염두에 두어야 할 변수가 너무 많다. 하지만 불확실성의 폭풍이 불어 닥칠 때, 우연은 특정 결정에 힘을 실어줄 수 있다. 어떤 우연은 결혼할 것인가 이혼할 것인가, 이 일을 할 것인가 말 것인가, 이쪽 길로 갈 것인가 저쪽 길로 갈 것인가의 결정을 확실히 정해 주기도 한다.

나는 심리 치료를 사랑하는 사람이기 때문에 우연이 주는 상담 효과에 관심을 갖기 시작했다. 심리적으로 궁지에 몰려 어찌할 바를 모르겠는 상황에 처하게 되면 당신은 두리번거리며 자신의 현재 문제를 그대로 반영해 주는 상징들을 삶 속에서 찾게 될 수도 있다. 이런 외부의 시선이 탈출구를 제공할 수 있다. 구름 낀 어느 봄날 아침, 수업에 가기 위해 길을 나선 한 대학생이 신세를 한탄하며 눈물을 찔끔 흘리고 있었다. 그녀는 자기 연민이 너무 과하다는 자각은 있었지만 이 슬픔에서 어떻게 빠져나와야 할지 알 수 없었다. 그런데 갑자기 축축하게 젖은 큰 나뭇잎 하나가 머리 위로 떨어졌다. 그녀는 나뭇잎을 떼서 쳐다보고는 웃음을 터트렸다. 자신이 바로 그 나뭇잎 같았다! 더 이상 슬픔은 없었다.

많은 융 학파 상담사들이 내담자의 심리적 성장과 개성화를 돕기 위해 동시성을 사용한다. 개성화란 '나'라는 사람을 더욱 정확하게 찾아가는 과정이다. 보다 진실하고 진짜에 가까운, 훨씬 나다운 모습을 되찾고 자신의 강점과 약점과 욕망을 점점 또렷하게 알아가는 것이다. 융의 유명한 풍뎅이 일화는 심리 치료 중에 일어나는 우연이 어떻게 심리적 변화를 촉진시키는가를 잘 보여 준다. 하지만 꼭 심리 치료를 받아야지만 우연을 통해 성장할 수 있는 것은 아니다. 자전거로 암스테르담을 일주하던 알리를 기억하는가. 그는 우연을 계기로 피상적인 가치는 밀어 두고 자신이 사랑하는 여인에게 청혼을 했다.

| 다양한 직업에서 활용하기

모호함과 불확실성은 우연을 초대하는 좋은 토양이다. 모든 유형의 예술가들(소설가, 화가, 음악가)이 생각지도 못한 가능성을 얻고자 무작위성을 활용한다. 투자자, CEO, 연구 과학자들 역시 예상 밖의 채널을 통해 들어오는 우연에 의지한다. 회계사는 우연이 필요 없다. 그들에게는 믿을 수 있는 수학과 계산이 필요하다.

약학 연구의 역사 역시도 우연한 발견으로 가득하다. 항우울제, 비아그라, 암 치료제 등 환자 치료에 획을 그은 많은 발견들은 엄격하게 통제된 가설 근거 연구가 아닌, 끈기 있고 기민한 연구자들이 만들어 낸 세렌디피티를 통해 만들어졌다.

한 번은 심리 소설을 쓰는 작가와 함께 12세기 카발리스트Kabbalist인 아브라함 아불라피아Abraham Abulafia에 대한 이야기를 한 적이 있다. 그가 히브리어 알파벳 한 자 한 자에 대해 명상을 했다는 말을 하자 이 소설가는 대단히 흥미로워하면서 잠시 자리를 비우더니 현재 작업 중이던 원고를 갖고 돌아왔다. 그는 이 아이디어를 자신의 새 소설에 녹여 냈다. 창의적인 일은 확실히 우연처럼 보이는 일들에 의존해 앞으로 나아갈 때가 많다.

| 사랑을 확인하다

많은 사람들이 세상을 떠난 사랑하는 이가 마치 자신의 존재를 알리는 듯했다는 이야기를 한다. 느낌으로 주고받는 이 의사소통은 경외감과 흥분을 자아내고, 사랑하는 가족과의 유대가 죽음 너머에서도 계속 이어진다는 확신을 준다. 내 동료는 다음과 같은 이야기를 내게 들려주었다.

20대 후반인 젠(가명)은 세 번 유산한 뒤로 우울에 빠져 있었다. 매번 조그맣게 뛰는 아이의 심장을 볼 수 있으리란 기대에 부풀어 병원에 갔지만 안타깝게도 보이는 것이라곤 검은색 스크린이 전부였다. 그녀는 차츰 친구들의 출산 축하 파티도 피하게 됐고 유모차를 끄는 여자들을 볼 때도 괜스레 화가 났다. 삶에 대한 희망이 점차 스러졌다.

그녀의 슬픔이 배가 된 것은 그날이 어머니의 날이었다는 점이었다. 자신의 삶이 계획대로 흘러가지 않으리란 사실을 상기시켜 주는 가슴 아픈 날이었다. 그녀는 이번 어머니의 날에는 기거나 어쩌면 걷

• 유태교의 신비주의자를 말한다.

기를 시작한 아이와 함께하리라고 기대했었다. '어쩌면 난 엄마가 될 운명이 아닌가 보다.' 게다가 그해에는 어머니의 날이 그녀의 생일과 겹쳤다. 매년 그녀의 생일에는 몇 년 전 돌아가신 할아버지가 신호를 보내 주었다. 새가 창문 앞에 앉는다던가, 라디오에서 노래가 흘러나왔다. 생일을 축하하고 싶은 마음은 전혀 없었지만 그래도 그녀는 가족을 만나러 조지아 주를 출발해 고향집이 있는 로드아일랜드 주로 갔다.

바비큐를 준비하기 위해 어머니와 마트에서 장을 보면서 그녀는 할아버지가 너무 그립다고 말했다. 하지만 오늘은 할아버지가 보내는 신호가 없었다. 전혀. 그녀는 어쩌면 모든 게 그저 머릿속에서 일어난 망상일지도 모르겠다고 생각했다. 물건을 계산대에 올려놓으면서 모녀는 할아버지에 대한 추억을 나누었다.

"우리 여름마다 앨턴 베이에 가서 놀았던 거 기억나요?"

엄마가 고개를 끄덕였다.

"할아버지하고 위니페소키 강에 갔던 건 정말 내 인생 최고의 기억 중 하나인데. 할아버가 지금 우리와 같이 계셨으면."

그녀가 이 말을 한 순간, 누군가 어깨를 두드렸다.

"실례합니다만, 제 물건을 좀 올려놓겠습니다." 어떤 남자가 말했다.

그녀가 고개를 돌리는데 우연히 남자의 셔츠로 눈길이 갔다. 눈을 가늘게 뜨고 셔츠에 쓰인 글자를 읽은 순간 그녀의 입이 벌어졌다. '앨턴 베이 위니페소키 강'이란 글자가 대문자로 진하게 새겨져 있었기 때문이다.

남자의 눈은 크리스탈 블루색이었고, 팔은 길고 가늘었다. 할아버지가 그랬던 것처럼. 자신이 기억하는 할아버지의 모습을 꼭 빼닮은 이 낯선 사람에게서 그녀는 왠지 모르게 익숙한 따스함을 느꼈다.

놀라서 할 말을 잃은 그녀는 그저 거기 서서 남자가 물건을 내려놓는 모습을 지켜보고만 있었다. 엄마와 마트를 나온 그녀는 흥분을 감출 수가 없었다.

"엄마, 그 남자분 티셔츠 봤어요? 어쩜 이런 일이 있을 수 있지?" 모녀는 믿을 수 없다는 듯 고개를 끄덕였다. 바로 그 타이밍에 남자의 동선과 자신들의 동선이 교차할 가능성은 얼마나 되는가? 앨턴 베이는 그들이 사는 곳에서 160킬로미터나 떨어진, 뉴햄프셔 산속에 위치한 작은 마을이다. 앨턴 베이에 살고 있는 사람이었을까? 자기들처럼 그 사람 역시 휴가를 온 것일까? 왜 그는 그 순간에 바로 그 계산대에 서 있었을까?

젠은 신호를 달라고 요청했고, 신호를 받았다. 몇 달간 마비된 듯 아무런 감정을 느낄 수 없었던 그녀는 돌연 흥분과 에너지로 가득 찼다. 그녀에게 이 만남은 사랑하는 사람이 절대 멀리 떨어져 있지 않다는 것을 확인한 사건이었다. 그녀는 이 남성을 통해 기적은 정말로 일어난다는 사실을 머리와 가슴으로 받아들였다. 그녀는 자신이 오래도록 맛보지 못했던 희망과 경외감을 깊이 음미했다.

| 우연을 이해하다

우연으로 기분 좋은 놀라움을 경험하고 나면 우리는 주변에서 일어나는 신비를 새로운 눈으로 보게 되기도 하고, 기존의 믿음을 더욱 확신하게 되기도 한다. 많은 종교가 신에 대한 믿음뿐 아니라 신의 섭리에 대한 특정 관점을 뒷받침하기 위해 우연을 활용한다. 많은 우연들이 아직까지 밝혀진 바 없는 세상의 속성이나 인간의 잠재력을 드러낸다. 나는 신이나 별을 동원하지 않고, 인간과 인간이 사는 지구를 통해 우연을 이해하고자 한다. 우연은 신비스럽고 기적적인 삶의 일부분이다.

우연을 접하다 보면 이것이 숨겨진 실재를 보여 주는 창이 아닐까 하는 생각이 짙어지기도 한다. 또한 우연은 사이비 회의주의자들의 굳은 믿음을 흔들기도 한다. 진정한 회의주의자들은 관련있는 모든 정보를 사심 없이 고려하고, 필요하다면 자신의 신념에도 기꺼이 의문을 제기한다. 하지만 사이비 회의주의자들은 자신과 다른 믿음을 조롱하고 배척한다.[2] 그런 사이비 회의주의자 중 하나였던 마이클 셔머는 통계적 해석 말고는 우연을 설명할 방법이 없다고 주장하는 것에 직업적 삶의 상당 부분을 보낸 사람이다. 그러나 마음은 뇌에서 나온다는 그의 유물론적 세계관은 도전에 직면한다. 그의 결혼식 날이었던 2014년 6월 25일, 그와 아내는 그가 그토록 신봉했던 과학적 원리로는 설명할 수 없는 일을 경험했다.

그의 아내 제니퍼는 독일에서 어머니의 손에 자랐고, 그녀가 열여섯이던 해에 돌아가시기 전까지 할아버지는 그녀에게 아버지와 같은 존재였다. 할아버지의 유품 중 유일하게 남은 것은 1978년산 필립스 070 트랜지스터 라디오였다. 셔머는 이 낡은 기계를 살리기 위해 몇 시간을 붙잡고 씨름했다. 배터리도 갈아 끼우고 이리저리 조작해 봤지만 이 자그마한 상자에서 끝내 소리는 흘러나오지 않았다. 아쉬운 마음으로 그는 라디오를 서랍 안에 넣었다.

결혼식은 제니퍼의 집에서 수천 킬로미터 떨어진 로스앤젤레스에서 올렸다. 제니퍼는 할아버지가 계셨으면 하고 바랐다. 결혼 서약은 집에서 했다. 나중에 제니퍼가 마이클에게 하고 싶은 말이 있다며 침실로 오라고 속삭였다. 두 사람이 집 뒤편으로 가고 있는데 어디선가 음악 소리가 들렸다. 침실 밖에서 나는 소리도 아니었고 방에 있는 전자기기(휴대폰, 팩스, 컴퓨터)에서 나오는 소리도 아니었다.

문득 노래 소리가 낡은 트랜지스터 라디오에서 나오는 것일 수도 있겠다는 생각이 든 제니퍼는 서랍을 열어 라디오를 꺼냈다. 로맨틱한 노래가 나오고 있었다. 제니퍼는 할아버지의 존재를 느꼈다. 그녀는 놀랍고 감사했으며, 더 이상 외롭지 않았다. 그녀는 할아버지가 자신의 곁에 있고, 이 결혼을 축복해 주고 있다고 느꼈다. 밤새 클래식 음악이 나오던 라디오는 다음날 아침에 멈췄고, 다시는 작동하지 않았다.

라디오가 되살아난 그 절묘한 타이밍에 프로 회의론자는 깜짝 놀랐다. 무척 감정적인 날에 가능성이 극도로 낮은 사건이 일어났다. 그것도 아내와 새 가족이 된 사람들과 직결된 사건이 말이다. 어쩌다 일어난 일이라고 하기에는 잘 납득이 가지 않았다. 감정적 여파가 아주 강했다. 무언가 다른 일이 벌어지고 있었다. 셔머는 우연에 대한 자신의 믿음을 재고해야 했다. 그는 이런 이상한 우연의 존재가 "과학적으로는 설명할 수 없는 초자연적 현상이 실재함을 보여 주는 것이다"라고 적었다.[3] 적어도 잠시 동안 이 사이비 회의론자는 새로운 가능성에 마음을 열었다.

대부분의 사람들은 자신이 굳게 믿고 있는 믿음이 확인되는 걸 좋아한다. 그래서 우연은 신이나 우주가 만들어 준 기적이 되거나, 무작위적인 우주를 설명하는 최고의 방법으로 통계만한 것이 없음을 증명해 주는 단서가 된다. 어떤 사람들은 우연을 통해 양자적 비국소성을 확인한다. 만물의 상호 연결성을 믿는 나 같은 사람에게 우연은 빽빽하게 얽힌 정신의 그물망, 바로 사이코스피어를 이해하는 단서가 된다.

| 개인적 힘에 대한 인식을 넓히다

동시경험에 눈을 뜨면 말도 안 되는 것처럼 보이는 것을 받아들이게 된다. 좀 더 명확한 정의가 필요하긴 하지만, 모종의 방식으로 우리가 공간을 넘어 다른 사람과 연결되어 있다는 사실을 수긍하게 된다.

우리 모두는 사랑하는 사람이 겪는 고통을 멀리서도 경험할 수 있다. 한 제약 회사 영업 사원은 놀랍게도 가끔 기이한 고통을 느낄 때가 있다면서 그럴 때마다 혹시나 아이들이 그와 비슷한 고통을 겪고 있는 건 아닌지 걱정될 때가 있다고 말했다. 그는 아이들에게 물어보지는 않았다지만 어쩌면 물어보는 게 좋을 뻔도 했다. 내가 사랑하는 사람의 고통을 감지할 수 있음을 확인하는 것만으로도 힘이 된다. 물리적 분리의 경계를 넘나들 수 있다는 뜻이기 때문이다. 그도 다른 사람들처럼 타인의 고통이 느껴지는 것 같을 때에 염려해야 할 때는 언제고,

잊어버려도 되는 때는 언제인지를 구분할 필요가 있을지도 모른다.

사랑하는 사람의 육체적 고통이나 감정을 멀리서 느낄 수 있다는 것은 둘 사이가 애착의 끈으로 연결돼 있음을 보여 준다. 이 끈은 지금의 우리로서는 알 수 없는 형태로 에너지-정보를 전달한다. 이것은 현실에서도 많이 확인할 수 있다. 이혼 소송 중인 부부라면 이 끈을 제거해야 서로에게 독이 되어 버린 인연에게서 해방될 수 있는 경우도 있다. 가끔은 한 사람이 모순된 감정을 느끼기도 한다. 관계에서 얻는 평온과 사랑은 되찾기를 바라지만 사실 애착의 뒤엉킴을 풀 필요가 있음을 아는 것이다. 내 환자들은 대개 관계를 돈독하게 하기 위해 취하는 친절을 반드시 버려야 한다는 사실을 금방 깨닫는다. 관대함, 서로를 이해하고자 하는 노력, 도움이 되는 제안 모두 의도는 좋은 제스처들이지만 결국 두 사람 사이에 흐르는 유독한 감정을 유지시키기만 할뿐이다. 관계를 잇는 데 사용되는 친절을 놓아 버려야 이 애착의 끈이 훨씬 잘 풀린다.

또한 우리는 가끔씩 필요한 구체적인 사람이나 생각, 물건들을 찾아내는 능력이 있는 것 같다. 물론 이는 완벽하지 않고 언제든지 예측하기 힘든 방향으로 튈 가능성도 있다. 하지만 우리는 아무래도 타고난 것으로 보이는 뇌의 능력(개인적인 GPS)으로 우리에게 필요한 것을 찾을 수 있고 실제로 찾고 있다. 심리 전문가들은 인간의 무의식이 얼마나 깊고 얼마나 다양한 방식으로 발현되는가를 밝혀냈다. 그처럼 우리의 동시경험 능력과 GPS 역량 역시 더욱 인정받게 될 수 있다. 타인의 고통(과 기쁨)을 멀리서 알아차리고 필요한 사람이나 생각이나 물건을 찾아내는 능력을 실험하다 보면 이 무의식적 능력을 의식의 영역으로 끌어들일 수 있을 것이다. 이 직관력을 개발하고 확장시킬 수 있는 방법은 연습뿐이다.

| 어떤 우연의 미학

어떤 우연들은 그저 따뜻하고 긍정적인 경험이 전부다. 쓰임새를 아무리 찾아봐도, 무언가를 얻거나 어떤 일을 일어나게 만든다는 전통적인 의미에서의 용도는 없을 수 있다. 하지만 너무 조급하게 생각하지 말라. 어쩌면 그 우연은 그저 기쁨의 파동을 일으키는 것으로 역할을 다했을 수 있다. 24세인 한 여성은 뚜렷한 원인도 없고 뚜렷한 쓰임새도 없는 놀라운 우연을 경험하고는 그것이 어떤 느낌이었는지를 이렇게 묘사했다. "엄마가 머리끝까지 이불을 올려 줘서 그 안에 폭 싸여 있는 느낌이었어요."

| 다른 사람들이 우연을 경험하도록 돕기

우연이 모두 '나' 위주일 필요도 없고, 실제 그러지도 않는다. 우연은 다른 사람들에게 대단히 좋은 결과를 가져다줄 수 있고, 그럴 경우 당신의 기쁨은 그 우연에 참여하는 데서 온다.

내 동료는 비행기에서 눈물범벅이 돼 있는 한 남성 옆에 앉게 됐다. 그녀는 남성에게 무슨 일이 있냐고 따뜻하게 물었다. 그는 스물다섯 살 밖에 안 된 재능 있고 훌륭한 딸이 급성 뇌종양으로 갑자기 죽었고, 지금은 고등학교 시절 제일 친하게 지냈던 친구가 죽어 그의 장례식에 가는 길이라고 말했다. 두 사람은 대화를 이어가던 중 남자의 부인과 친하게 지내는 사망한 친구의 부인이 내 동료의 친한 친구라는 사실을 알게 됐다. 이 우연은 슬픔에 잠겨 있던 남성에게 위로가 되었다.

    2014년 6월 7일, 나는 테니스를 치러 갔다. 워밍업을 하고 있는데 두 코트 떨어진 곳에서 한 여성이 초등학생 또래로 보이는 아이 둘과 함께 연습을 시작했다. 그녀는 남자아이에게는 큰 소리로 지시를 내리며 칭찬했고, 여자아이는 백보드에서 혼자 공을 치는 연습을 하고 있었다. 한 10분쯤 지났을까, 내 테니스 파트너인 윌이 차를 몰고 올라와서는 코트 밖에서 나를 불렀다. 그는 자기 차에 내 선물이 있다고 말했다. 그는 공중으로 테니스 바스켓(공을 많이 담는 철제 새장같이 생긴 것)을 들어올렸다. 나는 이미 하나 갖고 있다고 소리쳤다. 그런데 그때 두 코트 아래쪽에 있던 여성이 자기는 하나 필요하다고 소리쳤다. 아이들에게 테니스 잘 치는 법을 가르쳐 주기 위해 안 그래도 오늘 하나 살 생각이었다고 하면서 말이다. 우연이 딱 맞아떨어졌다.

| 우연 해석하기

놀라움을 계기로 자기 관찰 능력이 활성화되면 우리의 마음은 의미를 찾는다. 우연의 상징들이 일종의 커뮤니케이션처럼 보이기 때문이다.

일기를 써라. 글로 쓰게 되면 모호한 우연으로부터 거리를 둘 수 있고 그럼 더욱 명료해진다. 시간이 지나고 거리를 두게 되면 훨씬 뚜렷한 패턴이 드러난다.

내담자가 혼란스러운 딜레마나 꿈의 의미를 이해할 수 있도록 도울 때면 나도 나만의 의견이 생긴다. 하지만 얼마간의 곤란한 경험을 통해 전문가는 내가 아니라는 사실을 배우게 됐다. 전문가는 그들 자신이다. 환자는 내가 모르는 정보를 알고 있다. 내 의견은 보통 가능한 여러 가지 해석 중 하나에 불과할 뿐 가장 좋은 의견이 아닐 수 있다. 그래서 나는 말하고 싶은 욕구를 억누르고 이렇게 묻는다. "당신은 이 상황에 대해 어떻게 생각하시나요?" 환자들은 대개 이렇게 대답한다. "모르겠습니다." 하지만 내가 조금만 도와주면 그들은 좋은 가능성들을 얘기하기 시작하고, 그럼 나는 거기에 내 의견을 덧붙인다.

우연을 해석하려면 시간을 갖고 한 발짝 물러난 다음 생각이 의식으로 떠오를 수 있도록 여유를 가져야 한다. 당신을 제일 잘 알고 있는 사람은 당신이다. 친구나 전문가와 상담하는 것은 그 과정에 꼭 필요한 자기 성찰 능력을 활성화하고 유지하는 데 도움은 될 수 있지만 해석에 필요한 모든 자원은 당신의 마음 안에 있다. 우연은 지침이 아닌 표지판에 가깝다는 사실을 명심하라. 다른 사람이 내놓는 의견이 아무리 설득력 있다고 해도 결정은 당신 몫이다.

> 우연은 지침이 아닌 표지판에 가깝다는 사실을 명심하라.

우연의 상징 정도는 제각각이다. 우연이 당신이 꼭 원하던 것을 줄 때도 있다. 예를 들어 사람, 생각, 물건, 때마침 필요한 편집자, 현재의 갈등을 그대로 비춰 주는 풍경, 자기 연민에 푹 빠져 있는 순간 머리로 떨어진 질척한 나뭇잎 등이다. 그렇다면 당신은 그저 기회를 붙잡거나 흘려보내면 된다. 하지만 어떤 우연은 점을 연결해 보아야만, 즉 모호한 상징들을 연결시켜야만 숨겨진 의미가 드러나는 경우도 있다. 상징적인 우연의 의미는 파악하기 쉬울 수도 있고 모호할 수도 있다. 상징들을 이해하고 싶은 욕구가 계속해서 올라오는데도 도저히 명료하게 파악되지 않는다면 우연 상담을 받아 보라. 제3자나 당신을 아끼는 사람의 객관적인 견해가 큰 도움이 될 수 있다.

여느 때처럼 숲을 산책하고 있던 2013년의 어느 날, 나는 대인 관계와 돈을 잃는 것에 대한 나의 비이성적인 두려움을 분석하고 있었다. 나는 이 두려움을 잠재우고 싶었고, 산책을 하는 동안 실제로 꽤 진전을 보였다. 산에서 내려와 넓은 길이 펼쳐지는 평지에 도착했을 때 나는 길 한가운데에 일자로 누워 있는 무언가와 정면으로 마주쳤다. 3미터 앞에서 걸음을 멈춘 나는 심장이 미친듯이 빨리 뛰는 걸 느꼈다. 그건 거대한 뱀이었다! 게다가 배 부분이 불룩해 보였다. 방금 먹이를 삼킨 걸까 아니면 그저 햇빛 아래 누워 체온 유지를 하고 있는 걸까? 무사히 지나가려면 어떻게 해야 하지? 나무 조각을 던지자 뱀은 방울 소리를 내며 꼬리를 곤추세웠다. 방울뱀이다! 내 심장은 더 빨리 뛰었다. 나는 나무 조각 하나를 더 던졌다. 그러자 뱀이 똬리를 틀었다! 이제 가 볼까? 나는 방울뱀이 있는 곳에서 길 가장자리까지의 거리를 눈대중으로 쟀다. 뱀이 갑자기 나를 덮치지는 못할 것이었다. 길가까지는 너무 멀었다. 나는 어찌어찌 재빨리 그 옆을 지나갔다. 4년간 다니던 길이지만 뱀을 만난 적은 한번도 없었다.

나는 이 '죽다 살아난 이야기'를 누구에게건 말하고 싶었다. 물론 진짜 죽다 살아난 이야기는 아니었지만 그래도 여전히 극적인 사건이라고 생각했다. 그래서 친구에게 얘기를 했다. 그는 당시 내가 무슨 생각을 하고 있었는지 물었다(이것은 완벽한 질문이었다). 그리고는 뱀은 예로부터 두려움과 관련되어 있는 경우가 많다고 말했다. 그의 말이 정확히 맞았다. 나는 뱀을 만났을 때 정말로 두려웠다. 산을 걷는 내내 나는 두려움에 대해 곰곰이 생각하고 있었다. 뱀은 내게 심각한 해를 입힐 수 있었지만 실제로는 내게 다가오지 않았다. 이와 비슷하게 나는 재정적 두려움과 대인 관계에서의 두려움 때문에 겁을 먹었지만 그런 일은 현실에선 일어나지 않았다. 위협적이지만 무해했던 뱀은 위협적이지만 비현실적인 내 두려움을 그대로 비춰 주었다. 나는 어찌어찌 뱀을 피했다. 더불어 내 두려움도.

어쩌면 내 환자들처럼 나도 이걸 혼자 힘으로 알아냈을 수 있다. 하지만 내 안의 불안과 드라마가 막았다. 나는 내면의 상황과 눈앞에서 벌어진 놀라운 사건의 의미를 같이 관찰하고 찾아 줄 외부인이 필요했다. 나는 나중에서야 그 뱀이 가로줄무늬방울뱀이고 이 뱀은 공격하는 걸 좋아하지 않는다는 사실을 알게 됐다. 이 뱀들은 방울 소리로 나 같은 동물을 겁줘서 쫓아내고 자기들이 먹을 수 있는 더 작은 먹잇감에게 살금살금 다가가는 것을 좋아한다.

정식으로 우연을 다루는 상담사를 만나는 것도 유용할 수 있다. 그중 하나가 프로이트 학파의 정신 분석가 깁스 윌리엄스Gibbs Williams다. 그는 우연의 일반적인 의미들을 명료하게 정의내리고 있다. 그는 우연이란 사람이 문제를 해결하기 위해 만들어 내는 것이라고 본다. 무의식이 외부의 상황을 찾아내거나 창조하고, 그런 상황은 당사자에게 감정적 반응을 일으키고, 그럼 그 사람은 의미를 파악하려고 노력한다는 것이다. 자전거를 타고 암스테르담을 누볐던 알리의 사랑 이야기가 우연의 이런 기능을 그대로 보여 준다. 윌리엄스는 의미 있는 우연을 백일몽이라고 본다. 그래서 우연을 마치 꿈을 분석하듯이 분석한다. 그는 당사자에게 우연의 핵심 요소에 대해 연상해 보라고 시킨다. 그의 안내하에 요소를 연결시키다 보면 갈등이 해결된다.[4]

우연을 분석하는 윌리엄스의 방식이 전부는 아니다. 종교인이라면 우연을 영적이고 종교적인 관점에서 볼 것이다. 우연 상담사들 중에는 당신의 관점을 이해하고, 당신의 신념 체계하에서 우연을 보려고 노력하고, 당신과 함께 좋은 해석을 찾아가는 사람들도 있다. 무엇보다 첫 단계로 제일 좋은 것은 당신을 아끼는 친구에게 얘기를 들어 달라고 부탁하는 것이다.

| 우연을 분석하는 방법

우연의 네 가지 의미를 살펴보는 것도 분석의 한 방법이다.

1. **감정적 자극:** 우연은 보통 놀라움, 경이로움, 호기심, 흥미를 불러일으킨다. 이런 감정적 자극은 우연이 중요하고 의미 있다고 생각하게 만든다.
2. **유사한 내용:** 우연의 요소 중에 두 가지 이상이 유사하거나 동일한 것을 상징한다. 의미가 서로 비슷하다.

3. **설명:** 우연은 대개 '이것이 무엇을 의미하는가?'라는 질문을 촉발한다. 이 질문은 우연이 어떻게 일어난 것이고, 원인은 무엇이고, 이것을 어떻게 설명해야 하는가에 대한 탐색을 나타낸다.
4. **사용:** '이것이 무엇을 의미하는가?'라는 질문은 결국 우연이 한 사람의 미래에 대해 말하고 있는 것은 무엇이고, 그것이 개인에게 얼마나 중요한 것인가를 이해해 보겠다는 말이기도 하다. 우연은 선택, 결정, 방책, 새로운 가능성에 대해 암시하는 바가 있다.[5]

이 여러 가지 의미들을 밝혀 주는 에피소드가 바로 '부의 여신' 이야기다. SF 코미디 영화 〈오스틴 파워Austin Powers〉 시리즈로 유명한 배우 마이크 마이어스Mike Myers는 작가 디팩 초프라Deepak Chopra•를 만나저 네 가지 의미를 모두 보여 주는 우연을 만들어 냈다. 두 사람이 나오는 비디오 영상에서 마이크는 디팩 초프라의 사무실에 들어가자마자 사무실 벽에 붙어 있는 카드를 본다. 놀란 마이크는 갖고 있던 인도의 신 카드 한 벌을 꺼내는데, 맨 위에 있는 카드가 바로 디팩 사무실의 벽에 있던 카드와 똑같았다. 바로 부의 여신 락슈미 카드였다. 나가면서 마이크는 충동적으로 카드를 집어서 디팩에게 보여 준다. 마이크는 이렇게 말한다. "제가 영화를 만들어서 지금과 똑같이 벽에 카드를 붙여 놨다면 사람들은 제가 너무 과장하고 있다고 생각했을 걸요." 디팩은 '만물이 서로 연결돼 있기 때문에' 우연이 일어나는 것이며, 두

• 인도계 미국인으로 고대 인도의 전통 치유 과학인 아유르베다와 현대 의학을 접목해 여러 책들을 썼다.

사람이 함께 만드는 것이라고 설명했다. 그리고 그는 마이크에게 우연에 근거한 다음과 같은 조언을 했다. "지혜의 여신을 부지런히 좇으세요. 그러면 부의 여신이 질투가 나서 당신을 따라올 겁니다. 돈은 저절로 따라올 거예요."[6]

이 의미 있는 우연의 네 가지 의미는 다음과 같다.

1. **감정적 자극:** 마이크 마이어스는 개연성이 낮은 이런 사건이 실제로 벌어졌다는 사실을 잘 받아들이지 못했다. 그는 무척 놀라워했다.
2. **유사한 내용:** 우연의 두 가지 요소, 즉 두 카드가 정확히 같은 의미였다. 모두 같은 카드였다.
3. **설명:** 디팩은 자신과 마이크가 서로 공유하고 있는 의식을 통해 함께 우연을 만들어 냈다고 설명했다.
4. **사용:** 디팩은 이 놀라운 우연의 일치에 대해 마이크가 자신의 열정과 이상을 계속 따라가야 한다는 의미로 해석했다.

기저율 분석은 우연을 이해하는 또 다른 중요한 방법이다. 다음의 이야기는 발생할 확률이 아주 낮은 놀라운 우연을 수량화하려는 시도가 과연 어떠한지를 보여 준다. 확률은 우연을 이루는 삶의 두 트랙이 서로 교차할 때의 기저율로 판단한다.

트랙의 교차

다음은 내 동료가 해 준 이야기다. 어느 임신한 여성이 초음파 검사를 받기 위해 산부인과에 가던 길이었다. 그녀는 고속도로를 타는 대신 경치 좋은 갓길을 택했다. 약속 시간보다 일찍 나와서 여유가 있었다. 운전을 하며 그녀는 자신의 뱃속에 자라고 있는 생명에 대한 흥분과 긴장이 교차하는 것을 느꼈다. 남자아이일까, 여자아이일까? 어쩌면 오늘 알 수도 있었다. 한 가지는 확실했다. 그녀는 남편과 상의해 이름을 정해 놓았다. 남자아이라면 무조건 카일이라고 부르기로 했다. 그녀는 전날 남편과 나누었던 대화를 떠올리며 미소 지었다. "카일 좋네!" 바로 그 순간 그녀는 오른쪽으로 고개를 돌렸고, '카일'이라는 글자가 대문짝만하게 그려진 거대한 배달 트럭이 쌩하니 지나가는 것을 보았다. 초록색과 파란색으로 쓰인 글자 옆에는 천사의 날개를 단 아이 둘이 환하게 웃고 있었다.

그녀의 팔에 소름이 쫙 돋았다. 아기 이름을 생각하고 있던 순간에 바로 그 이름을 단 트럭이 옆을 지나갈 확률은 얼마나 되는가? 그녀가 백미러로 글자를 봤을 가능성은 없었다. 글자는 트럭의 뒤쪽 측면에 쓰여 있었기 때문이다. 그녀는 아들의 이름을 우주가 긍정해 준 이 상황에 고개를 흔들며 너털웃음을 터뜨렸다.

그리고 실제로 이 여성은 아이 둘을 낳았다. 아이들이 언제나 트럭에 그려진 천사 같지는 않지만 그녀는 남자아이의 이름을 카일이라고 지었다. 당시 그녀는 문자 그대로 '변화'의 시기를 지나고 있었다. 운전 중이었고, 임신 중이었고, 평소와는 다른 경치 좋은 길을 택했다. 그녀는 의사를 만나는 것에, 곧 엄마가 된다는 사실에 감정이 고조된 상태였다. 그녀는 아들의 이름을 카일이라고 부르는 것에 대해 확신을 갖고 싶어 했다.

여기서 교차한 삶의 두 트랙을 살펴보자. 의사를 만나러 가던 길에 이 여성은 아이의 이름에 대해 생각했고 트럭이 그녀 옆을 지나갔다. 이 우연이 일어날 확률을 계산해 보면 다음과 같을 것이다.

경로의 경우:
* 약속은 그날의 여러 가능성 중 하나였다.
* 그녀는 조금 빨리 출발하기로 했다.
* 그녀는 다른 경로를 택했다.

트럭의 경우:
* 그 근방에 '카일' 배달 트럭은 몇 대인가?
* '카일' 트럭이 다니는 평소 길은 어디인가?
* 그 시간에 '카일' 트럭이 그 길을 지나갈 가능성은 얼마인가?

각각의 기저율을 곱하면 확률을 추정할 수 있다. 상당히 낮은 숫자가 나올 것이다.

| 우연의 오용

조심하라. 우연도 오용될 수 있다. 어쩌면 장난꾸러기 요정이 당신을 시험에 들게 하거나 곤경에 빠트릴 수도 있다. 모든 문화에는 교활하고 술수가 뛰어난 인물이 인간과 신에게 장난을 걸어 권위를 조롱하고 규칙을 파괴하는 이야기가 있다. 동시성은 자애로운 우주의 현현이라고, 긍정적인 것이라고 흔히들 말한다. 하지만 최악의 결정이 의외로 좋은 결과를 가져오기도 하는 것처럼, 반대로 '어리석은 우연'이라고 불러 마땅한 것들도 있다. 더 나은 길을 가지 못하도록 방해하는 것을 넘어 때로는 파괴적인 결과를 가져오기도 하는 우연들이다. 감정적으로 가장 벅찬 우연 뒤에 장난꾸러기 요정이 숨어 있을 수도 있다는 사실을 명심하라.

내 환자 하나는 연인 관계에서 일어난 일련의 우연들을 유독 크게 받아들였다.

> 저는 그를 정말 사랑했어요. 제가 이렇게 사랑한 사람이 있나 싶을 정도로요. 같은 공간에 있지 않아도 텔레파시로 대화가 통하는 것 같았죠. 그가 같은 건물에 있기만 해도 전 그의 존재감을 느낄 수 있었습니다. 저는 그의 팔 안에서 녹아들었어요. 그의 어머니의 이름이 제 여동생 이름과 같았어요. 아버지 이름은 제 남동생 이름과 같았고요. 떨어져 있을 때도 그의 기분이 어떤지 알 수 있었어요. 저는 이런 이야기를 그와 나눴습니다. 이 모든 것이 마치 우리가 운명이라는 사실을, 우리가 영원히 '함께'해야 한다는 사실을 보여 주는 증거 같았거든요. 하지만 2년이 지나 우리는 헤어졌습니다. 우연은 우리가 함께했던 그 시간에만 의미 있었어요. 영원히 지속되는 게 아니었습니다.

이 여성은 애인과 관련해 다수의 우연을 경험했다. 그녀는 애인과의 하나됨만을 강조했을 뿐 한 인간으로서 그가 어떤 사람인지는 보지 못했다. 그녀는 이기적일 뿐더러 자신을 보살펴 줄 마음도 능력도 없는 남자의 모습은 보지 않았다. 그녀는 슬펐지만 인정해야 했다. 연인 관계를 유지하기 위해서는 놀라운 우연 이상의 것이 필요하다는 사실을 말이다.

선한 목적으로 사용되는 대부분의 힘들이 그러하듯, 우연 역시 비윤리적이고 나쁜 쪽으로 사용될 수 있다. 가령, 같은 대학에서 일하는 40대 유부남 유부녀가 서로에게 끌렸다고 해 보자. 두 사람은 같은 도시, 같은 날짜에 열리는 각기 다른 학회에 참석했다. 상대가 온다는 사실을 몰랐던 두 사람이 학회로 가던 중에 우연히 마주쳤다. 놀라운 일이다! 이럴 때 두 사람은 우연을 어떻게 받아들여야 할까? 각자가 선택할 일이다.

마크 데이비드 채프먼Mark David Chapman이 존 레논John Lennon을 살해했을 때도 그랬다. 그는 자신의 최종 결정을 정당화하기 위해 우연을 끌어들였다. 당시 상황은 『널 쓰러트리겠어Let Me Take You Down』에 자세히 묘사돼 있다. 1980년 12월 8일 채프먼은 존 레논이 살던 아파트(다코타) 밖에 서 있었다. 그는 자신이 우연이라고 해석한 일련의 생각들을 죽 연결시켰다. '이곳은 영화 〈로즈메리의 아기Rosemary's Baby〉를 촬영했던 건물이다. 이 영화의 감독이었던 로만 폴란스키Roman Polanski의 아내는 배우 샤론 테이트Sharon Tate였는데, 그녀는 임신 8개월 무렵 뱃속의 아이와 함께 찰스 맨슨Charles Manson 무리에게 살해당했다. 그 무리가 제일 좋아했던 노래는 〈헬터 스켈터Helter Skelter〉였고, 그것을 만든 사람들이 바로 레논과 맥카트니다.' 채프먼이 이런 생각을 하고 있을 때 영화 〈로즈메리의 아기〉에서 로즈메리 역을 맡았던 미아 패로Mia Farrow가 옆을 지나갔다. 채프먼은 이를 '오늘이 존 레논을 죽여야

하는 날이다'라는 신호로 받아들였다.[7]

마크 데이비드 채프먼은 선택할 수 있었다. 그리고 그는 살인을 정당화하는 수단으로 우연을 선택했다. 채프먼은 아마도 정신 이상자였을 것이다. 비록 그는 변호사들이 정신 이상을 이유로 무죄를 주장하지 못하게 했지만 말이다.

많은 사람들이 우연에 민감하게 반응하는 자신을 보고 혹시 정신 이상 증세는 아닌지 걱정한다. 하지만 스스로 정신 이상이 아닐까 생각한다면 정신 이상일 가능성은 오히려 훨씬 적다. 이러한 두려움 때문에 내담자들은 심지어 중요한 정보를 줄 수 있는 의미 있는 우연조차도 말하길 꺼린다.

하지만 다행히 꺼리지 않는 사람들도 있다. 한 경조증(경미한 형태의 조증) 여성은 정신과 의사에게 다양한 우연들에 대해 털어놓았다. 그녀는 물건 전단지에 쓰인 가격이 자신에게 의미 있는 날의 날짜와 같다며 보여 주었다. 그녀가 발견한 한 재킷에는 '예전에 아르바이트를 했던 잡화점에서 받은 직원 번호'가 달려 있었다. TV에 나온 날짜와 이름을 조합했더니 아버지의 이름과 생일이 나왔다. 윌슨 피켓Wilson Pickett의 CD를 닦고 있는데 그의 노래가 TV에 나왔다. 그녀의 자동차 번호는 '3-폴라Polar'였는데, 이는 양극성 장애bipolar 비스무리한 것을 앓고 있지만 약은 필요 없다고 애써 부인하는 자신의 모습이 그대로 반영된 것 같았다. 그녀는 자신의 이런 사고방식을 좋아했다. 그녀는 우연 속에서 의미를 찾고 창조하는 작업을 즐겼다. 그녀의 이러한 마인드 게임이 파괴적이기보다는 유희적이라는 사실을 받아들이고 나서부터는 담당 정신과 의사 역시 훨씬 편한 마음으로 그녀를 대할 수

있었다. 그녀는 우연 속에서 의미를 찾는 방식으로 삶에서 의미를 찾고자 했다.[8]

이 여성을 두고 약간의 정신 이상 증세가 있다고 말할 수도 있다. 정신증이 극에 달해 분열에 시달리면 사람은 일상적인 현실망에서부터 분리되고, 그 혼돈을 이겨내고자 주변에서 명료함을 찾으려고 한다. 창조성과 정신 이상의 경계를 걷는 것은 보상을 가져다줄지 모르지만 위험 부담이 크다. 한 여성이 이메일로 나에게 '연구 프로젝트'를 제안했다. 그녀는 자신이 정신과 약을 끊게 되면 정신증 상태에 동반되는 우연이 쓰나미처럼 몰려올 것이라면서 소정의 돈을 주면 그 경험을 내게 얘기해 주겠다고 제안했다. 그녀는 정신증의 의식 상태가 변하면 새로운 연결들이 우후죽순처럼 의식된다는 사실을 알았다. 호기심은 생겼지만 조심스러운 마음에 나는 그 제안을 받아들이지 않았다.

정신병적 사고의 특징 중 하나는 우연을 과대평가하는 것이다. 정신증의 고통에 시달리고 있는 사람들은 현실 감각이 무너지면서 많은 우연들을 보게 되고, 그 속에서 어떻게든 의미를 찾기 위해 부단히 애를 쓴다.

심난하게 망가진 세상 속에서 그들은 질서와 길잡이와 일관성을 찾으려고 노력한다. 그들은 불안하고 당혹스러운 마음을 감추지 못하게 될 수도 있다. 분명히 어딘가 있을 것 같은 의미를 찾을 수가 없기 때문이다. 우연을 과민하게 인식하는 것은 정신증과 관련이 있기 때문에 내 동료들 중에는 우연 민감성을 주요 정신 질환의 신호라고 보는 사람들도 있다.

정신증이 없는 사람들 중에도 우연의 신기함에 사로잡힌 나머지 어떤 결정을 내릴 때 우연에만 의존하기도 한다. 그들의 일상은 우연을 찾고 그 의미를 파악하는 것 위주로 돌아간다. 하지만 대개의 경우 이는 좋은 생각이 아니다. 우연은 의사 결정을 '돕는' 용도로 쓰일 때가 제일 좋지 의사 결정을 '주도'하는 역할을 해서는 안 된다.

내가 아는 의대 교수가 다른 주에 있는 대학의 학장직에 지원했다. 다른 의대 학장과 인터뷰를 하며 학장의 책꽂이에 꽂혀 있는 책더미들을 흘깃 보던 그의 눈에 고동색 커버에 금색 테가 둘러진 얇은 책 한 권이 들어왔다. 교수가 불쑥 말을 꺼냈다. "저 책을 압니다." 그러자 학장이 "제가 제일 좋아하는 책입니다!"라며 반색을 했다. 두 사람은 나머지 시간 내내 그 책에서 얘기하는 기독교 신학을 주제로 열띤 토론을 벌였다. 마지막에 두 사람은 이 만남에 감사하는 감사 기도를 함께 올렸다. 이후 학장은 교수진들의 반발을 무릅쓴 채 다른 후보자들을 떨어트리고, 이 교수를 고용했다. 하지만 교수가 아무리 제대로 일을 해 보려고 노력해도 나머지 교수들이 그를 너무 싫어했다. 그러는 와중에 그의 부인은 심한 관절염에 걸렸고 사람들도 사귀지 못했다. 결국 그들은 괜히 이직했다는 후회 속에 원래 살던 동네로 돌아갔다.

어떤 결정을 내리자면 여러 대안을 두고 다방면으로 숙고하는 과정이 필요하다. 분명히 의미가 있어 보이는 우연이고 우주적 사랑에서 나온 신성한 메시지가 분명하므로 반드시 따라야 한다고 생각해서는 안 된다. 때로 그것은 당신을 곤경에 빠트리려는 장난꾸러기 요정의 짓

> 분명히 의미가 있어 보이는 우연이고 우주적 사랑에서 나온 신성한 메시지가 분명하므로 반드시 따라야 한다고 생각해서는 안 된다. 때로 그것은 당신을 곤경에 빠트리려는 장난꾸러기 요정의 짓일 수도 있다.

일 수도 있다. 우리가 무의식적으로 창조에 일조한 그 우연은 오히려 우리를 수렁에 빠트릴 우주의 농담일 수도 있다. 윤리적 경계를 넘어 보라며 우리를 유혹할 수도 있다. 단기적으로는 재미있어도 장기적으로는 우리에게 깊은 내상을 입힐 수도 있다. 이 차이를 판단할 줄 알려면 연습과 안목은 필수다. 어떤 직관이 좋은 안내자가 될 수 있는가, 그것은 나와 나의 미래에 어떤 결과를 가져다줄 것인가?

우연은 자화자찬에 이용될 수도 있다. "이런 우연이 내게 일어나는 건 내가 너무나 특별한 사람이기 때문이지. 나는 세상의 중심이고 우연이 그걸 증명해 주고 있어. 모든 것이 내 위주로 돌아가고 있어." 우주가 나를 중심으로 돌아간다고 생각하는 이런 사람들은 우연이 많은 사람들(대부분은 아니라고 해도)이 경험하는 일상의 현실이라는 사실을 무시한다. 어떤 우연들은 덫을 놓고 우리가 걸어 들어오기를 기다린다. 우리 안에 있는 날것의 탐욕과 욕망을 미끼삼아 우연이 보장하는 것처럼 보이는 성공을 그대로 믿게끔 유인한다. 돈, 일, 사랑, 아이디어처럼 내가 욕망하는 것이 정확한 타이밍에 뚝 떨어지는 것처럼 보인다. 당신이 마음먹고 훔치려고만 든다면 갑자기 사방에 눈먼 돈이 보인다. 뛰어난 제안서를 쓸 수 있는 아이디어(당신이 너무나 욕망하던 그것)가 동료의 책상 같은 곳에 덩그러니 놓여 있다. 당신은 그것을 가로채서 자기 것이라고 주장하겠는가? 당신이 상상만 하던 굉장한 직장이 우연히도 당신 무릎 위로 떨어졌다. 하지만 그 일을 하자면 다른 도시로 이사해야 한다. 하지만 낯선 곳으로 거처를 옮길 때 당신의 배우자가 감내해야 할 수고는 어떡하나? 어떤 행동을 하겠다고 결정하기 전에 윤리와 다른 사람들을 먼저 생각하라. 가능성을 따라가다가 거짓의 덫에 걸릴 수가 있다. 처음에 우연은 당신이 원하는 것을 주는 것처럼 보인다. 그러나 당신은 죄책감, 수치심, 가족이나 친구와의 이별, 실직, 재산 손실 등의 형태로 대가를 치러야 할 수도 있다.

차라리 우연이 아닌 일이 피해가 덜하다. 일련의 사건들은 당신이 그토록 원하던 목표(직장이건 애인이건 출판사건)가 꼭 이루어질 것이라고 말하는 것 같다. 하지만 정작 현실은 완전히 반대다. 아무 일도 일어나지 않는다. 실망이 밀려온다. 어쩌면 당신이 무언가를 놓친 것일 수도 있다. 어쩌면 우연에 너무 많이 집착한 채 꼭 고려해야 했던 논증, 윤리, 상황적 요인을 등한시해서일 수도 있다. 혹은 우연이 마련한 불운한 미래를 잡지 않을 만큼 당신이 운이 좋은 사람일지도 모른다.

11장

CONNECTING WITH COINCIDENCE

우연과 자주 마주치기

Connecting
with
Coincidence

삶에서 더 많은 우연을 경험하려면 어떤 상황에서 어떤 마음일 때 우연이 가장 많이 일어나는지를 잘 살펴봐야 한다. 우연의 문화를 찾아보고 우연의 빈도를 늘리기 위한 연습을 해 보자.

| 당신의 마음

여기서는 당신이 우연에 대해 현재 어떻게 생각하는지를 점검해 보고 우연에 대한 생각을 어떻게 변화시킬 수 있는지 살펴본다.

당신은 우연이 더 많이 생기기를 원하는가?
모든 심리적 변화의 주체는 당신이다. 당신이 변화를 주도해야 한다.

아무도 당신을 대신할 수 없다. 우연을 늘리는 일은 '당신은 우연이 더 많이 생기기를 바랍니까?'라는 질문에 '그렇다'라고 대답하는 것에서 시작된다.

기본은 이렇다. 우연은 특정한 생각이 그와 유사한 외부의 사건과 희한하게 교차하는 것에서 시작된다. 여기서 생각이란 기억, 이미지, 아이디어 등을 말하고 사건이란 사람, 상황, 미디어 활동 등을 의미한다. 당신의 관찰 자아가 마음속에서 일어나는 일과 주변에서 일어나는 사건을 서로 연결시킬 때 우연이 발생한다.

> 우연은 특정한 생각이 그와 유사한 외부의 사건과 희한하게 교차하는 것에서 시작된다.

우연의 수를 늘린다는 것은 결국 이 관찰 자아의 역량을 활성화시킨다는 뜻이다. 당신의 마음속 개념과, 그 마음을 포괄하고 있는, 사실상 개념들의 바다라고 할 수 있는 공간 속 개념을 관찰 자아가 더욱 활발하게 연결시키도록 만드는 것이다. 우연이란 생각과 사건이 서로 교차하는 것이므로 둘 중 하나 혹은 둘 모두의 양을 늘리면 우연의 빈도수는 자연히 높아진다. 생각의 양을 늘리는 것은 관심 있는 주제(사람이건 개념이건 욕구건)를 깊이 있게 조사하면 된다. 주변에서 일어나는 사건을 늘리고 싶으면 이곳저곳 부지런히 움직이고, 보다 복합적인 상황 속으로 걸어 들어가면 된다. 한편, 조용한 장소에 가면 마음이 자유롭게 해방되기 때문에 새로운 생각을 할 수 있고 자연과 보다 친밀한 연결감을 가질 수 있다(내가 숲에서 하이킹하는 걸 좋아하는 이유다).

당신의 성격적 특징을 알아라

우연의 기본을 살펴보자. 삶의 두 트랙이 서로 교차한다. 대개 한 트랙은 생각이고 다른 트랙은 사건이다. 즉, 우연이란 어느 정도 서로 유사한 생각과 사건이 교차하는 일이다.

생각을 많이 하는 사람은 우연을 발견할 가능성이 높다. 그들은 매우 다양한 생각과 이미지들을 만들어 내고 있기 때문이다. 하지만 대개 자신의 마음 안에 갇혀 있는 것만으로는 충분하지 않다. 외부에서 이와 일치하는 대상을 찾아야 한다. 그래서 이리저리 많이 돌아다니는 사람들이 우연을 경험할 가능성이 높다.

한편, 스스로 생각과 사건 간의 일치를 계속해서 경험하고 있다고 생각하는 사람들이 있다. 이들은 소위 영적이거나 종교적인 사람들이다. 우리 연구 결과 역시 스스로를 영적이거나 종교적이라고 느끼는 사람들이 더 많은 우연을 보고했다. 삶의 의미를 찾거나 직관적인 사람의 경우도 마찬가지다.

내려놓으라

많은 경우 층위가 복잡한 목표나 행동들은 균형이 중요하다. 운동선수, CEO, 외과 의사 모두 의식적인 목표와 잘 벼려진 무의식의 역량이 합심해야 원하는 결과를 얻을 수 있다. 의식적인 목표가 방해를 하거나, 질문을 너무 많이 하거나, 의심을 너무 많이 하거나, 너무 많이 조언한다면 무의식의 목표 추구 능력이 제 힘을 발휘하지 못한다. 바라는 결과에 집착하는 것보다는 느슨하게 힘을 빼는 편이 무의식의 활성화에 도움이 된다.

마음이 새로운 가능성에 눈뜨게 하는 방법으로 기도가 있다.

겉으로 기도는 더 위대한 힘에 책임을 맡기는 것처럼 보이지만 사실은 우리 자신에게 힘을 준다. 사람들이 '내려놓고 하느님께 맡긴다'라고 할 때는 의식의 문제 해결 능력을 내려놓고, 대신 외부의 힘을 초대해 그 일을 맡긴다는 뜻이다. 이때 '외부의' 힘은 이제야 해방되어 자신의 몫을 할 수 있게 된 우리의 무의식적 능력일 가능성이 높다. 결과에 대한 책임을 신에게 돌리는 것처럼 보이는 기도는 사실 우리 자신의 무의식적 능력을 해방시킨다. 돈이 필요했던 한 남자가 신에게 기도를 하고, 발이 이끄는 대로 서류철이 있는 곳으로 갔더니 봉투에 필요했던 돈이 들어 있었다. 그는 신성한 존재가 자신을 이끌었다고 생각했다. 하지만 나는 그의 행동 무의식이 그곳으로 이끄는 데 결정적인 역할을 했다고 생각한다. 통제 욕구를 포기하고 자신의 의식 밖에 존재하는 힘에 모든 것을 맡기는 행위는 결국 '일어나길 바라는 일에 대한 저항을 줄이는 것'이다. 앞의 이야기에서, 기도는 현금을 얻고 싶지만 그럴 일이 생길리 없다는 내면의 저항을 줄이는 데 도움이 되었다.[1]

어떤 기도든 효과가 있으려면 합리적이어야 한다. 즉, 가능한 영역 내의 일이어야 한다. 이슬람에는 이런 속담이 있다. "낙타를 기둥에 묶어 두고 알라를 믿으라." 우리는 현실적이어야 하는 동시에(낙타가 다른 곳으로 가 버리지 않도록 조치를 취하고) 좋은 결과가 나오리라고 믿어야 한다.

이리저리 두리번거리며 도움을 청하면 실제 도움을 받을 가능성이 커진다. 우연을 통해 신이 말을 건네는 사람들도 있고, 기도를 통해 내면의 GPS 같은 숨겨진 역량을 발견하는 사람들도 있다(자세한 내용은 3부에서 확인하라).

11장 우연과 자주 마주치기

사람들은 다양한 목적을 위해 다양한 형태의 명상을 한다. 가장 흔하게 사용되는 기법으로는 촛불 같은 외부의 점에 집중하기, 구절이나 만트라를 반복하기, 주의를 일정하게 유지하면서 생각의 오고감을 지켜보기 등이 있다. 명상은 의식의 자각을 일깨워 관심이 한 마리 나비처럼 날아가 새롭게 피어오르는 사건에 앉도록 도와준다. 의식이 해방되면 마음과 환경 간의 연결을 찾기가 훨씬 쉬워지기 때문에 결과적으로 우연을 훨씬 예민하게 자각하게 된다. 이런 연습을 통해 마음을 단련하다 보면 안팎을 살피는 유연성이 커져서 생각과 외부가 일치하는 순간을 더욱 잘 포착할 수 있다.

뇌의 문을 열어라

우리는 지금까지 새로운 환경으로의 변화, 여행, 과감한 도전 모두가 '일상적인 현실망을 찢어 버리고' 더 많은 우연을 삶으로 초대하는 데 도움이 된다는 사실을 보았다. 그러나 명상과 변성된 의식 상태 역시 도움이 될 수 있다. 뇌과학은 이 현실망, 이 정신물리학적 경계를 바꿀 수 있는 메커니즘을 소개한다.

머리 꼭대기에 위치한 두 개의 두정엽parietal lobe은 우리가 '내 몸'을 인식할 수 있게 해 주는 기관이다. 뇌졸중으로 오른쪽 두정엽을 다친 사람은 왼쪽 팔이 자신의 것이 아니라고 부정하기도 하는데, 이를 질병불각증anosognosia이라고 한다. 수행을 많이 한 명상가들은 두정엽으로 들어오는 시각적, 고유 감각(몸의 위치에 대한 감각)적 자극을 줄여서 두정엽의 활동을 꺼버리기도 한다. 우리 몸을 공간적으로 인지하려면 시각과 고유 감각 사이의 조정이 반드시 필요하다.[2] 명상가들이 눈을 감거나 육체적 감각을 꺼서 두정엽으로 들어오는 정보를 제한하게 되면 붕 뜬 느낌, 육체에서 빠져나와 주변과 하나되는 경험을 할 수 있다.[3] 변화를 겪고 있거나 위기 상황에서 의식 상태가 변성됐을 때도 두정엽으로 들어가는 자극이 줄어들어 주변 환경과의 직접적인 연결이 촉진될 수 있다.

의식의 의도와 직관 사이에서 균형을 잡는다

많은 우연 이야기 속의 주인공은 "왜 직진으로 가지 않고 그 길로 꺾었나요"라는 질문에 "그냥 그러고 싶었어요"라고 대답했다. 부인과 함께 차를 타고 집에 가던 중 충동적으로 다른 길을 택했다가 부인의 마음에 쏙 드는 집을 발견해 구입하게 된 남성 역시 "갑자기 그러고 싶어서" 방향을 틀었다고 말했다. 너무나 많은 우연에서처럼 그들은 자신이 원하는 것을 '대충은 알고' 있었지만 어떻게 실현시켜야 하는지는 전혀 알지 못했다. 그들에게 방향을 제시한 건 무의식이었다. 그러니 직관을 키워 당신 내면의 스승으로 삼자.

의식의 의도와 무의식의 지시가 만나면 시너지 효과가 발생해 우연이 더 많이 일어날 수 있다. 심리 치료사인 나는 언제나 완전히 반대되는 두 마음 사이에서 균형을 잡아야 한다. 내담자에게 이렇게 저렇게 하라고 말하고 싶은 강렬한 욕구와 그들이 너무나 이룰 수 있을 것만 같은 치료 목표를 내려놓자는 마음이다. 나의 공격성과 수용성은 균형점을 찾아야 한다. 이와 유사하게, 의도적으로 우연을 창조하려면 상상하는 목표를 강렬하게 원하는 동시에 힘을 빼고 내려놓음으로써

> 의식의 의도와 무의식의 지시가 만나면 시너지 효과가 발생해 우연이 더 많이 일어날 수 있다.

균형을 잡아야 한다. 의식의 공격적인 의도는 무의식에서 나오는 조용한 지시를 압도할 수 있다. 반면 정제되지 않은 무의식의 조언은 고통스러운 결과, 가령 잘못된 직장, 엉뚱한 치료, 형편없는 연인, 재산 손실 등을 가져올 수 있다. 의식의 과정과 무의식의 과정을 모두 갈고 닦아야 이 둘이 최고 수준으로 협력할 수 있다.

나는 내 환자가 진심으로 치유를 원하고 온전한 자신을 찾고 싶어 하며, 실제로 그럴 수 있다는 사실에 확신을 가져야 한다. 나는 환자들에게 약 조절에 대해 직접 물어본다. 복용량을 늘려야 할까요, 줄여야 할까요, 지금 약으로 계속 갈까요, 다른 약으로 바꿔 볼까요? 그럼 많은 사람들이 놀란다. 잠시 얼떨떨해 한 뒤 내게 묻는 사람도 있다. "글쎄요, 선생님이 의사잖아요." 그러면 나는 말한다. "이 약에 대한 경험이 더 많은 사람은 제가 아니라 환자분입니다." 그들은 자기가 안다고 생각하는 것보다 훨씬 많은 것을 안다. 우리의 무의식 능력도 마찬가지다. 우리 안에는 어떻게 하는 게 제일 좋은가를 아는 능력이 있다. 의식은 목표를 설정한다. 그러면 무의식은 그에 맞춰 유사 GPS 능력과 동시경험 능력을 발휘해 목표를 이루기 위한 세세한 수단을 제시한다.

공돈 연구에서 엿볼 수 있었듯 호기심도 도움이 되는 것 같다. 호기심은 욕구를 동력으로 삼지 않아도 흥미를 불러일으킨다. 보통 아이들의 마음은 이 호기심으로 움직인다.

방해하는 마음의 상태를 주의하라

어떤 마음 상태는 마음과 맥락(여기서 맥락이란 개인적이건 환경적이건 지금 삶의 현재 상태를 의미한다) 사이를 오가는 유연성을 떨어트려서 우연을 알아차리는 능력을 방해하기도 한다. 내 연구 결과로는 긍정적인 기분 말고도 우울하거나 불안한 느낌 역시 우연 민감도를 증가시킬 수 있다고 나오지만, 임상적 관점에서 보면 불안과 우울은 우연 민감도를 줄이기도 한다. 높은 불안감은 최악의 미래 상황을 상상하도록 만들고 주의가 '지금 여기'에 있지 못하도록 만든다. 물론 적절한 수준의 불안은 더 나은 성과를 내는 데 도움이 된다. 깊은 우울은 움직이기 싫게 만들고 생각의 속도를 떨어트려 우연 민감도를 줄일 수 있지만, 적절한 수준의 우울은 사람에 따라 오히려 답을 찾게 만들고 더 많은 우연을 알아차리도록 유도한다. 분노와 억울함은 우리의 생각을 과거에 붙들어 놓아서 주의가 현재에 머물지 못하도록 만든다. 피곤하면 기민한 태도를 유지할 수 없고, 배가 고프거나 목이 마르면 주의가 그런 기본적인 욕구를 충족시키는 데에만 집중하게 된다. 이런 것으로부터 주의가 해방되어 자유로워졌을 때 우연이 일어날 가능성도 높아진다.

주의를 주고 의도를 세우면 생각이 살아난다
구체적인 결과를 상상하고 심상화하고 집중하는 것이 효과가 있다는 사실은 오랜 역사를 통해 증명되었다. 고대 선조들의 동굴 벽화는 원하는 동물이 나타나기를 바라는 그들만의 의식이었을까? 탄원 기도 (구체적인 결과를 얻기 위해 하는 기도)는 원하는 결과를 상상하는 한 가지 형태다. 긍정적인 결과를 얻는다면 기도하는 자는 그 종교에 대한 자신의 믿음을 확고히 한다. 반면 소원이 이루어지지 않으면 좌절하거나, 신이 자신을 퇴짜 놓았다고 느껴 종교를 버리기도 한다. 탄원 기도의 미학은 가능한 결과를 상상하는 것이다.

　1900년대 초 알래스카 주의 놈에 사는 이누이트가 자신의 이글루에 화려한 동양풍 러그를 실은 낙타가 오게 해 달라고 기도했다면, 이 꿈이 이루어질 가능성은 아주 희박했을 것이다. 현실적인 것을 요청하라. 엉뚱한 걸 원하기 때문에 신앙을 잃는 것이다!

　기도는 개인이 믿는 신을 부르면 되지만, 종교색을 배제한 채 그저 심상화를 하는 사람이라면 '더 큰 힘'이 과연 무엇인지 확실하지 않을 수 있다. 나는 세속적인 심상화에서의 '더 큰 힘'이란 지금까지 잠자고 있던 우리의 내재된 능력이 깨어나고, 우리보다 더 큰 외부의 에너지와 관념에 우리가 연결되는 일이라고 생각한다. 이 영역, 즉 이 '사이코스피어'에서는 신이라는 기존의 관념과 영성 사이를 구분하는 선이 흐려지기 시작한다.

　여기서 명심해야 할 것은, 다른 사람들 역시 자신이 현실화시키고 싶은 생각에 생명을 불어넣고 있을 수도 있다는 점이다. 당신의 심상화가 다른 사람의 것과 충돌할 가능성도 있다. 당신의 노력과 다른 사람의 노력을 어떻게 절충할 수 있는지, 그리고 당신의 의도가 그들의 의도에 어떤 영향을 끼칠 수 있는지 분명하게 파악하고, 겸손하고 존중하는 태도를 가져야 한다.

　상상하는 방법은 아주 다양하다. 하지만 지나치게 세세하게 상상하는 것은 금물이며, 윤곽을 적당히 잘 그리는 것이 최고다. 어느 정도 강렬하게 집중하되 계속해서 내려놓아라. 우연은 여유 있고 자유로운 마음, 불확실한 영역, 애매모호함 주변을 뛰어다닌다.

　타이밍은 대단히 중요한 요소이기 때문에 우리의 GPS와 동시경험 능력이 처리하도록 맡겨야 할지도 모른다. 목표는 의식적으로 계속 염두에 두고 있되, 세세한 사항은 의식 밖의 능력에 맡겨 버리는 편이 더 나을 수도 있다.

목표 중에는 대단히 의도적이고 세세한 노력이 필요한 경우도 있다. 예를 들어 숙제, 세금 신고, 장보기, 회계, 운전 지침을 따르는 일 등이다. 꼼꼼하게 노력하지 않는다면 아무리 상상을 하고 내려놓아도 원하는 결과를 얻을 수 없을 것이다. 내려놓음과 세세한 노력 사이의 절묘한 균형점을 찾아야 한다.

| 당신의 맥락

이 부분에서는 우연을 찾을 가능성이 높은 맥락에 대해 살펴본다.

우연이 발생하기 쉬운 상황을 파악하라

유독 우연이 많이 일어나는 상황이 있다. 우리의 일상적인 현실망이 찢어지면 우연이 나타날 가능성이 높다. 탄생, 죽음, 결혼식, 졸업, 병, 사랑에 빠지는 순간, 이혼, 위기, 여행 등의 시기에는 우연 민감도를 높여 보자. 이때 특히 무언가를 필요로 한다면 더더욱 그러하다. 변화의 시기에 감정이 고조되면 의식 상태가 변성되고, 이 상황이 모두 어우러지면 우연 발생 가능성이 높아진다. 무작위, 혼돈, 심지어 위기 상황에 기회가 있다.

그러니 삶에서 큰 변화를 겪고 있다면 눈을 크게 떠라!

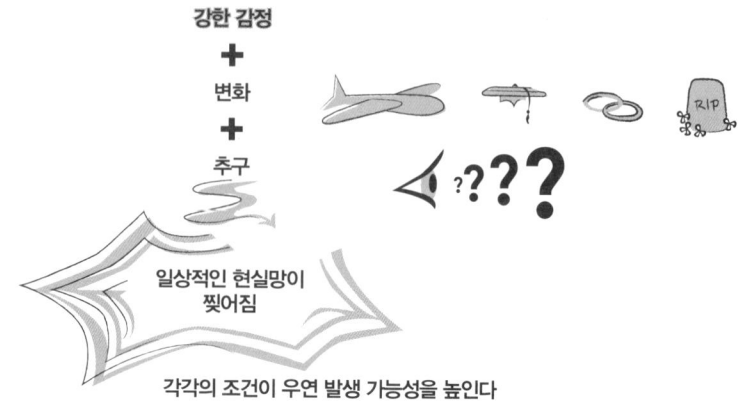

각각의 조건이 우연 발생 가능성을 높인다

인터넷 검색, 뉴스, 영화, 어디서든 접할 수 있는 비디오와 음악, 문자 메시지, 소셜 미디어 등의 빠른 발전으로 인해 우연이 나타나는 속도가 빨라졌다. 10년 이상을 아우르는 내 연구를 보면, 사람들이 미디어 정보와 연결되는 경우가 전보다 점점 늘어나고 있음을 알 수 있다. 무언가를 생각하고 있으면 그 생각을 반영하는 노래나 구절이 나온다. 질문을 하면 미디어를 통해 대답이 온다.

> 우연은 특정 조건에서만 피는 이국적인 꽃이 아니다. 오히려 우리 주변에서 흔히 볼 수 있는 들꽃에 가깝다.

우연은 특정 조건에서만 피는 이국적인 꽃이 아니다. 오히려 우리 주변에서 흔히 볼 수 있는 들꽃에 가깝다. 일단 특정 조건하에서 보는 것에 익숙해지면 일상에서도 얼마든지 보게 될 것이다.

준비된 자가 기회를 만난 것이 운이다

루이 파스퇴르Louis Pasteur가 한 말이다. 프랑스의 이 유명한 미생물학자는 가능성에 깨어 있으면 더 흥미로운 발견을 할 수 있다는 사실을 알았다. 천연두 예방법을 알고 싶었던 그는 우유를 짜는 사람들이 천연두에 덜 걸린다는 사실을 알아차렸다. 좀 더 조사해 보니 이들은 병원성이 약한 우두를 접종한 상태였다. 그는 천연두를 희석해 백신으로 만든 뒤 신체에 주입하면 면역력이 생길지도 모르겠다고 추론했다. 그리고 그는 옳았다.

눈으로 봐야 믿을 수 있다는 말은 맞다. 하지만 가끔은 믿어야 볼 수 있는 경우도 있다!

> 눈으로 봐야 믿을 수 있다는 말은 맞다. 하지만 가끔은 믿어야 볼 수 있는 경우도 있다!

빨리 움직일 준비가 돼 있어야 한다

어떤 우연들은 찰나의 순간에 일어나기에 당신이 행동할 수 있는 시간이 대단히 짧을 수 있다. 우연은 우리 마음속에서 소용돌이치고 있는 내용물과 우리 주변에서 소용돌이치고 있는 이미지와 소리가 딱 맞아떨어질 때 생겨나는 것이다. 그리고 이 구성물 하나하나는 움직이는 속도가 매우 빠를 수 있다. 날렵하게 알아채는 능력을 키워서 찰나에 낚아챌 수 있어야 한다.

기회는 모습을 드러냈다가 바로 사라질 수도 있다. 공항에서 당신 옆을 지나가는 사람, 인터넷에서 휙 지나가는 아이디어, 목표 지점을 코앞에 두고 잘못 들어 버린 길. 직관을 사용하여 언제 빨리 움직여야 하는지를 배우자.

하지만 항상 그런 건 아닐 수도 있다.

한 심리 치료사가 작은 테크놀로지 회사를 함께 운영하는 부부를 상담했다. 두 사람은 공동 CEO였다. 부부는 계속해서 회사를 빠르게 확장시킬 것인지, 속도를 좀 늦출 것인지를 두고 고민하고 있었다. 상담 시간에 부부는 비즈니스의 꾸준한 확장에 크게 기여할 테지만 시간을 많이 잡아먹을 게 분명한 새로운 앱 제안에 대해 논의했다. 그들은 개발자와 이메일은 주고받았으나 실제로 만난 적은 없다고 말했다. 남편이 개발자 이름을 언급하자 상담사가 웃으며 말했다. "그분 바로 옆 사무실에서 근무하는 상담사예요!" 상담 시간이 끝나 부부가 대기실로 가고 있을 때 상담사는 그 동료가 지나가는 소리를 들었다. 상담사는 기회를 잡았다. 그는 동료의 팔을 붙잡고 "분명 선생님이 만나고 싶어 할 분들이 이곳에 계세요."라고 말한 뒤 부부를 소개시켜 주었다. 개발자와 공동 CEO들은 열띤 토론을 벌였고 곧 다시 만나자고 약속했다. 대화가 끝나고 부인은 참 신기한 우연이었다고 말했다.

하지만 이후 남편이 상담사에게 메일을 보냈다. 개발자에게 자기 부부를 소개한 건 비밀보장조약을 깬 게 아니냐는 정중한 항의 메일이었다. 개발자는 이제 공동 CEO가 함께 심리 치료를 받는다는 사실을 알게 되었다. 상담사가 진심으로 사과해 문제는 잘 봉합됐지만 여전히 질문은 남는다. 그는 그 우연한 기회를 과연 잡아야 했을까?

이 문제는 또 다른 어려운 문제를 제기한다. 우연을 따랐을 때 그 성공 여부는 어떻게 판단하는가? 사람을 기준으로? 그렇다면 어떤 사람? 상담사? 개발자? 남편 혹은 부인? 아니면 시간을 기준으로? 지금 당장의 성과? 단기간의 성과? 장기간의 성과? 상담사는 그 순간에는 기뻤지만 항의를 듣고는 스스로에게 화가 났다. 공동 CEO들은 개발자와의 만남을 불편하게 느꼈고, 어쩌면 사업을 확장하지 않기로 결정할 수도 있었다. 그렇다면 그들은 개발자에게 당신과 일하지 않을 것이라고 얘기해야 했다. 소개받지 않았더라면 굳이 하지 않아도 됐을 불편한 일이다. 개발자는 만남을 기뻐했고 성과가 있기를 바랐기 때문이다.

나는 상담사가 두 사람의 문제에 관여하지 말았어야 했다고 생각한다. 부부의 회사에 일거리를 가져다주는 게 그의 일은 아니었다. 하지만 장기적으로 보자면 상담사는 사람을 도와주고 싶어 하는 자신의 충동적인 욕구에 대해 무언가 배웠을 수 있다. 개발자는 공동 CEO들이 커플 상담을 받고 있다는 것을 알고 두 사람의 걱정을 덜어주었을 수도 있다. 공동 CEO들 역시 처음에는 곤란하게 느꼈을지라도 함께 사업을 운영하는 가족의 문제를 다른 사람들에게 별로 거리낌 없이 털어놓게 되었을 수도 있다.

우연에 우호적인 문화를 찾아라

당신이 속한 그룹, 종교, 문화는 당신이 우연을 얼마나 열린 마음으로 받아들이는가에 큰 영향력을 행사한다. 오직 오감만이 현실을 경험하는 창이라고 믿는 사회에서는 우연이란 그저 한번 웃고 넘어갈 재미에 불과하다. 회의론자들은 우연을 과학의 통계 언어로 자신 있게 설명한다. 하지만 당신이 신기한 사건을 기꺼이 탐색해 보려는 집단에 속해 있다면 이러한 생각들은 지지를 받을 수 있다. 우연 친화적인 그룹에 속해 있을 때 당신(과 나는)은 우연을 볼 수 있는 사회적 허가를 받을 수 있다.

많은 종교인들이 우연을 신이 만든 것이라고 생각한다. 우리 연구에서도 스스로를 독실하다고 평가한 사람들이 아닌 사람들보다 돈이

나 일과 관련된 우연을 더 많이 보고했다. 이런 우연들은 하느님이 자신의 재정적 성공을 원한다는 믿음을 더욱 공고히 해 주었다. 우연은 고대 유태교, 기독교, 이슬람교의 종교 텍스트에도 종교를 홍보하는 한 가지 방법으로 등장한다.[4] 하지만 특정 종교의 사상을 홍보하기 위해 우연을 동원하는 것은 경계하라. 우연은 모든 종교인들에게서 흔히들 일어난다.

> 하지만 특정 종교의 사상을 홍보하기 위해 우연을 동원하는 것은 경계하라. 우연은 모든 종교인들에게서 흔히들 일어난다.

문화의 흐름은 우연과 우연의 쓸모 있음에 대한 대중의 의식을 바꿔 놓는다. 우리는 친구와 친척들에게 온갖 것들을 얘기한다. 관계, 날씨, 음식, 패션, 뉴스 제목, 가십, 스포츠, 돈 등등. 이 목록에 우연을 더해 보는 건 어떨까? 이 주제를 꺼내면 많은 사람들이 기다렸다는 듯 관련된 이야기를 꺼낸다. 관심을 공유하면 이야기는 계속해서 온다. 이메일을 보내고, 문자를 하고, 당신의 이야기와 이미지를 소셜 미디어와 우연을 다루는 웹사이트에 올려라. 우리 각자는 다른 사람들을 도와 이 신비한 사건이 의미하는 바를 함께 알아낼 수 있다. 세상 어디엔가 당신과 똑같은 우연을 경험한 사람이 있어서 유용한 의견을 들려줄 수도 있다. 여러 사람들을 끌어들여서 다양하게 우연 상담을 받아 보라. 우연을 연구하는 독서 모임을 만들어라. 우연 이야기를 함께 나눌 수 있는 웹사이트도 많다. 사람들이 댓글을 달 수 있는 웹사이트 역시 유용하다. 우연에 대해 더 많이 얘기할수록 더 많은 우연을 보게 될 것이다.

우연에 집착하지 말라

앞서 나는 우연을 연결시키는 데 너무 재미가 들린 나머지 게임에 중독되듯 우연 찾기에 집착하게 된 사람의 사연을 소개했다. 어떤 사람들은 삶을 뒤바꿔 놓은 큰 우연을 겪고는 우연으로부터 더 많은 조언과 지지와 지시를 얻으려고 애쓴다. 우연 찾기와 분석 자체가 목적이 된 나머지 삶을 발전시키는 데 일조할 수 있는 우연의 진짜 역량은 사라진다. 현실에서 고려해야 할 사항들이 무시되면서 우연에는 가능성과 제안이 혼란스럽게 산재하게 되고, 결국 애매모호한 우연들에만 의지하는 상황이 발생한다.

| 우연 역량을 키워라

어떻게 해야 우연을 만드는 데 일조할 수 있는지 구체적인 우연들을 사용해 더 알아보자. 우연을 불러일으키는 것처럼 보이는 방법들을 연습해 보자.

스스로에게 묻자. 이 우연을 만드는 데 나는 어떤 기여를 했나?

우리는 우연을 창조하는 데 있어 자신이 기여한 몫이 무엇인지 알아야 하고, 자신의 잠재력을 확장해야 한다. 세상에는 높은 기저율로만 설명할 수 있는 우연도 있고, 신비롭다고밖에 말할 수 없는 우연도 있다. 사람들은 여기에 신, 신성, 우주라는 이름을 붙인다.

통계와 신비라는 양극단 사이에 개인의 몫이 놓여 있다. 잘 분석해 보면 이것이 명확하게 보일 때가 있다. 심리 치료를 받을 때나 삶에서나, 사람들은 밖으로 시선을 돌려 원인을 찾고 탓할 명분을 찾는다. 지금 자신이 고생하는 걸 남의 탓으로 돌린다.

자신이 원인임을 쉽게 받아들일 수 있는 상황도 있다. 사별한 남편의 무덤에서 풀을 베던 여인이 손가락을 베었다. 치료를 하려면 결혼 반지를 빼야 했는데, 여성은 이게 새로운 연인과의 결혼을 허락하는 남편의 뜻이라고 해석했다. 하지만 손을 벤 건 그 여성의 책임이지 남편 탓이 아니다.

우리 연구의 한 참가자가 정당 회의에 가는 중이었다. 그녀는 회의에 가면 또 다른 위원회에 참여해 달라는 부탁을 받을 걸 알았다. 그녀는 가고 싶지 않았지만 어쨌든 가 보기로 했다. 하지만 차에 연료가 없었다. 그녀는 이것을 가지 말라는 신호로 받아들였다. 하지만 그녀는 이 상황을 자신이 만들었다는 사실을 깨닫지 못했다. 가스 탱크를 채워 놓지 않은 건 본인 아닌가.

두 사람 모두 자기가 아닌 외부의 힘이 우연을 만들었다고 생각했다. 하지만 실제로 우연을 만든 사람은 당사자들이다. 우연을 창조하는 데 자신이 어떤 역할을 했는지 명료하게 보고 싶다면 상황을 기꺼운 마음으로 자세하게 분석해야 한다. 높은 기저율이나 신비로움에 만족하지 말고 당신의 무의식이 어떤 역할을 했는지 생각해 봐야 한다. 우연의 원인 중에는 들여다보기만 하면 쉽게 파악되는 것들도 있는 반면, 당신에게 숨겨진 힘이 있었음을 짐작케 하는 경우도 있다. 멀리서도 사람의 느낌을 감지할 수 있다거나 자기도 모르게 필요한 사람과 생각과 물건을 찾아내는 능력 말이다. 우리는 생각보다 훨씬 큰 능력을 갖고 있으며, 우리를 둘러싸고 있는 정보 매체는 현재 우리가 이해하고 있는 것보다 훨씬 환상적이고 활성화되어 있는 것 같다.

| 부정적이고 실패한 우연에서 배우기

정말로 바라는 일이 갑작스레(너무 완벽한 타이밍에) 취소되는 것을 나는 부정적인 우연이라고 부른다. 내 친구는 몇 년 동안 보지 못했던 친구를 만나러 두 시간 거리에 떨어진 동네로 가는 중이었다. 그녀는 친구를 다시 만날 생각에 잔뜩 마음이 부풀었다. 하지만 안타깝게도 친구로부터 남편이 갑작스레 세상을 떠나 만나지 못할 것 같다는 문자 메시지가 왔다. 그녀는 크게 실망하고 슬픔에 빠졌다. 이것이 부정적인 우연이다. 내 동료는 자신의 대학 시절 룸메이트에게 비공식적으로 연구 제안서를 제출했는데, 그 서류가 도착하는 날 친구가 사망했다. 이것 역시 부정적인 우연이다.

이 두 가지 부정적인 우연이 주는 메시지는 무엇인가? 어쩌면 내 동료의 제안서는 승인을 담당하는 기관의 새 대표가 더 마음에 들어 했을 수도 있다. 두 친구는 결국 몇 달 후에 만났다. 가끔은 원하던 일이 알 수 없는 이유로 연기될 때가 있을 것이다. 예상했던 돈을 받지 못한다면, 앞서 내 연구 참가자가 그러했듯이 당시에는 돈이 없는 편이 더 나을 수도 있다.

우연이 암시하는 방향을 따랐는데 원하지 않은 결과가 나온다면 그건 실패한 우연이다. 집에서 멀리 떨어진 도시에서 뜻밖에 고등학교 시절 애인을 만난 의사가 불륜을 맺기로 결심한다면 그와 상대는 실패한 우연을 만들어 낼 수도 있다. 불륜으로 인해 상황이 꼬이고 고통을 겪을 가능성이 농후하기 때문이다.

동시경험과 개인 GPS 능력을 훈련하기

일단 자신에게 이런 능력이 있을 수도 있음을 믿게 된다면 무의식과 의식 간의 연결을 훈련해 보자. 정보를 찾을 때 외부뿐 아니라 내면으로도 시선을 돌려본다. 당신의 직관이 언제 가장 쓸모 있었는지 파악해 본다. 직관이 제시한 대안이 이성적인 마음으로 보기에도 똑같이 좋았을 때는 언제인지, 아니면 무슨 일을 해야 할지 아예 감이 안 잡힐 때는 언제인지 생각해 본다. 어떤 메시지들은 말이 아닌 부드러운 충동, 뭔가를 해 보고 싶다는 느낌으로만 오기도 한다. "그냥 이거 해 보고 싶은데"라는 부드러운 충동을 따를 때 우연과 마주하게 되는 경우가 많다. 어떤 결과가 나오는지 확인함으로써 유용한 충동과 무용한 충동을 구별하는 연습을 해 보자. 좋은 결과를 가져다주는 직관의 목소리는 어떤 특징들이 있고, 나쁜 결과를 가져오는 직관의 목소리는 어떤 특징이 있는지 파악해 보자. 다양한 색과 결을 지닌 직관을 의식적으로 실행해 보면서 내면의 목소리가 지닌 특징들이 자신에게 어떻게 느껴지는지 실험해 보자.

무엇이 정확하고 직관적인 앎을 방해하는지 살펴본다. 불안할 때도, 세세함에 붙들려 큰 그림을 보지 못할 때도, 곁가지 같은 욕망에 정신이 팔려 있을 때도, 문제적 관계 때문에 걱정을 할 때도, 이런 능력을 사용하는 게 두려울 때도, 직관적 능력은 발휘되지 못한다. 내면의 대화를 의식적으로 인식할 수 있는 능력을 해방해 목소리에게 직접 묻고 답하자.

명상을 하건, 기도를 하건, 춤을 추고 음악을 듣건, 드럼을 치건, 이성적인 생각을 잠재울 수 있는 자신만의 방법을 찾아 무의식의 장악력을 더욱 키운다. 그리하여 무의식이 아이디어를 새로운 방식으로 연결시키고 연상할 수 있도록 한다.

모호한 상황에서 결정을 내려야 할 때 내면의 가이드에게 의견을 묻는 연습을 해 보자. 잘못된 안내였건 도움이 된 안내였건, 직관의 목소리가 최적의 결과와 가장 긴밀하게 연결된 때가 언제였는지 알아본다. 내면의 충동에 따라가되 그것이 진짜 가치 있고 유용한 목소리인지 반복해서 질문한다.

두 가지 상반되는 마음을 동시에 유지하는 법도 배워야 한다. 특정 결과를 바라면서도 그 마음을 내려놓을 줄 알아야 한다. 이는 아이를 키우거나 상담을 하는 것과 대단히 유사하다. 희망을 갖고 명료한 의도를 세우지만 동시에 결과에 집착하지 않아야 한다.

가능한 영역 내에서 의도를 세운 뒤 그것을 생생하게 상상하고 무의식이 제 일을 할 수 있도록 여유를 갖는다. 계속해서 움직여라. 더 많이 움직일수록 더 많은 기회가 당신 앞에 열린다는 사실을 꼭 기억해야 한다. 제대로 된 장소에서 돌아다니는 개가 뼈다귀를 찾는다.

몸이 이상하게 느껴지거나, 예상하고 있던 느낌과 다른 감정이 올라오거든 혹시 이 느낌이 당신이 알거나 아끼는 사람의 경험이 아닌지 생각해 본다. 물어보고, 전화하고, 문자해 보라. 내가 느끼는 이 느낌이 당신이 아닌, 당신과 연결된 다른 사람의 것인지 확인하라.

무언가 다른 것을 하고 싶다는 욕구가 느껴지거든—저쪽이 아니라 이쪽으로 가고 싶다거나, 아무 길이나 들어가서 헤매고 싶다거나, 일을 계획하기보다는 흘러가는 대로 내버려두고 싶다거나—그 충동의 가치와 유용성을 점검하라. 긍정적인 결과를 가져오는 충동이, 이도 저도 아니거나 부정적인 충동과 비교했을 때 구체적으로 어떤 특징이 있었는지 살펴본다.

자기 안의 GPS를 훈련하는 데는 새로운 스마트폰 앱이 도움이 될 수도 있다. 가령 크로우스플라이트Crowsflight란 앱은 대도시를 걸어 다니는 데 유용하다. 목적지가 어디인지 화살표로 가르쳐 주기는 하지만 이쪽으로 꺾어라, 저쪽으로 꺾어라, 하는 세세한 디테일은 없다.[5] 방향은 맞지만 이쪽으로 갈지 저쪽으로 갈지 구체적인 길은 당신이 직접 결정해야 한다. 목적지는 앱에게 맡기고 소소하게 직관적인 선택을 해야 한다. 가는 내내 당신은 잠시 길을 잃기도 하면서 우연에 몸을 맡기게 된다.

모든 기술이 그러하듯 우연 민감성 역시 연습하고 연습하고 연습하다 보면 더 높아질 수 있다. 우리가 언제나 우연에 기민하게 반응할 수는 없다. 일상에서 벌어지는 사건이나 문제들이 우리의 주의를 끌기 때문이다. 뇌가 위협이나 시각적으로 매력적인 사람, 이상한 소리나 비판에 민감하게 반응하도록 발달되었던 것처럼, 우리 역시 우연 민감성을 개발할 수 있다. 생각 버튼을 개발해 쉽게 활성화될 수 있도록 세팅해 두면, 주의가 우연처럼 보이는 것으로 재빨리 이동한다. 그러면 이제 마음이 나서

> 뇌가 위협이나 시각적으로 매력적인 사람, 이상한 소리나 비판에 민감하게 반응하도록 발달되었던 것처럼, 우리 역시 우연 민감성을 개발할 수 있다.

서 정신과 외부 사건 간의 유사성, 그리고 그로 인한 감정적 자극을 순식간에 검토한다. 일단 우연이 의식의 영역으로 떠오르게 되면 그 가치를 판단할 수 있게 된다.

간단한 실험을 통해 순서를 익혀 보자. 먼저 오늘 누가 전화를 걸거나 문자를 할지 추측해 본다. 누군가와 마주칠 것 같다는 느낌, 누가 문으로 다가오고 있다는 느낌을 알아차려라. 추측이나 느낌이 맞았다면, 그 느낌의 특징이 어땠는지 잘 기억해 두어라. 어떤 사람 옆에 앉았을 때 느껴지는 작은 느낌 하나도 놓치지 말아라. 그 사람과의 사이에 우연이 잠복해 있을 가능성이 있을까? 당신이 먼저 말을 걸어 봐야 할까? 실험해 봐야 한다. 당신이 먼저 물어야 한다. 묻지 않으면 우리가 알지 못하는 사이 많은 우연들이 가능성의 세계로 사라져 버린다.

조언은 내면의 고요하고 조용한, 거의 속삭임에 가까운 목소리를 통해 전해질 수도 있다. 그럴 때는 멈춰 서서 그 느낌과 생각이 의식으로 들어올 수 있도록 받아들여라. 열린 마음으로 고요하게 있으면서 그 작은 목소리에게 의견을 구하고, 그 목소리가 말하도록 하라. 내면의 고요한 충동에 귀기울여라.

우연을 삶으로 통합하기

우연의 가치는 매번 조언을 주는 것에 있기보다는 당신이 갖고 있는 능력을 알려 주는 데 있다. 우연을 창조함으로써 당신은 직관을 연마할 수 있다. 그 고요하고 작은 목소리에 귀기울이는 일은 오로지 우리에게 도움이 된다. 공격적으로 의도를 세우는 일과 수동적으로 내려놓는 일 사이에서 균형을 잡는 것 역시 인생을 사는 데 단지 도움이 될 뿐이다. 의미 있는 많은 우연들이 우리에게 사랑하는 사람의 느낌을 그대로 경험할 수 있고, 가끔은 앞이 잘 보이지 않는 삶을 잘 헤쳐 나갈 수 있게 도와주는 능력이 잠재되어 있다고 말한다. 또한 우연은 우리가 사랑하는 사람이나 주변 환경과 긴밀하게 연결돼 있다는 것을 여러 방식으로 보여 준다. 다른 사람들이나 우리를 둘러싼 삶으로부터 고립된 채 섬처럼 살 수 있는 사람은 아무도 없다. 우연은 이러한 연결들을 발견할 수 있도록 해 준다.

다음 단계를 밟아 보자.

1. 삶에서 우연을 더 많이 만나고 싶은지 아닌지 결정한다.
2. 우연을 찾아본다. 특히 감정이 고조된 상태이고, 원하는 게 있고, 상황이 변화하는 시기에는 더더욱 열심히 찾아본다. 보다 덜 극적인 시기에도 우연은 나타난다. 평범한 시기에 일어나는 우연을 알아채게 되면 온갖 종류의 우연을 알아차리는 민감도가 높아질 것이다.
3. 우연은 지침이 아닌 표지판이라는 사실을 기억하라. 우연이 암시하는 바를 모두 다 수용할 필요는 없다. 친척들이나 친구들에게 당신이 경험한 우연을 얘기하라. 만일 우연의 메시지가 명확하지 않거나 문제적으로 느껴진다면 다른 사람들에게 부탁해 함께 의미를 파악해 본다.
4. 우연을 어떻게 설명할 수 있을지 추측해 본다. 특히 당신이 우연을 만드는 데 어떤 기여를 했을지 생각해 본다.

5. 당신이 발견한 것을 글로 적어 기록으로 남긴다. 우연에 어떤 패턴이 있는지 찾아본다. 당신은 특정 종류의 우연을 계속 경험하거나, 특정 주제와 관련된 우연을 경험하고 있을지도 모른다.
6. 우연의 발생 빈도수를 높이기 위해 우연에 대한 책을 읽어 보라. 우연에 대한 글을 읽으면 우연이 의식의 영역으로 점점 가까이 다가오게 된다.
7. 우연을 다루는 웹사이트에 가입하고 사람들이 우연의 의미를 파악하는 데 도움을 주어라.

CONNECTING WITH COINCIDENCE

PART 3

CONNECTING
WITH
COINCIDENCE

우연에 대한
새로운 이론

12장

CONNECTING WITH COINCIDENCE

사이코스피어: 우리의 정신적 대기

Connecting
with
Coincidence

이 책의 주요 목적은 우연의 쓸모 있음을 보여 주는 것이었다. 만일 그것이 당신이 이 책을 읽은 이유라면 더 이상 읽지 않아도 된다. 하지만 우연이 만들어지는 과정에 대한 새로운 이론에 관심이 있다면 함께 좀 더 생각해 보자.

우연이 지닌 유용성 이외에, 우리는 우연을 계기로 현실에 대한 통념을 넘어서는 설명들을 인정하게 된다. 전기 스위치를 누르고 방에 불을 켜는 데 전기의 원리를 알 필요는 없다. 마찬가지로 우연을 활용해 삶을 향상시키기 위해 우연의 원리를 이해할 필요는 없다. 하지만 전기에 대해 어느 정도 안다면 문제를 진단하고 해결하는 데 도움이 될 수 있다. 역시 마찬가지로 우연의 발생 원리를 알면 우연을 보다 효과적으로 쓰는 데 도

> 전기 스위치를 누르고 방에 불을 켜는 데 전기의 원리를 알 필요는 없다. **마찬가지로 우연을 활용해 삶을 향상시키기 위해 우연의 원리를 이해할 필요는 없다.**

움이 될 수 있을 것이다.

그렇다고 내가 우연을 발생시키는 모든 요인들을 다 안다고 얘기하는 것은 아니다. 뭐라고 해도 나는 정신과 의사이므로 내 관심사는 주로 우연이 어떻게 사람에게 도움이 되는가에 집중돼 있을 뿐이다. 하지만 생각과 사건의 극적인 교차를 경험한 대부분의 사람들이 그러하듯, 나도 호기심이 생긴다. 어떻게 그런 일이 일어나는 것일까? 나는 동시성에 대한 주요 이론을 모두 읽었고, 이를 통해 나만의 결론에 도달했다.

'하느님-미스터리'와 '무작위로 어쩌다 일어난 일'이 현재 우연에 대한 가장 대중적인 설명이다. 우연에 대한 연구가 점점 발전하면 각 우연의 기저율을 분석하여 세세하게 확률을 따질 수 있게 될 것이다. 하지만 확률이 원인을 설명해 주지는 않는다. 우연을 좀 더 자세하게 범주화할 수 있다면 각 범주별로 다양한 설명들을 적용하게 될 것이다. 한편으로는 기존의 과학적·심리적 원리에 기반한 설명이 있다. 다른 한편으로는 과학이 예측할 수 있는 범위를 넘어서는, 미스터리라고밖에 말할 수 없는 설명이 있다. 그리고 이 극단 사이에 많은 가능성이 존재한다. 심리학과 뇌과학이 새로운 설명을 제시할 수도 있다. 양자물리학은 답을 줄 수 있는 가장 유망한 분야다. "자연에는 기억이 내재되어 있고" "자연 시스템은…… 같은 종의 모든 과거가 응축된 집단 기억을 물려받는다"는 형태 공명 이론이 명료한 설명을 해 줄 수 있을지 모른다.[1] 이론은 자신이 어떤 우연 카테고리를 설명하려고 하는지 명시해야 한다.

내 이론에서는 개별적이지만 때로는 연관성이 있는 우연의 범주

두 가지를 주로 다룬다. 바로 동시경험과 인간 GPS다. 동시경험은 우리가 방법을 의식하지는 못해도 먼 곳에 있는 타인의 경험과 연결될 수 있다는 사실을 보여 준다. 인간 GPS 역시 우리가 자신도 모르게 필요한 사람이나 물건, 아이디어를 찾을 수 있다는 사실을 보여 준다. 동시경험에 인간 GPS가 더해지면, 사랑하는 이가 힘들어할 때 그가 어디에 있는지 몰라도 찾아갈 수 있다.

| 감각수용체

오빠는 자신이 왜 이러는지도 모른 채 한 번도 가 본 적 없는 숲속으로 운전해 들어갔다. 그는 그저 갔다. 그리고 여동생이 자살하기 직전에 찾았다. 어떻게 그는 위험을 '느꼈'을까? 그는 그곳이 어딘지 어떻게 '알았을까?' 어떻게 나와 내 강아지는 길을 어떻게 꺾어야 만날 수 있는지 '알았던 걸까?' 어찌된 일인지 오빠는 여동생의 위험을 감지했다. 어찌된 일인지 소년과 그의 개는 상대가 어디 있는지를 느낌으로 알았다. 어찌된 일인지 GPS 기능이 장착된 지도가 의식의 영역 바깥에서부터 문득 떠올랐다. 이런 에너지-정보Energy-Information, E-I를 뇌가 감정과 행동으로 처리할 수 있게 전기신경 자극으로 전환하는 메커니즘이 분명히 있을 것이다.

그런 메커니즘에 대한 실마리는 우리의 감각수용체receptor에서 찾아볼 수 있다. 감각수용체는 특정 자극의 에너지-정보를 신경전기적 자극으로 전환하는 특수 구조다. 이 전환 과정을 '변환'이라고 부른다.

변환을 뜻하는 영단어 'transduction'은 '가로지르다, 옮기다'라는 뜻의 라틴어 'transducere'에서 유래된 말이다. 수용체는 육체 외부에서 주어지는 빛, 음파, 냄새, 미각 분자, 촉각 등의 광자를 육체 내부로 들어갈 수 있게 변환해 뇌가 이런 자극을 받아들이도록 만든다.

    나는 우연과 관련된 에너지-정보(E-I)를 두뇌가 이해할 수 있는 신경전기적 자극으로 변환하여 전달하는 수용체가 있다고 주장한다. 이러한 E-I 수용체를 무시하는 우리의 현실은 시각에 대한 고대 그리스의 견해와 별다를 바 없다. 아리스토텔레스는 보여지는 대상이 모종의 방식으로 관찰자와 대상 사이의 '매개(공기)'를 변화시키기 때문에 눈이 그 대상을 볼 수 있는 것이라고 생각했다.[2] 그는 대상을 인지하는 것이 눈과 관련있다는 사실은 알았으나 빛이 망막의 간상체와 추상체에 어떤 영향을 미치는지에 대해서는 전혀 알지 못했다. 또한 아리스토텔레스는 비타민 A로 만들어진 망막 분자를 빛의 광자가 건드리는 순간 분자의 형태가 달라지고, 이 사소한 형태 변화를 계기로 일련의 사건들이 도미노처럼 일어나 신경전기적 자극이 시작되는 덕분에 우리가 물체를 볼 수 있다는 사실을 상상도 못했을 것이다.[3] 간단히 말하자면, 빛의 광자가 망막 분자의 형태를 변화시켜서 신경 자극이 시작되면 뇌는 그것을 시각적인 것으로 해석할 수 있다는 뜻이다. 의미 있는 우연을 만들어 내는 데 일조하는 에너지-정보는 적어도 이 정도로 정교한 메커니즘에 따라 작동되는 것이 틀림없다. 아리스토텔레스는 시각의 작동 원리를 이해하지 못했다. 지금의 우리가 E-I 수용체가 어디에 있고, 어떤 원리로 움직이는지 알지 못하는 것처럼 말이다.

다른 감각수용체는 시각보다는 변환 방법이 덜 정교한 편이다. 가령 소리는 내이의 달팽이관cochlea에 위치한 코르티 기관organ of corti의 작은 털을 유동체가 건드릴 때 인식된다. 음파가 고막에 부딪치면 세 개의 작은 뼈가 진동을 하는데, 그중 마지막 뼈가 달팽이관의 난원창oval window을 쳐서 유동체를 움직이고, 움직이는 유동체가 이번에는 유모 세포hair cell를 건드린다. 그러면 움직이는 유모 세포가 신경 자극을 일으킨다. 유동체가 유모 세포를 건드리는 이 방식은 일부 우연에서 E-I 수용체가 작동하는 방식을 이해하는 것처럼 정교함이 다소 부족해 보인다.

신경계가 미각을 인지하는 과정은 이렇다. 음식 분자는 침에 의해 운반되어 유두 돌기papilla(혀에 있는 작은 융기 모양의 구조)에 자리하고 있는 미뢰taste bud의 수용기 세포에 도달한다. 각각의 수용기 세포에는 음식 분자들이 상호 작용할 수 있는 공간과 함께 미각털taste hair이 있다. 이 미각털의 움직임이 신경 자극을 일으킨다. 다시 한 번, 작은 털의 움직임으로 신경전기적 자극이 시작되는 것이다.

냄새의 역학은 아직 논란의 여지가 있다. 뇌가 수천 개, 어쩌면 수만 가지의 냄새를 인지한다는 사실을 설명해 주기에는 코의 냄새 수용체가 그렇게 많지 않기 때문이다. 최근 연구에 따르면 인간의 코와 뇌는 1조에 달하는 냄새를 감지할 수 있다고 한다. 기존 이론은 하늘에 떠다니는 분자가 마치 열쇠와 자물쇠처럼 수용체에 딱 맞아떨어질 때 냄새가 인지된다고 설명한다. 하지만 여기에는 문제가 있다. 형태가 같은 분자라도 서로 다른 냄새를 만들 수 있다.[4] 게다가 일부 냄새 분자는 각기 다른 수용체를 활성화시키기도 하고 모양이 서로 다른 분자들이 같은 수용체를 자극하기도 한다. 루카 투린Luca Turin의 훨씬 논쟁적인 최신 연구는 양자물리학을 도입하여 (양자 터널링) 냄새 분자의 다양한 진동에 주목한다.[5] 이 양자-진동 이론을 뒷받침하는 연구도 일부 나왔다.[6]

촉각과 관련된 수용체와 감각은 다양하다. 다른 감각과는 달리 촉각은 몸 전체에서 느낄 수 있다. 기계적 감각수용체는 촉각이나 진동 같은 기계적 움직임에 반응한다. 여러 유형의 기계적 감각수용체 중 하나인 파시니 소체pacinian corpuscle는 피부에서 압력과 진동을 감지한다. 나선형의 이 조직체는 만지면 모양이 약간 비틀린다. 이 물리적 변형이 전기화학적 자극으로 변해 소체에 연결된 신경을 건드린다. 뜨거움, 차가움, 고통은 대단히 특수한 털이나 수용체를 통해 흔히들 알고 있는 피부의 신경 말단에서 감지된다. 이러한 감각 뉴런에는 막관통 단백질transmembrane protein이 있는데, 이 단백질은 뜨거움, 차가움, 고통스러운 자극에 반응해 화학적 통로를 형성한다. 하지만 이 메커니즘의 진짜 원리는 여전히 베일에 싸여 있다. 어떻게 온도가 변한다고 해서 단백질이 바뀌어 신경 세포막을 통과하는 걸까? 아무도 모르는 듯하다. 이러한 자유 신경 말단free nerve endings은 수백만 년 전 가장 원시적인 형태의 생명이 탄생했을 때부터 변하지 않았다.

다양한 형태의 에너지-정보가 어떻게 우리의 신경 기관에 들어올 수 있는지에 대한 힌트는 동물의 감각 능력에서도 찾아볼 수 있다. 상어는 피부에 있는 로렌찌니 기관lorenzini's organ 덕분에 주변 물의 전자기가 아주 조금만 변해도 이를 감지할 수 있다. 이러한 에너지 변화를 통해 상어는 먹이의 위치를 파악하고 지구의 자기장을 기준 삼아 길

을 찾기도 한다.[7]

바다에 상어가 있다면 하늘에는 철새가 있다. 철새는 지구 전자기장의 아주 미묘한 에너지를 읽어 길을 찾아간다. 철새는 몸에 아주 작은 자철석(산화철)을 갖고 있어서 지자기장이 아주 약간만 바뀌어도 신경 자극으로 전환될 수 있는 정도만 되면 이를 감지할 수 있다. 이 메커니즘에는 철새 눈의 광수용체 뉴런에 존재하는 크립토크롬 cryptochrome도 한몫하는 것으로 알려져 있다. 이 화학 물질은 광감지 뉴런을 활성화시켜서 새가 주변의 자기장을 '볼 수' 있게 해 준다.[8] 냄새(목적지 환경의 냄새를 알아채는 것)와 시각(잘 알고 있는 길을 지도처럼 입력해 놓은 뒤 매번 이동할 때마다 따라가는 것)의 중요성을 강조하는 연구자들도 있다.[9] 상어와 철새의 수용체 모두 아주 미묘한 에너지-정보가 전기화학적 신경 자극으로 변환될 수 있다는 가능성을 보여 준다.

많은 사람들이 다른 사람들에게 어떤 '기운'을 느낀다. 한 사람이 발산하는 아주 미묘한 에너지를 어쩐 일인지 다른 사람이 알아차리는 것이다. 나는 내 환자들이 울거나 화를 내기 전에 이미 에너지의 변화를 느낄 수 있다. 이러한 나의 민감함은 상대의 비언어적 행동을 미묘하게 읽는 것이지만 사실 그것만으로는 설명되지 않는다. 이러한 느낌을 사람들은 보통 '비과학적'이라고 말한다. 하지만 상담사들 중에는 그와 유사한 경험을 했다고 비공식적으로 털어놓는 사람들이 많다. 최근까지 소위 이 에너지 장은 측정이 불가능했기 때문에 그것에 대해 얘기하는 우리 같은 사람들은 과학적 증거를 댈 수가 없었다. 우리가 사는 지금 세상에서는 무엇이든 '진짜'로 인정받으려면 반드시 측정이 가능해야 한다. 고양이 오스카는 죽어 가는 환자들에게서 무언가를 알아차렸다. 마치 그들의 '빛'이 사그러드는 것처럼 말이다.

연구자들은 최근 '생물광량자biophoton'를 측정하는 기구를 개발했다. 생물광량자는 살아 있는 것에서 방출되는, 인간의 가시역visible region에서 벗어난 전자기 복사electromagnetic radiation를 의미한다. 인간의 가시역 아래 부분에 있는 적외선은 파장은 길고 주파수는 낮아서 인간의 피부에 열기로 느껴진다. 생물광량자가 속하는 가시역 위쪽의 자외선은 파장이 더 짧고 주파수가 높은데, 인체에서 방출되는 이 생물광량자가 현재 측정 가능해졌다.

식물과 세포 배양에서 방출되는 생물광량자는 과거에 이미 연구되었다. 하지만 민감한 광전자증배관photomultiplier의 개발로 이제는 인간의 생물광량자까지도 측정이 가능해졌다. 2012년에 발표된 한 실험에서는 인간의 의도(치유자들이나 수련 정도가 높은 명상가의 의도)가 인간 육체에서 방사되는 생물광량자를 증가시킬 수 있음을 증명했다. 하지만 다른 사람이 이 에너지를 어떻게 감지하는가는 여전히 의문으로 남아 있다.[10]

빛과 소리의 파장이 신경 자극으로 변환되면 뇌는 이를 이미지와 음악으로 해석한다는 사실은 모든 신경과학자들이 인정하고 있다. 광파와 음파는 파동의 진폭, 길이, 강도를 조금씩 바꾸는 방식으로 정보를 전달한다. 에너지와 더불어 이 작은 변형이 신경 자극으로 변환된다. 하지만 그래도 의문은 남아 있다. 어떻게 뇌는 신경 자극의 이런 자그마한 변화를 이미지와 음악으로 변환할 수 있는가? 신경과학자들은 사람들이 음악을 듣거나 영화를 볼 때 뇌에서 어떤 일이 일어나는지는 말해 줄 수 있지만 두뇌가 광파와 음파를 '어떻게' 그림과 단어로 만드는지는 답해 주지 못한다. 많은 우연에 관여하는 에너지-정보가 느낌과 행동으로 전환되는 원리에 대해서도 우리는 아직 알지 못한다.

| E-I 수용체

빛, 소리, 미각, 후각, 촉각을 감지하는 수용체와 마찬가지로, 가상의 E-I 수용체 역시 몸 바깥에서 들어오는 동시경험과 GPS 자극을 몸 안의 신경전기 자극으로 변환해야 한다. 그렇다면 이 E-I 수용체는 어디에 있는가? 이 수용체는 무엇으로 구성돼 있는가? 어떻게 E-I 수용체는 에너지-정보를 신경전기 자극으로 변환하는가?

우리는 이러한 가상 구조의 성질에 대해 일부만 추측할 수 있다. 감각수용체에 대한 지식 중 아직 빈 공간으로 남아 있는 부분을 보면 수용체의 다른 활동 가능성에 대해 유추할 수 있다. 여기 시각과 관련해 과학이 무지했던 예가 하나 있다. 1990년대까지만 해도 과학자들은 광파가 망막의 두 번째 층에 위치한 간상체와 추상체만을 자극한다고 생각했다. 하지만 이후 과학자들은 망막의 세 번째 층에서 푸른빛에 민감한 신경절 세포ganglion cell를 발견했다.[11] 소위 잘 알려져 있다고 여겨진 수용체 메커니즘에 대한 최근의 발견은 여전히 알려지지 않은 영역이 많음을 시사한다.

후각 수용체를 비롯해 고통, 뜨거움, 차가움을 느끼는 수용체 역시 아직 미스터리한 부분이 있다. 후각은 시각에 비해 아직 연구가 미흡한 편이다. 아마도 후각은 워낙에 원초적인 기관이고 시각에 비해서는 덜 사용되기 때문인 것으로 보인다. 시각에 대해서는 훨씬 꼼꼼하고 많이 연구되었다. 피부의 열기, 냉기, 고통 수용체들은 인간이 진화해 가는 과정 속에서도 변하지 않았고, 내가 알고 있는 한 이 수용체의 변환 방법은 아직 제대로 설명되지 못했다. 이 후각, 열기, 냉기, 고통 수용체들은 거의 언제나 자극에 반응하는데, 이로 미루어 보아 E-I 수용체도 그럴 것이라고 추측된다. 단세포 생물조차 최상의 상태를 유지하기 위해 화학 물질, 빛, 전자기 복사에 반응한다. 이 단세포 생물처럼 우리의 피부에도 아주 미묘한 형태의 에너지와 정보를 감지하는 센서가 있을 수 있다. 최근에 과학자들은 피부에서 후각 수용체를 발견했다![12]

시각이 세계를 파악하는 인간의 주요 수단이 되어가는 동안에도 원초적인 후각 수용체와 열기-냉기-고통 수용체는 묵묵히 제 할 일을 했다. 어쩌면 이 수용체들은 다른 형태의 에너지-정보를 받아들이는지도 모른다. 우연 이야기는 원초적인 감각수용체가 홀로 묵묵히 발휘해 왔던 역량을 우리가 지금에서야 재발견하고 있는 걸지도 모른다는 사실을 암시한다. 만일 인간의 냄새 감지 원리를 양자 메커니즘이 더 잘 설명해 줄 수 있다면, 어쩌면 양자적 방식으로 우연 정보를 받아들이는 E-I 수용체도 있을 수 있다.

배가 고플 때 맡는 음식 냄새가 훨씬 좋듯이 E-I 수용체 역시 무언가 필요하고, 감정이 고조돼 있고, 다른 상태로 변해가는 과정에 있

배가 고플 때 맡는 음식 냄새가 훨씬 좋듯이 E-I 수용체 역시 무언가 필요하고, 감정이 고조돼 있고, 다른 상태로 변해가는 과정에 있을 때 훨씬 활짝 열리고 활발하게 작동할 가능성이 크다. 달리 말하면 이런 시기에 의미 있는 우연이 발생할 가능성이 크다는 것이다.

을 때 훨씬 활짝 열리고 활발하게 작동할 가능성이 크다. 달리 말하면 이런 시기에 의미 있는 우연이 발생할 가능성이 크다는 것이다. E-I 수용체는 아버지가 돌아가시던 날 왜 내가 그렇게 억제할 수 없을 정도로 숨이 막히게 되었는가를 설명해 줄 수 있다. 하지만 나와 내 개가 서로를 발견한 이야기는 완전히 설명해 주지 못한다.

| 인간 GPS

채석장의 깊은 물가에서 놀고 있는 딸에게 바로 달려간 엄마는 딸이 어디 있고, 그곳까지 어떻게 가야 하는지 의식적으로 알지 못한 채 그냥 갔다. 내 강아지 역시 갈림길마다 제대로 된 선택을 한 끝에 나를 만났다.

인간 GPS 시스템의 작동 방식을 이해하기 위해서는 먼저 고유수용기proprioception부터 살펴보는 게 좋다. 우리의 팔과 다리와 머리가 무엇을 하고 있는지 파악하는 고유수용기는 재산처럼 '개인에게 속한 것'을 뜻하는 라틴어 'proprius'에서 유래했다. 고유수용기는 내 신체 부위가 공간의 어느 부분에 위치해 있는지를 뇌에 알려 준다.

우리가 손, 발, 무릎, 팔꿈치, 머리, 상체의 정확한 위치를 알기 위해서는 어마어마한 정보가 동시에 처리돼야 한다. 하지만 다행스럽게도 이러한 정보 처리는 무의식적으로 진행되기 때문에 우리의 의식적인 마음은 정보에 압도되지 않는다. "앗, 나 지금 방금 키보드 스페이스 바에 엄지손가락을 올렸어" 하는 식으로 생각하지 않는다. 이렇게 대규모의 정보를 속사포처럼 처리하는 과정이 없다면 아마 우리는 깨어 있는 시간 대부분을 눈으로 몸의 움직임을 추적하며 보낼 것이다. 걸을 때 발을 잘 놓았는지 계속 지켜보거나 문자를 보낼 때 손가락의 움직임을 일일이 확인하면서 말이다.

고유수용기의 작동 원리는 이렇다. 내이의 전정계scala vestibuli는 머리 위치에 대한 정보를 제공한다. 전정계는 소리 인식을 담당하는 털과 매우 유사한 작은 털들을 움직임으로써 머리의 움직임이나 위치 변화를 변환한다. 전정계는 시각계visual system와 함께 협동해 머리가 움직일 때도 시선이 한곳에 고정될 수 있게 한다. 팔다리의 위치에 대한 자세한 정보는, 근섬유muscle fiber와 같은 방향으로 배열돼 있으면서 근육 길이의 변화를 감지하는 근방추muscle spindle에서 나온다. 힘줄의 골지건 기관golgi tendo organ은 근육 긴장도의 변화를 전달한다. 피부의 섬세한 압력 수용체는 간헐적으로 디테일한 정보를 추가한다. 이 시시각각으로 전해지는 정보는 척추의 뉴런으로 보고되고, 뉴런 하나하나는 발화되기 전까지 수천 개의 정보를 통합한다. 척추에서 출발한 정보는 뇌의 후면 두정부parietal region로 이동하여 조립과 재조립의 과정을 거치면서 공간 내에서의 몸의 위치를 계속해서 업데이트한다. 이 위치 데이터가 지속적으로, 그리고 빠르게 주입되지 않는다면 몸의 각 부위는 부드럽게 협응하며 움직이지 못할 것이다.

고유수용기는 뇌가 우리의 자각 영역 밖에서 거대한 양의 정보를 처리할 수 있음을 보여 준다. 이는 결국 다른 형태의 정보 역시 우리의 의식 밖에서 대거 처리되고 있을 수 있음을 암시한다.

최근 새롭게 발견된 뉴런인 격자 세포grid cell는 우리가 생활하는 지역을 지도화하는 것으로 알려져 있다. 해마 근처의 내후각 피질 entorhinal cortex에 위치한 이 격자 세포는 '장소 세포place cell'와 협력해 공간 내 우리의 위치를 GPS처럼 파악한다. 고유수용기가 몸의 위치를 시시각각 알려 주듯이, 격자 세포는 우리가 현 장소에서 대략 어느 위치에 있는가를 계속해서 업데이트하는 것이다.[13] 또한 격자 세포는 인간의 감정을 관장하는 대뇌전두 피질anterior cingulate cortex에도 존재하는 것으로 알려져 있다. 격자 세포 지도의 이 감정적 측면 때문에 특정 장소는 강한 감정과 결부될 수 있다.[14] 따라서 이 뇌내 지도는 GPS 내비게이션의 지도처럼 우리가 감정적으로 의미 있는 사람, 물건, 상황을 찾아가도록 길을 알려 줄 수 있다.

그렇다면 이러한 경로는 어떻게 만들어지는가? 엄마는 자신의 위치를 파악했을 뿐 아니라 위험에 빠진 딸의 위치도 알았다. 격자 세포가 우리의 현재 위치를 알려 준다는 것은 알겠다. 하지만 어떻게 다른 사람의 위치를 알려 주는 것도 모자라 상대에게 갈 수 있는 경로까지도 알려 준 것일까? 어떻게 그 엄마는 GPS 기술이 내장된 것 마냥 자기가 있던 곳에서 한 번도 가 본 적 없는 장소까지 갈 수 있었을까?

| E-I 수용체 이론이 암시하는 것들

나는 인체가 에너지(아마도 전기)와 정보(아마도 단순한 분자)가 뒤섞인 원시 스프primordial soup에서 탄생하지 않았을까 생각한다. 광반응 분자, 전자기 반응 자철석, 온도 수용체 같은 까마득히 오래된 메커니즘들은 태곳적 하나됨Onness의 상태로 되돌아가는 데 실마리를 제공한다. 그리스의 미노타우로스 신화에서 테세우스는 실 뭉치의 한쪽 끝을 미노타우로스의 거대한 미로 입구에 묶어 놓고 실을 풀며 미로의 깊은 곳으로 들어갔다. 얽히고설킨 깊은 통로에서 그는 반은 황소이고 반은 인간인 미노타우로스를 죽이고 실을 이용해 미로를 빠져 나온다. 테세우스의 실처럼, 이 원시적인 수용체 메커니즘들 역시 하나됨을 다시금 인식할 수 있도록 우리를 안내해 주고 있는지도 모른다.

E-I 수용체의 위치나 구체적인 작동 원리는 아직까지 미지의 영역으로 남아 있다. 하지만 이미 '알려진' 감각수용체의 메커니즘조차 아직 베일에 감춰져 있는 게 많다는 사실을 감안하면 그리 놀라운 사실은 아니다.

나는 이런 미묘한 형태의 에너지-정보를 감지하는 수용체 유형이 다양할 것이라고 생각한다. 어떤 것은 상대적으로 아주 오래전부터 존재해 인간이 진화하는 내내 우리와 함께했을 수도 있다. 사랑하는 사람에게만 작동하는 수용체도 있고, 우리의 갈등을 그대로 보여주는 상황을 찾게 도와주는 수용체도 있을 수 있다. 하위 유형 수용체의 구체적인 기능이 밝혀지면 다양한 형태의 에너지-정보가 무엇으로 구성되었는지 알게 될지도 모른다.

어쩌면 구체적인 수용체를 의도대로 창조할 수도 있다. 3D 프린터에 프로그램만 깔면 플라스틱을 비롯한 여타 가루로 엄청나게 많은 3차원 물체를 만들 수 있는 것처럼 말이다. 심지어 파우더 도우와 오일로 3D 피자도 만들 수도 있다.[15] 현재 3D 프린터는 콘크리트를 압축 성형해 건물의 벽을 세우는 동시에 배선과 배관을 위한 도관 삽입도 가능한 수준까지 도달했다.[16] 자신에게 필요한 것이나 목표를 생각하고 의식적으로나 무의식적으로 의도를 가지고 있으면, 이에 필요한 수용체가 아직은 정의내릴 수 없는 어떤 물질들로 만들어질 수 있을지도 모른다. 〈배트맨Batman〉 영화나 만화책을 본 사람들이라면 배트 시그널을 알 것이다. 배트맨이 간절히 필요할 때, 고담시 경찰은 서치라이트로 배트맨의 상징을 하늘에 띄워 그를 부른다. 크건 작건 무엇을 간절히 바랄 때, 어쩌면 우리 역시 그것을 이루는 데 필요한 에너지-정보를 받아들일 수용체를 하늘에 쏘고 있는지도 모른다.

심리학자인 나는 내담자들을 통해 마음과 뇌의 상호 작용을 관찰한다. 나는 뇌 수용체에 달라붙는 분자(약물)를 환자들에게 주고, 그들의 감정과 생각이 보다 나아지는 것을 기쁜 마음으로 지켜본다. 나는 약에 대한 환자들의 태도가 실제 약물 반응에 어떤 영향을 끼치는지 본다. 약에 대한 생각은 수용체 기능에 영향을 끼치는 것 같다. 어쩌면 우리의 의도와 기대 역시 새로운 수용체를 형성하거나 기존 수용체의 민감도를 바꿀 수 있는지도 모른다.

내가 깊이 존경하는 한 동료는 신호 변환에 의한 동시경험이나 인간 GPS 같은 건 있을 수 없다고 내게 말했다. 그와 다른 동료들에 따르면 증거가 없단다. 하지만 우연 정보가 우리 뇌까지 어떻게 전달되고 도착하는지 아는 사람은 없다. 앞서 봤듯이 이 미묘한 외부 정보를 뇌가 받아들이기 쉬운 정보로 변환하는 특정 형태의 수용체는 분명히 있을 수밖에 없다. 그러니 외부의 정보를 운반하는 어떤 매개체 역시 있을 것이다.

E-I 수용체의 개념은 우리 자신에 대한 이해를 넓히는 한 방편이

될 수 있다. 어떤 이론이 더 진실에 가깝건, 도구적 우연에 대한 좋은 이론이라면 우연을 좀 더 명확하게 이해할 수 있도록 해 주고 체계적인 연구의 틀을 제공할 수 있어야 할 것이다.

| 우리의 정신적 대기

이 에너지-정보는 어디에서 오는가? E-I 수용체는 아직 정의되지 않은 어떤 매개체를 통해 어딘가에서 에너지-정보를 받는 게 틀림없다. 나는 이 매개체(우리의 마음과 자연과 기술의 역동이 만들어 낸 산물)가 우리를 둘러싸고 있다고 생각한다. 어떤 식으로든 우리의 마음은 물속에 사는 물고기처럼, 에너지-정보를 운반하는 어떤 미지의 매개체 속에 잠겨 있다. 이 광대한 정보의 매개체를 '빅 마인드Big Mind' 혹은 '한마음 One Mind'이라고 부르는 사람들도 있다. 많은 사람들이 이것을 만물을 하나로 만드는 의도적인 에너지(신, '우주' 혹은 '의식')이자 우리 삶을 움직이는 힘이라고 상상한다.

정신과 의사로서 뇌의 활동을 이해하는 것만으로도 이미 충분히 어렵기 때문에 나의 '빅 마인드' 개념은 지구에 국한되어 있다. 내가 '사이코스피어'란 단어를 만든 것은 이 매개체를 우리의 지구 환경으로 제한하겠다는 의도를 표현하고 싶었기 때문이다. 사이코스피어는 일종의 대기atmosphere 같은 것이다. 우리를 둘러싸고 있으면서 우리와 끊임없이 상호 작용하는 대기 말이다. 우리는 산소, 질소, 수증기를 들이마시고, 이산화탄소, 질소, 그리고 더 많은 수증기를 내뱉는다. 우리는 사이코스피어로부터 에너지-정보를 받아들이고 우리의 에너지-정보를 사이코스피어로 내보낸다. 우리의 생각과 감정은 사이코스피어에 영향을 주고, 우리의 생각과 감정은 사이코스피어의 영향을 받는다. 우리 주변의 식물과 동물 역시 사이코스피어와 에너지를 주고받는다. 우리가 개발하는 기술은 사이코스피어의 형태를 바꾸는 동시에, 사이코스피어의 부산물이다. 우리는 사이코스피어와 역동적인 관계를 맺고 있다.

사이코스피어의 존재를 뒷받침하는 자료는 여러 곳에서 찾아볼 수 있다. 전 세계 사람들은 무척 미묘하지만 우리보다 훨씬 더 위대하며 모두를 품고 있는 뭔가를 느낀다고 말한다. 우리는 오감의 인식 영역 너머에 있는 무엇, 즉 확장된 마음을 느낀다. 이 미묘하고 위대한 것을 '신' 혹은 '우주'라고 부르는 사람들이라면 사이코스피어란 개념을 통해 이 위대한 의도가 어떻게 작동하는지 조금이나마 더 이해할 수 있을 것이다. 반면 이것을 '의식'이라고 부르는 사람들이라면 사이코스피어를 통해 무한한 개념을 유한한 버전으로 파악할 기회를 얻게 될 것이다. 사이코스피어를 공부함으로써 우리는 한마음, 의식, 우주, 신의 좀 더 작은 버전(소우주나 홀로그래픽 이미지)을 살펴볼 수 있다.

그렇다면 사이코스피어는 무엇으로 만들어졌을까? 옛날 옛적 인도의 유명한 우화에서 여러 명의 맹인(무지한 사람들로 대변되는)들이 코끼리를 만지고 있었다. 모두들 코끼리의 각기 다른 부위를 느끼고는 자신이 전체를 다 알았노라고 장담했다. 다리를 만진 사람은 코끼리가 기둥이라고, 꼬리를 만진 사람은 코끼리가 줄이라고, 코를 만진 사람은 코끼리가 파이프라고, 코끼리의 옆구리를 만진 사람은 코끼리가 벽이라고 말했다. 실은 전체의 한 부분만을 알았을 뿐인데 말이다.

사이코스피어에 대한 논쟁도 바로 이러하다.

사이코스피어는 영혼이다

대기와 사이코스피어의 유사성은 다양한 문화에서 수천 년간 인정해 온 바다. 여러 언어권에서 호흡과 영을 동시에 뜻하는 단어가 발견된다. 예를 들어 프라나prana(산스크리트어), 루아흐ruach(히브리어), 프네우마pneuma와 사이크psyche(그리스어), 스피리투스spiritus(라틴어) 등이다. 도교의 치Chi 혹은 기Qi는 몸 안팎의 우주 에너지 혹은 생명력을 가리키는데, 이 단어를 문자 그대로 풀자면 '호흡' 혹은 '가스'라는 의미다. 우리는 공기, 음식, 물, 관계, 영을 안으로 들이고inspire, 이산화탄소, 생각, 영을 밖으로 보낸다expire. 들인다는 것은 더 높은 차원으로 올라가겠다는 마음이고, 삶을 포용하겠다는 마음이다. 밖으로 보낸다는 것은 육체의 생명력을 내려놓는다, 죽는다는 의미다. 힌두인들은 생명력을 뜻하는 단어들을 따로 만들어서 우리를 둘러싸고 있는 여성적인 에너지는 샥티Shakti, 그것이 육체로 현현한 것은 쿤달리니Kundalini라고 지칭했다.

사이코스피어에는 지금까지 존재했고, 앞으로 존재할 모든 정보가 포함돼 있다

어떤 사람들은 인간의 지식과 인간 외적인 지식이 모두 보관돼 있는 곳에 접속할 수만 있다면, 언제나 모든 사람들이 모든 정보를 알 수 있을 것이라고 생각한다. 이 보관소는 아카식 레코드Akashic Records(아카샤의 기록)˙, 아이디어 스페이스 등 여러 이름으로 불린다. 엄청난 양의 정보를 얼마든지 쉽게 얻을 수 있다는 점에서 인터넷은 이 오래된 생각에 근접한다.

융은 개인무의식과 대조를 이루는 개념으로 집단무의식의 존재를 제시했다. 개인무의식은 서로 떨어져 있어서 분리되었다는 느낌을 준다. 하지만 집단무의식에는 사실상 모든 사람들이 접근할 수 있고, 동시에 세상 모든 사람들에게 영향을 주는 기본적인 정보와 행동 양식이 포함돼 있다. 집단무의식은 모든 인간들이 공유하고 있는 마음이다.

융은 집단무의식에 포함된 기본적인 정보와 행동 양식을 '원형'이라고 불렀다. 융은 '패턴pattern'이라는 단어의 기원을 통해 원형의 기능을 자세히 설명한다. '패턴'의 어원인 고대 프랑스어 '파트론patron'은 '아버지'를 뜻하는 라틴어 '파테르pater'에서 왔다. 융이 생각하는 원형은 삶의 흥망성쇠 바깥에 존재하는 영원한 패턴이다. 이 아버지 같은 원형에서 구체적인 삶의 패턴들이 탄생한다. 원형의 내용은 주로 신화와 꿈, 예술 작품이나 환상에서 드러난다. 또한 융은 원형의 활성화가 모든 의미 있는 우연과 관련있다고 생각했다.

영국의 생물학자 루퍼트 셸드레이크는 새로운 패턴을 소개하는 데 더 많이 집중했다. 한 동물 집단에서 새로운 패턴이 시작되면, 비슷한 자극에 노출된 비슷한 동물들은 그것을 좀 더 쉽게 배운다. 셸드레이크는 새로운 '행동 장behavioral field'을 강화하는 것이 '형태 공명'이

● 우주와 인류를 포함한 모든 생물의 기록을 담은 의식의 집합체를 가리킨다.

라고 생각했다. '형태'는 특정한 모양 혹은 패턴을 가리킨다. '공명'은 '교감 진동sympathetic resonance'과 유사한 것으로, 교감 진동은 현과 소리 굽쇠의 진동수가 같을 경우 소리굽쇠에 충격을 주면 현에서도 소리가 나는 현상을 뜻한다. 일단 새로운 '형태'가 생겨나면, 그와 진동수가 비슷한 존재들은 그 패턴을 보다 쉽게 파악한다.[17] 셸드레이크는 형태 공명이 일어나는 '행동 장'에 대해서는 이론을 제시하지 않았지만 나는 사이코스피어가 이 형태 공명 개념의 시작점이 될 수 있다고 생각한다. 사이코스피어에는 모든 에너지 수준의 관념들이 존재하고 이를 언제든 이용할 수 있다.

사이코스피어에는 생명 에너지가 가득하다

러시아의 지구화학자인 블라디미르 베르나츠키Vladimir Vernadsky와 프랑스 예수회 수도사 출신의 철학자 피에르 테야르 드 샤르댕Pierre Teilhard de Chardin은 우리 모두가 잠겨 있는 마음의 영역을 가리키는 말로 '지능권noosphere'이라는 말을 사용했다. 베르나츠키에 따르면 지능권은 생물권biosphere에서 나온다. 생물권은 깊은 바다에서부터 높은 대기권에 이르기까지 지구상에 존재하는 모든 생명으로 구성돼 있다. 태양으로부터 동력을 얻고 지구의 지질 작용과 긴밀하게 연결돼 있는 생물권은 태양의 우주 복사를 전기 에너지, 화학 에너지, 역학 에너지, 열 에너지, 기타 에너지 등으로 변환한다. 베르나츠키는 이 생물권에서부터 지적인 차원의 진화를 담당하는 합리성의 영역, 즉 지능권이 발달된다고 설명했다. 베르나츠키의 지능권을 추동하는 것은 과학적 발전 및 이와 관련된 사람들의 행동이다.[18] 테야르는 과학과 기술을 보편적이고 평화로우며 계몽적인 힘이라고 생각했다는 데에서 베르나츠키와 같은 입장을 취했다. 하지만, 그는 지능권이 인간의 모든 마음들이 상호 작용하는 가운데서 생겨났다고 주장했다. 비록 인터넷이 발명되기 전에 사망했지만, 테야르는 인간의 마음과 지능권의 상호 작용 속도를 더욱 빠르게 해 줄 기술적 진보가 일어날 것을 예견했다.[19] 아마도 인터넷이 그 일을 하고 있는 것으로 보인다.

모든 인간의 마음이 상호 작용한다는 지능권에 대한 테야르의 개념은 에너지-정보의 교류가 일어나는 공간을 상정한다. 이 공간은 심리적이기도 하고 물리적이기도 하다. 수십억 곳의 인터넷 연결 덕에 점점 빽빽해지고 있는 망은 에너지-정보가 이동하는 매트릭스의 존재를 뒷받침하는 것처럼 보인다. 이렇게 쌓인 에너지-정보는 부정적으로 변해 사회적으로 물의를 일으키기도 한다. 사람들의 생각과 감정들을 물방울이라고 가정해 보자. 물방울은 증발해 사이코스피어로 들어가고 그곳에서 차곡차곡 쌓인 다음, 짙은 먹구름(집단적 부정성)이 되어 사납게 비(범죄, 전쟁)를 쏟아 붓는다.

때로는 일반적인 과학의 영역을 벗어난 현재나 근미래의 개념들을 과학 소설이나 만화책에서 만나기도 한다. '포스The Force'로 유명한 영화 〈스타워즈Star Wars〉 시리즈나 〈엑스맨X-Men〉 같은 만화는 에너지-정보 사이코스피어가 배경으로 등장하는 대표적인 작품들이다. 여기서 사이코스피어의 에너지는 개인이나 인류의 진화보다는 폭력적이고 파괴적인 목적으로 사용될 때가 많다.

사이코스피어가 '영혼과 같은 것'이고, '지금까지 존재했던 모든 정보를 포함'하고 있으며, '인간의 모든 마음으로 이루'어져 있고, '생명 에너지로 가득하다'는 말은 '코끼리'의 여러 면면일 수도 있다. 이 '우리 마음의 마음'을 뒷받침하는 보다 직접적인 증거는 아래에서 보다시피 여러 곳에서 발견된다.

| 하나처럼 행동하는 집단

비현실적인 믿음을 공유하는 한 집단이 단체 히스테리를 일으키는 경우가 있다. 위험과 질병에 대한 생각은 학교, 작은 마을, 공장처럼 구성원들 간의 연결도가 높은 집단에서 쉽게 퍼진다.[20] 2012년, 신경 질환인 투렛 증후군과 유사한 이상 증세가 뉴욕 주 르 로이의 10대 소녀 집단에 퍼졌다. 1940년대 중반, 일리노이 주 마툰에서는 입술과 목이 얼얼해지고 마비되는 증세가 온 마을을 휩쓴 '미친 가스 살포자Mad Gasser' 사건이 일어났다. 이 사건들을 해명할 수 있는 설명은 언제나 많다(진짜 범죄자가 유독 가스를 살포했을 수도 있다). 하지만 확실하게 밝혀진 게 없는 상황이라면 집단의식 속에서 어떤 공명이 점점 확산되며 일어난 일이라고 보는 것도 그럴듯한 설명이 될 수 있다.[21] 사람들끼리 신체적 증세를 공유하는 것은 쌍둥이나 기타 친밀한 사람들 사이에 일어나는 동시경험과 같은 현상이다.

분노 역시 생각이 비슷한 사람들끼리 모인 군중 사이에서 불길처럼 퍼진다. 개인으로만 보면 예의바르고 밝고 가정적이지만, 이들이 모여 생각 없고 무례하고 파괴적인 군중으로 변한다. 그들은 자신과 '다른' 사람들(종교, 인종, 정치적 성향 등)을 공격한다. 집을 불태우고, 총을 쏘고, 사람을 매다는 등 광분에 휩싸여 파괴적인 행동을 실컷 하고는 원시적인 폭도 무리와 어울린 일 따위 전혀 없었다는 듯 일상 생활로 복귀한다. 야생 동물을 공격하는 하이에나 무리처럼, 밀밭을 휩쓰는 메뚜기 떼처럼, 이 사람들은 하나처럼 움직인다. 동시경험을 하듯 이들은 물리적으로 가까워진 덕에 한층 강해진 강렬한 감정을 함께 공유한다.

더 작은 규모의 집단도 비슷하게 영향을 받을 수 있다. '집단 사고'가 한 번 자리 잡으면 분별력을 흐리게 하는 생각이 스스로 강해지고 퍼져 나간다. 이런 악순환에 빠지게 되면서 구성원들은 현실과 멀어진다. 집단 사고는 집단의 화합이나 집단 밖의 '위협'에 맞서기 위해서 개개인의 견해를 무시한다. 21세기 초반, 미국의 외교 정책 입안자들이 집단 사고에 빠진 적이 있었다. 그들은 하나같이 이라크가 군사적 위협이라고 믿었다. 이 잘못된 생각에 근거해 이들은 이라크에 대한 공격을 감행했다. 같이 공유하고 있는 믿음을 서로 강화하는 과정에서 정치적, 군사적 현실은 무시되었다. 다시 한 번, 가까운 이들의 맹목적인 믿음은 괴물을 창조했다.

하나로 통일된 집단 의도가 긍정적인 결과를 낼 수도 있다. 굉장히 많은 수의 사람들이 같은 의도를 가지고 정치적 행동을 한다면 소수자에 대한 차별을 줄일 수 있고 전쟁을 중단시킬 수도 있다. 크라우드소싱은 소액 투자자들을 모아서 소규모 개발자들의 창업을 돕는다. 어려운 문제에 개개인의 마음이 힘을 합하면 새로운 방식으로 문제가 해결되기도 한다. 워싱턴 대학에서 개발한 폴드잇FOLDIT 게임은 비디오 게이머들의 집단 에너지를 이용해 생물학적으로 활성화된 3D 입체 단백질 분자 모형을 알아낸다. 컴퓨터 알고리즘만으로는 모든 가능성을 설명하지 못한다. 게이머들이 현실 세계의 문제 해결사로 변신할 수 있다.[22]

그룹의 규모와 상관없이 인간이 집단적으로 아이디어를 활성화시키는 이러한 모습은 E-I로 가득한 사이코스피어가 작동하는 과정을 그대로 보여 주고 있는 듯하다.

| 동시 발견

사이코스피어의 존재를 암시하는 또 다른 단서는 동시 발견이다. 과학자나 발명가나 예술가들이 서로 대화를 나눠 본 적 없는데도 거의 같은 시기에 같은 발명 혹은 발견을 하는 경우가 종종 있다. 가장 대표적인 예로 1858년, 찰스 다윈Charles Darwin과 앨프리드 월리스Alfred Wallace가 진화론을 공동으로 발표한 것과 전화를 발명한 알렉산더 그레이엄 벨Alexander Graham Bell과 엘리샤 그레이Elisha Gray가 같은 날 미국 특허청 사무실에 도착한 사건이 있다.

1992년 한 언론에서 동시 발견의 예를 총괄해 리스트로 만든 적이 있다. 저자인 윌리엄 F. 오그번William F. Ogburn과 도로시 토마스Dorothy Thomas는 두 명 이상의 사람이 동시에 발표한 굵직한 과학적 발견을 148개나 찾았다.[23] 그들은 풀리지 않는 문제에 한 줄기 빛을 비추고 다른 사람들의 삶을 더욱 편하게 만들어 주는, 호기심 많고 지적이고 추진력이 강한 사람들이 매 세대마다 나온다고 주장한다. 그들은 앞선 세대의 아이디어가 풍부하게 남아 있는 문화와 사회에서 일한다. 그들은 거인의 어깨 위에 서서 현재 봉착한 문제에 대한 해결책을 찾는다. 하지만 그들이 서로 직접 연락을 주고받지는 않는다. 그들은 진화를 거듭하는 집단의식의 맨 앞단에서 일하면서 필요한 정보를 얻는다. 그들은 이전 사상가들의 산물과 자신이 살고 있는 동시대의 지식과 열정을 결합하여 다른 사람들에게 새로운 발견을 안겨 준다. 그들은 계속해서 변하는 집단의식의 맨 앞단에 주파수를 맞출 수 있는 것으로 보이는데, 이것이 에너지-정보로 가득한 사이코스피어와 어떻게든 연관이 있을지도 모른다.

조금 더 이해하기 쉬운 예를 들어 보자. 나는 샬러츠빌의 동네 커피숍에서 친구들과 커피를 마시고 있었는데, 내 지인 둘과 안면이 있는 여성 둘이 커피숍으로 들어왔다. 우리는 합석을 했고 대화 주제는 우연으로 이어졌다. 그중 문학 에이전트였던 한 여성이 다양한 작가 지망생들의 노고에 대해 들려주었다. "한 번은 각각 다른 저자 다섯 명이 완전히 똑같은 주제에 대한 제안서를 보내왔어요. 그런데 단 한 명도 빼놓지 않고 이 아이디어를 다른 사람에게 얘기하지 말아달라고 신신당부하더군요." 이는 허공을 떠다니는 아이디어, 집단의식의 특정 영역을 떠다니는 아이디어인 시대 정신zeitgeist의 예라고 할 수 있겠다.

인터넷의 등장과 함께 정보는 빛의 속도로 흐르게 되었다. 다른 도시나 대륙에 사는 창조적 사상가들의 활동에 대해 모른 채 나홀로 고립된 개인 사상가를 더 이상은 찾아볼 수 없다. 시끄러운 가십과 가짜 뉴스와 무슨 치약이 좋네 마네 하는 갑론을박 속에서, 동물들의 귀여운 사진 속에서, 비디오는 입소문을 타고 테크놀로지는 빠르게 발전하고 새로운 아이디어는 꽃을 피운다. 개인과 집단의 마음속에서 새로운 조합의 아이디어들이 시도되고, 아이디어들은 차곡차곡 쌓인다. 새로운 발명과 발견이 이루어진다.

아이디어가 돌고 도는 이 역동적인 소용돌이 속에서 상당히 단순한 원리가 나온다. '내가 생각하고 있는 것은 다른 사람도 생각하고 있다.' 내가 지금 기발하다고 생각하는 것이 어쩌면 이미 다른 사람의 머릿속에서 나온 것일지도 모른다. 당신의 아이디어가 독창적이지 않을 가능성을 확인하고 싶다면 인터넷을 검색하라.

머리 위 구름을 상상해 보자. 왼쪽에서는 구름이 흘러가는 게 보이지만 어느 지점부터 구름 가장자리까지는 흘러가지 않는다. 뒤쪽은 끊임없이 움직이지만 맨 앞쪽은 더 이상 나가지 않는다. 어쩌면 계속해서 진화하고, 호기심 많고, 새로운 발견을 추구하는 우리의 집단의식 역시 이러한지도 모른다. 뒤쪽의 움직임이 계속해서 앞쪽의 내용물을 바꾼다. 앞쪽에는 호기심 많고 추진력 강하고 재능 많은 사람들이 앉아 자신의 관심 분야에서 새로운 아이디어를 낚아채려고 애쓰고 있다. 앞단은 계속해서 변한다. 구름 뭉치들이 새 구름을 계속해서 앞쪽 가장자리로 밀고 있는 것처럼 말이다. 호기심 강한 개인들이 앞쪽의 내용물을 보고는 거의 같은 시기에 사람들에게 알리는 것이 동시 발견이다.

우리는 모두 인간의 집단의식에 참여하고 있다. 계속해서 진화하는 이 아이디어와 감정의 집합체는 빠르게 확장하는 커뮤니케이션 방법들을 통해 우리에게 전달된다. 우리 모두는 크고 작은 방식으로 이 집단의식에 기여한다. 우리는 집단의식과 계속해서 상호 작용을 한다.

우리가 우리 주변에서 최근 무슨 일이 일어났고, 지금 무슨 일이 일어나고 있으며, 근미래에는 무슨 일이 일어날 것인가를 의식하면 집단의식은 스스로를 의식한다. 개개인이 사이코스피어를 의식하는 게 모이면 우리의 집단의식이 사이코스피어를 의식하게 된다. 내가 집단의식의 내용과 기능에 대해 이렇게 글을 쓰는 것은 사이코스피어에 대한 우리의 집단의식을 확장하기 위한 일환이다. 이 책을 읽고 있는 당신 역시 사이코스피어를 의식하게 될 것이고, 결국 집단의식이 사이코스피어를 의식하는 것에 기여하게 된다.

| 소셜 네트워크 효과

소셜 네트워크를 통해 개인적인 특징들이 빠르게 퍼지는 것은 그룹의식, 더 넓게는 사이코스피어의 존재를 뒷받침하는 또 다른 증거다. 좀 더 구체적으로 말하자면, 모르는 사람이 당신의 느낌과 행동에 영향을 줄 수 있다. 집단 히스테리의 아주 조용한 변형인 셈이다.

제임스 파울러James Fowler와 니콜라스 크리스타키스Nicholas Christakis는 1971년부터 2003년까지 프랭밍험 심장 연구Framingham Heart Study에 등록된 5천 명 이상의 참여자, 그리고 그들과 관계를 맺고 있는 수천 명의 사람들(배우자, 친척, 이웃, 친한 친구, 동료들)을 대상으로 대규모 연구를 진행했다. 이 연구는 인터넷 소셜 네트워킹이 등장하기 '전'에 시행됐다(인터넷의 등장으로 이제 이런 연구는 다시는 재현될 수 없다. 인터넷은 소셜 네트워킹에 완전히 새로운 차원의 의미를 부여했기 때문이다). 그들은 행복, 우울, 슬픔, 비만, 음주 및 흡연 습관, 자살에 대한 생각 등 다양한 개인적 변수를 연구했다. 이 연구에 동원된 관계의 수가 얼마나 많은지 감을 잡을 수 있도록 말해 보자면, 행복에 대한 결론을 내기 위해 이들은 53,228개의 사회적 관계에서 추출한 데이터를 근거로 삼았다.[24]

그들은 한 개인의 행복이 건너 건너 아는 타인의 행복과 관계있다고 밝혔다. '행복은……개인의 경험이나 개인의 선택과 관련있는 것이기도 하지만 동시에 집단의 자산이기도 하다. 실제로, 개인의 행복에 변화가 생기면 이것이 사회적 네트워크를 타고 물결처럼 퍼져 나가서…… 행복하고 불행한 사람들의 무리들을 만들어 낸다.'[25]

행복한 사람들은 남 돕는 걸 훨씬 좋아하거나 재정적으로 너그럽거나 친절하거나 긍정적인 감정을 주위로 전염시키는 사람일지도 모른다. 하지만 연구자들이 측정한 행복은 한 개인에 그치지 않고 친구에게로, 그 친구의 친구에게로, 그리고 또 다른 친구에게로 퍼져 나갔다. 세 다리를 넘는 셈이다. 이 효과는 관계의 거리가 커질수록 줄어든다.

행복은 동료들 사이에서는 퍼지지 않는 것 같다. 이러한 결과는 감정적 연결이 행복이나 기타 감정적 상태의 확산을 촉진하는 매개임을 시사한다. 동시 경험의 변형 형태임이 분명하다.

저자들은 비만에 대해서도 비슷한 결론을 냈다. 결론의 근거로 사용된 데이터는 미국의 저명한 의학 저널인 「뉴잉글랜드 의학 저널New England Journal of Medicine」에 실릴 정도로 대단히 설득력 있었다. 비만은 가까운 사람에게만 영향을 끼치는 게 아니라, 비만한 사람과 직접적인 관계가 없는 그저 건너 건너 아는 사람에게로까지 사회적 관계망을 타고 퍼져 나가는 듯하다는 결과가 나왔다. 이 영향 역시 물리적 거리가 멀어지면 줄어들었다.

우울, 알코올 중독, 흡연, 자살에 대한 생각이 사회적 네트워크를 타고 확산된다는 메커니즘은 논란의 여지가 있다. 하지만 이는 우리 인간이 얼마나 상호 연결되어 있고 직접적인 접촉 없이도 서로에게 영향을 줄 수 있는가를 보여 주는 또 하나의 증거다. 어쩌면 행동을 그대로 따라 해서 그럴 수도 있지만 그 이상의 무언가가 더 있다. 우리의 마음은 사이코스피어를 통해 생각과 감정을 공유한다. 사회적 네트워크 연구는 공간과 감정의 거리가 가까우면 이러한 효과가 더욱 증폭된다는 사실을 알려 준다. 이 연구 결과는 사이코스피어에 대한 일종의 초기 버전 설명으로, 공간적·감정적 거리가 사이코스피어를 통한 커뮤니케이션에 영향을 끼친다는 사실을 보여 준다.

| 사이코스피어 경험하기

우리는 사이코스피어라는 에테르를 헤엄치고 있는 물고기 같은 존재다. 이 물에는 조류가 흐른다. 우리를 지나가는 어떤 조류에는 우리가 누구이고, 우리가 어디에 있었고, 어디로 갈 것인지에 관한 정보가 포함돼 있다. '터널'(서로 연결될 때의 형상을 묘사하는 것으로 이 단어만큼 적합한 것을 아직까지 찾지 못했다)은 열리고 닫히고, 늘어났다 줄어든다. 이러한 터널을 통해 공명하는 마음들이 서로 연결된다. 이러한 터널을 통해 먼 곳에 있는 대상이 어디에 있는지 알 수 있다. 우리의 의식 밖에 존재하는 이 매개체는 에너지 정보의 진동 패턴을 운반한다. 그것은 공기가 소리를 전도하는 것과 같은 양상일 수도 있고 아닐 수도 있다. 이러한 패턴은 진동수가 유사한 다른 패턴과 결합해 본래의 수명을 증폭시키기도 한다.

연구자 프레데릭 마이어스Frederick Myers는 E-I 영역을 '잠재 자아subliminal self'라고 불렀다. '인식의 문턱(라틴어로 'limen') 아래에 있는 나의 일부'라는 뜻이다. 잠재 자아는 층이 여러 개다. "그 층들은 움직일 수 없는 돌로 만들어진 것이 아니다. 다양한 밀도의 액체가 불완전하게 섞인 것이어서 조류나 갑작스러운 분출에 흔들려 저 심층에서 물줄기나 방울이 표면 위로 올라오기도 한다."[26]

이 '층'은 마음이 긴밀하게 연결된 사람들끼리 공유하는 영역을 창조하기도 한다. 이 공유 영역을 통해 엄마는 자녀의 문제를 알고, 부인은 남편의 불륜을 알아채고, 친구들은 약속하지 않았는데도 '우연히' 서로 만난다. 동시경험과 GPS 우연은 사이코스피어로 들어가는 창이다.

어쨌든 이상이 내 이론이다. 만일 이것이 좋은 이론이라면 우리는 이를 통해 사랑하는 사람과 얼마나 깊이 연결되어 있는지, 의사 결정을 더욱 확실하게 하려면 어떻게 해야 하는지 더욱 알 수 있을 것이다. 또한 공식적으로건 비공식적으로건 현재 쏟아지고 있는 이론들을 더욱 명료하게 이해하는 데도 도움을 받을 수 있을 것이다. 이미 수천 명의 사람들이 나와 타인의 마음이 기존에 생각했던 것만큼 분리된 게 아님을 연구하고 있다. 우리의 마음을 모두 아우르는 어떤 것, 그것을 신이라고 부르건, 우주라고 부르건, 더 위대한 마음이라고 부르건, 우누스 문두스Unus Mundus(하나된 세계)라고 부르건 상관없다. 앞서 본 많은 우연 이야기가 말해 주듯, 우리의 개별적인 마음은 더 크고 위대한 무언가에 연결될 수 있다. 사이코스피어는 마음과 마음 간의 연결, 마음과 우리 주변과의 연결을 어떻게 하면 활성화하고 의식적으로 경험할 수 있는지를 세속적인 버전으로 설명해 주는 개념이다.

부디 당신도 편안한 마음으로, 명료하게, 효과적으로, 그리고 무엇보다 재미있게 이 연결을 즐기길!

모쪼록 당신이 구체적인 삶 속에서 우연의 힘을 활용하는 법을 이해하고 터득하기를 바란다. 우연을 포착하는 이 새로운 레이더를 통해 당신이 가진 가능성의 세계에 마음의 문을 활짝 열기를, 호기심 어린 눈과 명료한 사고와 편안한 마음으로 의미 있는 우연을 당신의 삶 속으로 불러들이기를 간절히 바란다.

감사의 말

책을 쓰는 일은 단거리 경주가 아닌 마라톤과 닮았다. 많은 사람들의 에너지와 지성, 도움이 있었기에 결승선까지 달려올 수 있었다.

버지니아 대학의 지각학과The Division of Perceptual Studies, DOPS는 수년간 내 머릿속에서 둥둥 떠다니기만 했던 아이디어의 인큐베이터 노릇을 톡톡히 했다. 2009년 샬러츠빌에 도착해 DOPS의 주례 회의에 참석한 이후 나는 이곳의 따뜻하고 화목하고 대단히 유익한 분위기에 흠뻑 빠졌다. 겉으로 보기에 참으로 이상했을 내 아이디어도 여기서는 별일 아닌 듯 토론의 주제가 되었다.

우연에 대한 이 책은 그 자체로 여러 우연의 산물이다. 나는 우연에 대한 책을 쓰고 싶었으나 이 주제를 함께 발전시켜 줄 편집자의 도움이 절실한 상황이었다. 그런데 어느 날 뉴욕에서 샬러츠빌로 이사 온 지 얼마 안 된 패트릭 위그Patrick Huyghe가 DOPS로 걸어 들어왔다.

패트릭은 아노말리스트 북스Anomalist Books의 편집자이자 출판인이었다. 우연에 대한 내 발표를 들은 그는 자신이 편집을 맡고 있는 과학탐구협회Society for Scientific Exploration의 「엣지사이언스EdgeScience」지에 글을 실어달라고 부탁했다. 나는 그에게 이 책의 편집을 부탁했고, 그는 내 요청을 수락했다. 그 이후 수개월 동안 이어진 놀랍고도 유익한 토론 덕에 나는 내 아이디어와 표현을 갈고 닦을 수 있었다. 그는 정말로 큰 도움이 되었다.

이후 패트릭과 세 명의 DOPS 회원들, 그리고 나는 민더스Mynders라는 모임을 만들었다. 우리는 금요일 오후에 내키는 대로 모여 자신의 이야기와 경험을 풀어놓고 서로의 마음에 대한 각자의 생각을 다듬어 나갔다. 뉴저지 주 뉴어크 출신의 심리 치료사인 프랭크 파스치우티Frank Pasciuti와 나는 DOPS 회의가 끝나면 같이 점심을 먹으며 우정을 쌓는 동시에 서로의 DOPS다운 아이디어와 심리 치료 기법을 발전시킬 수 있도록 도왔다. 현명한 철학자이자 교사인 마이크 그로소Mike Grosso는 흥미롭고 학구적인 아이디어의 산실이자 인간적인 친절함을 보여 준 동료였다. 마지막으로 천생 전기공학자인 로스 던세스Ross Dunseath 역시 아주 희한한 생각들을 선보였다. 환상의 그룹이었다.

오래도록 DOPS를 이끌어왔던 브루스 그레이슨Bruce Greyson은 너무도 친절하게 나를 맞이해 주었고 이 새로운 사회에 내가 잘 적응할 수 있도록 도움을 아끼지 않았다. 브루스가 은퇴한 뒤 수장직을 맡은 짐 터커Jim Tucker 역시 계속해서 관심과 지지를 보여 주었다. 브루스와 짐은 DOPS 회의에서 발표하고 싶다는 나의 요청을 언제나 환영했고 덕분에 나는 뜬구름 잡을 수도 있는 아이디어를 구체화하고 개념화하는 법을 키워 갈 수 있었다. 브루스와 짐은 또한 심리 상담사들로서 정신의학 주류에서 벗어난 내 관심사들을 표준화하는 데 도움을 주었다. DOPS의 뛰어난 학자인 에드 켈리Ed Kelly는 탄탄한 지식과 정보의 원천이었다. 그는 이리저리 떠다니는 내 마음이 훨씬 합리적인 흐름을 되찾을 수 있도록 자주 안내해 주었다.

그 외에도 이 책이 완성되기까지 도움을 준 분들이 많다. 데이브 모리스, 댄 레더러, 타라 맥아이작, 하워드 필레, 데이브 워터스, 트리쉬 맥그리거, 메리 케이 랜던, 줄리아 알타마르, 제임스 반 펠트, 윌리엄 로사르, 앤지 마일스, 그 외 익명의 환자분들께 감사의 말을 전한다.

앨리슨 잰스Allison Janse는 탁월한 편집자였다. 그녀는 내가 자유롭게 글을 쓸 수 있도록 배려하면서도 현명한 조언을 아끼지 않았고, 자신의 이야기도 들려주었다. 탁월한 교열 담당자인 캐시 슬로벤스키Cathy Slovensky는 나도 알지 못했던 편견들을 지적해 주었다. 그녀 덕분에 나는 독자들의 마음을 염두에 두며 글을 쓸 수 있었다.

우연에 대한 나의 관심을 무척 신기해한 아들 아리 덕분에 나는 아들이 관심을 가질만한 책을 쓰자는 마음을 갖게 되었다. 나는 아들의 건강한 회의주의에 고마움을 느낀다. 또한 아리는 좋은 이야기를 들려주었다. 둘째 아들인 캘런은 이 프로젝트를 열렬히 지지해 주었고 통찰력 있는 코멘트와 예시들을 많이 제공해 주었다.

그리고 무엇보다 폴라에게 감사를 전한다.

옮긴이의 말

『우연접속자』는 삶에서 일어나는 신기한 우연들을 학문적으로 풀어 보고자 한 버나드 바이트만 박사의 저작이다. '어쩌다 일어난 일'이라고 대수롭지 않게 생각하는 사람부터 '신의 손길'이라며 신성시하는 사람들까지, 우연을 해석하는 시선은 각자의 가치관만큼이나 가지각색이다. 서로 화해하기 어려운 양극단의 설명 대신 바이트만 박사는 우연에 대한 실증적인 실험과 연구, 그리고 다양한 실제 예들을 앞세워 보통 사람들이 납득할 수 있을 만한 논리와 언어로 우연의 필연성과 활용 방법 등을 조근조근 풀어낸다.

하지만 그 온건하고 가끔은 조심스럽게까지 느껴지는 작가의 태도와 달리 이 책의 내용은 상당히 선동적이다. 유의미한 우연이 일어나기 위한 필요 조건으로, 그리고 우연 빈도수를 늘리기 위한 전제 조건으로 작가가 독자에게 요구하는 것은 일관되다. '고양된 감정 상태에서, 물리적으로나 정신적으로 다른 상태로 이행할 것, 매일 반복하는 일상에서 과감히 벗어나 미지의 영역으로 뛰어들 것.' 그저 재미있기만 한 우연이건, 삶의 돌파구가 될 수 있는 우연이건, 우연과 더 많이 조우하고 싶은 사람이라면 이 책을 읽고 당장 어디론가 떠나고 싶은 충동을 느끼게 될 것이라고 나는 확신한다.

개인적으로 이 책을 번역하며 생긴 변화라면 삶에 예측 불가능성을 기꺼이 초대하게 됐다는 점이다. 프리랜서의 삶을 선택한 이후 나는 일상에 질서를 부여하는 틀을 단단히 붙들고 있었다. 그 틀에 위협이 될 만한 돌발 상황이나 낯선 사람, 익숙하지 않은 감정은 언제나 미연에 방지해야 하는 대상이었다. 하지만 그렇게 얻게 된 무균실 같은 일상은 생각보다 무척 지루했다. 이 책을 접한 것은 그렇게 '쳇바퀴 같은 일상'의 의미를 절절히 가슴으로 느끼고 있을 때였다.

이제 나는 어딜 가도 두리번거린다. 매일 가던 길 대신 일부러라도 길게 돌아가며 낯섦을 적극적으로 찾는다. 북카페에 가면 오늘은 어떤 책을 우연히 만날 것인가 기대하고, 날 놀라게 해 줄 사건이 뭐라도 좋으니 일어나기를 은밀히 기대한다. '의식하지 못하지만 사실은 내가 다 알고 있을' 일에 대해 생각하는 것만으로도, 내 주위를 둘러싸고 있는 미지의 가능성 세계를 떠올리는 것만으로도, 한껏 좁아진 시야가 확장되고 답답한 가슴이 조금은 풀리는 기분이다.

이 책은 우연의 발생 빈도수를 늘리는 법에 대한 실용적인 책으로도, 놀랍고도 재미있는 우연 이야기들을 모아 놓은 에피소드 책으로도, 우연의 원리와 기제에 대한 가설을 최대한 실증적인 태도로 탐색한 친절한 이론서로도 볼 수 있다. '우연'이라는 주제를 다각도로 살펴볼 수 있는 이 팔색조 책을 통해 독자 여러분들도 삶에서 더 많은 우연과 새로운 자극을 경험하시길 바란다.

부록

우연 민감도 테스트

경험에 따라 다음의 진술을 평가해 주세요.

	절대 없다	거의 없다	가끔 있다	자주 있다	아주 자주 있다
누군가에게 전화해야겠다고 생각하면, 바로 그 사람이 예상치 못하게 전화를 한다.					
전화가 울리면 누가 전화 했는지 안다(핸드폰 화면을 보거나 개별 저장한 전화 벨소리를 듣지 않고도).					
궁금한 게 있으면 내가 묻기 전에 외부의 미디어(라디오, TV, 사람들)에서 대답이 나온다.					
어떤 것에 대해 생각하고 있으면 라디오나 TV나 인터넷에서 그것을 보거나 듣는다.					
누군가를 생각하면 그 사람이 갑자기 집이나 사무실에 들르거나 길 혹은 복도에서 마주친다.					
완전히 뜬금없는 곳에서 친구와 마주친다.					

내가 사랑하는 사람이 멀리서 경험한 강한 감정이나 육체적 감각을 그대로 경험한다.					
원하는 게 있으면 내가 무슨 일을 하지 않아도 충족된다.					
적시적소에 있었던 덕에 일/커리어/학업에서 좋은 결과를 낸 적이 있다.					
누군가를 소개받았는데 그 사람이 예상치 못하게 내 일/커리어/학업을 도와준 적이 있다.					
의미 있는 우연이 내 진로 결정에 도움된 적이 있다.					
의미 있는 우연을 경험한 후 나는 이 경험의 의미를 분석한다.					

각 진술에 대한 평가를 점수로 환산한다.

절대 없다 = 1

거의 없다 = 3

가끔 있다 = 3

자주 있다 = 4

아주 자주 있다 = 5

점수를 모두 합한다.

그 점수가 당신의 우연 민감도다.

43점 이상: 초민감

39~43: 대단히 민감

35~38: 민감

27~34: 평균

23~26: 둔감

22~19: 매우 둔감

19 이하: 초둔감

만일 당신의 점수가 '민감'에서 '초민감' 범위 안에 든다면 당신은 의사 결정이나 심리적 변화를 위해 우연을 꾸준히 사용하고 있을 가능성이 대단히 크다. 이미 우연을 적극적으로 사용하고 있는 당신에게 이 책은 더 큰 길라잡이가 되어 줄 것이다.

만일 당신의 점수가 그 이하라면 우연이 일어나기에는 당신 삶의 패턴이나 특정한 일상의 조건이 무르익지 않았을 수 있다. 혹은 딱 한 가지의 우연만을 경험하고 있을 수도 있다. 이 책의 도움으로 깨어 있고, 열려 있고, 추구하는 자세를 유지할 수 있다면 당신이 경험할 수 있는 우연의 범위는 크게 확장될 것이다.

참고 문헌

들어가는 말

1 *Psychiatric Annals*, Vol. 39, Issue 5, May 2009.
Psychiatric Annals, Vol. 41, Issue 12, December 2011.

1장

1 Ian Stevenson, *Telepathic Impressions* (New York: American Society for Psychical Research, 1970).
2 Robert Hopcke, *There Are No Accidents* (New York: Riverhead Books, 1998), 158~160.
3 Coleman SL, Beitman BD, Celebi E (2009) Weird Coincidences Commonly Occur. *Psychiatric Annals* 39: 265~270.
4 Ian Stevenson, *Telepathic Impressions* (New York: American Society for Psychical Research, 1970), 17~22.
5 Guy Playfair, *Twin Telepathy*, 3rd ed. (UK: White Crow Books, 2012), 37~38.
6 Brett Mann & Chrystal Jaye, "'Are We One Body?' Body Boundaries in Telesomatic Experiences," *Anthropology & Medicine* 14, no. 2 (August 2007): 183~95.
7 http://www.nytimes.com/2011/05/29/magazine/could-conjoined-twins-share-a-mind.html?_r=1&hp. Retrieved 5/25/11.
8 Inglis, B. *Coincidence* (London: Hutchinson, 1990), 202.

2장

1 http://www.menshealth.com/sex-women/best-places-meet-women retrieved 5/8/12.
2 Aaron Smith & Monica Anderson, "5 Facts about Online Dating," Pew Research Center, http://www.pewresearch.org/fact-tank/2015/04/20/5-facts-about-online-dating/.
3 Adam Davidson, "The Purpose of Spectacular Wealth, According to a Spectacularly Wealthy Guy," *New York Times* online, http://www.nytimes.com/2012/05/06/magazine/romneys-former-bain-partner-makes-a-case-for-inequality.html?_r=0.

4　Squire D. Rushnell, *When God Winks on Love* (New York: Atria, 2004). 137~141.
5　Robert Hopcke, *There Are No Accidents* (New York: Riverhead Books, 1998), chapter 1.
6　Ibid., 50~52.
7　Squire D. Rushnell, *When God Winks on Love* (New York: Atria Books, 2004), 59~64.
8　Joseph Jaworski, *Synchronicity: The Inner Path of Leadership*, 2nd ed. (San Francisco: Berrett-Koehler, 2011), chapter 13.
9　Squire D. Rushnell, *When God Winks on Love* (New York: Atria Books, 2004), 45~48.
10　Yitta Halberstam & Judith Leventhal, *Small Miracles: Extraordinary Coincidences from Everyday Life* (Holbrook, Ma: Adams Media), 18~20.
11　Robert Hopcke, *There Are No Accidents: Synchronicity and the Stories of Our Lives* (New York: Riverhead Books, 1998), 69~71.

3장

1　Sally Rhine Feather & Michael Schmicker, *The Gift: ESP, the Extraordinary Experiences of Ordinary People* (New York: St. Martin's Press, 2006), 131~132.
2　Cameron, MA. Synchronicity and spiritual development in alcoholics anonymous: a phenomenological study. St. Louis, MO: St. Louis University. Unpublished dissertation, 2004.
3　Robert Perry, *Signs: A New Approach to Coincidence, Synchronicity, Guidance, Life Purpose, and God"s Plan* (Sedona, AZ: Semeion Press, 2009), 28~29.
4　Sally Rhine Feather & Michael Schmicker, *The Gift: ESP, the Extraordinary Experiences of Ordinary People* (New York: St. Martin's Press, 2006), 133~35.
5　Jean Bolen, *The Tao of Psychology: Synchronicity and the Self* (San Francisco: Harper-SanFrancisco, 2005), 42~43.
6　Is a Coincidence a Message from Fate or an Opportunity? Posted July 21, 2008 by Ruben (*http:/www.discoveraid.com/self-help-personal-growth/is-a-coincidence-a-message-from-fate-or-an-opportunity.html*. retrieved 6/6/12.)
7　Yitta Halberstam & Judith Leventhal, *Small Miracles of the Holocaust: Extraordinary Coincidences of Faith, Hope, and Survival* (Guilford, CT: Globe Pequot Press, 2008), 60~63.
8　Squire D. Rushnell, *When God Winks at You: How God Speaks Directly to You Through the Power of Coincidence* (Nashville, TN: Nelson, 2006), 4~6.
9　Thomas Fields-Meyer, "Lost, Then Found," *People* magazine, May 20, 1996, *http://www.people.com/people/archive/article/0,,20141337,00.html*.

10 Understanding Uncertainty Project. From the website Understanding Uncertainty, *http://understandinguncertainty.org/user-submitted-coincidences/wrong number*. Retrieved 9/17/13.

11 Ibid., Retrieved 9/17/13.

12 Rupert Sheldrake & Smart P. (1998) Dog That Seems to Know When His Owner is Returning: Preliminary Investigations Journal of the Society for Psychical Research, 62, 230~232.

13 Sally Rhine Feather & Michael Schmicker, *The Gift: ESP, the Extraordinary Experiences of Ordinary People* (New York: St. Martin's Press, 2006), 121~123.

14 Wu, L. & Dickman, J.D. (2012) "Neural Correlates of a Magnetic Sense." *Science* 25. 336: 1054~1057. *http://www.sciencemag.org/content/336/6084/1054*. abstract, retrieved January 21, 2014.

4장

1 "A Very Lucky Wind," NPR's Radiolab, *http://www.radiolab.org/story/91686-a-verylucky-wind/*. Laura Buxton (blog: *http://www.67notout.com/2010/05/red-balloon-coincidence.html*) retrieved 7/7/12.
(video: *http://www.youtube.com/watch?v=A_j3bVYwAp4&feature=player_embedded*)
(*http://www.radiolab.org/2009/jun/15/*) retrieved 7/14/12

2 Ibid.

3 Robert Hopcke, *There Are No Accidents: Synchronicity and the Stories of Our Lives* (New York: Riverhead Books, 1998), 10~12.

4 Matthew Hutson, *The 7 Laws of Magical Thinking* (New York: Hudson Street Press, 2012).

5 Yitta Halberstam & Judith Leventhal, *Small Miracles of the Holocaust: Extraordinary Coincidences of Faith, Hope, and Survival* (Guilford, CT: Globe Pequot Press, 2008), xiv~xv.

6 Winston Churchill, *My Early Life* (New York: Touchstone, 1930), 280~281.

7 Yitta Halberstam & Judith Leventhal, *Small Miracles of the Holocaust: Extraordinary Coincidences of Faith, Hope, and Survival* (Guilford, CT: Globe Pequot Press, 2008), xiv.

8 Susan Watkins, *What a Coincidence! The Wow! Factor in Synchronicity and What It means in Everyday Life* (Needham, MA: Moment Point Press, 2005), 6~8.

9 Rolf Gordhamer, "Destiny," in *Coincidence or Destiny? Stories of Synchronicity that*

Illuminate Our Lives by Phil Cousineau & Robert A. Johnson (York Beach, ME: Conari Press, 1997), 203~204.

10 Erica Helm Meade, "Renewal," in *Coincidence or Destiny? Stories of Synchronicity that Illuminate Our Lives* by Phil Cousineau & Robert A. Johnson (York Beach, ME: Conari Press, 1997), 126~127.

11 From the website Understanding Uncertainty, *http://understandinguncertainty.org/coin cid ences?page=120&rate=c56soHrjuWUibEKiKIa_SU6UZ06Aytl0l4EFzfEQs9o*.

12 Persi Diaconis & Frederick Mosteller, "Methods of Studying Coincidences," *Journal of the American Statistical Association* 84, no. 408 (December 1989).

13 "Hugh and Me and Phone Calls Agree," Chapter 6 in *What a Coincidence! The Wow! Factor in Synchronicity and What It Means in Everyday Life* by Susan Watkins (Needham, MA: Moment Point Press, 2005).

14 From the website Understanding Uncertainty, Statistical Laboratory at the University of Cambridge, *http://understandinguncertainty.org/*.

15 Brian Inglis, Coincidence: A Matter of Chance or Synchronicity (London: Hutchinson, 1990), 52.

16 Yitta Halberstam & Judith Leventhal, *Small Miracles: Extraordinary Coincidences from Everyday Life*, vol. 1 (Avon, MA: Adams Media, 1997), 81~83.

17 John Townley and Robert Schmidt, Cause and Coincidence: the Serial Structure of Reality, unpublished, copyright 1991-2009, as given to the author by permission.

18 *http://fusion.net/story/121797/how-my-doppelganger-used-the-internet-to-find-and-befriend-me/*.

5장

1 Sternberg story in March 2010 while attending the Integrative Mental Health Conference in Phoenix, Arizona. *http://www.youtube.com/watch?v=mxtxCjbWMM*. Retrieved 4/19/11.

2 Robert Hopcke, *There Are No Accidents: Synchronicity and the Stories of Our Lives* (New York: Riverhead Books, 1998), 195~196.

3 Ian Rubenstein, *Consulting Spirit: A Doctor's Experience with Practical Mediumship* (San Antonio, TX: Anomalist Books, 2011), 22~25.

4 Larry Burk, *Let Magic Happen: Adventures in Healing with a Holistic Radiologist* (Healing Imager Press, 2012).

5 Carl Jung, "Synchronicity: An Acausal Connecting Principle and the Young Woman and Scarab," in vol. 8 of the *Collected Works of C. G. Jung*, Jung Extracts (Princeton,

NJ: Princeton University Press, 1973), 109.
6 Yitta Halberstam & Judith Leventhal, *Small Miracles: Extraordinary Coincidences from Everyday Life*, vol. 1 (Avon, MA: Adams Media, 1997), 143~144.
7 Jennifer Hill. Synchronicity and Grief: The Phenomenology of Meaningful Coincidences as It Arises During Bereavement. Institute of Transpersonal Psychology, Palo Alto, California, March 14, 2011. Unpublished doctoral dissertation. 71~72.
8 Victor Frankl, *Man's Search for Meaning* (Boston: Beacon Press: 1959), 64.
9 David Dosa, Making Rounds with Oscar (New York: HarperCollins, 2010). http:/// www.nejm.org/doi/10.10565/NEJMp078108 Retrieved 9/7/12.
10 http://www.huffingtonpost.com/margaret-ruth/intuitive-scanning-for-he_b_188744 Retrieved 8/16/12.

6장

1 Sissy Spacek, *My Ordinary, Extraordinary Life* (New York: Hyperion, 2012), 180~185.
2 Alister Hardy, Robert Harvie & Arthur Koestler, *The Challenges of Chance: Experiments and Speculations* (London: Hutchinson, 1973), 162.
3 Synchrosecrets, http://blog.synchrosecrets.com/.
4 David J. Hand, *The Improbability Principle: Why Coincidences, Miracles, and Rare Events Happen Every Day* (New York: Scientific American, 2014), 1.
5 Martin Plimmer & Brian King. *Beyond Coincidence: Amazing Stories of Coincidence and the Mystery and Mathematics Behind Them* (New York: St. Martin's Press, 2006), 8.
6 Amy Tan, *The Opposite of Fate: A Book of Musings* (New York: Putnam), 262.
7 Maria Popova, *Brain Pickings*, http://www.brainpickings.org/.
8 Lauren Raine, *The Masks of the Goddess: Sacred Masks and Dance* (eBook), www.laurenraine.com.
9 Martin Plimmer & Brian King, *Beyond Coincidence: Amazing Stories of Coincidence and the Mystery and Mathematics Behind Them* (New York: St. Martin's Press, 2006), 134~135.
10 Morton A. Meyers, *Happy Accidents: Serendipity in Modern Medical Breakthroughs* (New York: Arcade Publishing), 59~69.
11 Ibid, 75.
12 Parker, G. (2012). John Cade. *American Journal of Psychiatry*. Vol: 169: 125~126.
13 Austin, J. *Chance, Chase and Creativity* (Cambridge, Mass: MIT Press, 1978), 63~69.
14 Carl Jung, *Memories, Dreams and Reflections* (New York: Vintage, 1963), 197.

15 Robert McKee, *Story: Substance, Structure, Style and the Principles of Screenwriting* (New York: Regan Books, 1997), 356.

16 Robertson, R. *Futility, or The Wreck of the Titan* (New York: M.F. Mansfield, 1898). https://en.wikipedia.org/wiki/Futility,_or_the_Wreck_of_the_Titan.

17 Martin Plimmer and Brian King, *Beyond Coincidence: Amazing Stories of Coincidence and the Mystery and Mathematics Behind Them* (New York: St. Martin's Press, 2006), 149~150.

18 Robert Perry blog Sign Posts, *http://www.semeionpress.com/signs/SignPosts/*. *http://www.wemeionpress.com/signs/SignPosts/?p=216; http://www.wemeionpress.com/signs/SignPosts/?p=220#more-220*.

19 Jeffrey Kripal, *Mutants and Mystics: Science Fiction, Superhero Comics, and the Paranormal* (Chicago: University of Chicago Press, 2015), 3.

7장

1 Amy Tan, *The Opposite of Fate: A Book of Musings* (New York: Putnam), 56~57.

2 *The Secret* website, *http://www.thesecret.tv/; http://thesecret.tv/stories/stories-read.html?id=16844* Retrieved 11/11/12.

3 Ibid.

4 Martin Plimmer and Brian King, *Beyond Coincidence: Amazing Stories of Coincidence and the Mystery and Mathematics Behind Them* (New York: St. Martin's Press, 2006), 116~117.

5 Sullivan, P. The Rules That Madoff Investors Ignored. January 6, 2009. *http://www.nytimes.com/2009/01/06your-money/06wealth.html?pagewanted=1&r=3*. Retrieved 11/10/12. Madoff.

6 Rhonda Byrne, *The Secret* (New York: Simon and Schuster, 2006); *The Secret* DVD (extended version), 2006, 91 minutes.

7 Wealth and Abundance Visualization. Produced by: Secret-Law-of-Attraction.us.Uploaded February 15, 2008. *http://www.youtube.com/watch/?v=2fyVOVsBJUY* Retrieved 12/17/12.

8 Coleman, S.L., Beitman, B.D. (2009). Characterizing High-Frequency Coincidence Detectors. *Psychiatric Annals*. 39: 271~279. Agreeableness is associated with fewer coincidences. 276.

9 Landon, M.K. (2002). On Receiving Unexpected Money: A Theoretical and Empirical Investigation of Anomalous Mind-Matter Interactions with Archetypal Fields.

[dissertation] San Francisco: CaliforniaInstitute of Integral Studies.
10 Ibid.

8장

1 Robert Hopcke, *There Are No Accidents: Synchronicity and the Stories of Our Lives* (New York: Riverhead Books, 1998), 97~98.
2 "The Secret" aka "The Law of Attraction" In Her Life. Produced by *www.AttractBig Wealth.com*. Shown on *http://www.youtube.com/watch?v=mw8r70Hxx8s*. Uploaded April 29, 2008. Retrieved 1/28/14.
3 Gabel, A. (2011). Lear DeBessonet, *Virginia Arts and Sciences Magazine*, Fall 2011. Vol. 29, 41.
4 Mitchell, K.E., Levin, A.S., Krumboltz, J.D. Planned Happenstance: Constructing Unexpected Career Opportunities. *Journal of Counseling and Development*. 77: 115~124, 118.
5 Churchill, W. *My Early Life* (New York: Charles Scribner, 1930), 18~19.
6 Martin Plimmer & Brian King. *Beyond Coincidence: Amazing Stories of Coincidence and the Mystery and Mathematics Behind Them*. (New York: St. Martin's Press, 2006) 219~220.
7 Vaughn, A. *Incredible Coincidence: The Baffling World of Synchronicity* (New York: Harper and Row, 1979), 80~81. Cited in Joseph, F. *Synchroncity and You* (London: Vega, 2002) 13~7. Steven Diamond, S. *What the Trees Said* (Ossipee, New Hampshire: Beech River Books, 2006).
8 Wiseman, R. The Luck Factor: Skeptical Inquirer. 27: May, June: 1-5. *http://richardweisman.files.wordpress.com/2011/09/the_luck_factor.pdf*. Retrieved January 26, 2014. Weisman, R. The Luck Factor (New York, Hyperion, 2003).
9 Webber, R. Make Your Own Luck. *Psychology Today*. Published on May 1, 2010. Last reviewed on July 28, 2011. *http:www.psychologytoday.com/articles/201005/make-your-own-luck*. Retrieved 3/2/11.
10 Intuition. Online Etymology Dictionary. *http://www.etymonline.com/index.php?allowed_in_frame=0&search=tuition&search=none*. Retrieved January 26, 2014.

9장

1 Yitta Halberstam & Judith Leventhal, *Small Miracles: Extraordinary Coincidences from Everyday Life*, vol. 1 (Avon, MA: Adams Media, 1997), 173~174.

2   Yitta Halberstam & Judith Leventhal, *Small Miracles: Extraordinary Coincidences from Everyday Life*, vol. 1 (Avon, MA: Adams Media, 1997), 140~142.
3   Ibid, 9~14.
4   Ibid, 195~200.
5   Jean Bolen, *The Tao of Psychology: Synchronicity and the Self* (San Francisco: Harper San Francisco, 1979), 96~97.
6   Squire D. Rushnell, *When God Winks at You: How God Speaks Directly to You Through the Power of Coincidence* (Nashville, TN: Atria Books, 2002), 60~63.
7   MacGregor, T. & MacGregor R. *The Seven Secrets of Synchronicity* (Avon, Mass: Adams Media, 2010), 33~34.

10장

1   Rick Tarnas, *Cosmos and Psyche: Intimations of a New World View* (New York: Viking, 2006), 55~56.
2   Tara MacIssac, "What Is Unhealthy Skepticism?," Epoch Times, *http://www.theepochtimes.com/n3/603148-what-is-unhealthy-skepticism/*.
3   Michael Shermer, "Anomalous Events that Can Shake One's Skepticism to the Core," *Scientific American*, http://www.scientificamerican.com/article/anomalous-events-that-can-shake-one-s-skepticism-to-the-core.
4   Gibbs A. Williams, *Demystifying Meaningful Coincidences (Synchronicities): The Evolving Self, the Personal Unconscious, and the Creative Process* (Lanham, MD: Jason Aronson, 2010).
5   Roderick Main, "Synchronicity and the Problem of Meaning in Science," in *The Pauli-Jung Conjecture and Its Impact Today*, ed. Harald Atmanspacher & Christopher A. Fuchs (UK: Imprint Academic, 2014), 223~224.
6   "Iconoclasts (S3): Mike Myers + Deepak Chopra Coincidences Clip," YouTube, *https://www.youtube.com/watch?v=zai_qbA5OSc*.
7   Jack Jones, *Let Me Take You Down: Inside the Mind of Mark David Chapman, the Man Who Killed John Lennon* (New York: Villard, 1992).
8   Beitman, B.D., & Shaw A. Synchroners, high emotion, and coincidence interpretation. *Psychiatric Annals*, 39: 280~286. 3-Polar patient.

11장

1   Mayer, E.L. *Extraordinary Knowing* (New York: Bantam, 2007), 173.

2 S. Hiraki, K. Oda, I. The Parietal Role in the Sense of Self-Ownership with Temporal Discrepancy Between Visual and Proprioceptive Feedbacks. Neuroimage 24: 1225~1232. *http://ncbi.nlm.nih.gov/pubmed/15670700*. Retrieved 4/1/13.
3 Newburg, A., Alavi, A., Baime, M., Mozley, P.D., & Aquili E. The measurement of cerebral blood flow during the complex cognitive task of meditation using HMPAOSPECT imaging. Journal of Nuclear Medicine. 1997, 38:55.
4 Alfred Guillaume, *Prophecy and Divination Among the Hebrews and Other Semites* (New York: Harper and Brothers Publishers, 1938).
5 CW&T (2014). Crowsflight. CW&T Studios. *https://itunes.apple.com/us/app/crowsflight/id444185307?mt=8#*.

12장

1 Rupert Sheldrake, *The Presence of the Past: Morphic Resonance and the Habits of Nature* (Rochester, VT: Park Street Press, 2012). Also see the article "Rupert Sheldrake: The 'Heretic' at Odds with Scientific Dogma," *Guardian*, February 2012, *http://www.theguardian.com/science/2012/feb/05/rupert-sheldrake-interview-science-delusion*.
2 Szaflarski, D.M. How We See: The First Steps in Human Vision. Access Excellence Classic Collection. Atlanta: National Health Museum. *http://www.accessexcellence.org/AE/AEC/CCvision_backgoundphp*. Retrieved 2/24/13.
3 Wikipedia. Visual Photo Transduction. *http://en.wikipedia.org/wiki/Visual_cycle*. Retrieved 5/31/13.
4 *http://news.sciencemag.org/biology/2014/03/human-nose-can-detect-trillion-smells*.
5 Minkel, J.R. "Is Sense of Smell Powered by Quantum Vibrations?" Scientific American. December 12, 2006. *http://www.sciam.com/articlecfm?articleID=885622AA-E7F2-99DF-3859D89E5980A4B2&sc=I100322*.
6 Dowdey, S. How Smell Works. Howstuffworks. Atlanta: A Discovery Company. *http://science.howstuffworks.com/life/human-biology/smell2.htm*. Retrieved 1/28/14.
Clark, J. How China's Pollution Sniffers Work. Howstuffworks. A Discovery Company. *http://science.howstuffworks.com/environmental/green-science/pollution-sniffer1.htm*. Retrieved 1/17/14.
Turin, L. The Science of Scent. TED. Filmed February 2005. Posted November 2008.
Brookes, Jennifer C., Hartoutsiou, Filio, Horsfield, A.P., & Stoneham, A.M. "Could Human Beings Recognize Odor by Photon Assisted Tunneling?" *Physical Review Letters* 98, 038101 (2007).

Zyga, L. "Quantum Mechanics May Explain How Humans Smell." Phys.org News. February 1, 2007. *http://phys.org/news89542035.html*. Retrieved 5/15/13.

7   Wikipedia. Ampullae of Lorenzini. *http://en.wikipedia.org/wiki/Ampullae_of_Lorenzini*. Retrieved 1/28/14.

8   Heyers, D., Manns, M., Luksch, H., Gunturkun, O., Mouritsen, H. "A visual pathway links brain structures active during magnetic compass orientation in migratory birds." In Iwaniuk, Andrew. PLos ONE 2(9): e937.Bibcode: 2007PLoSO···2..937H. doi:10.1371/journal.pone.0000937. PMC 1976598.PMID 17895978).

9   "Explainer: How Do Homing Pigeons Navigate?," The Conversation, April 23, 2014, *http://theconversation.com/explainer-how-do-homing-pigeons-navigate-25633*.

Rodgers, C.T., Hore, P.J. (2009) "Chemical magnet reception in birds: the radical pair mechanism." Proceedings of the National Academy of Sciences of the United States of America 106 (2): 353~360.

10   Jones, W.T., Bauman, S.B., Druth, J.G. (2012) "Electromagnetic emission from humans during focused intent." *Journal of Parapsychology*. 762, 275~294.

11   Losi, A., Gartner, W. (2012) The Evolution of Flavin-binding receptors: an ancient chromophone serving trendy blue-light sensors. Annu Rev Plant Biol. 2012. June 2; 63: 49~72. doi: 10.1146/annurev-arplant-042811-105538. Epub 2011, Nov. 15. *http://www.ncbi.nlm.nih.gov/pubmed/22136567*. Retrieved 5/17/13.

12   Alex Stone, "Smell Turns Up in Unexpected Places." *New York Times* online, October 13, 2014. *http://www.nytimes.com/2014/10/14/science/smell-turns-up-in-unexpected-places.html*.

15   Mosler, E.L., Kropff, E., Moser, M.B. (2008) Plane Cells, Grid Cells, and the Brain's Spatial Representation System. Annu Rev Neurosci 2008;31: 69~89. doi: *10.1146/annurev.neuro.31.061307.090723*. *http://www.ncbi.nlm.nih.gov/pubmed/18284371*.

Kubie, J. (2103). Human Grid Cells. BrainFacts.org. Posted August 15, 2013. *http://blog.brainfacts.org/2013/08/human-grid-cells/*. Retrieved 1/28/14.

Moser, M.B., Moser, E. (2011) Crystals in the Brain. EMBO Molecular Medicine. 3: 69~71.

http://www.ncbi.nlm.nih.gov/pmc/articles/PMC3377059/ retrieved 1/28/14

Jacobs, J. Weidemann, C. T., Miller, J. F. Solway, A. Burke, J. F., Wei, X., Suthana, N., Sperling, M. R., Sharan, A.D., Fried, I., Kahana, M. J. (2013). Direct Recordings of Grid-like Neuronal Activity in Human Spatial Navigation. Nature Neuroscience. 16:1188~1190. *http://www.nature.com/neuro/journal/v16/n9/full/nn.3466.html*.

Retrieved 1/28/14.

14 Bailee, K. (2013) Penn Research Helps Identify New Brain Cell Involved in Navigation. Health Canal 12/8/13. *http://wwww.healthcanal.com/brain-nerves/41759-penn-research-helps-identify-new-brain-cell-involved-in-navigation.html*. Retrieved 1/28/14.

15 Chow, D. (2013). NASA Funds 3D Pizza Printer. Space.com. May 21, 2013. *http://www.space.com./21250-nasa-3d-food-printer-pizza.html*. Retrieved 1/28/14.

16 Wall, M. (2013). 3D Printer Launching to Space Station in 2014. Yahoo News. May 24, 2013. *http://news.yahoo.com/3d-printer-launching-space-station-2014-215719508.html*. Retrieved, 5/25/13.

17 Rupert Sheldrake. "Rat Learning and Morphic Resonance," *http://www.sheldrake.org/about-rupert-sheldrake/blog/rat-learning-and-morphic-resonance*.

18 Oldfield, J. & Shaw, D.J.B. (2006) V.I. Vernadsky And The Noosphere Concept: Russian Understandings of Society-Nature Interaction. Geoforum, 37: 145-154. ISSN 0016-7185. *http://eprints.gla.ac.uk/6820/1/6820.pdf*. Retrieved 5/13/13.

19 Noosphere. Wikipedia. *http://en.wikipedia.org/wiki/Noosphere*. Retrieved 5/14/13.

20 Wilner, A.N., Stetka, B.S. A History of Mass Hysteria. Mescape Psychiatry and Mental Health, New York: WebMD.

21 Wilner, A.N., Stetka, B.S. A History of Mass Hysteria. Mescape Psychiatry and Mental Health, New York: WebMD.

22 Baker, D. (2012) UW Medicine Donors Try Their Hand at Protein Folding. Local Health Guide: Seattle: Local Health Guide. Seattle: Local Health Guide.10/23/2012. *http://mylocalhealthguide.com/2012/10/23/uw-medicine-donors-try-their-hand-at-protein-folding*. Retrieved 5/1/13.

23 William F. Ogburn and Dorothy Thomas, "Are Inventions Inevitable? A Note on Social Evolution," *Political Science Quarterly* 37, no. 1 (March 1922): 83~98.

24 James H. Fowler & Nicholas A. Christakis, "Dynamic Spread of Happiness in a Large Social Network: Longitudinal Analysis over 20 years in the Framingham Heart Study," *BMJ* 2008;337:a2338.

25 Ibid.

26 Myers, F.W.H. (1892) The Subliminal Consciousness, Chapter 1: General Characteristics and Subliminal Messages. Proceedings of the Society for Psychical Research. 7: 298~327, 307.

찾아보기

ㄱ

감각수용체 356~359, 362~363, 367
   청각 358
   후각 358
   미각 358
   촉각 359
개성화 298
거울 뉴런 29
『고양이 요람』 234
고유수용기 364~366
공돈 223~231
공돈 연구 242~244
관찰하는 자아, 관찰 자아 296, 327
구직 249~257
끈기 100~101, 269
기도 58~59, 136~137, 190, 226~231, 255~257, 277, 328, 333~334, 345
   탄원기도 333
〈기이한 우연 조사〉 78, 189

ㄴ

낙천성 270, 273
내면의 GPS 111, 133, 141, 161, 306, 329, 332, 334, 356, 362, 364~366, 368, 383
위치 찾기 112~113
훈련 344~346

ㄷ

『더 기프트』 90
도서관 천사 192~199
동질혼 119
동시 발견 377~380
동시경험 22~23, 31, 35~44, 69, 81, 87, 112, 146, 170, 172, 184, 286, 305, 306, 332, 334, 356, 375, 376, 383
   의식적인 동시경험 172, 185
   아버지와 자녀 41, 86~87
   형제자매 35~38,
   신호와 자극 362, 368,
   훈련 344
동시성 17, 22, 80, 97, 143, 174, 178, 211, 218, 298, 317, 355,
   아버지와 딸 86~87
   자매 32
   부부 90~92
『동시성: 리더십의 내적 여정』 64

ㄹ
랜던, 메리 케이 242~245
러쉬넬, 스콰이어 D. 54, 57, 59, 67, 102, 284
레벤탈, 주디스 69, 100, 278
로버트슨, 모건 216~218

ㅁ
『마법적 사고의 일곱 가지 법칙』 129
마음의 반영 113, 176~177, 180, 196, 220, 309~312
매도프, 버나드 234~235
명상 210, 243, 299, 345
메일러, 노먼 217~218
무의식 80~81, 162~165, 240, 256, 306, 364
  행동 무의식 162~165, 205, 233, 257, 329
  중간층 무의식 81
무의식의 스캔 139
무작위 44, 54, 63, 68, 97, 109, 122, 198, 215, 220, 243, 270, 285, 299, 335, 355

ㅂ
버크, 래리 172
번, 론다 236~238, 241
변성된 의식 68, 81, 171, 224, 227, 330
변화 84~99,
  양육권 95~96
  이혼 94~95
  가족 84~85
  이사 98~99
  임신 96~98
변환 356~361, 368
보니것, 커트 234
부적응적 패턴 173
〈불확실성 이해하기〉 105
빅 마인드 369

ㅅ
사이비 회의주의자 303
사이코스피어 20, 41, 213, 305, 334, 369~370, 373~374, 378, 380, 382~384
사회 근접성 효과 49
삼각관계 73~79
쌍둥이 35~41, 375
  두개결합체 35~37
생물광량자 361
서적점 209
세렌디피티 22, 75, 207~209, 297, 299,
셸드레이크, 루퍼트 109, 372~373
스티븐슨, 이안 28~29
슬픔 179~183, 284
『시크릿』 228, 236~238, 241
심상화 236~241, 334

ㅇ
아이디어 우연 188~191
양자물리학 39~40, 355, 359

찾아보기   405

연속성 151
왓킨스, 수잔 133, 143
우로보로스 282
우연 민감도 333, 335
우연 분석 312~314, 341~342
우연들
    내담자와 상담자 134~137
    도구적 63~67, 91, 197, 292
    글 215~220
    악의적인 234~236
    의료 158~168
    오용 316~323
    부정적인 343~344
    로맨틱 54~64, 80~82
    약학 40, 203~207
    낯선 사람 143~148
우연 연구 18, 212, 293
우연의 문화 326, 339~340
    데이트 49~54
    온라인 49~51
    스피드 51~52
우연의 상징 178, 145~146, 309~312
    새와 꽃 180~183
    반려동물 183~184
    뱀 310~311
『우연이란 없다』 56
우울 58, 170, 333
『우주와 정신, 새로운 세계관에 대한 암시』 293
윈프리, 오프라 254~257, 273
윌리엄스, 깁스 311

유사성 150~155
윤리 231~234, 264~266
    가족 84~110
    부모와 자식 84~89
    반려동물 106~110
    상봉 100~110
    배우자 90~96
융, 카를 17~18, 22, 80, 173~174, 210~211, 299, 372
    원형 17, 56, 80, 372
    집단무의식 17, 80~81, 372
『이런 우연이라니!』 133
이산가족 상봉 100~110
    아버지와 아들 103~104
    엄마와 딸 102~103
    반려동물과 주인 106~110
E-I 수용체 357~358, 362~364, 366~369
인지적 소음 188
인터넷 천사 199~203
잃어버린 기회 259~261

ㅈ

자기장 111~112, 359~360
자연 치유 159~161, 165, 240
『작은 기적들』 278
잠재 자아 383
「정신의학 연례보고」 18
정신증 320~321
종교 의식 277
『주역』 126, 209, 211, 262,

죽은 자와의 연결 15, 281~282, 300~302, 342
지능권 373~374
직관 113, 167, 184, 272~273, 295, 344~347
　의료인의 직관 168~172
진급 261~263
집단 사고 376
집단 히스테리 375~376, 380

ㅊ
처칠, 윈스턴 132, 261~262
친구, 우정 116~120, 125
　같이 어울리는 친구 127~131

ㅋ
캄머러, 파울 150~152, 154
케이시, 에드가 171
쿠인사이더 23, 294~295
쾨슬러, 아서 192
크라이펄, 제프리 219

ㅌ
타나스, 릭 293

ㅍ
페더, 샐리 라인 90
프로노이아 293
프로이트, 지그문트 73, 80~81, 263
　개인무의식 80~81

ㅎ
핼버스탬, 이타 69, 100, 131, 278
허트슨, 매슈 129~130
형태 공명 이론 120, 372~373
『홀로코스트의 작은 기적』 100, 133
홉케, 로버트 33~34, 56, 77, 125~126, 165, 252
확률 18~19, 32, 42, 120~123, 125, 131, 138, 314~316, 355
　기저율 121~122, 129, 145, 314~316, 341~342, 355
확증 편향 150

우연접속자
동시성과 세렌디피티, 동시경험이 초대하는 우연의 세계

1판 1쇄 펴냄 2017년 10월 10일
1판 2쇄 펴냄 2025년 6월 5일

지은이 | 버나드 바이트만
옮긴이 | 김정은
펴낸이 | 백길엽

펴낸곳 | 황금거북
출판등록 | 2011년 12월 9일 제25100-2011-345호
주소 | 04049 서울시 마포구 독막로 65-1 일앤집 빌딩 503호
전화 | 02-337-8894 팩스 | 02-323-3314
전자우편 | gtpub@naver.com 홈페이지 | www.gtpub.com

ISBN 979-11-952374-2-5 03180
값 16,000원

이 도서의 국립중앙도서관 출판예정도서목록(CIP)은 서지정보유통지원시스템 홈페이지(http://seoji.nl.go.kr)와 국가자료공동목록시스템(http://www.nl.go.kr/kolisnet)에서 이용하실 수 있습니다.(CIP 제어번호: CIP2017023097)